D1833282

साथ जुड़ें साथ पढ़ें

रस्किन बॉन्ड

रस्किन बॉन्ड का शुमार हिन्दुस्तान के नायाब और नामचीन लेखकों में है। उनका जन्म 19 मई, 1934 को हुआ। 1950 के दशक की शुरुआत से उन्होंने लिखना शुरू किया और हर उम्र के पाठकों के लिए उपन्यास, संस्मरण, कहानियाँ, निबन्ध और कविताएँ लिखीं। आत्मकथा 'लोन फ़ॉक्स डांसिंग' के अलावा 'द रूम ऑन द रूफ़', 'अ फ़्लाइट ऑफ़ पिजन्स' और 'डेल्ही इज़ नॉट फ़ार' उनके मशहूर उपन्यास हैं; नॉन-फ़िक्शन कृतियों में 'अ बुक ऑफ़ सिंपल लिविंग', 'रेन इन द माउंटेन्स' और 'लंढौर डेज़' शामिल हैं। 'टाइम स्टॉप्स एट शामली', 'द नाइट ट्रेन एट देवली' और 'आवर ट्रीज़ स्टिल ग्रो इन देहरा' चर्चित कहानी-संग्रह हैं; 'आई वॉज़ द विंड लास्ट नाइट' और 'अ लिटिल नाइट म्यूज़िक' उनकी कविताओं के संग्रह है; बच्चों के लिए उन्होंने 'द ब्लू अम्ब्रेला' और 'फ्रेंड्स इन वाइल्ड प्लेसेज़' जैसी किताबें लिखी हैं। उन्होंने दो किताबों का सम्पादन भी किया है—'हिमालय : एडवेंचर्स, मेडिटेशंस, लाइफ़' (नमिता गोखले के साथ) और 'फ्रैंकेंस्टीन : द बुक ऑफ़ क्रेज़ी मिसचिफ़' (जेरी पिंटो के साथ)।

भारत सरकार ने 1999 में उन्हें 'पद्मश्री' और 2014 में 'पद्म भूषण' से अलंकृत किया। हाल ही में उन्हें साहित्य के सर्वोच्च सम्मान 'साहित्य अकादेमी फ़ेलोशिप' से नवाज़ा गया है। अपने दत्तक परिवार के साथ वे लंढौर, मसूरी में रहते हैं।

प्रभात सिंह

प्रभात सिंह की फ़ोटोग्राफ़ी का शगल उन्हें अख़बार की दुनिया तक ले गया। न्यूज़रूम में कई ज़िम्मेदारियाँ सँभालीं और अरसे तक 'अमर उजाला' के सम्पादक रहे। कैमरा हाथ से छूटा नहीं। तसवीरें उतारते और उनकी नुमाइश करते रहे हैं। थारू जनजाति की ज़िन्दगी पर एक मोनोग्राफ़ और कुम्भ के मेले पर किताब लिखी है, अख़बारनवीसी पर भी दो किताबें हैं। अभी समाचार एजेंसी 'संवाद न्यूज़' के सम्पादक हैं। राजकमल प्रकाशन से उनके अनुवाद में मार्क टली की किताब 'धीमी वाली फ़ास्ट पैसेंजर' प्रकाशित है।

ई-मेल : prabhatjourno@gmail.com

अपनी धुन में

एक लेखक की आत्मकथा

रस्किन बॉन्ड

अनुवाद

प्रभात सिंह

राजकमल पेपरबैक्स

SPEAKING TIGER

पहली बार Speaking Tiger द्वारा 2017 में LONE FOX DANCING :
My Autobiography नाम से प्रकाशित

राजकमल पेपरबैक्स में
पहला संस्करण : 2025

राजकमल पेपरबैक्स : उत्कृष्ट साहित्य के जनसुलभ संस्करण

राजकमल प्रकाशन प्रा. लि.
1-बी, नेताजी सुभाष मार्ग, दरियागंज
नई दिल्ली-110 002
द्वारा प्रकाशित

शाखाएँ : अशोक राजपथ, साइंस कॉलेज के सामने, पटना-800 006
पहली मंज़िल, दरबारी बिल्डिंग, महात्मा गांधी मार्ग, प्रयागराज-211 001
1, अनमोल सोराबजी सन्तुक लेन, धोबी तलाव, मरीन लाइंस, मुम्बई-400 002
वेबसाइट : www.rajkamalprakashan.com
ई-मेल : info@rajkamalprakashan.com

यश प्रिंटोग्राफ़िक्स
नोएडा-201 301 (उत्तर प्रदेश)
द्वारा मुद्रित

मूल्य : ₹499

APANI DHUN MEIN
An Autobiography by Ruskin Bond
Translated by Prabhat Singh

ISBN : 978-93-6086-167-4

यह सच है कि सतरंगी इन्द्रधनुष के पार आपको ख़ुशियों का ख़ज़ाना, अपने सपनों की मंज़िल न मिले, पर अगर कोई सच्चे मन से इस पर भरोसा करता है, और अपने इस यक़ीन को साबित करने की कोशिश में लगा रहता है, तो आख़िरकार वह ऐसी किसी मंज़िल तक पहुँच ही जाता है, जो सम्भव है कि इन्द्रधनुष के छोर पर गड़े ख़ज़ाने से कहीं ज़्यादा मानीख़ेज़ हो।

—एलवर्ड एडवर्ड डिंगल

ए मॉडर्न सिनबाद

किसी और से नहीं बल्कि ख़ुद से तारीफ़ की उम्मीद रखो।

—सर रिचर्ड बर्टन

ज़िन्दगी और मौत की सरहदों के पार, वहाँ तुम हो, ऐ मेरे दोस्त।

—रबीन्द्रनाथ टैगोर

क्रम

समर्पण और आभार

राकेश और बीना को धन्यवाद देते हुए यह जुनूनी बूढ़ा यह किताब उन्हें समर्पित करता है, उन्होंने इतने सालों तक उसकी देखभाल की, उन्हीं की वजह से हर उम्र के पढ़नेवालों के लिए तमाम कहानियाँ और किताबें लिख पाना सम्भव हो सका।

जुनून अपनी जगह, मगर जुनूनी को भी तो एक कुनबे की ज़रूरत होती है।

और आलस्य की खोह से खींचकर बाहर निकालने के लिए रवि सिंह और स्पीकिंग टाइगर्स के उनके साथियों का बहुत-बहुत शुक्रिया। उनकी कोशिशों की बदौलत ही मैं ज़िन्दगी के तिरासी साल लम्बे सफ़र को समग्रता में दर्ज कर सका, जिसके सड़सठ साल लिखते हुए गुज़रे हैं।

अपने उन दोस्तों और प्रियजनों के प्रति कृतज्ञता जताने का भी यह बढ़िया मौक़ा है, जिन्होंने हाल के दिनों में मेरी मदद की है : विशाल और रेखा भारद्वाज; उपेंद्र अरोड़ा; महेंद्र प्रसाद; मयूरी और शिवेन। और मेरे सभी नौजवान और बूढ़े और चिरयुवा पाठकों के प्रति भी।

आप सब ख़ूब तरक़्क़ी करें और ख़ुश रहें।

भूमिका

कल रात मैंने फिर सपना देखा कि मैं चकाचौंध रोशनियों और ट्रैफ़िक-भरे बड़े शहर में खो गया हूँ। मैं बहुत लाचार महसूस कर रहा था कि तभी एक छोटा लड़का, मेरा हाथ पकड़कर मुझे इन पहाड़ों की पनाह में ले आया, जिन्हें मैं बहुत अच्छी तरह जानता हूँ। मैं चाहता था कि वह भी रुक जाए—मुझे यक़ीन था कि मैं उसे जानता हूँ—लेकिन वह रुका नहीं, मुड़ा और अपनी ख़ाकी निकर की जेब में हाथ डाले सीटी बजाता हुआ चला गया। और जैसे ही मैंने उसका नाम पूछने के लिए आवाज़ लगाई, मेरी आँख खुल गई।

मेरे बिस्तर के पायताने खिड़की के बाहर अभी अँधेरा था, तारों से भरा आसमान चमक रहा था। मैंने तय किया कि पहाड़ों से फिसलकर आनेवाली भोर की मद्धिम रोशनी का इन्तज़ार करूँगा, जिससे आसमान का रंग हल्का धूसर और नीला हो जाएगा, और फिर जब सूरज की पहली किरण मेरे बिस्तर पर पड़ेगी तो उसकी गरमाहट का मज़ा लेते हुए घंटा-भर और सोऊँगा।

कई महीनों से मेरी आँख सुबह तीन या चार बजे खुल जाती है। शायद सपने की वजह से; और कौन जाने सपनों का उम्र से भी कोई वास्ता होता हो, क्योंकि बूढ़े होकर हम छोटे बच्चों जैसे हो जाते हैं। या फिर लिविंग रूम में उन लोगों की ख़ामोश बतकही इसकी वजह हो सकती है, जो किसी ज़माने में इसी घर में आबाद रहे होंगे। अपने इस छोटे-से बेडरूम से, जो मेरी स्टडी भी है, मुझे चाय के प्यालों और चम्मच की खनखनाहट के साथ अँधेरे में उनका बड़बड़ाना सुनाई देता है। हालाँकि उनकी वजह से मुझे कोई परेशानी

नहीं होती। वे सभ्य और संतुष्ट आत्माएँ मालूम होती हैं, और अगर यहाँ उनकी ज़िन्दगी मज़े में गुज़र रही है तो मुझे भला क्या एतराज़ हो सकता है। क्योंकि कुल मिलाकर, मैंने भी इस घर में, और इन पहाड़ों के दूसरे घरों में बढ़िया ज़िन्दगी बसर की है; यहीं की मिट्टी में मैं पैदा हुआ, यहीं रहकर मैंने अपनी किताबें लिखीं, दोस्ती और प्यार पाया, और अपना कहने को एक परिवार भी।

एक खंडित परिवार और फिर पहाड़ के एक बोर्डिंग स्कूल में बड़े होते हुए मेरा बचपन बहुत एकाकी बीता। बाद में, कई संगी-साथी मेरी ज़िन्दगी में आए और चले गए, और अक्सर कभी नहीं लौटे। या फिर मैं ही उन्हें पीछे छोड़कर आगे बढ़ गया। फिर, उम्र की ढलान पर दुनिया ने आगे बढ़कर मुझे हमेशा के लिए गले लगा लिया—यह फ़र्क़ करना ज़रा मुश्किल है कि दुनिया ने या फिर मैंने उसे गले लगाया—और तब से मैं बहुत ख़ुशनसीब इनसान हूँ।

दुपहरी में खिड़की पर आकर तकरार करनेवाली गौरैया, प्लास्टिक की पुरानी बाल्टी में रंग बिखेरते जेरेनियम, आसपास की ढलानों पर उगनेवाले बलूत के पेड़ों में सोते हुए सजीले भुजंग—वे भी तो मेरा परिवार हैं। वैसे ही, जैसे कि पेड़ मेरे भाई हैं। उनके बीच घूमते हुए मैंने हमेशा महसूस किया है कि मैं जंगल का हिस्सा हूँ; जब मैंने हाथ बढ़ाकर किसी बूढ़े पेड़ की भूरी छाल को छुआ है, उसकी झूमती हुई पत्तियों ने आगे आकर मेरे चेहरे को सहलाया है, जैसे कि वह मुझे पहचानता हो।

पिछले छत्तीस सालों से मैं लंढौर में इस हवादार और थोड़े जर्जर घर की सबसे ऊपरी मंज़िल पर रहता हूँ, जो एक पहाड़ी के किनारे आबाद है। मेरे बेडरूम की खिड़की से झाँकने पर बाहर आसमान, बादल, दून घाटी और सुसवा नदी का नज़ारा दिखाई देता है—डूबते सूरज की रोशनी में यह नदी चाँदी की रंगत में नहाई हुई लगती है—और एक के बाद दूसरी और फिर तीसरी और इसी तरह दूर तक चली गई पर्वत-श्रृंखलाओं का विस्तार। पहाड़ की ऊँचाई पर इस बसेरे से बाहर देखने पर, मुझे लगता है कि मैं इस वृहत्तर दुनिया का हिस्सा हूँ; हिन्दुस्तान और इस पृथ्वी का, और इसके भी परे उस ब्रह्मांड का, जहाँ हमारे प्रतिरूप रहते हैं, हमारी ही तरह—कुछ उम्मीद और कुछ प्यार के साथ।

आशा, प्रेम और पागलपन। इनके बग़ैर, मैं अस्सी बरस तक नहीं जी पाता और न ही इतना सक्रिय रह पाता। स्वभाव के लिहाज़ से भी मैं ख़ुशनसीब रहा हूँ : मुझे जिन चीज़ों की दरकार थी, वे मेरी पहुँच से बाहर नहीं थीं; मुझे सिर्फ़ धुनी और आशावादी बने रहने की ज़रूरत थी। मौसम जब भी ख़राब हुआ, मैंने अपना कोट और कसकर लपेट लिया, घिसे हुए कॉलर ऊपर कर लिये, और तूफ़ान के गुज़र जाने का इन्तज़ार किया। फिर बादल छँट जाते; धूप की फुहारों से मेरी मेज़ तरबतर हो जाती और मेरी नोटबुक के पन्नों पर साफ़-शफ़्फ़ाफ़ लफ़्ज़ों के फूल खिल उठते।

ख़ुश होने के लिए मुझे कभी बहुत ज़्यादा की दरकार नहीं रही। और बिना किसी पछतावे के मैं ज़िन्दगी के इस पड़ाव तक आ पहुँचा हूँ, जहाँ मैं एक बूढ़ा आदमी हूँ, एक बूढ़ा लेखक।

लेकिन ज़रा ठहरिए, यह बात मुझे दुरुस्त करनी है। बहुत पहले ही मैंने फ़ैसला कर लिया था कि बड़े होने की कोशिश करना अब छोड़ दूँगा; और लेखक तो उतने ही बूढ़े या जवान होते हैं, जितने कि उनके पाठक। तो हज़रात, बिना किसी पछतावे के यह मैं हूँ, एक नौजवान लड़का, एक बूढ़ा लेखक।

कोई ज़िन्दगी किसी दूसरे के मुक़ाबले ज़्यादा या कम महत्त्वपूर्ण या दिलचस्प नहीं होती—आख़िरकार इसका एक बड़ा हिस्सा तो हम फ़िक्र और कल्पनाओं में, आत्मनिरीक्षण में ही गुज़ार देते हैं। आख़िरकार मैंने उन दोस्तों की बात मान ही ली, जो अपनी ज़िन्दगी की कहानी लिखने के लिए मुझे उकसाते रहे हैं, हालाँकि मुझे अब भी भरोसा नहीं है कि इसकी कोई बड़ी अहमियत होगी। मैं बस उम्मीद कर सकता हूँ कि कम से कम यह थोड़ी कौतुकपूर्ण है; गुज़रे ज़माने का दस्तावेज़, कुछ दिलचस्प और गुमनाम लोगों का परिचय है, और एक तरह के लेखकीय जीवन की झाँकी है।

मैंने जितना भी लिखा है, तक़रीबन सारा मेरे अपने अनुभवों का ही विस्तार है और इस लिहाज़ से मेरी आत्मकथा के अनेक खंड मेरे उपन्यासों, कहानियों, निबन्धों और कविताओं में जगह-जगह बिखरे हुए हैं। हालाँकि उनमें सच्चाई से कहीं ज़्यादा कल्पना होती है। किसी आत्मकथा को सच के क़रीब होना चाहिए—भले ही स्मृति दग़ाबाज़

होती है, और लोगों को आहत करने या बेवजह उन्हें शर्मिंदा करने से बचने के लिए कुछ चीज़ों को छिपाना या फिर छोड़ दिया जाना ही बेहतर होता है।

तो यह किताब कमोबेश इस बारे में है कि मेरी ज़िन्दगी में क्या-क्या और कैसे-कैसे हुआ। यह एक मामूली आदमी, उसके दोस्तों और मामूली जगहों के बारे में उसके अनुभवों की दास्तान है।

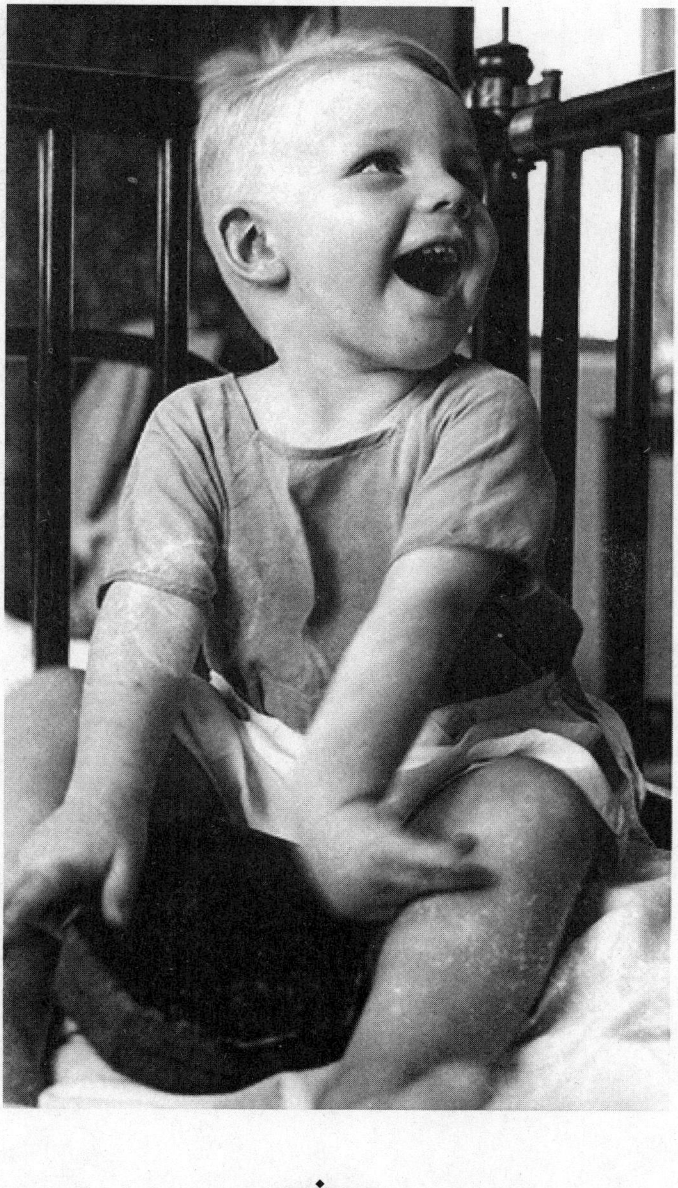

खंड I

पहली मोहब्बतें

पहाड़ों में बैठकर, मैं समन्दर को याद करता हूँ : पानी का अनन्त विस्तार, और हवा में लहराती धूप की सफ़ेद चादरों की झिलमिल।

मुझे झूमते हुए फूलों के एक जंगल और दीवार पर लाल, पीली, हरी और नीली रोशनी के टुकड़े याद आते हैं।

और मुझे वह छोटा लड़का याद आता है, जो ढेर सारी कोफ़्ता करी खाता था और अपने मन की करता था।

मेरी माँ हमेशा कहा करती थीं कि उनके सारे बच्चों में मैं सबसे ज़्यादा ख़ुराफ़ाती था—अजनबी लोगों के सामने एकदम फ़रिश्ता, और घर में एक नन्हा अड़ियल शैतान। माँएँ अक्सर कहती ही हैं कि पहलौठी के बच्चे मनबढ़ होते हैं, और अपने हक़ में हिस्सा बँटानेवाले उन्हें रत्ती-भर नहीं सुहाते, मगर मेरी माँ के ऐसा कहने की वाज़िब वजहें थीं।

मेरा ज़िद्दी स्वभाव तभी ज़ाहिर होने लगा था, जब मैं तीन या चार साल का था। अपने बचपन की तसवीरों में मैं बहुत भोला दिखता हूँ, हमेशा मुस्कुराता हुआ, गोल-मटोल, दिलकश और दिलेर बच्चा। मेहमान मुझे दुलारना चाहते थे (या ऐसा मुझे बताया गया था); स्नेहिल आंटियाँ मुझे चूमने के लिए लालायित रहतीं। मेरी रसिक प्रवृत्ति के मूल में शायद उन सभी के दुलारने और चूमने की भूमिका है, और ख़ूबसूरत और चॉकलेटी रंग की मेरी आया ने इस प्रवृत्ति में इज़ाफ़ा ही किया, जो मुझे चुम्बनों से सराबोर कर देती और इस क़दर लाड़ करती कि जैसे मैं उसकी ही कोख से पैदा हुआ हूँ। तो इसमें बहुत हैरानी की बात नहीं कि मैं बिगड़ गया—और आधी ज़िन्दगी इन्हीं सहूलियतों की भरपाई में गुज़ार दी।

दृश्यों की मेरी स्मृति ज़बरदस्त है, ख़ासकर अपने बचपन के दृश्यों की। सच तो यह है कि जामनगर में अपने बचपन के शुरुआती दिनों के बारे में जो कुछ भी मैं याद कर पाता हूँ, उससे कई बार तो मैं ख़ुद भी हैरान रह जाता हूँ : पोल्सन के मक्खन का चमकीला पीला रंग; जे.बी. मंघाराम के बिस्कुटों के रंग-बिरंगे

डिब्बे, जिन पर बच्चों और भारतीय पौराणिक आख्यानों की तसवीरें छपी होती थीं; लाल और काले रंग की मोटर यानी हमारी हिलमैन कन्वर्टिबल में सैर; धुआँ उगलते ज्वालामुखी और भड़कीली कलगी वाले काकातुआ की तसवीरों से सजे सोलोमन द्वीप के डाक-टिकट।

हमारे घर में एक ख़ूबसूरत ग्रामोफ़ोन था, काला, चौकोर और अजूबे जैसा बॉक्स, जो मेरी आया के अलावा शायद मेरी ज़िन्दगी का पहला प्यार था। यह चाबी भरनेवाला ग्रामोफ़ोन था, और समय-समय पर आपको इसकी सूई बदलनी पड़ती थी। इसमें केवल 78 आरपीएम का रिकॉर्ड बजाया जा सकता था, इसलिए आप इत्मीनान से बैठकर संगीत का आनन्द नहीं ले सकते थे। यह आपको लगातार व्यस्त रखता—रिकॉर्ड बदलना, सूई बदलना और पूरी ताक़त से उसकी घुंडी घुमाकर लगातार चाबी भरते रहना ताकि गाना बीच में ही बन्द न हो जाए।

यह सब करने में मुझे बहुत मज़ा आता था, रिकॉर्ड्स से भरे दोनों बॉक्स को मैं मनमाफ़िक़ तरीक़े से बरतता था, अपने पिता के पसन्दीदा ओपेरा—*ला बोहेम, मैडम बटरफ़्लाई* और *टोस्का* की धुनों से लेकर उस दौर के लोकप्रिय, ऊँचे और मध्यम सुरों वाले नेल्सन एडी जैसे गायकों की आवाज़ में हल्के-फुल्के गाथा-गीतों तक। ख़ामोश रातों में, जब बत्तियाँ बुझ जाती हैं और पहाड़ सो जाते हैं, आँखें बन्द करके अपनी कल्पना में मैं ख़ुद को जामनगर के अपने घरों में से किसी एक घर के बरामदे में खड़ा पाता हूँ, और इटली के महान ओपेरा गायक एनरिको कारुज़ो को रिकॉंडिटा आर्मोनिया और क्वेस्टा ओ कुएला...गाते हुए सुन सकता हूँ। वह क्या गा रहा है, यह मेरी समझ में आता लेकिन मुझे उन शब्दों की ध्वनि भाती थी और मैं उसके साथ-साथ गाने की कोशिश करता। मेरी यह कारगुज़ारी मेरे पिता को बहुत मज़ेदार लगती थी और वह ख़ूब ख़ुश होते।

नर्सरी की संगीतबद्ध कविताओं के संग्रह वाला एक रिकॉर्ड ख़ास तौर पर मेरे लिए ख़रीदा गया था और इनमें से एक कविता की शुरुआत इस तरह होती थी—'ओह, व्हॉट हैव यू गॉट फ़ॉर डिनर, मिसेज़ बॉन्ड?' लेकिन हम अपनी मिसेज़ बॉन्ड यानी मेरी माँ से ऐसा कोई सवाल नहीं पूछते थे। उन्हें डिनर की फ़िक्र करने की कोई ज़रूरत नहीं थी क्योंकि इसके लिए हमारे घर में एक ख़ानसामा था। उसका नाम उस्मान था और वही हमारे खाने-पीने का ख़याल रखता था। मैं उस्मान का मुरीद था, क्योंकि वह दुनिया की सबसे अच्छी मटन कोफ़्ता करी बनाता था, और मुझे लम्बी-लम्बी कहानियाँ भी सुनाता था। उस्मान और आया मेरे पहले क़िस्सागो थे—आया की कल्पना अपेक्षाकृत ज़्यादा कोमल और सूक्ष्म थी।

उस्मान अगर अपनी कहानियों जितना मसाला अगर अपनी करी में भी डालने

लगता तो सच कहता हूँ कि पूरे घर में आग लग जाती, हंगामा खड़ा हो जाता। दोपहर में, आम तौर पर मैं घर में अकेला होता—आया भी बाहर होती, वह या तो मेरी बहन की आया से बतियाती, या फिर झपकी ले रही होती—ऐसे में मैं रसोईघर में उस्मान के पास चला जाता। उस समय वह शाम के खाने की तैयारी में जुटा होता, गोश्त और सब्ज़ियाँ काटता, साफ़ करता या उबालता होता।

ठेठ क़िस्सेबाज़ी का सिलसिला कुछ इस तरह शुरू होता :

'आप यह बकरा देख रहे हैं न बाबा, जो अभी-अभी हमने हलाल किया है? इसने मुझे जूनागढ़ के उस भयानक शेर की याद दिला दी।'

'जूनागढ़ कहाँ है?'

'यहाँ घर से पैदल चलना शुरू करें तो दो दिन की दूरी पर, लेकिन अपनी मोटर-गाड़ी से आप वहाँ पाँच-छह घंटे में पहुँच सकते हैं। जूनागढ़ के नवाब के यहाँ मैंने काम किया है। वह शिकार पर जाते तो मुझे भी अपने साथ ले जाते थे। दस हाथी, बीस कुत्ते और पचास-साठ आदमियों की शिकार पार्टी साथ जाती—वह बहुत अमीर नवाब थे, बहुत दौलत थी उनके पास। अपने जन्मदिन पर वह तराज़ू पर ख़ुद को हीरों से तुलवाते थे और फिर सारे हीरे अपनी बेगमों में बाँट देते थे... लेकिन मैं आपको उस भयानक शेर का क़िस्सा बता रहा था। उसे हर रोज़ दो मोटे बकरे या एक बैल चाहिए होता था। हाँ, खाता वह केवल नर पशुओं को ही था। और जब उसे बकरे या बैल नहीं मिल पाते थे तो वह आदमियों का शिकार करता था। औरतों को कोई उससे ख़तरा नहीं था। वे महफ़ूज़ थीं।'

'क्या शेर तुम्हारा शिकार करने आया था?'

'नहीं। मगर वह मेरे मशालची को उठा ले गया था।'

'मशालची क्या होता है?'

'वह लड़का, जो गोश्त और सब्ज़ियाँ तैयार करने में मेरी मदद करता था और सारे बर्तन साफ़ करता था। हम दोनों शिकार पार्टी के साथ गए थे और एक छोटे-से तम्बू में ठहरे थे। शेर ने उसके नरम-गोरे पैरों पर झपट्टा मारा और खींचता हुआ बाहर ले गया। सवेरे हमें उसकी हड्डियाँ मिलीं। पूरे दिन मैं छाती पीटता और रोता रहा, जब तक कि मेरी आँख के आँसू नहीं सूख गए। शिकार पार्टी के वापस आने तक मुझे उस डेरे में अकेले ही सोना पड़ा। शेर के डर से अपने डेरे के बाहर मैं आग जलाए रखता—किसी ने मुझे बताया था कि शेर आग से डरते हैं।'

'तो क्या सचमुच शेर फिर नहीं आया?'

'नहीं, बाबा। शेर आग से बिलकुल नहीं डरते। वह ज़ालिम फिर लौटा। उसने आग का चक्कर लगाया और फिर तम्बू के परदे में सिर डालकर अन्दर देखने

लगा। मैं अभी तक अपने मशालची के जाने से सदमे में था और उसका मातम मना रहा था। मैंने जब उस शेर को देखा, जिसने उस बेचारे को मारकर खा लिया था तो मुझे बहुत तेज़ ग़ुस्सा आया। मैंने लोहे का वह बड़ा-सा तवा उठा लिया, जिस पर मैं रोटियाँ बना रहा था और उस जंगली की नाक पर दे मारा। तवा जहन्नुम की आग से ज़्यादा गर्म था, और वह शैतान की औलाद—'

'जहन्नुम क्या होता है?'

'ये वो जगह है जहाँ मरने के बाद बुरे लोग जाते हैं और बड़े-बड़े तन्दूरों में भूने जाते हैं। कहानी के बीच में टोकने वाले छोटे लड़के भी वहीं जाते हैं।'

'अच्छा, माफ़ कर दो।'

'तो मैंने अपना तवा शेर की नाक पर दे मारा, ज़ोर से दहाड़ते हुए वह उछला तो पीछे की तरफ़ तम्बू के मुहाने पर जलती आग में गिर गया, अबकी बार उसने फिर ज़ोर की दहाड़ मारी और भागकर जंगल में घुस गया। पूरी रात हमें उस हैवान के तड़पने और दहाड़ने की आवाज़ें सुनाई देती रहीं!'

'तो क्या नवाब ने तुम्हें इनाम दिया?'

'नहीं, बाबा। वह अमीर बादशाह था, मगर दरियादिल नहीं था। हमारे जाम साहिब जैसा नहीं...'

'जाम साहिब' जामनगर रियासत के राजा थे, उनका महल हमारे घर से थोड़ी ही दूरी पर था। रियासत में आर्किटेक्ट और अकाउंटेंट से लेकर पायलट और मिस्त्रियों तक, अंग्रेज़ और आयरिश सलाहकारों और पेशेवर कारकुनों की बड़ी फ़ौज थी। जाम साहिब के पास रोल्स रॉयस कारों का एक पूरा बेड़ा था—हिन्दुस्तान की सारी रियासतों में सबसे ज़्यादा मोटरें उनके पास थीं। क़रीब पचास मोटरें रही होंगी और उनमें से एक, जो शायद उनको विरासत में मिली थी, उसके बारे में कहा जाता था कि उसे एक ख़ास गुलाबी रंग से पेंट कराया गया ताकि वह महारानी की चप्पल के रंग से मेल खा सके। रोल्स रॉयस ने जाम साहिब की कारों के रखरखाव के लिए इंग्लैंड से एक ऑटोमोबाइल इंजीनियर-कम-मैकेनिक भेज रखा था और वह महल के क़रीब ही एक आलीशान घर में रहता था।

इन विदेशी पेशेवरों, ख़ास मेहमानों, पड़ोस की रियासतों के राजाओं, अंग्रेज़ अफ़सरों और यहाँ तक कि क्रिकेट के मशहूर खिलाड़ियों के लिए वहाँ हर हफ़्ते दावतें होतीं। क्रिकेट खिलाड़ी इसलिए कि जामनगर भारतीय क्रिकेट की जन्मभूमि थी। हमें भी बुलाया जाता था, और अगर घर पर रुकने की कोई बड़ी वजह न हो तो, हम ज़रूर जाते थे—मेरे पिता अपना फ़र्ज़ निभाने, मेरी माँ इसलिए कि

घर में वह ऊब चुकी होतीं, और मैं इसलिए कि वहाँ बहुत अच्छी मिठाइयाँ खाने को मिलतीं।

लेकिन जामनगर में आख़िर हम कर क्या रहे थे?

यहाँ मैं आपको अपने परिवार का संक्षिप्त इतिहास बताना चाहूँगा जो हो सकता है। आपके लिए थोड़ा बोझिल या उबाऊ हो।

~

मैं उन लोगों में से नहीं हूँ, जो यह खोजने के लिए अपनी वंशावली खँगालते रहते हैं कि उनकी एक परदादी रूस के ज़ार की रिश्तेदार थीं और एक परनाना के भाई तो शायद महारानी विक्टोरिया के महबूब ही थे। मैं यह स्वीकार करके ख़ुश हूँ कि मेरे दादा बॉन्ड एक उम्दा फ़ौजी थे (वे ड्रिल सार्जेंट के ओहदे से रिटायर हुए थे) और मेरे नाना क्लर्क ने उत्तर रेलवे के लिए रेलगाड़ी के मज़बूत डिब्बे बनाने में मदद की थी। दादा अपनी रेजिमेंट के साथ जब इंग्लैंड से आए थे, उनकी उम्र सत्रह साल थी। नाना की पैदाइश डेरा इस्माइल ख़ान में हुई थी, जो सरहद की चौकी वाला इलाक़ा था। वहाँ उनके पिता कमिश्नर के दफ़्तर में क्लर्क थे। उस समय मि. डूरंड वहाँ कमिश्नर हुआ करते थे। ये वही शख़्स थे, जिन्होंने भारत (वह हिस्सा जो अब पाकिस्तान है) और अफ़गानिस्तान के बीच डूरंड रेखा खींची थी।

दादा बॉन्ड पैदल सिपाही थे, इसलिए हमेशा एक छावनी से दूसरी छावनी सफ़र करते रहते, जिसका नतीजा यह हुआ कि उनके चारों बच्चे अलग-अलग जगहों पर पैदा हुए। मेरे पिता का जन्म 24 जुलाई, 1896 को गर्मी और धूल-धक्कड़ वाले शहर शाहजहाँपुर में हुआ था। उनका बपतिस्मा शाहजहाँपुर के उसी छावनी चर्च में हुआ था, जहाँ क़रीब चालीस साल पहले, 1857 में विद्रोह भड़कने के बाद बाग़ियों ने प्रार्थना के लिए जुटे सभी लोगों को मार दिया था। मेरे पिता के दो भाई थे, जो अपनी कोई अलग पहचान नहीं बना पाए; लेकिन मेरे पिता अच्छे विद्यार्थी थे, और ख़ूब पढ़े-लिखे और जानकार। सनावर मिलिट्री स्कूल से पढ़ाई ख़त्म करने के बाद उन्होंने लवडेल (नीलगिरि) में शिक्षक का प्रशिक्षण पूरा किया। फिर तमाम नौकरियाँ करते हुए वह देश-भर में ख़ूब घूमे, इसमें तब के त्रावणकोर-कोचीन (अब केरल) में मुन्नार के एक चाय बाग़ान में असिस्टेंट मैनेजर के तौर पर नौकरी भी शामिल है। और इस दौरान वह तितलियाँ, डाक टिकट, पिक्चर पोस्टकार्ड, हिन्दुस्तानी रियासतों के राजचिह्न इकट्ठे करते रहे और ऐसा कुछ भी, जो उन्हें संग्रहणीय लगता। अपने शिक्षण-कौशल का इस्तेमाल करके

उन्होंने कई रियासतों में ट्यूटर की नौकरी की, जहाँ वह शाही ख़ानदान के बच्चों को अंग्रेज़ी बोलना और लिखना सिखाते ताकि वे अंग्रेज़ी पब्लिक स्कूलों में भेजे जाने लायक़ तैयार हो सकें। जिन दिनों वह मेरी माँ से मिले उन दिनों, वह अलवर रियासत में नौकरी कर रहे थे।

एक महीने की छुट्टी लेकर वह मसूरी के एक बोर्डिंग-हाउस में रह रहे थे। मसूरी देहरादून के ऊपर एक चोटी पर बसा लोकप्रिय हिल-स्टेशन है। यह सन् 1933 की गर्मियों की बात है। तब वह छत्तीस साल के थे। मेरी माँ अठारह वर्ष की थीं, और 'गन हिल' की ओट में बने कॉटेज अस्पताल में नर्स का प्रशिक्षण ले रही थीं। यह अस्पताल उनके पुराने स्कूल से ज़्यादा दूर नहीं था। वहीं वे मिले, और उनकी उत्कट व गर्मजोशी-भरी मुलाक़ातों का नतीजा यह कि जल्दी ही मैं वजूद में आ गया।

हम अगर ख़ुशनसीब होते हैं तो हम दिल और देह दोनों से समग्रता में प्रेम करते हैं, और मुझे यह सोचकर अच्छा लगता है कि मेरे माता-पिता ख़ुशनसीब थे। हालाँकि, उन दोनों में से किसी ने इसे कोर्टशिप जैसा कभी नहीं माना, और जब मैं सोचता हूँ कि मेरे कोख में आने से पहले उन्होंने एक-दूसरे के साथ कितना कम वक़्त बिताया तो मैं भी इसे कोर्टशिप नहीं कह पाता हूँ। जज़्बा-ए-इश्क़ मौसम की ज़रूरत थी, और उन्होंने एक-दूसरे को खोज लिया था; इसलिए मेरी पैदाइश में इत्तिफ़ाक़ की भूमिका दूसरे लोगों के मुक़ाबले कहीं ज़्यादा थी।

भावुक—और अक्सर वक़्ती तौर वाले रिश्ते मसूरी में बहुत आम थे; दरअसल इस हिल स्टेशन पर आनेवाले सैलानियों से ऐसे रिश्तों में पड़ने की काफ़ी उम्मीद की जाती थी। ब्रिटिश इंडिया की गर्मियों की राजधानी, शिमला, अमूमन हाकिम-हुक्काम और प्रशासनिक सेवा के महत्त्वाकांक्षी नौजवानों से भरी रहती थी। संयुक्त प्रान्त की राजधानी नैनीताल का हाल भी ऐसा ही था। लेकिन मसूरी ग़ैर-सरकारी क़िस्म का ठिकाना था। यह ऐसी जगह थी, जहाँ लोग अपने बड़े अफ़सरों की हिक़ारत-भरी निगाहों से दूर अपनी निजी ज़िन्दगी जीने चले आते थे। हिमालय के आगोश में आबाद मसूरी, शिमला के मुक़ाबले छोटी जगह थी, और देवदार के पेड़ों की छाँव में पिकनिक के बहाने गुपचुप प्रेम के लिए माकूल भी।

लेकिन गोपनीयता की यह एहतियात हमेशा ज़रूरी नहीं थी; दस्तूर अगर टूटे, भांडा फूटा और बदनामी हुई तो पहाड़ों की रानी उन सारे प्रसंगों को अपने समाजी सलीक़े में शामिल कर लेती। बहुत पहले सन् 1884 में, यहाँ आया कलकत्ता *स्टेट्समैन* का एक रिपोर्टर, यहाँ के 'समाज की बदचलनी' से इस क़दर ख़ौफ़ज़दा हुआ कि उसने दर्ज किया कि 'चर्च से निकलने के बाद औरतों और मर्दों की भीड़

ने एक शराबख़ाने का रुख़ किया और वहाँ बैठकर एक-दो पेग नहीं, बल्कि ख़ूब छककर शराब पी।' और यह कि 'एक फ़ैंसी बाज़ार में एक मोहतरमा कुर्सी पर खड़ी हो गईं और मर्दों को पाँच-पाँच रुपये में चुम्बन देने की पेशकश करने लगीं।'

सन् 1930 के दशक में मसूरी के माहौल में ज़िन्दादिली अपने चरम पर थी। उन्हीं दिनों की बात है कि एक चैरिटी शो में एक और मोहतरमा खड़ी हुईं और उन्होंने अपने एक चुम्बन की नीलामी की। जिसके लिए एक शख़्स ने 300 रुपये की बोली लगाई—उन दिनों इतनी रक़म से शायद एक छोटा कॉटेज ख़रीदा जा सकता था। यही वह साल था, जब मेरे माँ-पिता की मुलाक़ात हुई। बाद में मेरी माँ ने मुझे बताया था कि मेरे पिता की मित्रता उनकी बड़ी बहन एमिली से थी, अक्सर देहरादून आते-जाते हुए जिन्हें वह कुछ वर्षों से जानते थे। मगर बात बनी नहीं।

निजी ज़िन्दगी का यह थोड़ा जटिल इतिहास, और उनके बीच उम्र का फ़ासला भी मेरे माँ-पिता को दाम्पत्य सूत्र में बँधने से नहीं रोक सका, हालाँकि उनकी शादी का कोई दस्तावेज़ मुझे कभी नहीं मिला। लेकिन अगले ही साल कसौली में जारी हुए मेरे बपतिस्मा सर्टिफ़िकेट के लिए यक़ीनन वे मिस्टर और मिसेज़ बॉन्ड बने; इस सर्टिफ़िकेट में सबके पूरे नाम लिखे गए हैं : पिता ऑब्रे अलेक्ज़ेंडर बॉन्ड; माँ एडिथ डोरोथी; शिशु पुत्र ओवेन रस्किन बॉन्ड।

मुझे बाद में मालूम हुआ कि रस्किन नाम मेरे पिता ने ही चुना था। कौन जाने कि मन ही मन उनकी ख़्वाहिश रही हो कि मैं विक्टोरियन जॉन रस्किन जैसा लेखक और चित्रकार बनूँ? इस बाबत मुझे कभी पता नहीं चल पाया। और दूसरा फ़ालतू का नाम, ओवेन, भी उन्हीं का विचार था। वेल्श भाषा में ओवेन का अर्थ 'योद्धा' है तो शायद वह चाहते थे कि मैं कलाकार और सैनिक दोनों बनूँ! ख़ैर, एक तरह का कलाकार तो मैं बन गया। मगर मैं बहादुर इनसान बिलकुल नहीं हूँ, और न ही कभी रहा हूँ। मैं अक्खड़ हूँ और अड़ियल तो शर्तिया हूँ, मगर बहादुर हरगिज़ नहीं। तो यह ठीक ही हुआ कि ओवेन को किसी ने ख़ास तवज्जो नहीं दी; और जल्दी ही यह नाम भुला दिया गया।

मुझे नहीं पता कि मुझे जन्म देने के लिए मेरी माँ देहरादून में अपनी माँ के घर जाने के बजाय कसौली क्यों चली गई थीं। मेरे ख़याल से इसकी एक ठीक वजह मुझे गोपनीयता लगती है। बहरहाल, उनका यह फ़ैसला शायद ठीक ही था क्योंकि शिमला के क़रीब शान्त और छोटा-सा हिल स्टेशन कसौली बच्चे को जन्म देने के लिहाज़ से बढ़िया जगह थी, और मेरी माँ की दूसरी बहन भी वहाँ रह रही थीं। उनके पति डॉक्टर थे और पाश्चर इंस्टीट्यूट में काम करते थे। वहाँ से थोड़ी ही दूर सनावर मिलिट्री स्कूल था, जहाँ कुछ वर्षों तक मेरे पिता ने पढ़ाई

की थी। कसौली में उनके कई दोस्त भी थे, जिनमें चर्च के पादरी रेवरेंड मैकेंज़ी भी शामिल थे। उन्हीं के चर्च में मेरा बपतिस्मा हुआ था, और इस मौक़े पर सारे परिचित जुटे थे।

मेरे पिता के अनेक शौक़ थे जिनमें एक फ़ोटोग्राफ़ी भी थी, और वे तसवीरें मेरे पास अब भी महफ़ूज़ हैं जो उन्होंने अपने रोलीकॉर्ड कैमरे से खींची थीं, जिनमें जन्म के कुछ घंटे बाद के रस्किन की तसवीर है, एक दिन, दो दिन और एक महीने का रस्किन, और इसी तरह की तमाम तसवीरें। मिलिट्री अस्पताल में नर्स की बाँहों में या घर पर माँ या मौसी या पादरी की पत्नी श्रीमती मैकेंजी के साथ मेरी तसवीर। जब मैं एक महीने का हो गया तो हम कसौली से लौट आए। हमें वहाँ रोकने लायक़ कुछ ख़ास था भी नहीं। वह तो बस बच्चे को जन्म देने के लिहाज़ से माकूल जगह थी। कसौली से मेरे माँ-पिता देहरादून आ गए ताकि मेरे नाना-नानी के साथ कुछ वक़्त बिता सकें।

मेरे पिता को जामनगर रियासत में नौकरी मिल गई, और कुछ हफ़्तों बाद वे वहाँ चले गए। मेरी माँ और मैं कुछ महीनों तक देहरादून में रहे, फिर हम लोग भी जामनगर चले गए। मेरे पास एक तसवीर है जिसमें मैं 'प्रैम' में लेटे हुए फूलों और गुलदस्तों से घिरा हुआ हूँ, यह शायद, देहरादून के ही किसी फ़ोटो स्टूडियो में ली गई होगी। इसके पीछे एक छोटा-सा नोट दर्ज है : 'तुम्हारे बेटे नन्हे ओवेन की तरफ़ से प्यार और एक मीठी चुम्मी।' मेरी माँ की लिखावट में यह नोट मेरे पिता को सम्बोधित है। आत्मीय स्नेह का जो स्वर इसमें है, उससे अछूता रह जाना मुमकिन नहीं; इसमें एक सुखद अन्तरंगता का भाव है।

मेरे पास माँ की एक तसवीर है, जिसमें उनके पोर्ट्रेट को फूलों से सजाकर मेरे पिता ने फिर से फ़ोटो खींचा है, और फिर उसे उन्होंने अपने हाथ से रँगा भी है। यानी वह पहला साल घर में आनन्द, उमंग और प्रेम का समय रहा होगा। लेकिन यह सब महसूस करने के लिए उस समय मैं बहुत छोटा था।

~

जामनगर में, जिसे नवानगर भी कहते थे, मेरे पिता ने महल में छोटे राजकुमार और किशोर राजकुमारियों के लिए एक छोटा-सा स्कूल शुरू किया। सब मिलाकर वे कम से कम पाँच थे, या शायद ज़्यादा; लेकिन उनमें से तीन या चार मुझे अच्छी तरह याद हैं।

जामनगर भारत के पश्चिमी तट पर काठियावाड़ प्रायद्वीप में एक छोटा पत्तन नगर था। कच्छ की खाड़ी से गुज़रनेवाले छोटे स्टीमर वहाँ रुकते, और कभी-

कभी बड़े अरबी जहाज़ भी जिनके ऊँचे और विशाल सफेद पालों की सुन्दर छटा देखते ही बनती थी। देश के इस हिस्से में तमाम छोटी और आज़ाद रियासतें हुआ करती थीं, और ये सब ब्रिटिश राज की वफ़ादार थीं, लेकिन ज़्यादातर कामकाज में ख़ुदमुख़्तार थीं। जामनगर, जैसा कि मैं आपको पहले बता चुका हूँ, इन सब रियासतों में सबसे ज़्यादा ख़ास था क्योंकि यह भारतीय क्रिकेट की जन्मभूमि था।

जामनगर के पुराने शासक, रणजीत सिंह जी, इंग्लैंड के लिए टेस्ट क्रिकेट खेलते थे, और अपने खेल से उन्होंने विशिष्ट छाप छोड़ी थी। उनके भतीजे दुलीप भी उन्हीं के नक़्शेक़दम पर चले, लेकिन एक व्याधि की वजह से डॉक्टरों के कहने पर उन्होंने खेलना छोड़ दिया था। वीनू मांकड़ जैसे होनहार नौजवान खिलाड़ी जामनगर में क्रिकेट खेलना सीख रहे थे। मेरे पिता क्रिकेटर नहीं थे, मगर क्रिकेट के ज़्यादातर मैचों में हम पूरी निष्ठा के साथ शरीक होते। इन मैचों में इंग्लैंड या दूसरी जगहों से आनेवाली टीमें शामिल होती थीं; और मेरे माँ-पिता के सामाजिक दायित्वों के चलते ऐसे मौक़ों पर मुझे भी साथ ले जाया जाता था। तमाम रसूखदार लोग वहाँ मौजूद होते—जाम साहिब (अगर वह ख़ुद मैदान में नहीं होते तो बेदाग़ शेरवानी और चूड़ीदार पायजामे में होते) और उनके नौकर-चाकर, उनके परिवार के लोग और उनके यूरोपीय और भारतीय अफ़सरों का अमला, मेहमान अफ़सर, पड़ोसी रियासतों के राजकुमार आदि, और सफ़ेद तुर्रेदार पगड़ी वाले बेयरे नाश्ता लेकर लगातार इधर से उधर घूमते रहते।

क्रिकेट की मुझे बहुत याद नहीं है—बल्लेबाज़ी की तकनीक या गेंदबाज़ी के फ़रेब की दाद देने के लिहाज़ से मैं बहुत छोटा था—लेकिन क्रिकेट मैचों और शाही ख़ानदान के बच्चों के जन्मदिन की दावतों में इफ़रात मिलनेवाले खाने-पीने की चीज़ें याद हैं। इन दावतों में जाम साहिब के यहाँ काम करनेवाले सारे लोगों को बुलाया जाता था।

ऐसी दावतों में मैं गुलाब जामुन, जलेबी, रसगुल्ले और लड्डू पर जमकर हाथ साफ़ करता, और ऊपर से सनसनाता हुआ लेमोनेड। यह कोला ड्रिंक्स के हिन्दुस्तान आने के पहले के दिनों की बात है। मेरी माँ टोकतीं, 'देखो, ज़्यादा मत खाओ।' मगर मैं हमेशा ही बहुत ज़्यादा खा लेता था, और घर लौटकर मेरी तबीयत ख़राब हो जाया करती थी। तब और नसीहत देकर मुझे मेरी आया को सौंप दिया जाता। वह कहती, 'इत्ते सारे लड्डू, ढेर सारे लड्डू, मेरा बाबा कितना खाता है!' और फिर मुझे दुलारती। दुलार में उसने मेरा नाम ही 'लड्डू' रख दिया, जो धीरे-धीरे 'लाड़ला' हो गया।

आया का लाड़ला होने में मुझे कोई एतराज़ नहीं था। वह बहुत ही सुखद

व्यक्तित्व की औरत थी, उदार और स्नेही। चार या पाँच साल की उस उम्र में उसकी तकिये जैसी नर्म, गुदगुदी और विशाल काया मुझे भाती थी, जो मसालों की गन्ध और मेरी माँ के यू-डी-कोलोन की महक में डूबी रहती।

उन दिनों सुगन्धि के तौर पर यू-डी-कोलोन ही चलन में था क्योंकि दुकानों पर एक और इत्र 'इवनिंग इन पेरिस' के सिवाय और कुछ नहीं मिलता था, जिसके बारे में मुझे बाद में पता चला कि वह अलीगढ़ में बनता था और उसकी पैकिंग बम्बई में हुआ करती थी। बाज़ार के अन्दर वाले हिस्से में तेज़ महक वाले इत्र की छोटी शीशियाँ भी ख़रीदी जा सकती थीं—गुलाब या चमेली के अर्क से बना इत्र, जिसकी ख़ुशबू हफ़्तों तक बने रहने की गारंटी होती थी।

आया को समय-समय पर थोड़ा यू-डी-कोलोन लगाना पसन्द था, और मैं चोरी-छिपे उसकी बोतल आया को दे आया करता था। जब वह उसे अपने चौड़े सीने और मज़बूत बाज़ुओं पर छिड़क लेती तो मैं चुपके से वह बोतल अपनी माँ की ड्रेसिंग टेबल पर रख आता। मेरी इस मामूली मदद से वह बहुत अभिभूत रहती। जैसा कि अरस्तू ने कहा था—'मतलब की दोस्ती।'

और आख़िरकार एक रोज़ मेरी माँ ने देख लिया कि बोतल में यू-डी-कोलोन काफ़ी कम हो गया है।

ग़ुस्साकर उन्होंने पूछा, 'मेरा यू-डी-कोलोन कौन इस्तेमाल कर रहा है?'

'मैंने कुत्ते के ऊपर छिड़का था,' मैंने झट जवाब दिया, 'वह भयानक बदबू मार रही थी।' इतना बहानेबाज़ तो मैं तब तक हो ही चुका था।

वह बेचारी बूढ़ी अल्सेशियन थोड़ा-बहुत तो महकती थी, मगर इतना ज़्यादा नहीं। बहरहाल, उसे डेटाल के पानी से अच्छी तरह से नहलाया गया, और चूँकि नहाना उसे पसन्द नहीं था, इसलिए वह हफ़्तों तक रूठी रही।

मुझे टिन के एक बड़े टब में नहलाया जाता था। पानी में छपछप करके ग़ुसलख़ाने में सैलाब ले आना मेरा पसन्दीदा शग़ल था। इस वजह से मेरी माँ ख़ुद दूर रहकर भीगने के लिए आया को छोड़ देतीं। कभी-कभी मेरे साथ मेरे पिता भी उस टब में आ बैठते और हम दोनों मिलकर जहाज़ी-गीत गाते। ये नाविकों के गीत थे, जिन्हें पुराने जहाज़ों पर काम करते समय वे सब मिलकर एक सुर में गाते थे। इनमें मेरा पसन्दीदा गीत था, 'व्हॉट शैल वी डू विद द ड्रंकेन सेलर?' और मेरे पिता जब भी यह सवालिया पंक्ति गाते तो मैं गाकर झट जवाब देता था : 'पुट हिम इन अ टब एंड वेट हिम ऑल ओवर!'

पिता के साथ यह टब-स्नान एक तरह की रवायत बन गई, और कई सालों तक बनी रही, जब तक कि उन्हें मुझसे जुदा नहीं कर दिया गया। उन गानों को

वह 'रक्शंस' कहते, यह शब्द मुझे किसी डिक्शनरी में नहीं मिला, इसलिए मुझे लगता है कि यह उन्होंने ख़ुद ही गढ़ा था। ऐसे आशु गीत बनाने में उन्हें भी उतना ही मज़ा आता था, जितना कि मुझे। ऐसा करते हुए शायद वह ख़ुद अपने बचपन में लौट जाते थे। आमतौर पर वह एक गम्भीर और शान्त क़िस्म के इनसान थे, मगर उन मौक़ों पर शोरशराबे के साथ ही उनके मिज़ाज में लड़कपन दिखाई देता—और क्योंकि वह पिता और खेल के मेरे साथी थे, मेरे लिए वह 'डैडी' थे। मैं हमेशा उन्हें 'डैडी' ही बुलाता था, 'पिताजी' या 'डैड' या 'पापा' कभी नहीं कहा। मेरी माँ 'मम' या 'मम्मी' थीं; मगर मेरे पिता हमेशा 'डैडी' रहे।

एक और गीत जो हम गाते थे, वह था—'वी आर बाउंड फ़ॉर द रियो ग्रांडे':

वी हैव अ जॉली गुड शिप, एंड अ जॉली गुड क्रू
अवा—अए रियो!
अ जॉली गुड मेट एंड अ गुड स्किपर टू,
एंड वी आर बाउंड फ़ॉर रियो ग्रांडे!

से गुडबाय टु पोली, एंड गुडबाय टु सू
अवा—अए रियो!
एंड यू हू आर लिसनिंग, इट्स गुडबाय टु यू,
एंड वी आर बाउंड फ़ॉर रियो ग्रांडे!

गाने के ये बोल मुझे याद हैं क्योंकि हमारे रिकॉर्ड्स में से एक में यह गाना भी था। यह, और 'फ़ाइव डाउन बिलो' और बेहतरीन, बार-बार याद आनेवाला 'शेनैन्डोआ':

ओ, शेनैन्डोआ, आई लॉन्ग टु हियर यू—
अवे, यू रोलिंग रिवर।
ओ, शेनैन्डोआ, आई लॉन्ग टु हियर यू—
अवे, आय एम बाउंड टु गो...

जामनगर का बन्दरगाह हमारे बँगले से सिर्फ़ बीस मिनट की दूरी पर था। कई बार शाम को हम मोटर से एक छोटे-से रोज़ी बन्दर तक चले जाते, जिसके कमांडर ब्रिटिश नौसेना के रिटायर्ड अफ़सर मिस्टर बोर्न हुआ करते थे। मेरा हाथ पिता के हाथ में होता, और हम समन्दर के किनारे दूर तक टहल आते। उनके साथ मैं बन्दरगाह और समन्दर दोनों का ढंग से अन्वेषण करता और लौटते हुए

तमाम क़िस्म की नायाब सीपियाँ और कौड़ियाँ बटोर लाता। एक बार, मैं एक छोटा केकड़ा घर ले आया, जो कई दिनों तक एक ख़ाली टब में रहा। उस्मान ने कई बार मुझसे पूछा कि क्या वह इसे पका सकता है, लेकिन मैंने उसे ऐसा नहीं करने दिया। उस केकड़े से मुझे बहुत लगाव हो गया था—शायद दो या तीन दिनों तक, और फिर उसके बारे में मैं सब कुछ भूल गया। आख़िरकार, आया को उस निरीह प्राणी पर दया आ गई और वह उसे पास के एक कुएँ में डाल आई।

रोज़ी बन्दर में अक्सर हमें एक छोटा ब्रिटिश स्टीमर मिलता था। मेरे पिता और मैं उसके कप्तान से मिलने चले जाते थे। वह एक ख़ुशमिज़ाज वेल्श शख़्स था, जो मुझे चॉकलेट्स दिया करता था। चॉकलेट का तोहफ़ा उन दिनों बड़ी बात थी क्योंकि विलायती कन्फ़ेक्शनरी के ठिकानों के लिहाज़ से जामनगर बहुत छोटी जगह थी। मैं उस कप्तान के साथ समुद्र के सफ़र पर जाने के लिए तैयार था, क्योंकि मुझे यक़ीन था कि चॉकलेट्स सिर्फ़ भटकते हुए स्टीमरों पर ही मिल सकती हैं!

एक दिन, डैडी मुझे ख़ूब ऊँचे पालों वाले अरबी जहाज़ में घुमाने ले गए। वह काफ़ी बड़ा जहाज़ था, मगर बहुत ज़ोर-ज़ोर से डगमगाता था, शुरू में तो मेरी घिग्घी बँध गई थी। उसमें सवार होकर कुछ घंटों तक हम समन्दर के किनारे-किनारे चलते रहे और फिर उसने हमें एक छोटे-से बन्दर पर उतार दिया। ज़मीन पर वापस लौटकर मैं बहुत ख़ुश था। अपने पाँव मज़बूती से ज़मीन पर जमाये रखना मुझे हमेशा से पसन्द रहा है।

जामनगर में एक छोटा हवाई अड्डा था, और शाही ख़ानदान के बाईस-चौबीस साल के कुछ नौजवानों को अपने दो सीटों वाले एयरक्राफ़्ट 'टाइगर मोथ' उड़ाना और हवाई करतब दिखाने का शग़ल था। एक सजीले नौजवान राजकुमार ने मेरी माँ को ऐसी ही एक उड़ान में साथ आने की दावत दी तो वह मुझे भी अपने साथ ले गईं। बहुत अनिच्छा से कॉकपिट में मैं उनकी बगल में दबकर बैठ गया, और फिर हम उड़ चले! वह हवा में कुंडलियाँ बना रहा था, और चार पंखों वाली उस कमज़ोर मशीन से तमाम तरह की कलाबाज़ियाँ दिखा रहा था, और मैं इस क़दर गला फाड़कर चिल्ला रहा था कि अगर सुन पाते तो देवताओं के फ़रिश्ते भी कूच कर जाते। आख़िरकार जब हम नीचे उतरे तो मैं बुरी तरह ऊबा और थका हुआ था और दृढ़-संकल्प कर चुका था कि आइंदा कभी विमान में नहीं चढ़ूँगा।

हफ़्ते-भर बाद कुछ ऐसे ही करतब करते हुए इसी पायलट का एयरक्राफ़्ट क्रैश हो गया और उसकी जान चली गई। ज़मीन से टकराने पर, विंडशील्ड उड़ी और उसका सिर धड़ से अलग हो गया।

~

जामनगर में हम कम से कम तीन घरों में रहे। पहली रिहाइश एक पुरानी ख़स्ताहाल हवेली में थी, जिसकी छत हर बारिश में टपकती थी। इसके बाद, या शायद पहले, पुराने महल के एक हिस्से में रहे, जो बाहर से खँडहर जैसा दिखता था, मगर अन्दर से ठीक-ठाक और आरामदेह था (हालाँकि यह घर हमें चमगादड़ों और चूहों के साथ भी साझा करना पड़ा)। आख़िर में, हम 'टेनिस बँगले' में रहने आ गए, जो रोशनी वाला हवादार ठिकाना था। यहाँ हम सबसे लम्बे समय तक रहे।

टहलने की मेरी आदत की शुरुआत दरअसल जामनगर में ही हुई, क्योंकि वह लम्बे-चौड़े महलों, आलीशान लॉन और बड़े-बड़े बाग़-बग़ीचों वाली जगह थी। चार बरस का होते-होते, इस इलाक़े के बड़े हिस्से को मैं अकेले दम पर खँगालने लगा था। हालाँकि हवाई जहाज़ों और पानी के जहाज़ों से मुझे डर लगता था, मगर पशु-पक्षियों या रेंगनेवाले जन्तुओं से मुझे कोई परेशानी नहीं थी। महल के मैदान की पुरानी चहारदीवारी के आसपास कितनी ही तरह के साँप भरे पड़े थे, और मैं उन्हें अक्सर लॉन या ड्राइव-वे पर रेंगते हुए देखता। उनको तेज़ी से सरसराते हुए रेंगता देखकर मुझे ईर्ष्या होती, घर में पेट के बल लेटकर रेंगने की कोशिश मैंने भी की मगर मैं इसमें बहुत दक्ष साबित नहीं हुआ। हालाँकि मुझे कौतूहल होता था, लेकिन अपनी सहज बुद्धि से मैं यह बात भी जानता था कि अगर मैंने उनको परेशान नहीं किया या उनके रास्ते में नहीं आया तो साँप मुझसे दूर ही रहेंगे और मुझे रास्ता दे देंगे। मैं उनसे वैसा ख़ौफ़ नहीं खाता था, जैसे कि मेरी आया। 'साँप, साँप' चीख़ते हुए वह दौड़कर घर में घुस जाती, और मेरे पिता या ख़ानसामा को बाहर जाकर साँप को मारने के लिए कहती। साँप शायद ही कभी घर में दाख़िल होते थे, क्योंकि घर में जाने के लिए उन्हें कई सीढ़ियाँ चढ़नी पड़तीं, और ज़्यादातर साँप फ़ालतू मेहनत करके ख़ुद को थकाना पसन्द नहीं करते थे। यक़ीनन, जब तक कि उन्हें वहाँ कोई मेढक या मोटा चूहा नज़र नहीं आ जाता। अगर ऐसा होता तो फिर अपने नाश्ते या खाने पर झपटने के लिए वे बड़ी तेज़ी से रेंगते हुए ऊपर चढ़ जाते थे।

मेरे पिता के स्कूल वाला कमरा और टेनिस बँगला पुराने महल के मैदान में थे, जो काफ़ी हद तक उजाड़ था, और बुर्जों, सीढ़ियों और पोशीदा अँधेरे गलियारों से भरा हुआ था, जिनकी पड़ताल करना मुझे अच्छा लगता था। एक रोज़ दोपहर को मैं बड़ी मीनार में सबसे ऊपर तक चढ़ गया। वहाँ मुझे एक कमरा मिला, जिसके चारों ओर काँच की खिड़कियाँ थीं, और खिड़की के हर चौखटे में अलग

रंग का काँच जड़ा हुआ था। कुछ अर्से तक यह मेरी पसन्दीदा जगह रही, उस कमरे में जाकर मैं खिड़की से झाँकता ताकि बाहर की दुनिया को लाल, पीले, गुलाबी, नीले या सुर्ख़-सब्ज़ रंगों में देख सकूँ। अपने लिए यह फ़ैसला करने की सहूलियत मुझे भली लगती थी कि दुनिया को किस रंग का होना चाहिए! कमरा हमेशा ख़ाली रहता था, और एक निर्जन और दिलकश जगह के तौर पर यह मेरी स्मृति में बना रहा। क़रीब चालीस साल बाद, मैंने एक उम्रदराज़ राजकुमारी की कहानी लिखी, जिसने महल के माली के साथ शादी से रोके जाने के बाद अपना दिमाग़ी सन्तुलन खो दिया था और ख़ुद को इसी कमरे में बन्द कर लिया था। इस कहानी को मैंने 'कई रंगों का कमरा' (द रूम ऑफ़ मेनी कलर्स) नाम दिया था।

महल का कोई माली तो मैंने कभी नहीं देखा, लेकिन अगर कोई था भी तो यक़ीनन वह प्रकृति को अपने ढर्रे पर चलने देने में विश्वास रखता था। पुराने महल के मैदान का वह बग़ीचा असन्दिग्ध रूप से जंगल की शक्ल अख़्तियार कर चुका था। छायादार पेड़ों के बीच ऊँची घास में गेंदे और कॉसमॉस के बेहिसाब फूल उग आए थे। सफ़ेद, हल्के जामुनी और गहरे गुलाबी रंग के कॉसमॉस के फूलों के बीच घूमना मुझे पसन्द था, जो हमेशा बड़े दोस्ताना ढंग से सिर हिला-हिलाकर मुझे अपने क़रीब बुला रहे होते थे। वे गुलाबों की तरह नहीं थे। गुलाब मुझे बहुत नकचढ़ा फूल लगता था, शायद इसलिए कि काँटों की वजह से मैं उनके क़रीब नहीं जा पाता था। बेकार पड़ा एक पुराना कुआँ बेशुमार कबूतरों की रिहाइश था, दिन के समय उनकी कोमल गुटरगूँ, रात में पपीहे के कर्णभेदी क्रन्दन के एकदम उलट होती थी। चिड़िया मानो कहती हो, 'ओह, कितनी गर्मी है!' और फिर, धीरे-धीरे उसकी आवाज़ ऊँची होती जाती, 'वी फ़ील इट! वी फ़ील इट! वी फ़ील इट!'

महल के मैदान के ठीक बाद रियासत का फ़ार्म था। इसमें बतख़ और गीज़, मुर्ग़ियाँ और मुर्ग़े थे (जो भोर में ज़ोरदार बाँग लगाकर मुझे जगाने की पूरी कोशिश करते मगर नाकाम रहते)। पक्षियों में टर्की मेरे पसन्दीदा थे, जो ख़ासतौर पर क्रिसमस और नये साल की दावतों के लिए पाले जाते। रियासत में सिर्फ़ यूरोपीय लोग ही थे, जो टर्की के मांस के सच्चे गुणग्राही थे। मैं जब भी उनके पास से गुज़रता टर्की तेज़ आवाज़ में कुड़कुड़ाते हुए मिलते। मुझे उनके रंग-बिरंगे पंख और नंगे सिर के नीचे लटकते सुर्ख़ गलमुच्छे अच्छे लगते थे। वे हमेशा खाने के इन्तज़ार में रहते। बतख़ और गीज़ सारी जगह घूमते फिरते थे मगर टर्की अपने बाड़े में ही रहते, वैसे ही जैसे सूअर बाड़े में रहते—वे गुलाबी और मोटे सूअर सीधे इंग्लैंड से मँगाए गए थे।

महामहिम जाम साहिब के इस फ़ार्म की देखभाल एक प्रौढ़ वेल्श दम्पती श्रीमान व श्रीमती जेनकिंस करते थे। मेरे ख़याल से उनके बच्चे नहीं थे, और वे एक-दूसरे के साथ वक़्त बिताते हुए बहुत ख़ुश रहते। पशु-पक्षियों और किताबों-पत्रिकाओं की सोहबत उनकी ज़िन्दगी में थोड़े विविधता के रंग भरते थे। उनके बरामदे में 'पंच', 'कंट्री लाइफ़' और 'पिक्चर पोस्ट' पत्रिकाओं के ढेर लगे रहते। मेरी उम्र तब उन पत्रिकाओं को पढ़ने लायक नहीं थी, लेकिन तसवीरों और कार्टूनों के लिए उनके पन्ने पलटना मुझे भाता था। एडगर वालेस मिस्ट्रीज़ के भड़कीले कवर भी मुझे लुभाते थे मगर यह रहस्य-रोमांच और जासूसी कथाओं के लिए मेरे जुनून से कुछ बरस पहले की बात थी।

जामनगर के उन सालों के दौरान मेरे पास सिर्फ़ दो किताबें थीं—नर्सरी कविताओं की एक बड़ी-सी किताब और 'एलिस इन वंडरलैंड' का एक फटा-पुराना संस्करण। अपने पिता की मदद से ऐलिस को पढ़ते हुए ही मैंने पढ़ना सीखा। उस किताब में मैड हैटर, द मार्च हेयर, द डोरमाउस, बेचारी बिल द लेज़र्ड, चेशायर कैट, और हुक़्क़ा पीता दार्शनिक कैटरपिलर मेरे प्रिय पात्र थे। अलबत्ता ऐलिस के साथ मैं सचमुच तालमेल नहीं बैठा सका, वह मुझको कुछ कुलीन क़िस्म की किरदार लगती थी।

यह सारी पढ़ाई क्लास से बाहर हुई, क्योंकि स्कूल में मुझे भर्ती नहीं कराया गया था। कई बार मैं अपने पिता की कक्षाओं में जाकर बैठ जाता, मगर पढ़ने के इरादे से नहीं, बस मज़े के लिए। बग़ीचों का चक्कर लगाते हुए और पुराने महल में भटकते हुए जब मेरा मन करता, मैं वहाँ चला जाता। उनके विद्यार्थियों में जामनगर की चार राजकुमारियाँ थीं—मन्हा, झनक, रत्ना और हाथी। मैं उनकी डेस्क के सामने देर तक खड़ा रहता और उन्हें अपनी किताबों में नज़र गड़ाए देखता रहता। इसका नतीजा यह हुआ कि मैंने उलटा पढ़ने का हुनर सीख लिया। कभी-कभार, मैं अब भी उलटा पढ़ने लगता हूँ, ख़ासकर तब जब मेरी आँखों को कसरत की ज़रूरत मालूम देती है या फिर जब कोई किताब मुश्किल और उबाऊ होने लगती है।

दो सबसे बड़ी राजकुमारियाँ—जो नौ या दस साल की रही होंगी—बहुत ख़ूबसूरत थीं और मैं उन पर मुग्ध था। हालाँकि उनके लड़की होने का मुझे पक्का यक़ीन नहीं था। वे हमेशा बन्द गले की जैकेट और पतलून पहने रहतीं और उनके बाल भी काफ़ी छोटे थे। मेरे पिता ने जब मुझे बताया कि वे लड़के नहीं, लड़कियाँ हैं तो मैं थोड़ी उलझन में पड़ गया। मुझे संकोच होने लगा और अब मैं उनसे पहले की तरह घुलमिल नहीं पाता था, और जैसाकि स्वाभाविक

है, उनके प्रति मेरी आसक्ति थोड़ी और बढ़ गई थी।

सबसे छोटी राजकुमारी हाथी कमोबेश मेरी हमउम्र थी, और उस अनौपचारिक कक्षा में खेलकूद की मेरी जोड़ीदार थी। रियासत के वारिस छोटे राजकुमार अभी स्कूल नहीं जाते थे, लेकिन कभी-कभी मेरे साथ खेलने के लिए बँगले पर आ जाते थे। हमारे खेल का एक और संगी जाम साहिब के सेक्रेटरी का ख़ुशमिज़ाज बेटा था। यह सेक्रेटरी एक बंगाली सज्जन थे, जिनका तलफ़्फ़ुज़ ख़ासा मीठा था। और फिर मुझसे दो साल छोटी मेरी बहन एलेन थी, जिसे तिपहिया साइकिल पर बैठाकर मैं बग़ीचे के चक्कर लगाता। उसके जन्म के वक़्त कोई कठिनाई पेश आई थी और उसके सिर में चिमटी लगने से घाव हो गया था, जिसकी वजह से न केवल उसका स्वाभाविक विकास प्रभावित हुआ बल्कि ज़िन्दगी-भर के लिए वह लगभग अपाहिज हो गई। ये लोग और कई दूसरे साथी मेरे पिता की तसवीरों में अब भी जाने-पहचाने चेहरे हैं। बचपन में हम कितने सुन्दर दिखते हैं—कितने मासूम और मक्कारी से अछूते, हमारे चेहरे शान्त और बेदाग़—नहाने और बाल कटाने और क्रीम बिस्कुट ख़त्म हो जाने के सिवाय और कोई फ़िक्र ही नहीं होती।

हर महीने बाल कटाना मेरे लिए सबसे ज़्यादा झंझट का काम था। मुझे इससे नफ़रत थी। बरामदे की सीढ़ियों पर नाई को देखते ही मैं छिपने के लिए दौड़ता, और आया पूरे घर में मेरे पीछे-पीछे तब तक भागती, जब तक कि मेरी माँ मुझे पकड़ नहीं लेतीं। फिर एक चादर में लपेटकर मुझे एक ऊँची कुर्सी पर बैठा दिया जाता, हालाँकि वहाँ से छूट भागने की जद्दोजहद में मैं तब भी पैर पटकता रहता। नाई बावला-सा दिखनेवाला एक शख़्स था, जिसके पास ग़ैरमामूली आकार वाली कैंची होती थी। मेरे नखरों से वह झल्ला उठता, और नतीजा यह होता कि मेरी शक्ल डैंडी या बिएनो कॉमिक के झाड़ू-से बालों वाले दुष्ट बच्चों की तरह हो जाती।

मेरी कई बुरी आदतों में एक अँगूठा चूसना भी था। लाख जतन करने के बाद भी मेरी यह आदत नहीं छूटी, और इसका नतीजा यह कि पाँच या छह साल का होने तक मेरे दाँत बाहर की तरफ़ निकल आए थे। इतने सालों में दाँत तो थोड़े ठीक-ठाक हो गए, लेकिन बाल कटाने के उन दिनों के नतीजे से मैं कभी उबर नहीं पाया, झपकी लेकर उठने या सैर से लौटने या किसी सार्वजनिक कार्यक्रम में मौजूदगी के दौरान मेरे बाल खड़े हो जाते हैं और कुछ-कुछ स्टैन लॉरेल की तरह दिखने लगते हैं। इधर जब ऐसे नौजवानों को देखता हूँ, जो अपने अच्छे-ख़ासे बालों को झाड़ू की तरह सजाये घूमते हैं तो लगता है कि आख़िरकार मैं भी फ़ैशन में आ गया हूँ।

नाई की कैंची का वह तकलीफ़देह तजुर्बा झेल लेने के बाद कभी-कभी मेरे

पिता मुझे सिनेमा दिखाने ले जाते थे। शहर के उस छोटे-से सिनेमाघर में ख़ास मौक़ों पर अंग्रेज़ी फ़िल्में दिखाई जाती थीं। उन फ़िल्मों में से एक 'टार्ज़न द एप मैन' मुझे ख़ूब याद है। टार्ज़न के किरदार में चैंपियन तैराक जॉनी वाइसमुलर थे, जो एक फड़फड़ाती मिनी स्कर्ट पहनते और बहुत कम बोलते थे, मगर वह ऊँची-ऊँची चट्टानों से गहरी नदियों में छलाँग लगा देते और उन बेलों और लताओं को पकड़कर लहराते हुए बड़े आराम से एक पेड़ से दूसरे पेड़ तक पहुँच जाते, जो उनकी सहूलियत के लिए क़रीने से लटकी हुई मिलती थीं। घर लौटकर, मैंने अपनी माँ के पर्दों से झूलने की कोशिश की, और दो पर्दे फाड़ बैठा। मुझसे कहा गया कि मैं उन फटे हुए पर्दों की सिलाई करूँ, और अपनी मेहरबान आया की मदद से मैंने उन पर्दों की मरम्मत कर भी डाली।

और यहाँ ठहरकर मैं आपको अपनी आया के बारे में कुछ और बताना चाहता हूँ, सफ़ेद साड़ी में लिपटी वह काया मेरी सरपरस्त देवदूत, धाय माँ, दोस्त और अज़ीज़ सब कुछ थी। मेरी माँ की उम्र कम थी, दिल से वह और भी कमउम्र थीं। वह अक्सर ही लंच या चाय पार्टियों में शामिल होने के लिए घर से बाहर रहतीं, जो शाही घराने की औरतों के पसन्दीदा आयोजन होते थे। या फिर शाही युवाओं की पिकनिक और सैर-सपाटे में साथ रहतीं। मेरे पिता मेरे साथ ज़्यादा वक़्त बिताते थे, मगर दिन-भर उन्हें भी काम पर ही रहना पड़ता। मेरी देखभाल का ज़िम्मा नौकरों पर था—ख़ासतौर पर जामनगर रियासत से मिली हुई आया पर। इस इन्तज़ाम पर मुझे कोई एतराज़ नहीं था, क्योंकि सारे नौकर मुझे ख़ुश रखते थे। इनमें सबसे ज़्यादा, आया।

वह शायद काठियावाड़ के मछुआरा समुदाय की थी या उत्तर भारत के किसी ग़रीब मुस्लिम परिवार से। ऐसे परिवारों के लोग ईसाई और एंग्लो-इंडियन लोगों के घरों में काम करते थे। वह तीस से ऊपर की थी और भारतीय महिलाओं के शारीरिक सौष्ठव के लिहाज़ से असाधारण रूप से लम्बी-चौड़ी थी। उसकी काया पपीते की तरह थी, फैले हुए कूल्हों और जाँघों वाली। मैंने सुना था कि उसका अपना परिवार है लेकिन मैंने उसके परिजनों को कभी देखा नहीं, और न ही उसने कभी उनके बारे में कोई बात की। वही थी, घर में रहते हुए जिसके साथ मेरा ज़्यादा समय बीतता था—वह पूरे दिन रहती, मेरे कपड़े धोती, मुझे नहलाती और हिन्दुस्तानी ज़बान में मुझे जिन्नों और परियों की कहानियाँ सुनाती, उस सुन्दर राजकुमारी की कहानी भी, जिसके प्यार-भरे स्पर्श से एक साँप राजकुमार में बदल गया था।

आया के हाथ बड़े और खुरदरे थे और नहलाते समय उसका साबुन लगाना और रगड़ना मुझे भाता था, पीठ और पेट पर चलते उसके हाथों से होनेवाली गुदगुदी में मुझे मज़ा आता। उन हाथों को वह कुछ ज़ोरदार थप्पड़ लगाने के लिए भी इस्तेमाल करती, क्योंकि मैं सचमुच बहुत दुष्ट था। लेकिन मेरी आँखों में आँसू देखते ही उसका ग़ुस्सा झट से ग़ायब हो जाता। और तब वह ख़ुद भी रो पड़ती, चूमते हुए मुझे खींचकर अपने अन्दर समेट लेती, मेरे चेहरे को अपने गर्म सीने में दबा लेती। गले लगाना और चूमना, और जब-तब का लाड़-दुलार, शैशव और बचपन की ख़ुशियों में से एक है। इस तरह प्रेम जताना मेरी माँ के स्वभाव में नहीं था—कभी-कभार गाल पर चूम लेना भर उन्हें काफ़ी लगता। लेकिन आया ने इसकी कहीं ज़्यादा भरपाई की। वह मेरी नाभि चूम लेती और पेट में नाक गड़ाकर दूसरे नौकरों से कहती, 'मन करता है कि इसे खा जाऊँ! मैं इसको खा जाना चाहती हूँ!'

आया ने मुझे बहुत कुछ सिखाया। पान खाना इन्हीं में से एक था। बेशक चूने और सुपारी की वजह से वह कुछ कड़वा लगता मगर स्वाद की मुझे परवाह नहीं थी, मैं तो उसके लाल रस पर मुग्ध था, आया बग़ीचे के झाड़-झंखाड़ के तमाम कोनों में बड़े सटीक ढंग से जिसकी पिचकारी मारा करती थी। मेरे माँ-पिता जब बाहर होते थे तो वह मेरे लिए एक छोटा-सा पान बनाती थी—मुझे लगता है कि वह उसमें थोड़ी चीनी भी डाल देती थी—और मैं पान चबाता हुआ रसोई में बैठकर आया और रसोइये के साथ गप्पें मारता। मेरे माँ-पिता के घर लौटने के पहले आया गर्म पानी से मेरा मुँह धुलाती, और अपनी खुरदरी उँगलियों से रगड़-रगड़कर मेरे दाँत साफ़ कर देती थी।

आया से मुझे प्रेम हो गया था—यह माँ के प्रति बच्चे का प्रेम था, मगर यह नफ़्स-परस्त, दैहिक प्रेम भी था। मुझे उसकी चमड़ी की महक और पान की गन्ध में बसी उसकी साँसें और उसकी चमकीली मुस्कान बहुत पसन्द थी। उसे मेरी कोमल गोरी त्वचा से प्यार था, वह बेइंतहा लाड़ से मुझे नहलाती और कपड़े पहनाती, और मेरे माँ-पिता समेत हर किसी से मेरा बचाव करती।

अगर मैं संतरे का बीज निगल लेता तो आया कहती कि मेरे पेट में संतरे का पेड़ निकल आएगा। कल्पनाशील बच्चा होने के नाते मैं फ़िक्रमन्द हो उठता क्योंकि मैंने सुन रखा था कि संतरे के पेड़ में काँटे होते हैं। अपने माँ-पिता को मैं बेवजह परेशान नहीं करना चाहता था, इसलिए अपनी समस्या लेकर मैं मिस्टर जेनकिंस के पास ले गया वह गम्भीर दिखे, थोड़ी देर तक सोचते रहे, फिर कहा : 'फ़िक्र मत करो, यह बहुत छोटा-सा पेड़ होगा।'

मेरी चिन्ता अभी बनी हुई थी तो मैंने उस्मान से सलाह माँगी। उसने हँसते हुए कहा, 'तुम्हारी आया ख़ालिस गपोड़ी है, उसकी बात मत सुना करो।'

'गपोड़ी क्या होता है?' मैंने पूछा।

'ऐसा आदमी जो कहानियाँ गढ़ता है—और लम्बी-चौड़ी हाँकता है। जाओ और जाकर उसे बताओ कि तुमने सेम निगल लिया है।'

मैंने जाकर आया को ऐसा ही बताया तो उसने कहा, 'ओह, बाबा, अब तो आपके अन्दर सेम का झाड़ उग रहा होगा!'

'और उसमें कोई दैत्य भी रहता होगा?' मैंने पूछा।

यह सुनकर उसकी हँसी छूट गई। वह समझ गई कि मैंने उसका झूठ पकड़ लिया है।

'उस्मान कहता है कि तुम गपोड़ी हो,' मैंने उसे बताया। और तब उसका और उस्मान का भयंकर झगड़ा हुआ। उसने उस्मान को पूरे घर में दौड़ाया और तब जाकर माफ़ किया, जब उसने कहा कि उसका मतलब था कि वह परी है, गपोड़ी नहीं।

फिर भी, मुझे लगता है कि क़िस्से सुनाने के बारे में आया से मैंने कुछ सीखा है, और उस्मान से भी, हालाँकि मुझे नहीं मालूम था कि किसी रोज़ ख़ुद मैं भी एक तरह का गपोड़ी बन जाऊँगा।

~

मेरे माँ-पिता अक्सर झगड़ते थे। इसकी एक वजह तो उम्र और स्वभाव का अन्तर था, जो प्यार का तूफ़ान गुज़र जाने के बाद सामने आया। बेशक, उस समय मुझे यह समझ नहीं आया। मसूरी के उस मुख़्तसर मेलजोल में अगर पूरी ज़िन्दगी साथ गुज़ारने का भावावेश शामिल न हुआ होता तो शायद वे दोनों ज़्यादा ख़ुश इनसान होते।

जामनगर में रात्रि-भोज और शादी की दावतें अक्सर होती थीं—काठियावाड़ में कई छोटी रियासतें थीं। वे लोग हमेशा अन्तर्विवाह करते और फिर एक-दूसरे के यहाँ आना-जाना चलता ही रहता था। मम्मी वहाँ जाना चाहतीं। लेकिन डैडी को अपने डाक टिकटों के संग्रह से ही फ़ुरसत न मिलती...

उनका यह संग्रह अद्‌भुत था, जिसमें दुनिया-भर के डाक-टिकट ख़ास तरह के एलबमों में बड़े क़रीने से लगे होते—भारत, ब्रिटेन, ऑस्ट्रेलिया, सीलोन, ज़ंज़ीबार और प्रशान्त क्षेत्र के तमाम द्वीप राष्ट्रों के लिए अलग-अलग एलबम। इनमें कुछ हाल में जारी डाक टिकट थे, बाक़ी दूसरे पुराने और दुर्लभ, डैडी उनके सेट पूरे

करते और ख़ूबसूरत एलबमों में उन्हें व्यवस्थित करके लगा देते। मशहूर फ़र्म स्टैनली गिबन्स की रजिस्टर्ड चिट्ठियाँ आतीं, जिनमें ख़रीदी गई चीज़ें या उनके नमूने होतीं, और गिबन्स के डाक टिकटों के कैटलॉग को बुकशेल्फ़ में बड़ी शान से जगह मिलती।

अक्सर, शाम को, मैं सिगार के बॉक्स में रखे फुटकर डाक टिकट छाँटने में अपने पिता की मदद करता था। उस दौरान कमरे में इतालवी ओपेरा स्टार गिगली की आवाज़ में उनके मशहूर गीतों में से कोई एक गूँज रहा होता। जब भी रिकॉर्ड ख़त्म होता, सूई और रिकॉर्ड बदलने के लिए मैं ग्रामोफ़ोन के पास दौड़ता।

'कुछ हल्का-फुल्का लगा दो, रस्किन,' माँ की आवाज़ सुनाई देती तो मुझे अहसास होता कि पूरे समय वह कमरे में ही थीं। डैडी ने भी शायद उनकी मौजूदगी पर ग़ौर नहीं किया था।

'कुछ हल्का-फुल्का लगा दूँ।' लेकिन हमारे पास फ़ॉक्स-ट्रॉट या रूम्बा का कोई रिकॉर्ड था ही नहीं। मेरे पिता के संग्रह में, सिर्फ़ स्ट्रॉस के वाल्ट्ज़ ही थे, जिन्हें हल्का-फुल्का कह सकते हैं। तो उन्होंने मुझे वाल्ट्ज़ सिखाया—हालाँकि बहुत अनमने ढंग से, क्योंकि यह उनकी पसन्दीदा शैली नहीं थी—और हम 'ब्ल्यू डेन्यूब', 'रोजेज़ ऑफ़ द साउथ' और 'टेल्स फ़्रॉम द वियना वुड्स' जैसे दिलकश गीतों की लय पर क़दम मिलाते हुए बरामदे या अपने छोटे-से ड्राइंग-रूम में चारों ओर घूमते रहते थे।

एक दिन जब मैं आया के साथ अकेला था, मैंने उसे भी वाल्ट्ज़ सिखाने की कोशिश की, लेकिन वह तो उन्माद में लहालोट होकर बरामदे की सीढ़ियों पर ढह गई। ऐसे गँवारू अनुष्ठान में शरीक होने पर किकियाते हुए वह बेतहाशा हँसे जा रही थी।

'उठो, उठो,' मैंने कहा। 'उठ जाओ और मेरे साथ नाचो।' पर उसने मना कर दिया, उसका हँसना फिर भी बन्द नहीं हुआ, ग़ुस्साकर मैंने उसे चिढ़ाने के लिए 'आया-पपाया' कहा और फिर ख़रगोश की तरह दौड़ गया।

बाद में, इस विशेषण का इस्तेमाल मैंने एक कविता, जो मेरी पहली साहित्यिक कोशिश रही होगी। इसमें कोई शक नहीं कि यह कविता नर्सरी राइम्स की बड़ी किताब, डैंडी कॉमिक्स और मिस्टर जेनकिंस के फ़ार्म के जानवरों से प्रेरित है। यह कुछ इस तरह थी :

गॉबल-गॉबल सेड द टर्की,
हॉक-हॉक सेड द गूज़।

क्लक-क्लक सेड द लिटिल हेन,
स्क्विक-स्क्विक सेड द माउस।
क्लैंग-क्लैंग वेंट ऑवर मोटर-कार,
बैंग-बैंग वेंट द वेडिंग बैंड।
कटर-कटर वेंट द पॅर्क्युपाइन,
टॉटिल-टॉटिल वेंट द ट्रेन।
नथिंग-नथिंग सेड द गोल्डफ़िश,
एंड द अर्थवर्म सेड द सेम।
स्लीप टाइट, सेज़ आया-पपाया,
*एंड गॉड प्रोटेक्ट ऑवर लिटिल बाबा।**

ग़ौर कीजिए कि ज़्यादा तुकबन्दी मेरी पंक्तियों के आख़िर में होने के बजाय शुरुआत में है। यानी पहले से ही, मुझे चीज़ों को उलटा करने में ज़्यादा मज़ा आ रहा था। किताबों को उलटा पढ़ने की तरह ही यह बड़े काम का कौशल है, ख़ासकर जब ज़िन्दगी मुश्किल और उबाऊ होने लगे।

और पहली जुदाइयाँ

ओह, एडॉल्फ़
यू हैव बिटेन ऑफ़
मच मोर दैन यू कैन च्यू,
कम ऑन
होल्ड योर हैंड आउट,
व्ही आर ऑल फ़ेड अप विद यू...

* टर्की करती गॉबल-गॉबल, हॉक-हॉक करता है गूज़। कुड़क-कुड़क करती है मुर्ग़ी, चिक-चिक करता चूहा। झन-झन चलती मोटर अपनी, ढम-ढम बजता बाजा। कटर-कटर साही गुंजाती, खटर-खटर रेलगाड़ी जाती। गोल्डफ़िश रहती चुपचाप, केंचुआ जाता अपनी चाल। नींद भली आ जाए तुमको, कहती आया-पपाया, और ख़ुदा की पनाह में रहे हमारा छोटा बाबा।

यह आर्थर आस्की के गाए गीत का टुकड़ा है। नाटे क़द वाले ब्रिटिश हास्य अभिनेता आर्थर आस्की ने 1939 में दूसरा विश्वयुद्ध छिड़ने के कुछ समय बाद ही इसे गाया था। मेरे पिता ने बम्बई के अपने किसी सफ़र में यह रिकॉर्ड ख़रीदा था, अपने ग्रामोफ़ोन पर यह गीत सुनना मुझे बहुत अच्छा लगता। फ़राख़दिल गायक आर्थर, यक़ीनन जर्मन तानाशाह एडॉल्फ़ हिटलर का ज़िक्र कर रहे थे, जिसकी फ़ौज के जैक बूटों ने यूरोप के ज़्यादातर हिस्से को रौंद डाला था।

छह साल बाद, हिटलर को यह अहसास हुआ कि सचमुच वह जितना चबा सकता था, उससे कहीं बड़ा निवाला उसने काट लिया था। उसकी फ़ौजें बिखर गईं, और बर्लिन के अपने बंकर में उसने ख़ुदक़शी कर ली।

लेकिन जब हम जामनगर में थे, तब जंग ख़त्म होने के कोई आसार दिखाई नहीं देते थे, यों बेशक हम इससे काफ़ी अलग-थलग थे। मुझे याद नहीं पड़ता कि मैंने जंग की बाबत घर में बहुत कुछ सुना हो। यूरोप और पूर्वी एशिया की विभीषिका के बारे में मैं कई साल बाद जान पाया। इसके साथ ही युद्ध से जूझ रहे मित्र देशों को जाम साहिब के सहयोग के बारे में भी मालूम हुआ, जो इनसानियत की अनूठी मिसाल थी। जर्मन फ़ौजों ने जब पोलैंड पर हमला किया तो उस असहाय देश के शरणार्थियों के लिए उन्होंने अपनी रियासत के दरवाज़े खोल दिये। छोटे जहाज़ों में पोलैंड से भागे हुए कई सौ बच्चे और औरतें एक के बाद दूसरे बन्दरगाह तक पहुँचते, मगर हर जगह अफ़सरों ने उन्हें जहाज़ से उतरने की इजाज़त देने से इनकार कर दिया, बम्बई के ब्रिटिश गवर्नर ने भी मना कर दिया तो जाम साहिब उन सबको रोज़ी बन्दर ले आए। बालाचडी में अपने 'समर पैलेस' के क़रीब एक ख़ास शिविर में उन्हें रखा, जहाँ वे लोग जंग ख़त्म होने तक रहते रहे।

जाम साहिब स्वतंत्रता पूर्व के भारत में कुछ रौशनख़याल राजाओं में से एक थे, और जब आज़ादी आई तो रियासतें ख़त्म किये जाने के फ़ैसले को उन्होंने सहजता से स्वीकार किया। उनके पड़ोसियों में से एक, जूनागढ़ का झक्की नवाब, अपने कई प्रिय कुत्तों को साथ लेकर पाकिस्तान भाग गया। हालाँकि उनमें से काफ़ी सारे उसे पीछे ही छोड़कर जाने पड़े। उसने कई सौ कुत्ते पाल रखे थे। संयोग से, जूनागढ़ के जंगलों के शेरों पर इस राजनीतिक उथल-पुथल का कोई असर नहीं पड़ा, और आज वे एशिया महाद्वीप में शेरों के अस्तित्व का अकेले प्रतिनिधित्व करते हैं।

राजस्थान में अलवर के महाराजा, जो मेरे पिता के पुराने नियोक्ता थे, उस युग के एक और विचित्र शासक थे। उन्होंने एक बड़ी जन्तुशाला बना रखी थी, जिसमें

तरह-तरह के जानवर थे। इन जानवरों को ले जाकर रंगशाला में खोल दिया जाता था ताकि राजा यह देख सकें कि जानवर एक-दूसरे के साथ क्या बर्ताव करते हैं। डैडी के साथ मेरी माँ अलवर में थोड़े समय ही रहीं। वह बताती थीं कि ख़ुद को रोमन सम्राट नीरो की तर्ज पर ढालनेवाले महाराजा को परपीड़ा में सुख मिलता था, वह उन तमाम जानवरों को आपस में भिड़ते और एक-दूसरे के चीथड़े उड़ाते देखते तो ख़ूब ख़ुश होते—भैंसे को लहूलुहान करता बाघ, अजगर की पकड़ से छूटने के लिए छटपटाता भालू, या किसी तेंदुए के शावक को कुचलता हाथी।

इस विक्षिप्त राजा को एक बेटे की चाहत थी, मगर उसकी पत्नियाँ बेटियों को ही जन्म देती रहीं। एक और बेटी के जन्म पर वह इस क़दर ग़ुस्साया कि नवजात को उठाकर दूसरी मंज़िल की खिड़की से बाहर फेंक दिया। नीचे खड़े एक संतरी ने ऊपर से वह गठरी गिरती देखी तो हाथ फैलाकर उसे लपक लिया। राजा क्रिकेटर नहीं था, इसलिए अपने संतरी की यह फुर्ती उसे रत्ती-भर नहीं सुहाई; इसलिए उसने उसकी जान ले ली। वह बच्ची मगर बच गई और उसने नब्बे साल की उम्र पाई।

हिन्दुस्तानी नीरो की ऐसी और दूसरी तमाम कहानियाँ मैंने वर्षों बाद सुनी है। उस समय तो मैं अपनी माँ के गर्भ में था। तब उन्होंने और मेरे पिता ने अलवर छोड़ना ही बेहतर समझा और मेरे जन्म के लिए शानदार और सुरक्षित जगह कसौली चले गए।

~

उन पुराने दिनों में भारत की कुछ रियासतों में विचित्र वाक़ये अक्सर होते थे। लेकिन जामनगर में नहीं।

जामनगर में राजकुमार क्रिकेट खेलते या हवाई जहाज़ उड़ाते थे। समझदारी का माहौल था। क्रिसमस के लिए टर्की थे। लड़के मोहक गीत गाते। हम, जाम साहिब से शोफ़र समेत मिली, हिलमैन में घूमते। और मुझको दुलारने और मग्न रखनेवालों—शाही कुनबे, पड़ोसियों और नौकरों—की सोहबत मिली।

लेकिन मेरे साथ खेलने के लिए बच्चे बहुत कम थे, सिवाय इसके कि कभी-कभार छोटे राजकुमार आ जाते, या फिर जब शाही परिवार के बच्चों के जन्मदिन पार्टियाँ होतीं। लेकिन उपद्रव और गुलगपाड़ा करने के लिए आया हमेशा मेरे साथ होती, विचित्र और असम्भव-सी कहानियाँ सुनाने के लिए उस्मान, पत्रिकाएँ उधार देने के लिए जेनकिंस दम्पती और सैर पर अपने साथ ले जाने के लिए मेरे पिता। इन सोहबतों का असर यह कि अगले तमाम वर्षों तक, बच्चों के मुक़ाबले बड़ों

के साथ मैं ज़्यादा सहज महसूस करता रहा। घर में बच्चे के नाम पर सिर्फ़ एलेन ही रही थी, मगर ईश्वर की बेदर्द लापरवाही यह कि वह ताउम्र त्रिशंकु की तरह जीने को अभिशप्त हुई, न तो बच्चा रही और न ही वयस्क, ठीक से देखने या चलने में भी असमर्थ। हमने उसके लिए एक दाई रख दी थी, इससे हमें ख़ुद को यह यक़ीन दिलाने कि सब कुछ ठीक चल रहा है और ज़िन्दगी में आगे बढ़ने की सहूलियत हो गई।

वह अपनी दाई से शिकायत करती, 'रस्किन मेरे साथ नहीं खेलता,' तो मैं उसे तिपहिया साइकिल पर बैठाकर थोड़ी देर तक बग़ीचे का चक्कर लगाता और फिर बग़ीचे में भाग जाता, या रंगीन खिड़कियों वाले कमरे में चला जाता।

इन सबके बीच, माँ-डैडी के झगड़े बढ़ते ही गए, और इसने हमारी ज़िन्दगी की लय भंग कर दी। कर्कश लफ़्ज़ और बेवजह ग़ुस्से में चिल्लाने की आवाज़ें गूँजतीं। मेरी माँ घर छोड़कर जाने की धमकी देतीं, या पिता उनको धमकाते कि घर से बाहर निकाल देंगे, और यह सब कुछ बहुत डरावना होता था। मैं असहाय और असुरक्षित महसूस करता, और असुरक्षा की यह भावना ज़िन्दगी-भर के लिए मेरे मानस का हिस्सा बन गई। उन दिनों, आया के सिवाय मेरे पास ऐसा कोई और नहीं था, जिससे मैं अपना डर साझा करता। वह इस बात पर हँसती और कहती कि देखना, सुबह तक सब ठीक हो जाएगा, और अक्सर उसकी बात सही निकलती। जल्दी ही सब कुछ ठीक-ठाक हो जाता और घरेलू ज़िन्दगी अपने पुराने ढर्रे पर लौट आती, लेकिन बहुत लम्बे समय के लिए नहीं।

मुमकिन है कि परिवार के और लोग हमारे साथ रहते होते या आसपास कुछ दोस्त ही होते तो शायद मेरे माँ-पिता को अपने आपसी झगड़े निपटाने में मदद मिलती। कम से कम थोड़ा ध्यान ही बँटा रहता। जाम साहिब यूरोपीय लोगों को ही नौकरी पर रखना पसन्द करते थे, उनके अमले में एंग्लो-इंडियन भी बहुत नहीं थे, रियासत के बाहर के थोड़े-से हिन्दुस्तानी ज़रूर थे। आमतौर पर ये सभी बूढ़े लोग थे, या ऐसे पेशेवर जो अपने काम से काम रखना पसन्द करते थे। हमारा कोई पारिवारिक मित्र नहीं था, और मेरे माँ-पिता के परिवारों में से कोई इतनी दूर आता नहीं था। मुझे लगता है कि मेरी माँ को यह अकेलापन बहुत खलता रहता होगा। मेरे पिता की तरह उन्हें दूर-दराज़ के ऐसे निर्जन इलाक़ों में रहने का कोई अनुभव भी नहीं था। देहरादून के बाहर, अपने बड़े परिवार और दोस्तों, जिनमें ज़्यादातर एंग्लो-इंडियन थे, की सोहबत से दूर उन्होंने बहुत कम समय बिताया था।

जामनगर ऐसी जगह थी, जहाँ बहुत हलचल नहीं होती थी और शहर के बाहर हम कम ही जाते थे। मुझे ऐसी एक सड़क यात्रा की धुँधली-सी याद है,

जब अपनी हिलमैन से हम लोग पड़ोस की रियासत जूनागढ़ तक गए थे। बाद में मेरी माँ ने मुझे वहाँ के नवाब के बारे में बताया था—वही नवाब, जिसने सैकड़ों कुत्ते पाल रखे थे, और उन सभी के गले में रत्न जड़े पट्टे पड़े रहते। कुत्तों के ब्याह के लिए वह शानदार सार्वजनिक उत्सव कराता, और जब उनमें से कोई कुत्ता मर जाता तो उसे पूरे राजकीय सम्मान के साथ दफ़नाया जाता। इस यात्रा के बारे में मुझे ठीक से कुछ भी याद नहीं है; न कुत्ते, न ही सर्पिल सीढ़ियों वाली, मीनारों वाली मशहूर मस्जिद, और न ही गिर के शेर। तो जूनागढ़ की यह सैर उन दिनों की हो सकती है, जब मैं बच्चा था। मगर माँ को यह सब याद था; उनींदे जामनगर में हमारे रहने के दिनों की यह उनकी कुछ अच्छी यादों में से एक थी।

~

माँ और डैडी के बीच होनेवाले झगड़ों को छोड़कर, मेरी अपनी स्मृतियाँ तक़रीबन सुखद समय की हैं। झगड़े के समय या तो मैं आया की शरण लेता, या बग़ीचे में तफ़रीह करने के लिए निकल जाता। वहाँ, कॉसमॉस के फूल मुझे देखकर हमेशा ख़ुश होते थे, पर एक कोयल थी, जो बार-बार यही पूछती कि मैं कौन हूँ। घर के झगड़ों की वजह से कभी-कभी मैं रात में भी बाहर निकल जाता। बरामदे की सीढ़ियों पर बैठ जाता, अँधेरे में और आगे जाने का मन नहीं करता था, लेकिन कुछ दिन बाद मुझे बग़ीचे से सुनाई देती सरसराहटों और उल्लुओं की मद्धिम बोली में मुझे मज़ा आने लगा।

और यक़ीनन, वह अद्भुत ग्रामोफ़ोन और उसके रिकॉर्ड्स का बॉक्स तो था ही। जब भी मैं अकेला या उदास होता या फिर ऊब रहा होता, वह हमेशा ही मेरा साथ देता था। चाबी भरी, सूई बदली और रिकॉर्ड लगा दिया—और कमरा शलियापिन की निराली आवाज़ में 'द सॉन्ग ऑफ़ वोल्गा बोटमैन' के सुरों से गूँज उठता; या गिगली 'सैंटा लूसिया' गा रहे होते; या प्यारी ग्रेसी फ़ील्ड्स 'ओवर द गार्डन वॉल' गाने लगतीं। उस बॉक्स में क़रीब पचास रिकॉर्ड थे, और मैंने उन सभी को सैकड़ों बार सुना होगा; वे मेरे सच्चे दोस्त और संगी बन गए थे।

यही वजह है कि जब मेरे पिता ने बताया कि वह रॉयल एयर फ़ोर्स में भर्ती हो गए हैं और हम जामनगर छोड़ देंगे तो सबसे पहले मैंने यही पूछा, 'डैडी, क्या हम ग्रामोफ़ोन अपने साथ ले जाएँगे?'

'देखा जाएगा,' उन्होंने कहा। 'वरना हम दूसरा ख़रीद लेंगे।'

'नहीं, मुझे यही चाहिए,' मैंने ज़ोर देकर कहा। 'हम इसे यहाँ नहीं छोड़ सकते।'

और इस तरह यह तय हो गया कि ग्रामोफ़ोन हमारे साथ जाएगा।

'और आया का क्या?' मैंने पूछा, 'क्या वह भी हमारे साथ चलेगी?'

'तुम अब बड़े हो गए हो, तुम्हें आया की क्या ज़रूरत,' उन्होंने कहा। 'और जब तक मैं बाहर रहूँगा, तुम अपनी माँ और नानी के साथ देहरादून में रहोगे—वहाँ तुम्हें आया की ज़रूरत नहीं पड़ेगी। और इसके अलावा, तुम्हारी आया का घर यहाँ जामनगर में है। उसका पति है और बड़े-बड़े बच्चे हैं। वह उन सबको यहाँ तो नहीं छोड़ सकती।'

'ठीक है तो क्या वह उन्हें भी अपने साथ नहीं ले चल सकती?'

'तुम्हारी नानी का घर इतना बड़ा नहीं है कि उसमें इतने सारे लोग रह सकें। और कभी-कभी तुम्हारे मौसेरे भाई-बहन भी तो वहाँ आते रहेंगे।' जिन भाई-बहनों का वह ज़िक्र कर रहे थे, वे मेरी माँ की चार बड़ी बहनों, बेरिल, एनिड, एमिली और ग्वेन के बच्चे थे। इनमें से पहली दो मौसियाँ मेरे नानाजी की पहली पत्नी की बेटियाँ थीं। अभी तक मैंने उनमें से किसी को नहीं देखा था।

तो जामनगर छोड़ते समय मैं अपने साथ क्या ले गया? बिला शक ग्रामोफ़ोन, हालाँकि बाद में मुझे पता चला कि उसे मेरे पिता के साथ दिल्ली जाना था, जो मेरे लिए ठीक ही साबित हुआ, और ऐलिस की पुरानी फटेहाल प्रति के साथ ही कुछ और किताबें। और विदाई के तोहफ़े के तौर पर मिस्टर जेनकिंस से मिले ढेर सारे कॉमिक पेपर।

अधिकांश भारतीय रेलवे स्टेशनों के विपरीत, जामनगर स्टेशन एक छोटा स्टेशन था, और वैसी भीड़ की रेलमपेल से बहुत दूर था, जो दरअसल भविष्य में रेल यात्राओं की विशेषता बननेवाली थी। हमारे पास अपने लिए एक पूरा कम्पार्टमेंट था।

इसकी खुली हुई खिड़की पर खाने की तरह-तरह की मज़ेदार चीज़ें बेचनेवाले आते, लेकिन मुझे पहले ही सावधान कर दिया गया था कि इन ललचानेवाली चीज़ों में से कुछ नहीं खाना है। महीने-भर पहले ही एक पारिवारिक मित्र कलकत्ते से ट्रेन में सवार हुआ तो वह स्वस्थ और तन्दुरुस्त था, और दो दिन बाद ट्रेन के दिल्ली पहुँचने पर डिब्बे से उसकी लाश बाहर निकाली गई थी। हैज़ा बारह घंटे के भीतर ही आपकी जान ले सकता है। स्टेशन के रेस्तराँ में परोसा जानेवाला खाना आमतौर पर सुरक्षित था, लेकिन वह काफ़ी हद तक बेस्वाद और अरुचिकर होता था। मगर हम ढेर सारे चिकन और टर्की सैंडविच अपने साथ लाए थे (श्रीमती जेनकिंस के सौजन्य से) और फलों की एक बड़ी टोकरी (यह महल का शिष्टाचार था) और मेरी पसन्दीदा कोफ़्ता करी (उस्मान के सौजन्य से) से भरा हुआ एक टिफ़िन भी साथ था।

महल के सेक्रेटरी, और मिस्टर एंड मिसेज़ जेनकिंस, और मेरी प्यारी आया हमें विदा करने आए थे, आया बुरी तरह रो रही थी, वह हमारे साथ चलने के लिए बार-बार चिरौरी कर रही थी।

लेकिन तभी गार्ड की सीटी बजी, भाप का इंजन फुफकारा, और ट्रेन धीरे-धीरे स्टेशन से बाहर बढ़ चली। और इसके बाद मैंने जामनगर या आया को फिर कभी नहीं देखा।

~

जामनगर से देहरादून तक के सफ़र में तक़रीबन तीन दिन लग गए। भव्य और विशाल हिमालय के पहाड़ों के साये में आबाद बग़ीचों वाला सुन्दर शहर देहरादून, जिसे आगे चलकर मेरे जीवन की धुरी बनना था। उन दिनों, ट्रेन से सफ़र करने के लिए भारत शायद सबसे बढ़िया जगह थी क्योंकि ट्रेन से सफ़र का तजुर्बा किसी बढ़िया अफ़साने से गुज़रने की तरह होता है; यह बाहर की उस नायाब दुनिया से दो-चार होना भी है, जहाँ कभी भी, कुछ भी हो सकता है।

ट्रेनों में तब उतनी भीड़ नहीं होती थी, जितनी कि आज है, और, बशर्ते कोई बीमार न पड़े तो एक लम्बा सफ़र किसी दिव्य पिकनिक से कम नहीं, पुराने ढंग के छोटे स्टेशनों पर ठहराव, विपुल भोजन लेकर आनेवाले चुस्त वर्दी में सजे रेलवे के वेटर, लगातार बदलते जानेवाले भूदृश्य, बड़ी-बड़ी नदियों और खड्डों पर बने पुल, जंगल और खेत, और सारा कुछ ही सूरज की रौशनी से सराबोर। हवा साफ़ और ताज़ी होती—और हवा भीतर आती रहे इसलिए खिड़कियाँ खुली रहतीं, वह सीलबन्द खिड़कियों और एयर कंडीशनिंग से पहले का ज़माना था—अलबत्ता विशाल मैदानी इलाक़ों में जब धूल भरी आँधी चलती तो ज़रूर मुश्किल होती। बोतलबन्द पेय तब दुर्लभ चीज़ थी, कभी-कभार सिर्फ़ लेमोनेड या 'विम्टो' पीने को मिल पाते थे। हम ख़ुद संतरे का रस या नीबू का शरबत बनाकर साथ लेकर जाते थे।

1940-41 की उस सर्दी में जब हम देहरादून के क़रीब पहुँच रहे थे, एक सुबह मैं जल्दी उठ गया और खुली खिड़की से बाहर झाँका तो साल और शीशम के घने जंगल दिखाई दिये; कहीं-कहीं जंगलों में दाख़िल होती पंगडंडियाँ या साफ़ पानी की धारा—यह पानी उन नदियों और नालों के गँदले पानी से काफ़ी अलग था, जिन्हें पिछले रोज़ हमने पार किया था। एक बड़ी नदी के ऊपर से गुज़रते हुए मेरे पिता ने मुझे बताया कि यह सोंग नदी है—हमने हाथियों के झुंड को नदी में नहाते हुए देखा। और मैं सिर घुमाकर उन सौम्य महाकाय जानवरों

को तब तक देखता रहा, जब तक कि वे निगाहों से ओझल नहीं हो गए। इस बीच हमारी ट्रेन दून घाटी में दाख़िल हो गई, जहाँ सरसों के फूलों वाले खेत दूर तलहटी तक फैले हुए थे।

देहरादून स्टेशन पहुँचे तो हम कालिख से लथपथ और क्लांत थे। हमारा सामान उठाने के लिए कुली आ गए, डैडी ने उनसे थोड़ा-बहुत मोल-भाव किया, और जब तक हम स्टेशन के बाहर निकले, हम देहरा के स्फूर्तिदायक सर्द मौसम के असर से तरोताज़ा हो चुके थे।

हमने एक ताँगा लिया, और उसकी चररमरर और घोड़े की टापों की आवाज़ से सड़कों का सन्नाटा तोड़ते हुए आराम से आगे बढ़ चले। बग़ीचों की दीवारें पनसुतिया के सुर्ख़ पत्तों और बोगेनविलिया की झूमती लतरों से सजी हुई थीं। अहातों में आम, लीची, अमरूद, पपीते और नीबू के पेड़ लगे थे। पूरे रास्ते डैडी मुझे वे पेड़-पौधे दिखाते और उनके बारे में बताते रहे। ताँगे वाले ने हमें मेरी नानी के घर के फाटक पर उतार दिया। दरअसल उसने चार लोगों के हमारे कुनबे—माँ, पिता, और छह और चार साल के दो बच्चे—को ऐसे मुस्तक़बिल के हवाले कर दिया था, जिसके बारे में हममें से किसी ने ख़्वाब में भी नहीं सोचा था। हमारा पूरा परिवार आख़िरी बार एक साथ था।

नानी और एनीमा

गंगा और यमुना नदियों के बीच फैला एक छोटा-सा शहर था—देहरादून, जो हिमालय की तलहटी और शिवालिक की पहाड़ियों के बीच एक घाटी में आबाद था। आज यह दस लाख से ज़्यादा की आबादी वाला शहर है, मगर पचहत्तर साल पहले यह तादाद 40,000 के आसपास थी—मैदानी इलाक़ों के हिन्दू कारोबारी और मुस्लिम कारीगर; बेहतर ज़िन्दगी के ख़्वाहिशमन्द ग़रीब पहाड़ी लोग; गोरखा फ़ौजी और उनके परिवार; छोटा मगर सम्पन्न एंग्लो-इंडियन समाज; यहाँ तक कि कुछ ब्रिटिश अधिकारी भी, जिन्होंने यहीं अपनी नौकरी से अवकाश प्राप्त किया था, इसमें शामिल थे। सेना, रेलवे और पुलिस से रिटायर होनेवालों के लिए यह एक माकूल शहर था—ज़मीनें सस्ती थीं, सड़कें ख़ासी साफ़ थीं और उन पर भीड़भाड़

कभी होती नहीं थी, चारों तरफ़ हरियाली थी, और मौसम सन्तुलित क़िस्म का था। गर्मी के महीने गर्म होते लेकिन बहुत तपाते नहीं थे। सर्दियों के दिन काफ़ी सुहाने होते थे, हालाँकि जनवरी में तिब्बती पठार से आनेवाली ठंडी हवाएँ आपके हाड़ कँपा सकती थीं। जून के आख़िर तक मानसून की बारिश ज़ोरों से आती, अगस्त में कृष्ण जन्माष्टमी मनाते और ख़ामोशी से सितम्बर में दाख़िल हो जाते।

हालाँकि औपचारिक रूप से शहर का नाम तब देहरादून था, जो आज भी है, मगर 1940 और 50 के दशक में लोग इसे देहरा कहते थे, और यह आत्मीय नाम शहर के किरदार के बहुत माफ़िक़ था। यह छोटा और हरा-भरा था, काफ़ी हद तक शान्त, आरामपरस्त; गपशप का आदी, लेकिन इनसानी दुर्गुणों के प्रति सहनशील। सड़कों पर साइकिलें और ताँगे चलते—कारें बहुत कम थीं और शायद ही कोई बस चलती दिखाई देती हो। दूसरे विश्वयुद्ध के दिनों में कुछ समय तक सेना की जीपें ज़रूर सड़कों पर दौड़ती-भागती फिरतीं, मगर युद्ध ख़त्म होने के बाद सड़कें फिर से ख़ाली और ख़ामोश हो गईं। यहाँ आप कभी भी, किसी भी समय, रात हो या दिन, किसी मोटर-गाड़ी से टकराने का जोखिम उठाए बग़ैर सड़कों पर चहलक़दमी कर सकते थे।

मेरे नाना क्लर्क ने 1900 में ओल्ड सर्वे रोड पर एक छोटा-सा बँगला बनवाया था, उसी साल छुक-छुक करती पहली रेलगाड़ी देहरा आई थी। 1905 में नाना उसी बँगले में जाकर बस गए। यह रेलवे वालों के विशिष्ट क़िस्म के बँगले की तरह ही था, बहुत बुनियादी सहूलियतों वाला, साफ़-सुथरा और व्यवस्थित, जिसमें आगे और पीछे की तरफ़ बरामदे थे, और रिहाइश वाली जगह से एकदम अलग एक रसोईघर। इसकी एकमात्र ख़ासियत यह थी कि नाना ने इसमें प्रचलित लाल ईंटों के बजाय स्थानीय नदी के किनारे मिलनेवाले चिकने गोल पत्थरों का इस्तेमाल किया था। मेरे बचपन के दिनों में यही अकेला घर था, जिसने मुझे स्थायित्व का थोड़ा अहसास दिया, भले ही मैं यहाँ पूरी तरह से ख़ुश नहीं था।

मेरे लिए, यह हमेशा 'नानी का घर' था, क्योंकि नाना तो मेरे जन्म के साल ही गुज़र गए थे। और उनके बारे में वे सारी कहानियाँ, जो आगे चलकर मुझे लिखनी थीं, मेरी गढ़ी हुईं या फिर सुनी-सुनाई बातों के हवाले से थीं। कभी-कभी मन करता है कि काश मैं उन्हें जान सका होता; उनके बारे में जो क़िस्से मैंने सुन रखे हैं, उनसे तो वे थोड़े-से झक्की इनसान मालूम होते थे—कभी सब्ज़ी बेचनेवाले तो कभी बाज़ीगर का भेष धरके वे बाज़ारों में इधर-उधर घूमते फिरते। उनकी एक और आदत यह थी कि अजीबोग़रीब क़िस्म के जानवर घर ले आते और उन्हें पालते—उल्लू, मेढक, गिरगिट और एक बार तो एक लकड़बग्घा उठा लाए। जब

उसने घर में रखे बूट चबा डाले तो फटाफट उसे जंगल ले जाकर छोड़ आना पड़ा।

उनकी मृत्यु के बाद, नानी ने चालीस-पचास रुपये की मामूली पेंशन और घर के पिछवाड़े लगे आम और लीची के छोटे-से बाग के फल बेचकर घर चलाया। घर का एक हिस्सा उन्होंने मिस केल्नर को किराये पर उठा रखा था। उनसे मिलनेवाला किराया भी उनकी नियमित आमदनी थी। मिस केल्नर, बड़ी उम्र की अपंग महिला थीं, क़रीब तीन साल बाद मेरे शुरुआती दोस्तों में उनका शुमार हुआ।

काले रंग के एक दोग़ले कुत्ते क्रेज़ी के साथ नानी अकेली ही रहती थीं, हालाँकि उनकी ब्याहता बेटियाँ और हरफ़नमौला ख़ानाबदोश बेटा (अंकल केन) जब-तब उनके साथ रहने के लिए आ जाते थे। वह कोई सीधी-साधी नानी नहीं थीं; पर अपनी कहानियों में मैंने उन्हें कुछ ज़्यादा ही घरेलू बना दिया। वह भारी-भरकम काया और कसे हुए जबड़ों वाली सख़्त मिज़ाज महिला थीं, जो अपने मनोभाव कभी ज़ाहिर नहीं होने देती थीं। उन्हें अकेले रहना ही भाता था; भले ही घर में और लोग मौजूद हों, शामों को वह ताश लेकर बैठ जातीं और बड़े इत्मीनान से पेशेंस खेलतीं—एक ऐसा खेल, जिसमें दूसरे खिलाड़ी की ज़रूरत नहीं होती।

वह छोटे बच्चों को पसन्द नहीं करती थीं—या शायद उभरे दाँतों वाले छोटे लड़के उन्हें पसन्द नहीं थे। 'छोटे बच्चों को तभी बोलना चाहिए, जब उनसे बोलने के लिए कहा जाए,' उनके सूत्रवाक्यों में से एक था। खाने की मेज़ पर बातचीत में शामिल होने की मुझे भी इजाज़त नहीं थी। इतना ही नहीं, दूसरी बार प्लेट में खाना डालने की भी मनाही थी, जिसका नतीजा यह हुआ कि मैं पहली बार में ही ढेर सारा खाना अपनी प्लेट में भर लेता।

उनकी नापसन्दगी मेरे मौसेरे भाई-बहनों के लिए नहीं थी, मेरे सामने वह हमेशा उनकी तारीफ़ करती थीं। मुझे लगता है कि मेरे साथ उनके इस असहज रिश्ते की वजह शायद यह रही हो कि उन्हें मेरे जायज़ औलाद होने पर यक़ीन नहीं था। सख़्त विक्टोरियन और ईसाई धार्मिक मूल्यों वाली परवरिश की वजह से उनके लिए यह ख़याल ही ख़ासा ख़ौफ़नाक था कि वह अपने घर में एक नाजायज़ बच्चा पाल रही हैं। मेरे माँ-पिता का ब्याह अचानक और अप्रत्याशित ढंग से हुआ था। मेरी माँ ने बड़ी उम्र के आदमी से शादी क्यों की? और मुझे जन्म देने के लिए वे कसौली क्यों गए? उस समय ये सब बातें मुझे बिलकुल समझ में नहीं आती थीं, और मैं कुछ बेचैन और क्रुद्ध हो उठता। मुझे लगता है कि वह मुझसे प्यार करती थीं, उतना ही प्यार जितना कि वह किसी और को करती और जता सकती थीं, मगर मेरी आदत तो ख़ास तवज्जो पाने की थी। और यहाँ अब मुझसे उम्मीद की जाती थी कि मैं सामने ही न पड़ूँ। कभी-कभी मैं अपनी माँ को

खोजता, ताकि उनसे पूछ सकूँ कि क्या हम लोग कहीं और जाकर रह सकते हैं, मगर शायद ही कभी मैंने उन्हें घर में पाया हो। वह हमेशा ही कहीं बाहर गई रहतीं, और देर रात को लौटतीं।

डैडी की कमी मुझे पहले ही महसूस होती थी, जो नई दिल्ली के वायुसेना मुख्यालय में थे। वह जब रॉयल एयरफ़ोर्स में शामिल हुए, तब उनकी उम्र चालीस के ऊपर थी; हो सकता है कि अपनी उम्र को लेकर उन्होंने कोई झूठ बोला हो, या सम्भव है कि जंग के दौरान चालीस पार के लोगों को भी नौकरी में ले लिया जाता हो। उन्हें पायलट ऑफ़िसर का ओहदा मिला था और वह 'कोड्स एंड सिफ़र्स' सेक्शन में काम कर रहे थे। अपने काम में वह पारंगत रहे होंगे, क्योंकि जल्दी ही वह फ़्लाइंग ऑफ़िसर बन गए थे। लेकिन यह हमारी अगली मुलाक़ात से क़रीब साल-भर पहले की बात है।

~

नानी के घर की एक पुरानी तसवीर में बरामदे की दीवार पर लटकी अजीब-सी दिखनेवाली एक चीज़ है। उस दीवार पर कोई और सजावट नहीं है, और इसे देखकर मुझे लगता है कि मुझको ही डराने के लिए इसे वहाँ टाँगा गया था। यह एक एनीमा कैन था, जिसमें रबर की एक ट्यूब और उसके एक सिरे पर धातु का एक नोज़ल था। बच्चों की कई तरह की बीमारियों के लिए यह नानी का इलाज था, जिसमें क़ब्ज़ से लेकर अपच और उनकी शैतानियों तक का इलाज शामिल था। लाइफ़बॉय साबुन को पानी में घोलकर, वह घोल कैन में भरा जाता, फिर नोज़ल और ट्यूब को शिकार के मलद्वार में घुसा दिया जाता, और घोल निचली आँत तक उतर जाने दिया जाता। इस यातना के कुछ मिनट के बाद, ट्यूब हटा दी जाती, और फिर इस सितम का मारा हुआ शिकार राहत पाने के लिए क़रीब वाले ग़ुसलख़ाने की तरफ़ भागता।

बीमार के बजाय 'शिकार' कहना मुझे इसलिए मुनासिब लगता है, क्योंकि मेरी अति-विकट नानी एनीमा वाले इलाज के लिए हमेशा मुझे ही चुनती थीं। यहाँ तक कि अगर मुझे दस्त भी आ रहे होते तो मुझे एनीमा ही दिया जाता। नानी कहतीं, 'यह तुम्हारे पेट की सारी गन्दगी साफ़ कर देगा।' वह हुक़्म देतीं, 'चलो, अपनी निकर उतारो!' मेरे लिए यह शील भंग जैसी अनुभूति होती, मगर महीने में कम-से-कम एक बार मुझे वह नोज़ल अपने अन्दर डलवाने का तिरस्कार बर्दाश्त करना ही पड़ता। मेरी मौसेरी बहन एडिथ को इस इलाज से छूट मिली हुई थी, या तो इसलिए कि वह लड़की थी या फिर उसे कभी क़ब्ज़ होता ही नहीं था।

एनीमा के इस ख़ौफ़ के चलते यह हुआ कि माँ-पिता के सिवाय किसी और के छूने-भर से मुझे घिन छूटती, और घृणा का यह बोध शिमला में मेरे प्री-स्कूल के दिनों तक बना रहा। फिर वहाँ के सार्वजनिक ग़ुसलख़ाने में दूसरे लड़कों के साथ धींगामुश्ती के बीच मैं इस भावना से उबर गया।

नानी के एनीमा, और 'सभ्य घराने के शरीफ़ लड़के' की तरह बर्ताव करने के उनके सख़्त आदेशों से बचने के लिए, मैंने छिपने की एक बढ़िया जगह तलाश कर ली। घर के पिछवाड़े बरगद का पुराना पेड़ इस लिहाज़ से बहुत माकूल था। उसकी ख़ूब फैली हुई और ज़मीन तक लटकती विशाल शाखाओं ने फिर से जड़ें पकड़ ली थीं, और वे घनी हरी पत्तियों से ढकी हुई थीं। यहाँ होने पर किसी की नज़र मुझ पर नहीं पड़ती थी। पेड़ के चौड़े तने से टिककर मैं कॉमिक पढ़ता, या चहारदीवारी से बाहर नीचे सड़क का नज़ारा देखता रहता : धूप से बचने के लिए कोई अंग्रेज़ साहब टोप लगाए गुज़र रहा होता। रंगीन छतरी लिये हुए कोई मेम साहिब (कई यूरोपियन महिलाओं को डर होता था कि हिन्दुस्तान की तेज़ धूप में निकलने से उनका रंग कहीं इतना साँवला न हो जाए कि लोग उन्हें 'भारत में जन्मी' गोरी समझने लगें)। सिर पर पपीते की टोकरी साधते हुए चलती साड़ी में लिपटी कोई महिला। एक हाथ में डमरू और दूसरे हाथ में पकड़ी हुई रस्सी के छोर पर बँधा झालर वाली लाल पोशाक में सजा बन्दर लेकर गुज़रता मदारी, जिसके कन्धे पर बच्चों वाली टोपी झूल रही होती।

बरगद का वह पेड़ कितने ही छोटे जानवरों, परिंदों और कीट-पतंगों की रिहाइश था। उसकी नई पत्तियाँ अभी गुलाबी और लगभग पारदर्शी थीं, उन पर नाज़ुक तितलियाँ आकर बैठतीं, झबरी पूँछ वाली गिलहरियाँ दौड़ लगातीं और सुर्ख़ सिर वाले सुग्गे आकर बैठते थे। एक दिन, पेड़ पर चढ़ते हुए अपने सिर के ऊपर एक बड़ी-सी पीली चोंच देखकर मैं चौंक गया। हमले के डर से उस डाल को छोड़कर मैं पास की दूसरी डाल पर चला गया। अब मैंने उस चिड़िया को पहचान लिया, उसे मैंने डैडी के डाक टिकटों पर देखा था, जिनमें वह छोटी और अजीब-सी दिखाई देती थी और बहुत दूर बोत्सवाना या केन्या में पाई जाती थी। देहरा में अपने मेहरबान बरगद के पेड़ पर वह चिड़िया मिल जाने की मुझे बिलकुल उम्मीद नहीं थी! लेकिन वह हॉर्नबिल, पेड़ के तने के एक बड़े-से कोटर में आराम से जमा बैठा था, ज़रा भी हिले-डुले बग़ैर वह बेहद ऊबी हुई निगाह से मुझे देखता और उनींदा-सा अपनी आँखें झपकाता रहा। कुछ देर बाद, मेरा डर ख़त्म हो गया और उसके पास से होता हुआ मैं किसी आरामदेह डाल की तलाश में ऊपर चढ़ गया।

अपनी इस पनाहगाह से निकलते हुए नानी अगर मुझे देख लेतीं तो फ़ौरन मुझे नहाने भेज देतीं। मुझे ख़ुद नहाना सीखना पड़ा। जामनगर वाली मेरी आया के गुदगुदे हाथों से नहाने के दिन बीत गए थे; टब में नहाते हुए पिता के साथ 'रक्शंस' की तुक बनाने-गाने के दिन भी पीछे छूट गए थे; काग़ज़ की नाव तैराने या साबुन के बुलबुले बनाने के लिए ग़ुसलख़ाने में घुसे रहने के मौक़े अब नहीं थे। अब तो मैं ग़ुसलख़ाने में दो मिनट से ज़्यादा नहीं लगाता—पानी चाहे कितना ही गर्म क्यों न हो—मैं ये गया और ये आया। अगर कहीं मैंने ज़्यादा समय लगा दिया तो अपना सख़्त चेहरा लिये नानी अन्दर चली आतीं और एक लफ़्ज़ भी बोले बग़ैर, अपने खुरदरे हाथ से कसकर मेरी रगड़ाई कर देतीं। और अगर कहीं साबुन मेरी आँखों में चला गया तो उनके हिसाब से यह भी ठीक ही हुआ, यह ढंग से आँखें बन्द नहीं करने की मेरी सज़ा थी।

नानी बहुत मज़बूत थीं, और एक बार उनकी पकड़ में आने के बाद कोई बच नहीं सकता था। एक पुरानी धुँधली तसवीर में वह नाना के साथ खड़ी हैं और उनसे एक फ़ुट ऊँची दिखाई देती हैं। नाना अधिकारपूर्ण मुद्रा में तनकर खड़े हैं, बल्कि वह उस शिकारी की तरह लगते हैं, जिसने घात लगाकर किसी बड़े बाघ या गोरिल्ले को पकड़ लिया हो और उसे ज़िन्दा घर ले आया हो। मुझे लगता है कि नाना को सुगठित औरतें पसन्द थीं। उनकी पहली पत्नी दक्षिण अफ्रीका की बोअर (किसान) थीं, अलग-अलग मौक़ों पर ज़ुलु के भालों और बर्तानी गोलियों की चुनौती का सामना करते हुए उन्होंने अफ्रीकी मैदानों (वेल्ड्स) का दुर्गम सफ़र तय किया था, और आख़िर में, भारत में बोअर युद्ध बन्दियों के लिए बने कैम्प में आ पहुँची थीं। उनका क़िस्सा कम से कम बताया तो इसी तरह जाता है।

मेरे नाना की यह पहली पत्नी मेरी कज़िन एडिथ की नानी थीं। तो एडिथ के 'टॉम बॉय' वाले किरदार पर कोई हैरत नहीं होनी चाहिए—वह मुझसे एक साल बड़ी थी, लम्बी और भारी-भरकम, और हमेशा लड़ने पर आमादा रहती। एक बार बग़ीचे में हमारा कुश्ती का मुक़ाबला हुआ और इस चक्कर में नानी के नस्टेशियम के सारे पौधों का पटरा हो गया। लड़का होने के नाते, मुझे ही इस नुक़सान का ज़िम्मेदार ठहराया गया तो एडिथ बेहद ख़ुश हुई। मुझे नहीं मालूम कि बड़ी होने के बाद उसका क्या हुआ। हमारे ज़्यादातर रिश्तेदार आज़ादी से पहले भारत छोड़कर चले गए थे, और मैं चाहता तो भी, उनसे सम्पर्क रखने की किसी कोशिश के लिहाज़ से बहुत छोटा था। लेकिन एडिथ अगर महिला पहलवान बन गई हो तो मुझे कोई हैरानी नहीं होगी।

मगर निष्ठुर और दबंग औरतों से मुझे निजात नहीं मिली।

एक रोज़ नानी ने कहा, 'यह छह साल का हो गया है। अब इसे स्कूल जाना चाहिए।'

उनकी बात पर एतराज़ जताते हुए मैंने कहा, 'पढ़ना-लिखना मुझे पहले ही आता है। डैडी कहते हैं कि मैं स्कूल जाने वाले लड़कों से ज़्यादा जानता हूँ।' नानी का घर मुझे बहुत पसन्द नहीं था फिर भी यह कम से कम मेरा जाना-पहचाना तो था। मैं किसी अजनबी जगह नहीं जाना चाहता था।

लेकिन नानी को लगता था कि मुझे अनुशासन और 'चरित्र निर्माण' की ज़रूरत है, जो केवल बोर्डिंग स्कूल में ही सम्भव था। मेरी माँ भी इस बात से असहमत नहीं थीं। तो मुझे क़ैदख़ाने में भेज दिया गया—मसूरी के हैम्पटन कोर्ट में उस छोटे-से कॉन्वेंट स्कूल, द कॉन्वेंट ऑफ़ जीसस एंड मैरी, का तजुर्बा बताने के लिए इससे बेहतर कोई और शब्द नहीं हो सकता। मेरी माँ मुझे छोड़ने आई थीं तो मैंने ख़ूब पैर पटके, ज़ोर-ज़ोर से चीख़ता रहा और दिल दहला देनेवाला मंज़र खड़ा कर दिया लेकिन जब मुझे लग गया कि मेरी इस बदमिज़ाजी के बावजूद वह अपना इरादा बदलनेवाली नहीं हैं तो मैं शान्त हो गया।

पहले ही दिन से मुझे उस स्कूल से नफ़रत हो गई थी। और डेढ़ साल बाद मैंने जब वह स्कूल छोड़ा मेरी नफ़रत तब भी बरक़रार थी। मैं उस माहौल में एकदम बेमेल था, सो अकेला था, चीख़ने-चिल्लानेवाले लड़के-लड़कियों के उस गिरोह में रहने का अभ्यस्त भी मैं नहीं था, जो सारे के सारे नाख़ुश दिखाई देते थे। और वहाँ की नन भी, केरल वाली ननों की तरह दयालु और ममतामयी नहीं थीं, जो आज बहुतायत में दिखाई देती हैं। वे आयरिश थीं और पुराने नैतिक मूल्यों के प्रति सख़्त आग्रही भी। निर्लिप्त और संगदिल। मेरा अन्दाज़ है कि उनका यह रवैया आपको मज़बूत बनाने की नीयत से था, मगर ऐसी व्यावहारिक और सार्थक परवरिश की ख़ूबियाँ चाहे जो हों, अगर यह प्रेम और वात्सल्य से ख़ाली है तो इससे किसी बच्चे का भला नहीं होनेवाला और प्रेम तो उस स्कूल में सिरे से नदारद था। कल्पनाशीलता की गुंजाइश भी वहाँ बिलकुल नहीं थी। मुझे याद नहीं कि हम बेचारे बच्चों को वहाँ की ननों ने कभी ऐसी कोई कहानी सुनाई हो या कोई ऐसा गाना गाया हो, जिसमें सेवा-भावना और यातना का ज़िक्र न रहा हो।

गिरजाघर की दैनिक प्रार्थनाएँ मुझे अन्तहीन लगती थीं, और हर इतवार को, जब लैटिन में उपदेश देनेवाले पादरी वहाँ आते, लोबान की उबाऊ गन्ध से मुझे उबकाई आने लगती। मेरे माँ-पिता में से कोई बहुत ज़्यादा धार्मिक नहीं था। मेरी

माँ को धर्म में कोई दिलचस्पी नहीं थी। मेरे पिता अनीश्वरवादी नहीं थे, मगर चर्च ऑफ़ इंग्लैंड वाले ज़्यादातर लोगों की तरह, अपने धर्म को लेकर वह कट्टर भी नहीं थे। मेरे माँ-पिता, यहाँ तक कि मेरी नानी भी, हर इतवार को मुझे चर्च कभी नहीं ले गए। और एकमात्र धार्मिक किताब जो मैंने पढ़ी थी, वह मेरी दूर की एक रिश्तेदार ने मुझे तोहफ़े में दी थी—धर्मांतरण के लिए प्रोत्साहित करनेवाली 'लिटिल हेनरी एंड हिज़ बियरर' नाम की यह किताब पढ़ने में मुझे ज़रा भी मज़ा नहीं आया। लेकिन कॉन्वेंट की ननें हमारी नन्ही आत्माओं को बचाने पर आमादा थीं। उनकी इस कोशिश ने ही शायद मुझे धर्म से दूर कर दिया। फिर भी संगठित धार्मिक निष्ठा से हासिल होनेवाला चैन मैंने कभी नहीं खोया। मैं नास्तिक हूँ—आपको धर्म से भी ऊँची कोई चीज़ चाहिए और मैं पेड़ों और पहाड़ों को ज़्यादा तरजीह देता हूँ। मैं धर्म के ख़िलाफ़ नहीं हूँ—सच पूछिए तो किसी भी चीज़ के ख़िलाफ़ नहीं हूँ। हर किसी को अपने ढंग से जीने का हक़ है। धार्मिक अनुष्ठान अगर लोगों को ख़ुशी देते हैं तो उन्हें हर हाल में वह सब करते ही रहना चाहिए। मैं तो काफ़िर ही भला...

मगर मैं विषय से भटक रहा हूँ। हम ननों के क़िस्से पर वापस लौटते हैं। तो वहाँ हमें अंडरवियर पहनकर नहाना पड़ता था, और जल्दी से नहा लेना होता था, शायद इसलिए कि कहीं ननों की नज़र हमारे अल्पविकसित यौन पर न पड़ जाए और वे विचलित न हो उठें। अपने ग्रामोफ़ोन पर सुने हुए गानों से मुतास्सिर होकर मैंने पियानो सीखना शुरू कर दिया था। मुझे सिखानेवाली नन एकदम शुद्धतावादी निकलीं, एक भी सुर ग़लत लग जाने पर वह मेरी उँगलियों पर बेंत से मारती थीं, और इस मार ने पियानो में मेरी दिलचस्पी हमेशा के लिए ख़त्म कर दी।

कॉन्वेंट का खाना बहुत ख़राब था—सबसे सस्ती मिलनेवाली सब्ज़ी, आमतौर पर कद्दू के साथ उबला हुआ चिपचिपा मटन। खचाखच भरी हुई डॉर्मेट्री; और इससे काफ़ी दूर बने शौचालय। प्रार्थना की किताबों के अलावा पढ़ने के लिए कोई और किताब नहीं थी। डैंडी कॉमिक पढ़ने के लिए मैं कितना तरस गया था! साल में दो बार हमें फ़िल्म दिखाने ले जाया जाता था। कॉन्वेंट की मुखिया यानी अम्मी हुज़ूर एरोल फ़्लिन की प्रशंसक रही होंगी, क्योंकि हमें उस तेज़तर्रार और साहसी हीरो की दो फ़िल्में दिखाने के लिए ले जाया गया था। इनमें से एक फ़िल्म 'दे डाइड विद देयर बूट्स ऑन' थी, जिसमें उन्होंने जनरल कस्टर की भूमिका निभाई थी, जो रेड इंडियन्स के ख़िलाफ़ जंग में अपनी जान गँवा देता है। दूसरी फ़िल्म 'द चार्ज ऑफ़ द लाइट ब्रिगेड' थी, जिसमें एक ब्रिटिश घुड़सवार के रूप में, विशाल रूसी तोपों का मुक़ाबला करते हुए वह मारा जाता है।

स्कूल में मेरी ऊब और बेचैनी के बीच मेरे पिता के भेजे हुए रंगीन पिक्चर पोस्टकार्ड बहुत राहत देते थे। पोस्टकार्ड भेजना वह कभी नहीं भूलते थे। वह मुझे लॉसन वुड की बनाई 'ग्रैन पॉप' शृंखला के कार्ड भेजते, जिसका किरदार एक बन्दर होता, जो कॉकटेल पार्टियों में जाता, गर्म हवा वाले गुब्बारे में उड़ता और बारिश में नाचता। इन पोस्टकार्डों के साथ डैडी के सन्देश आते कि घर लौटने पर किताबें और खिलौने मेरा इन्तज़ार करते मिलेंगे। उस ख़ौफ़नाक साल के बीच में उन्होंने कुछ दिनों की छुट्टी ली और मुझसे मिलने आए। मैं उनके साथ एक बोर्डिंग हाउस में जाकर रहा; लेकिन मुझे याद नहीं कि देहरा से मेरी माँ भी हमारे साथ रहने के लिए आई हों। वह मुझे फ़िल्में दिखाने ले गए, जॉर्ज फ़ॉर्मबी को पर्दे पर देखना मेरे लिए बढ़िया बदलाव था; वह एक मज़ाक़िया शख़्स था, जो बैंजो की तरह का एक बाजा, यूकेले, बजाया करता। उन्होंने मेरे लिए दर्जनों कॉमिक्स भी ख़रीदे। मैंने उनसे आग्रह किया कि मुझे उस मनहूस स्कूल से निकाल लें और अपने साथ ही रखें। उन्होंने वायदा किया कि जैसे ही इन्तज़ाम हो जाएगा, वे मेरी यह ख़्वाहिश पूरी कर देंगे।

इन छुट्टियों के बाद जब मैं कॉन्वेंट लौट गया तो, मेरे पिता कई बार देहरा आए। मैं नहीं जानता कि वह नानी के घर रुके थे या नहीं, वह और मेरी माँ ज़रूर मिलते रहे। मुझे लगता है कि उनकी शादी नाकाम हो रही थी और वे इस कोशिश में लगे थे कि यह किसी तरह बच जाए। एक रोज़ माँ की एक चिट्ठी मुझे मिली, जिसमें उन्होंने देहरादून में मेरे छोटे भाई विलियम के पैदा होने की ख़बर दी थी।

कॉन्वेंट स्कूल में, आख़िरकार बस्टर जोन्स नाम के एक लड़के से मेरी दोस्ती हो गई, वह भी स्कूल से उतना ही चिढ़ता था, जितना कि मैं। हमने मिलकर वहाँ से भाग निकलने का मंसूबा बाँधा, और इसकी तैयारी में हमने बिस्कुट, ब्रेड के स्लाइस, रस्क और खाने का दूसरा सामान सहेजना शुरू कर दिया ताकि हमारी आज़ाद ज़िन्दगी आराम से बसर हो सके। ये चीज़ें हम अपने लॉकर में इकट्ठा कर रहे थे, मगर जल्दी ही भेद खुल गया, और सज़ा के तौर पर हमें पूरे दिन रेवरेंड मदर के दफ़्तर के बाहर खड़े रहना पड़ा। फिर भी भागने का इरादा हमने छोड़ा नहीं, हम योजनाएँ बनाते रहे, लेकिन हम दोनों में से किसी को इस बात का अन्दाज़ा नहीं था कि भागकर आख़िर हम जाएँगे कहाँ।

मेरे पिता की तैनाती अब अलग-अलग युद्ध-क्षेत्रों में होने लगी थी, इसलिए सर्दियों की छुट्टियाँ मुझे एक बार फिर नानी की निगरानी में देहरादून में ही बितानी पड़ीं। मेरी माँ अक्सर बाहर ही रहती थीं। जामनगर की सीमित सामाजिक ज़िन्दगी में

उन्हें घुटन होती थी, देहरादून आकर वह बहुत खुश थीं, यह कहीं ज़्यादा बड़ा और जीवन्त शहर था। यहाँ पार्टियाँ और पिकनिक होती रहती थीं और वह अपने दोस्तों के साथ वहाँ जातीं। कभी-कभी मुझे भी अपने साथ ले जातीं। हम सिनेमाघर भी जाते, जहाँ हमने मेरी माँ के पसन्दीदा कॉमेडियन एडी कैंटर की फ़िल्म 'रोमन स्कैंडल्स' और मेरे पसन्दीदा लॉरेल-हार्डी की फ़िल्म 'ग्रेट गन्स' देखीं। पिकनिक के लिए हम राजपुर जाते, क्रिसमस की पार्टी और फिर कज़िन एडिथ के जन्मदिन की पार्टी में भी गए। विश्वयुद्ध चल रहा था, यह सोचने की फ़ुरसत किसे थी? या कि देश 'भारत छोड़ो आन्दोलन' की आँच में झुलस रहा था, और ब्रिटिश साम्राज्य का सूरज जल्द ही अस्त होनेवाला था?

पार्टियों और पिकनिक में नानी की कोई ख़ास दिलचस्पी नहीं थी, लेकिन मेरी मौसी यानी एडिथ की माँ आंटी एनिड, पार्टी और पिकनिक पर हमेशा फ़िदा रहती थीं। आप उन्हें वहाँ जाने से रोक नहीं सकते थे, ख़ासतौर पर अगर कोई मर्द भी उसमें शामिल हो। उनकी नज़र मिस्टर एच पर थी, जो फ़ोटोग्राफ़र थे, और पुरानी कारों का धंधा करते थे। उनमें प्लेबॉय जैसा भी कुछ था। शक्ल-सूरत से हालाँकि वह प्लेबॉय नहीं लगते थे, मगर फ़ितरत से वैसे ही थे। हर दूसरे-तीसरे दिन वह नई मोटरकार में बैठकर आते और ऐसा लगता था कि नई फ़िल्मों के टिकटों का इन्तज़ाम करने और मौज-मस्ती के लिए नये ठिकानों की तलाश के अलावा उनके पास कोई और काम नहीं था। पार्टियों और खेलों में दिलचस्पी रखनेवाले किसी कल्पनाशील इनसान की ख़्वाहिशों का वह साकार रूप थे, और ऐसे लोग आसानी से उनकी ओर खिंच सकते थे। आंटी एनिड ऐसी ही इनसान थीं।

लेकिन मिस्टर एच की दिलचस्पी मेरी माँ में ज़्यादा थी, जो एनिड से छोटी थीं और ज़्यादा सुन्दर भी। जल्दी ही वह उनके साथ बाहर जाने लगीं। इसके बाद, कभी भी मैं अपनी माँ के साथ अकेला नहीं होता था—हम पिकनिक पर गए हों या फ़िल्म देखने, मिस्टर एच हमेशा हमारे साथ होते, और अक्सर वे भूल जाते थे कि मैं भी उनके साथ हूँ। एक रोज़ दोपहर को, पूर्वी नहर के किनारे उन्हें छोड़कर मैं घूमने निकल गया, और इधर-उधर भटकते हुए आख़िर में घर लौट आया। मुझे उम्मीद थी कि मेरी माँ घबरा जाएँगी और मुझे तलाश करते हुए भागी आएँगी, लेकिन मेरी ग़ैरमौजूदगी पर उन्होंने ग़ौर ही नहीं किया। देर शाम जब वह लौटीं तो उन्होंने मुझसे कुछ भी नहीं पूछा।

मिस्टर एच की वजह से आंटी एनिड और मेरी माँ के बीच कुछ तनातनी रहने लगी थी, लेकिन फिर वह ख़त्म हो गई। बाद के वर्षों में, मुझे याद है कि माँ कहा करती थीं कि एनिड किसी भी पतलून वाले के पीछे पड़ सकती है, हो

सकता है कि यह बात उन्होंने केवल अपनत्व में कही हो। देहरा के बाहरी इलाक़े में क्लेमेंट टाउन को उन ब्रिटिश और अमेरिकी फ़ौजियों के लिए 'रेस्ट कैम्प' में बदल दिया गया था, जो बर्मा और पूर्वी मोर्चे पर तैनात रहे थे। इन फ़ौजियों का पीछा करने में आंटी एनिड ने ज़रा भी वक़्त नहीं गँवाया, वह उन क्लबों और कैफ़े में अक्सर चली जातीं, जहाँ ये फ़ौजी शाम को जुटते थे। मिस्टर एच के साथ अपने रिश्ते में पहले से ही मसरूफ़ मेरी माँ भी संगीत और सोहबत का सुख पाने के लिए अक्सर इन जगहों पर कुछ घंटे बिताने जातीं। एनिड के सरोकार ज़्यादा संजीदा थे। मगर वह अपनी उम्र के तीसवें में थीं, और इन खेलों के लिहाज़ से उनकी उम्र थोड़ी ज़्यादा थी।

सड़क के नीचे की ओर रहनेवाली एक लड़की, 'वी' या वियोला मेलविल को बड़ी कामयाबी मिली, उसने लन्दन के ईस्ट एंड के एक ख़ूबसूरत अंग्रेज़ कॉर्पोरल से अपनी सगाई का एलान कर दिया। मेलविल परिवार ख़ासा धनाढ्य एंग्लो-इंडियन परिवार था (इलाक़े के बाक़ी लोगों की तरह 'ग़रीब गोरों' का परिवार नहीं था) तो 'वी' की शादी भी ख़ूब धूमधाम से हुई—चर्च में शादी की रस्मों के मौक़े पर ख़ूब सारे लोग जुटे और उसके बाद मेलविल परिवार के घर यानी तारा हॉल में शानदार दावत हुई। मुझे 'पेज-बॉय' का ज़िम्मा दिया गया था और मैं अपने सबसे बढ़िया लिबास में वहाँ गया था। मेरा काम नवदम्पती और मेहमानों के अभिनन्दन में मुट्ठी भर-भर के काग़ज़ के रंगीन टुकड़े (कन्'फ़ेटि) उड़ाना था, और यह काम मैंने इतने उत्साह से किया कि कन्'फ़ेटि जल्दी ही ख़त्म हो गई।

'वी' सुन्दर थी, मुझसे क़रीब बारह साल बड़ी, ख़ूब यारबाश और ज़िन्दादिल—शादी के तुरन्त बाद वह और उसके फ़ौजी पति इंग्लैंड रवाना हो गए (जिसे तब के फ़ौजी लोग 'ब्लाइटी' (Blighty) कहा करते थे।); उससे फिर मुलाक़ात की मुझे कोई उम्मीद नहीं थी। मगर अजीब संयोग है कि बाद के वर्षों में उससे कई बार भेंट हुई—लन्दन, दिल्ली और फिर देहरादून में भी और हर मौक़े पर मुझे उसके साथ अलग पति मिले। मर्द उसे अच्छे लगते थे, मगर लगता है कि वे ही कभी उसकी उम्मीदों पर खरे नहीं उतरे।

~

साल-भर से ज़्यादा हो गया था, और मैं अपने पिता की सोहबत के लिए बेचैन हो रहा था। शहर के फ़ोटोग्राफ़रों या ऑफ़-ड्यूटी फ़ौजियों की तरफ़ से होनेवाली पिकनिक, स्कूल की मेरी तकलीफ़ों को भुलाने के लिए नाकाफ़ी थीं, जहाँ साल के तीन या चार महीनों को छोड़कर बाक़ी पूरे समय मुझे क़ैद रहना पड़ता था।

और वैसे भी, पिकनिक मेरे लिए तो होती नहीं थीं। नानी के एनीमा और उनकी निष्ठुर और मनहूस शख़्सियत की वजह से मेरी बेचैनी और बढ़ जाती।

अपनी नानी के साथ शायद मैं ज़्यादती कर रहा हूँ, मुझे यक़ीन है कि दिल उनका सोने का था। उनके अपने बच्चे, तीन बेटियाँ (जिनमें सबसे छोटी मेरी माँ हैं), दो सौतेली बेटियाँ (एनिड उनमें से एक हैं), और एक सौतेला बेटा, केन (जो एकदम निठल्ला था), बेहतर ढंग से अपनी ज़िन्दगी गुज़ार रहे थे तो ज़ाहिर है कि नानी उनके साथ बहुत निष्ठुर नहीं रही होंगी; हालाँकि यह भी मुमकिन है कि मेरे नाना मरहूम मिस्टर क्लर्क उदार इनसान रहे हों। हर तरह से वह काफ़ी सरल स्वभाव के इनसान थे—हालाँकि छह बच्चों की परवरिश के बोझ से दबे हुए थोड़े बेबस ज़रूर थे। अड़सठ साल की उम्र में जब वह गुज़रे, तब तक उनके सभी बच्चों की शादी हो चुकी थी तो शायद उन्हें लगा होगा कि औलादों के प्रति अपना फ़र्ज़ वह पूरा कर चुके हैं। मैं कभी जान नहीं पाया कि क्या हुआ था मगर किन्हीं रहस्यमय वजहों से अंकल केन की शादी बहुत लम्बे समय तक नहीं चली।

सर्दी की छुट्टियाँ ख़त्म होने के बाद, उन्हीं मनहूस ननों की निगरानी में रहने के लिए मैं वापस स्कूल आ गया था। मगर दून घाटी में हालात तेज़ी से बदल रहे थे। युद्ध के दिनों में मौज-मस्ती और मिस्टर एच के साथ सम्बन्धों की ख़बर दिल्ली में मेरे पिता तक पहुँच गई थी। मुझे बहुत हैरानी हुई, जब स्कूल सत्र के बीच में ही मेरी माँ ने मुझे कॉन्वेंट से निकाल लिया, और घर ले जाने के बजाय सीधे देहरादून स्टेशन ले गईं।

'हम कहाँ जा रहे हैं?' मैंने उनसे पूछा।

'तुम्हारे पिता चाहते हैं कि तुम कुछ समय उनके साथ बिताओ,' उन्होंने बताया।

और फिर, स्टील के एक छोटे सन्दूक़ के साथ मुझे दिल्ली जानेवाली रात की रेलगाड़ी में बैठा दिया गया। मैं मुश्किल से आठ साल का था तो उस सफ़र में ज़रूर कोई मेरे साथ रहा होगा, मगर उस हमसफ़र की मुझे कोई याद नहीं है। मुझे सिर्फ़ इतना याद है कि पुरानी दिल्ली रेलवे स्टेशन पर मेरे पिता मिल गए थे। उस समय वह रॉयल एयरफ़ोर्स की गर्मियों की पोशाक में थे—ख़ाकी क़मीज़ और घुटने तक पहुँचते शॉर्ट्स और नीली टोपी। तब तक उन्हें फ़्लाइंग ऑफ़िसर का ओहदा मिल चुका था।

वह मुझे स्टेशन अधीक्षक फ्रेड क्लार्क के दफ़्तर ले गए, जो मेरी माँ की तरफ़ से हमारे रिश्तेदार भी थे। नाश्ते के लिए वह हमें स्टेशन के क़रीब ही अपने बँगले में ले गए। यहीं, अंडा, टोस्ट और चाय का नाश्ता करते हुए उनकी बातचीत से मुझे पता चला कि मेरे माता-पिता अलग हो चुके हैं। मेरे छोटे भाई विलियम को

लेकर माँ देहरा में रहेंगी। यह जानकर मुझे ख़ुशी ही हुई कि मुझे अपने पिता के साथ रहना होगा। और मेरे माँ-पिता के लिए शूल बनी रही एलेन को कलकत्ता में हमारी दादी यानी डैडी की पचहत्तर साल की माँ के साथ रहने के लिए भेजा जाएगा।

किसी छोटे बच्चे की ज़िन्दगी तक़रीबन पूरी तरह उसके माता-बाप की ज़िन्दगी पर निर्भर होती है। जब एक शादी टूट जाती है तो अक्सर बच्चे अलग-अलग रास्तों पर धकेल दिये जाते हैं, और इसमें उन बेचारों का कोई बस नहीं चलता। माँ से मुझे कोई शिकायत नहीं थी; मगर अपने पिता से मेरा लगाव सहज था। हमारे बीच कोई नहीं आ सकता था—किसी का दख़ल नहीं, उनका स्नेह बाँटने के लिए कोई प्रतिद्वंद्वी भी नहीं। जामनगर में उन शुरुआती सालों के दौरान पनपी गहरे बन्धन की यह भावना अब भी वैसी ही मज़बूत थी—और अगले कुछ महीनों में इसे और मज़बूत ही होना था, वह छोटा-सा वक़्फ़ा शायद मेरे बचपन का सबसे ख़ुशहाल समय था।

नई दिल्ली में वक़्ती डेरा

हुमायूँ के मक़बरे के क़रीब उस वीराने में ईंटों से बनी दो कमरों की वह छोटी-सी झोंपड़ी थी। वहाँ ऐसी झोंपड़ियों की पूरी एक क़तार थी, जो एक दूसरे से थोड़ी दूरी पर बनाई गई थीं और तराशी हुई बाड़ उन्हें अलग करती थी; ये अस्थायी और कामचलाऊ रिहाइशें अफ़सरों और उनके परिवारों के लिए बनाई गई थीं। अब यह दिल्ली का भीड़भाड़ वाला लोकप्रिय इलाक़ा है, मगर 1942 में यहाँ झाड़-झंखाड़ से भरा जंगल था, जहाँ काले हिरण और नीलगाय खुले घूमते थे।

डैडी नौ बजे दफ़्तर चले जाते और शाम को छह बजे के क़रीब लौटते। इतवार और कभी-कभी शनिवार को भी उनकी छुट्टी रहती। उनका दफ़्तर साउथ ब्लॉक में वायु सेना मुख्यालय में था, जो वायसराय के महलनुमा आवास (बाद में राष्ट्रपति भवन) के एक विंग से जुड़ा हुआ था। 'कोड्स एंड सिफ़र्स' में उनका काम बहुत ही गोपनीय और रहस्यमय था, और अगर उन्होंने दुश्मन के किसी महत्त्वपूर्ण कोड की गुत्थी सुलझाई भी हो तो मुझे कभी नहीं बताया।

जाड़ों में वह रॉयल एयरफ़ोर्स की अपनी नेवी ब्ल्यू वर्दी पहनते थे; और

गर्मियों में ख़ाकी वर्दी। वह हमेशा ही जोश से भरे और फ़ुर्तीले दिखाई देते—बढ़िया नैन-नक़्श, छोटा क़द और ऊर्जा से भरपूर वह ऐसे इनसान थे, जिनमें लड़कों जैसा आकर्षण था। उस वर्दी से मुझे रश्क होता था, मैं अक्सर उनकी टोपी और लटदार हैट पहनकर इठलाता, और उनमें फ़ोटो खिंचाने की ज़िद करता। और सलामी के बग़ैर वर्दी का मतलब ही क्या हुआ? मैं देखता था कि डैडी के मातहत उन्हें सैल्यूट करते हैं और वे अपने अफ़सरों को सैल्यूट करते हैं। जल्दी ही मैंने भी अपनी एड़ियाँ मिलाकर सैल्यूट करना सीख लिया, और जो भी सामने पड़ जाता सबको सैल्यूट करता!

डैडी हमेशा जल्दी उठते थे, वह हमारा नाश्ता तैयार करते, और मेरा पसन्दीदा सफ़ेद मक्खन बनाने के लिए क्रीम फेंटते। नाश्ते के बाद वह चले जाते थे, और मैं पूरे दिन मनमानी करने के लिए घर में अकेला रह जाता। शुरू में कुछ दिन तो मैं डैडी को जाननेवाले एक अंग्रेज़ परिवार के यहाँ दोपहर का खाना खाने चला जाता था। वह परिवार पड़ोस के डेरे में रहता था, मगर उनके ऊधमी और दादा क़िस्म के लड़के मुझे पसन्द नहीं करते थे, पसन्द तो ख़ैर मैं भी उन्हें नहीं करता था, इसलिए डैडी ने एक ख़ानसामा रख लिया, जो दोपहर को घंटे-भर के लिए आता और मेरे लिए खाना बना जाता।

वहाँ पढ़ने के लिए कुछ कॉमिक्स और देखने के लिए पोस्टकाड्‌र्स का एक बड़ा संग्रह था। वह पुराना ग्रामोफ़ोन और पुराने रिकॉर्ड तो थे ही—मुझे नहीं लगता कि डैडी को नये रिकॉर्ड ख़रीदने का वक़्त मिल पाया होगा। लेकिन इससे मुझे कोई दिक़्क़त नहीं थी; ग्रामोफ़ोन मेरे ख़ालीपन का ज़बरदस्त साथी था, जिसे चलाते ही कमरा ऑपेरा के गानों से गूँज उठता। डैडी ने मुझे समझा रखा था कि रिकॉड्‌र्स को एहतियात से इस्तेमाल करूँ और उन्हें सीधा ही रखूँ वरना गर्मी की वजह से वे टेढ़े-मेढ़े हो जाएँगे और उन्हें बजाना मुमकिन नहीं होगा।

दिल्ली की वह पहली गर्मी मेरी स्मृति में अब भी एकदम साफ़ है। इतनी गर्म जगह पर मैं कभी नहीं रहा था। जेठ की वो झुलसा देनेवाली लू भी मुझे याद है—बलूचिस्तान और राजस्थान के रेगिस्तान से आनेवाली धूल भरी वे हवाएँ किसी आफ़त से कम नहीं थीं। दिल्ली में अब शायद ही वैसी लू चलती हो। पर कुछ ही दिनों में मुझे उस गर्मी की आदत हो गई। दस या ग्यारह बजे के आसपास भिश्ती आता, बकरे की खाल से बनी उसकी मशक में ताज़ा पानी होता था। डेरे में कोई नल नहीं था, इसलिए वह टब और एक बड़े ड्रम में पानी भर देता और सामने के दरवाज़े पर लटकी ख़स की चिक पर पानी छिड़क जाता। इसकी ठंडक का अद्‌भुत असर होता था। हालाँकि यह असर आधे घंटे से ज़्यादा नहीं रहता था,

लेकिन ख़स की भीनी और ताज़गी भरी गन्ध मुझे भाती थी और पानी के छिड़काव से गीली हुई बाहर की मिट्टी से उठती गन्ध भी मुझे पसन्द थी। यह दिल्ली में एयर-कंडीशनिंग के चलन से बरसों पहले की बात है। हमारे घर में एक छोटा-सा टेबल-फ़ैन था, मगर बिजली अभी वहाँ तक नहीं पहुँच पाई थी।

कमरों की ठंडक की वजह से तमाम क़िस्म के जीव-जन्तु खिंचे चले आते थे। मुझे बिच्छुओं और कनखजूरों का ध्यान रखना पड़ता था, जो कभी-कभी जूतों या ख़ाली मग या कपड़ों की टोकरी में आराम करने चले आते थे। एक सुबह मैंने ग्रामोफ़ोन का ढक्कन हटाया तो देखा कि अन्दर एक बड़ा बिच्छू सोया हुआ है। मदद के लिए मैं ज़ोर से चिल्लाया, मगर आसपास कोई नहीं था। सो ग्रामोफ़ोन का ढक्कन मैंने धड़ाम से बन्द कर दिया, और शाम को डैडी के घर लौटने तक उसे नहीं खोला। बिच्छू तब तक रहस्यमय ढंग से ग़ायब हो चुका था।

घर की छिपकलियाँ थीं, जो दीवारों पर दौड़ते-दौड़ते कभी-कभी मेज़ या फ़र्श पर हल्की थप्प की आवाज़ के साथ गिर पड़ती थीं। रात को, तमाम सियार मिलकर हुआँ-हुआँ करते और उनके क्रन्दन का सिलसिला देर तक चलता रहता, मगर वे घरों में नहीं आते थे; इसके उलट जंगली बिल्लियाँ, दिन हो या रात, किसी भी समय खाने की तलाश में अन्दर चली आती थीं। कभी-कभी वे मुझ पर फुफकारतीं और गुर्रातीं भी, मगर बिल्लियों से मुझे डर नहीं लगता था तो जवाब में मैं भी फुफकारता और उन पर गुर्राता।

डेरे के अन्दर और आसपास इतने सारे जंगली जीव होने के बावजूद मैं, महल में ऐशोआराम से रहनेवाले किसी शहंशाह की तरह, अपने-आप में काफ़ी ख़ुश था। मैं आश्वस्त रहता कि छह बजे डैडी घर आ जाएँगे, वह मुझसे बातें करेंगे या बाहर कहीं घुमाने ले जाएँगे या फिर डाक टिकटों का अपना संग्रह निकाल लेंगे। टिकटों के बॉक्स और एलबम डाइनिंग-टेबल पर फैलाकर, मिट्टी के तेल वाले लैम्प की रोशनी में, हम नये टिकटों के बारे में बात करते, या पुराने टिकटों की दुर्लभता पर, अक्सर हम स्टेनली गिबन्स के बेशक़ीमती कैटलॉग के पन्ने पलटते, और देखते कि टिकटों का कोई सेट पूरा हुआ है या नहीं।

उन्होंने सिर्फ़ एक बार मुझसे माँ के बारे में पूछा था—क्या वह कभी-कभी मुझे बाहर घुमाने ले जाती थीं? और उनके दोस्त कौन थे?

'एनिड की एक चिट्ठी आई थी,' उन्होंने कहा।

ज़ाहिर है कि डाह की मारी आंटी एनिड ने उन्हें पिकनिक, डांस पार्टियों, उनमें हमेशा ही मौजूद मिस्टर एच, मौज-मस्ती की तलाश में घूमते फ़ौजियों और मेरी

माँ समेत दूसरे लोगों के मज़े करने के बारे में सारा ब्योरा उन्हें लिख भेजा होगा। जबकि घर के लिए कमानेवाले ख़ुद वह, नई दिल्ली की धूल और तपिश के बीच कोड्स और सिफ़र्स से जूझ रहे थे। और बड़े हो रहे एक बेटे की देखभाल की ज़िम्मेदारी भी उन पर थी, सो अलग।

इसमें से ज़्यादातर बातें, ज़ाहिर है कि सही थीं, और सचमुच उन बातों को मैं डैडी से छिपा नहीं सकता था; छिपाना भी नहीं चाहता था। सही हो या ग़लत, मैं उन्हीं की तरफ़ था।

इतवार को हम दिल्ली और उसके आसपास घूमने जाते थे। हुमायूँ का मक़बरा पास ही था; भले ही वहाँ तमाम राजा, रानी और राजकुमार दफ़्न हैं मगर वह एक शानदार इमारत है, जो आसपास फैले हुए बबूल और कीकर के जंगलों से बड़ी ख़ूबसूरती से ऊपर उठती हुई, इनसानी उद्यम के वसीयतनामे सरीखी लगती है। पुराना क़िला भी बहुत दूर नहीं था। यहाँ डैडी ने मुझे कुतुबख़ाना और वेधशाला की ओर जानेवाली सीढ़ियाँ दिखाईं। यह बादशाह हुमायूँ का पसन्दीदा ठिकाना था। उन्होंने मुझे बताया, 'जिस शाम हुमायूँ की मौत हुई, वह शुक्र तारे के दिखने का इन्तज़ार कर रहा था।'

'वह मर कैसे गया?' मैंने पूछा।

'कहते हैं कि वह तेज़ी से सीढ़ियाँ उतर रहा था, तभी उसे ठोकर लगी और वह लड़खड़ाकर गिर पड़ा और उसकी मौत हो गई। सिर में लगी चोट से उसकी खोपड़ी चटक गई थी।'

अँधेरे में डूबी और डरावनी वे सीढ़ियाँ भयानक और चक्करदार थीं। अपनी कल्पना में मैं किसी को उन सीढ़ियों से लुढ़कता हुआ देख पा रहा था।

कभी-कभार हम और ज़्यादा दूर चले जाते थे, लाल क़िले और उसकी गुम्बद वाली इमारतों तक, जहाँ से सुस्त, मगर अभी तक साफ़, नदी दिखाई देती थी।

गर फ़िरदौस बर-रू-ए-ज़मीं अस्त
हमीं अस्त-ओ हमीं अस्त-ओ हमीं अस्त।

मुग़ल शहंशाहों के मंडपों में से एक की दीवार पर लगे शिलालेख पर यही इबारत दर्ज थी—धरती पर अगर कहीं जन्नत है तो यहीं है, यहीं है, यहीं है। इतने विशाल क़िले की प्राचीर का पैदल चक्कर लगाने के बाद मैं इस बुरी तरह थका हुआ और भूखा होता कि मुझे इसके जन्नत होने का भरोसा हरगिज़ नहीं हो पाता था, पुरानी दिल्ली रेलवे स्टेशन के जलपान कक्ष में पहुँचकर मुझे ज़्यादा ख़ुशी

होती। वहाँ स्टेशन अधीक्षक अंकल फ्रेड के साथ हम काफ़ी सहज महसूस करते थे। अंकल फ्रेड मेरे पिता के थोड़े-से दोस्तों में से एक थे।

स्टेशन की ऊपरी मंज़िल पर होने की वजह से यह जलपान कक्ष, रेलवे प्लेटफ़ॉर्म के शोर-शराबे, इंजनों की शंटिंग, गार्ड की सीटी, कुलियों की चीख़ और बड़े भारतीय स्टेशनों की पहचान बन चुके कर्कश ध्वनियों के कोलाहल (यह पहचान तो ख़ैर अब भी है), से दूर एक शान्त जगह थी। वहाँ के खाने का मेन्यू बहुत सीमित था, फिर भी किसी 'बड़े होते लड़के' के लिए ठीक ही था—चिकन या मटन कटलेट (उन्हें रेलवे कटलेट कहा जाता था), शोरबे वाला मटन या सब्ज़ी, पुलाव या चावल, और डेज़र्ट के तौर पर एकदम बेज़ाइक़ा ब्लांमांज़ या कस्टर्ड पुडिंग। मैंने कटलेट और करी खाई, लेकिन पुडिंग छोड़ दिया। वे रेफ्रीजरेशन के शुरुआती दिन थे, और आइसक्रीम एक दुर्लभ चीज़ थी।

घर में अपने पीने का पानी हम सुराही में ठंडा करते थे—मिट्टी की सुराही में पानी भरकर उसे छाया वाली जगह पर रख देते थे। घर में एक डोली भी थी, यह एक छोटी-सी अलमारी थी, जिसमें सामने की तरफ़ जाली लगी होती थी, और जिसमें फल, सब्ज़ियाँ और रसोई का दूसरा सामान रखा जाता था। डोली के चारों पायों के नीचे पानी से भरे हुए कटोरे रखे जाते ताकि चींटियाँ अन्दर रखी खाने की चीज़ों तक न पहुँच पाएँ। इतने जतन के बाद भी, कुछ चींटियाँ दावत उड़ाने के लिए अपनी पसन्दीदा चीज़ों तक पहुँच ही जाती थीं—शुगर क्यूब्स, केले, क्रीम रोल—कुछ भी जो मीठा हो, चिपचिपा हो। आप साँपों, चूहों, छिपकलियों और चमगादड़ों से बचाव कर सकते हैं, मगर चींटियों का ज़्यादा कुछ नहीं कर सकते। वे दृढ़तापूर्वक अपने लक्ष्य की ओर बढ़ती ही रहती हैं—जर्मन पैंज़र रेजिमेंट की तरह, अनुशासित और अटल।

सुदूर यूरोप में उन पैंज़र रेजिमेंटों का पलड़ा काफ़ी भारी था। युद्ध में ब्रिटेन और उसके सहयोगियों की हालत पतली थी। सारा यूरोप जर्मनों के हाथ में आ गया था, सिंगापुर और मलाया पर जापानियों का क़ब्ज़ा हो गया था। बर्मा होते हुए भारत आनेवाली सड़क शरणार्थियों से भरी पड़ी थी—भारतीय, यूरोपियन, यूरेशियन शरणार्थी। ब्रिटेन के जहाज़ों को डुबाया जा रहा था, ब्रिटिश विमानों की तादाद ज़्यादा थी। भारत में, आज़ादी की माँग दिन-ब-दिन मज़बूत हो रही थी। नई दिल्ली में संकट के बादल गहराने लगे थे।

युद्ध से मेरा कोई सरोकार नहीं था। मेरे डैडी ही मेरी दुनिया थे, और जब वह इतने बीमार हुए कि उन्हें अस्पताल में भर्ती होना पड़ा तो पहली बार मैं फ़िक्रमन्द हुआ। यह मियादी मलेरिया के उनके शुरुआती झटकों में से एक था।

वह तीन-चार दिनों तक अस्पताल में रहे। दिन में पड़ोसी मेरा ख़याल रखते और रात को भिश्ती का बेटा सोने के लिए मेरे पास आ जाता। वह मेरा हमउम्र था, या शायद एक या दो साल बड़ा। शान्त तबीयत वाले उस लड़के की त्वचा धूप में गहरे भूरे रंग की हो गई थी। वह मोटी सूती बनियान और ख़ाकी निकर पहने रहता, जो उसके लिए ख़ासी बड़ी थी। मेरा वह ख़ामोश साथी रसोईघर में सोता था। दो छोटे लड़के, एक बहिष्कृत और एक अर्ध-अनाथ, एक दूसरे को सोहबत और सहारा दे रहे थे...उसकी शख़्सियत और सोहबत ने मुझ पर छाप ज़रूर छोड़ी होगी, क्योंकि यही अनुभव मेरी पहली कहानी का आधार बना, क़रीब दस साल बाद वह कहानी—'द अनटचेबल्स'—बम्बई से निकलनेवाली पत्रिका 'द इलस्ट्रेटेड वीकली' में छपी।

डैडी अस्पताल से लौट आए। अभी वह पूरी तरह ठीक नहीं हुए थे; कमज़ोर लग रहे थे, खाना भी बहुत कम खाते थे। मेरा अन्दाज़ा है कि उन्होंने अस्पताल से जल्दी छुट्टी ले ली थी क्योंकि उन्हें भरोसा नहीं था कि घर पर अकेला मैं ढंग से रह पाऊँगा। अपनी ताक़त और फ़ुर्ती वापस पाने के लिए कुछ दिनों तक वह घर पर रहकर आराम करते रहे, और चूँकि वह कुछ और करने के लायक़ नहीं थे, उन्हें ख़ुश रखने के लिए मैं ग्रामोफ़ोन पर उनके पसन्दीदा रिकॉर्ड बजाता रहता। अब भी उन्हें हल्का बुख़ार था, और गर्म दोपहर में पसीने से लथपथ बिस्तर पर उनके पास लेटकर करूसो को 'चे गेलिदा मन्निना' गाते हुए सुनना अजीब अनुभव था—

चे गेलिता मन्निना
शे ला ला सी रिसकलदार

(नन्हे हाथ तुम्हारे कितने ठंडे हैं/आओ इन्हें मैं जीवन की ऊष्मा देता हूँ)

मृत्यु का बोध मुझे नहीं था, लेकिन जाने क्यों मुझे डर लगने लगा कि मैं अपने पिता को खो दूँगा। कुछ दिनों में वह पूरी तरह अच्छे हो गए तो मुझे राहत मिली, और मेरा सारा डर काफ़ूर हो गया। ऐसा लगता कि वह कभी बीमार ही नहीं पड़े।

कुछ महीनों के बाद हमने वह झोंपड़ी छोड़ दी। वह परिवार के साथ रहनेवाले अफ़सरों के लिए थी, और वहाँ परिवार के नाम पर अकेला मैं ही था। डैडी के अफ़सर हमेशा पूछा करते थे कि मेरी देखभाल के लिए माँ यहाँ क्यों नहीं रहतीं। इसलिए उन्होंने कर्ज़न रोड (अब कस्तूरबा गांधी मार्ग) से थोड़ी दूरी पर अतुल ग्रोव रोड की एक बन्द गली में कमरे किराए पर ले लिये। यह जगह कनॉट

प्लेस के बहुत क़रीब थी, जो उन दिनों नई दिल्ली की कारोबारी और पेशेवर गतिविधियों का केन्द्र था।

~

सड़क के एक तरफ़ आधा दर्जन बँगले थे, जिनमें टेलीग्राफ़ महकमे के अफ़सर रहते थे। डैडी ने इन्हीं अफ़सरों में से एक के बँगले में कमरे किराये पर लिये थे। सड़क के दूसरी ओर महकमे के दफ़्तर की इमारतें थीं, जिनके बग़ल में छोटे ओहदे वाले कर्मचारियों के छोटे क्वार्टर बने हुए थे—वहाँ चपरासी, सफ़ाई कर्मचारी, चौकीदार और उनके परिवार रहते—और उसके सामने घास से ढका हुआ एक खुला मैदान था, जहाँ शाम को बच्चे खेलने आते थे।

इन बच्चों में जोसेफ़ भी था। उन बँगलों में रहनेवाले किन्हीं दक्षिण भारतीय अफ़सर का बेटा जोसेफ़ गहरे रंग का दुबला-पतला और ख़ुश-अख़लाक़ लड़का था—हरदम मुस्कराता हुआ और दोस्ती के लिए उत्सुक। हमारी मुलाक़ात अजब इत्तेफ़ाक़ थी। सड़क के आख़िर छोर पर एक लेटर बॉक्स था, और मैं डैडी की कुछ चिट्ठियाँ उस लाल बम्बे में डालने के लिए घर से निकला था। लगभग मेरी ही उम्र का एक और लड़का भी चिट्ठी डालने के लिए सड़क पार कर रहा था, और उसने भी लेटर बॉक्स में तभी हाथ डाला, जब मैंने अपना हाथ डाला था। आराम से हाथ बाहर निकालने के लिए हमें एक-दूसरे के हाथ थामकर खींचने पड़े।

'तुमसे मिलकर ख़ुशी हुई,' लड़के ने कहा, 'मेरा नाम जोसेफ़ है।'

'मैं रस्किन हूँ।'

'तुम कौन-से स्कूल में पढ़ते हो?'

'मैं स्कूल नहीं जाता,' मैंने कहा।

'क़िस्मत वाले हो!'

यह हमारी सौम्य क़िस्म की दोस्ती की शुरुआत थी, जो 1942 की लम्बी गर्मियों और उसके बाद वाली सर्दियों तक चली।

शाम को छह बजे के बाद थोड़ी दौड़ लगाना, खुले मैदान में फुटबॉल खेलना, और जोसेफ़ के साथ कुश्ती करना सम्भव हो पाता था। जोसेफ़ के साथ कुश्ती लड़ना हमेशा मज़ेदार होता। उसके मुक़ाबले काफ़ी भारी-भरकम होने के नाते आमतौर पर मैं उस पर हावी रहता था, मगर वह कभी हार नहीं मानता था—छटपटाता हुआ वह किसी तरह मेरे नीचे से निकल आता और फिर कोई पेचीदा दाँव लगाकर अपनी बाँहों या टाँगों की कैंची बनाकर मुझे जकड़ लेता, उसकी

जकड़ से छूटने और वापस दबोचकर उस पर चढ़ बैठने के लिए मुझे अपनी सारी ताक़त लगा देनी पड़ती और मेरा वज़न इसमें बहुत काम आता। आसपास के क्वार्टर वाले बच्चे हमारे इन मुक़ाबलों को बड़े चाव से देखते थे, और जोसेफ़ जब भी मुझ पर भारी पड़ता, वे उसकी जय-जयकार करते थे—क्योंकि, गोरे रंग और अंग्रेज़ अफ़सर का बेटा होने की वजह से मैं उनके लिए औपनिवेशिक आततायी था—मगर हमारे बीच कोई दख़ल नहीं देता था; इतना तो वे समझते थे कि हम दोनों दोस्त थे और अपने हुनर और ताक़त के अन्तरंग इम्तिहान में जुटे हुए थे।

यह 'भारत छोड़ो आन्दोलन' का साल था, मगर यह दूसरे विश्वयुद्ध का तीसरा साल भी था। वर्दी वाले ब्रिटिश और अमेरिकी अफ़सर और सैनिक उन दिनों नई दिल्ली में भरे पड़े थे। कनॉट प्लेस और इसके आसपास के सिनेमा हॉल, रेस्तराँ और नाइट क्लब उनकी ज़रूरतें पूरी करते थे। शहर के इस हिस्से में ज़िन्दगी पुराने ढर्रे पर ही चल रही थी, उन लोगों की मौजूदगी से इस पर कोई फ़र्क़ नहीं पड़ा था। बच्चे पहले की तरह अपने खेलों में मगन रहते; सड़कों पर साइकिलों की भरमार रहती और मिल की बनी धोती, पाजामा या घुटने तक लम्बे ख़ाकी शॉर्ट्स पहने लोग अपने काम पर जाते हुए दिखाई देते; कभी-कभार किसी कार का हॉर्न सुनाई दे जाता मगर वह भी मौजूदगी का इशारा भर था, वरना कार के रास्ते में कभी कोई होता नहीं था; ठीक-ठाक पैसे वाले लोग कनाट प्लेस के क्वॉलिटी में और अमीर लोग गेलॉर्ड्स में खाना खाने जाते, और किसी को यह परवाह नहीं थी कि ग़रीबों के पास खाने के लिए है भी या नहीं।

जंग बहुत दूर—बर्मा और मलाया—में लड़ी जा रही थी, मगर हवाई हमले का अन्देशा ज़रूर था। जापानी हवाई जहाज़ पहले ही कलकत्ता में कुछ बम गिरा चुके थे। पूरी राजधानी में खाइयाँ खोद दी गई थीं, हमारी उस छोटी-सी गली को भी यह इज़्ज़त बख़्शी गई थी। क़रीब पन्द्रह फ़ीट लम्बी, एक गहरी खाई खोदी गई, जिसमें किनारों की तरफ़ मिट्टी काटकर सीढ़ियाँ बना दी गई थीं ताकि जो लोग कूद न सकें, वे सीढ़ियों से नीचे उतर जाएँ। दिल्ली पर कोई हवाई हमला नहीं हुआ, मगर बच्चों ने इन खाइयों में ख़ूब मौज़-मस्ती की; और जब मानसून की बारिश आई, और खाइयों में पानी भर गया तो वे नहाने के नायाब ठिकानों में बदल गईं, जहाँ लड़के तैर सकते थे और बेफ़िक्री से एक-दूसरे पर पानी उछाल सकते थे।

अतुल ग्रोव से कनॉट प्लेस की दूरी सिर्फ़ इतनी थी कि दस मिनट में पैदल पहुँचा जा सकता था, और मुझे यह आलीशान बाज़ार घुमा लाने के लिए डैडी

हमेशा तैयार रहते थे। हम किताबों की दुकानों में जाते, जहाँ से कभी-कभी मैं रंगीन कॉमिक पेपर खरीद लेता, या फिर रिकॉर्ड की दुकानों पर, जहाँ से हम कोई रिकॉर्ड ख़रीद लेते। हम वहाँ इत्मीनान से घूमते, क्योंकि कनॉट सर्कल में तब भीड़भाड़ नहीं होती थी; आप बाएँ या दाएँ देखे बिना सड़क पार कर सकते थे। बस, दो-चार बसें और थोड़ी-सी कारें थीं। अगर आप साइकिल की सवारी नहीं कर सकते थे तो कहीं आने-जाने के लिए ताँगा सबसे लोकप्रिय साधन था।

हफ़्ते में कम से कम एक बार डैडी मुझे सिनेमा दिखाने ले जाते थे—युद्ध के उन दिनों में सिनेमाघर नई से नई ब्रिटिश और अमेरिकी फ़िल्में चलाते थे। डैडी शाम को वायुसेना मुख्यालय से लौटते और कहते, 'चलो, फ़िल्म देखने चलते हैं,' और हम कनॉट प्लेस के चार सिनेमाघरों—रीगल, रिवोली, ओडियन या प्लाज़ा में से किसी एक के लिए रवाना हो जाते। साल-भर में, मैंने डैडी के साथ कम से कम चालीस फ़िल्में देख डाली होंगी। डिज़्नी के शुरुआती क्लासिक्स—बांबी, डंबो, फ़ैंटेसिया (यह शास्त्रीय संगीत के साथ प्रयोग था); 'सन वैली सेरेनेड' में ओलंपिक आइस-स्केटिंग की सुन्दर चैम्पियन सोंजा हेनी; 'बालालाइका' में वोल्गा के नाविकों का गीत गाते नेल्सन एडी; 'याँकी डूडल डैंडी' में पूरी ताक़त से टाइटिल गीत गाते हुए जेम्स कैग्नी; और 'डाउन अर्जेंटाइना वे' में कारमेन मिरांडा का रंबा या सांबा।

कॉमेडी फ़िल्में मेरी पसन्दीदा थीं—लॉरेल और हार्डी, एबॅट और कास्टेलो, जॉर्ज फॉर्मबी, हेरल्ड लॉयड, मार्क्स ब्रदर्स के नाअक्ली और शैतानी-भरे कारनामे... और कभी-कभी हम कश्मीरी गेट पर पुराने सिनेमाघर रिट्ज तक भी बढ़ जाते, और 'बगदाद थीफ़' या 'कोबरा वूमैन' में साबू को देख आते। अलिफ़-लैला की तरह के ऐसे क़िस्से पुराने शहर में बहुत लोकप्रिय थे।

ये सिनेमाघर अब भी मौजूद हैं, हालाँकि कनॉट प्लेस के चार में से तीन सिनेमाघर अब मल्टीप्लेक्स में बदल दिये गए हैं और मुझे पता चला है कि आख़िरी बचे सिंगल-स्क्रीन हॉल, रीगल में भी जल्दी ही ऐसे बदलाव होनेवाले हैं। पुराना ड्रामा भले खो गया हो, मगर कम से कम सिनेमा हॉल तो बच गए हैं। पुराना रिट्ज दरक रहा है; यह नई दिल्ली के सिनेमाघरों के मुक़ाबले बहुत पुराना है। मेरे पिता जब युवा थे, तब यहाँ मूक फ़िल्में दिखाई जाती थीं। किसी दिन इसे ढहा दिया जाए तो मुझे कोई हैरानी नहीं होगी, पर अगर ऐसा होता है तो ख़ुदा के लिए कोई मुझे न बताए।

~

डैडी का पहला प्यार बेशक डाक टिकट इकट्ठा करना था। एक सन्दूक़ एलबमों से भरा हुआ था। उन्होंने मुझे बताया था कि यह बेशक़ीमती संग्रह है, और किसी दिन यह मेरा होगा। वह मुझे भी टिकट इकट्ठा करने के लिए उकसाते। मेरे पास अपना एक छोटा एलबम था, जिसमें ज़्यादातर यूनान के डाक टिकट भरे हुए थे। मुझे नहीं पता कि मैंने यूनान ही क्यों चुना—शायद टिकटों पर छपे यूनानी देवता और नायक मुझे आकर्षित करते थे—और डैडी ऐसे ढेर सारे यूनानी टिकट मुझे देते ही रहते थे, जिनकी शायद उन्हें ज़रूरत नहीं थी।

डैडी के कुछ दोस्त और परिचित भी टिकट इकट्ठा करते थे। कनॉट प्लेस के बाहरी सर्किल में रैन्किन्स नाम से कपड़ों की एक बड़ी दुकान थी, जहाँ वह रॉयल एयरफ़ोर्स की अपनी वर्दी सिलवाया करते थे। मुझे याद है कि मैं जब कभी उनके साथ वहाँ जाता तो वर्दी का नाप देने की बजाय वे टिकटों के बारे में बतियाते हुए मिस्टर रैन्किन की बड़ी-सी डेस्क के सामने जमकर बैठ जाते और टिकटों में डिज़ाइन की गड़बड़ियों, छपाई की असाधारण ग़लतियों, जालसाज़ी, ओवरप्रिंट, सोलोमन द्वीप या पापुआ-न्यू गिनी के टिकटों की दुर्लभता पर चर्चा करते, उन मूल्यवान संग्रहों का ज़िक्र होता, जो लुप्त हो गए, या उन देशों का जो ग़ायब हो गए!

मैं वहाँ बैठा डाक-टिकट संग्रह का यह सारा फ़लसफ़ा ग़ौर से सुनता या सुनने का अभिनय करता, पर मेरी निगाह दुकान में ग्राहकों की आवाजाही पर बनी रहती—अजीब तरह के हैट लगाए महिलाएँ (कुछ में पंख भी लगे होते), सूट में सजे-धजे अंग्रेज़ मर्द (जो बो-टाई लगाए होते), बढ़िया क्रीज़ वाली पतलून में अमेरिकी सैनिक, घुटनों तक पहुँचते ख़ाकी शॉर्ट्स में ब्रिटिश सैनिक, अचकन और चूड़ीदार पाजामे में महाराजा, महँगी और ख़ूब कशीदाकारी वाली साड़ियों में महारानियाँ, और यूरोपियन पोशाकों में हिन्दुस्तानी (हिन्दुस्तानी पोशाक पहननेवाले कहीं और जाते होंगे), और जामुनी रंग की जैकेट में उस दुकान के कामगार। टिकटों की बनिस्बत लोगों में मेरी दिलचस्पी ज़्यादा थी।

और डाक-टिकट इकट्ठा करनेवाले भी तो लोग ही थे। जैसे कि वह नौजवान अमेरिकी लेफ़्टिनेंट, जो डैडी का संग्रह देखने के लिए एक शाम हमारे घर आया था। डैडी ने उसे रात के खाने पर बुलाया था, और इसकी तैयारी में उन्होंने रेड वाइन की एक बोतल ख़ास तौर पर ख़रीदी थी। मैंने अपने पिता को शराब पीते कभी नहीं देखा था, हालाँकि देहरादून में मिस्टर एच की कुछ दावतों में मैंने शराब ख़ूब देखी थी।

'यह किसलिए है?' बोतल की ओर इशारा करते हुए मैंने पूछा।

'हमारे मेहमान के लिए,' डैडी ने कहा। 'वह अमेरिकन है न!' उन्होंने यह बात ऐसी बताई कि जैसे उस बोतल की मौजूदगी की सारी वजह साफ़ कर दी हो।

हमारे पार्ट-टाइम ख़ानसामा ने मलिगटॉनी सूप, पोर्क चॉप्स और चॉकलेट ब्लांमांज़ तैयार किया।

वह नौजवान लेफ़्टिनेंट समय पर आ पहुँचा और डैडी को आइरिश व्हिस्की की एक बोतल भेंट की। डैडी थोड़ा अचकचा गए थे।

'सचमुच मैं शराब नहीं पीता,' डैडी ने कहा। 'लेकिन अगर आप वाइन न पीना चाहें तो मैं आपके लिए व्हिस्की की बोतल खोल देता हूँ।'

उन्होंने दो पेग ढाले मगर जल्दी ही उन्हें भुला दिया गया। दोनों क़रीब तीन घंटे तक साथ बैठे, मेरे पिता के क़ीमती एलबम देखते रहे—ग्रेट ब्रिटेन के टिकटों की एलबम, ब्रिटिश साम्राज्य वाले टिकटों की अलग एलबम, यूनान के टिकटों की एक और एलबम, साथ ही दुनिया-भर के देशों के डाक टिकटों की कई सारी एलबम। मैंने डैडी को अपना कोई टिकट बेचते हुए पहले कभी नहीं देखा था, लेकिन या तो हमारा मेहमान क़द्रदान निकला और उसका इसरार ज़बरदस्त, या फिर डैडी को रुपयों की ज़रूरत थी, क्योंकि मेहमान के उठने तक हम उसे क़रीब तीन हज़ार रुपये के टिकट बेच चुके थे—उन दिनों के लिहाज़ से यह ख़ासी बड़ी रक़म थी।

उस रोज़ के बाद से मैं डाक-टिकटों की बहुत क़द्र करने लगा। ख़ासतौर पर तब, जब टिकटों से हुई आमदनी में से डैडी अगले रोज़ मेरे लिए एक डार्ट बोर्ड, एक बैगेटेल बोर्ड और डॉमिनोज़ का एक सेट ख़रीद लाए। हमने मशहूर बेकरी वेंगर्स का भी चक्कर लगाया, जहाँ मैंने कई पैटीज़, पेस्ट्री और केक खाए।

दिल्ली के उन दिनों में डैडी को बार-बार मलेरिया होता रहा। मलेरिया के ये हमले बिना किसी पूर्व चेतावनी के होते; तेज बुख़ार, कँपकँपी के दौरे, कभी-कभी सन्निपात भी। कुनैन से इलाज और कुछ दिनों के आराम के बाद वह ठीक हो जाते। लेकिन अतुल ग्रोव में एक बार यह हमला इतना गम्भीर था कि उन्हें दो हफ़्ते तक पालम के मिलिट्री अस्पताल में रहना पड़ा।

उन दो हफ़्तों के दौरान मैंने ख़ुद ही अपनी देखभाल की। हालाँकि डैडी की कमी मुझे बुरी तरह महसूस होती रही लेकिन किसी भी तरह के अकेलेपन का अहसास मुझे नहीं हुआ। मुझे भरोसा था कि जल्दी ही वह घर लौट आएँगे। गोवा के वह डिसूज़ा दम्पती, जिन्होंने अपना फ़्लैट हमें किराये पर दे रखा था, बहुत नेक थे और हर शाम मुझे चाय पर बुला लेते थे। हमारा ख़ानसामा हर रोज़ आकर मेरा दोपहर का खाना बना जाता और रात का खाना बनाने के लिए शाम को वह

थोड़ा जल्दी आ जाता। वह थर्मस फ़्लास्क में मेरे लिए चाय या कोको भी बनाकर रख देता। अपना नाश्ता मैं ख़ुद बना लेता—घर में ढेर सारी डबलरोटियाँ थीं, पोल्सन का मक्खन, और मंगाराम का सेब या अमरूद का जैम भी था। दिन-भर साथ देने के लिए मेरे पास ग्रामोफ़ोन था, कुछ किताबें और कॉमिक पेपर थे, और स्कूल से लौट आने के बाद जोसेफ़ भी। वह पूरी दोपहर मेरे साथ रहता। हम दोनों डोमिनोज़ और डार्ट्स खेलते या कॉमिक्स पढ़ते, और कभी-कभी एक साथ मेरे बिस्तर पर सो भी जाते।

'क्या तुम कभी स्कूल नहीं जाओगे?' जोसेफ़ मुझसे पूछता।

और मैं उसे जवाब देता कि नहीं जाऊँगा।

'तो फिर तुम्हारी ज़िन्दगी कैसे चलेगी?'

'मैं डैडी के डाक-टिकट संग्रह में मदद करूँगा। वह बहुत क़ीमती है।'

यह बात मैंने पूरे यक़ीन के साथ कही थी। हम बहुत जल्दी ख़ुश हो जाते हैं, ख़ासतौर पर जब हम बच्चे होते हैं। मुझे भरोसा था कि डैडी और मैं हमेशा साथ रहेंगे। मैं उनका सबसे अच्छा दोस्त, और डाक-टिकट संग्रह में उनका भरोसेमन्द सहायक बनूँगा, और कभी कुछ नहीं बदलेगा, हमारे बीच कुछ भी नहीं आएगा।

उनके सारे एलबम लकड़ी के एक बड़े सन्दूक़ में रखे हुए थे, और सन्दूक़ की चाबी ड्रेसिंग टेबल पर एक ख़ाली फूलदान में रखी थी। क़रीने से सजाई हुई उन एलबम की ख़ूबसूरती का मुझ पर इतना रुआब था कि डैडी की ग़ैरमौजूदगी में उन्हें देखने के लिए सन्दूक़ खोलने की मेरी हिम्मत नहीं हुई। मैं बेसब्री से उस दिन का इन्तज़ार करता रहा, जब वह फिर से मेरे पास लौट आएँगे।

रहमदिल मिस्टर डिसूज़ा, डैडी से मिलाने के लिए एक रोज़ मुझे अस्पताल ले गए, मगर दो घंटे की हमारी ताँगे की सवारी का नतीजा निराश करनेवाला था। हमें बताया गया कि मरीज़ों से मिलने की किसी को इजाज़त नहीं; ये युद्ध के दिन थे। तो अस्पताल के लॉन में खड़े होकर टकटकी लगाए हम कुछ देर तक तीसरी मंज़िल की तरफ़ देखते रहे। हमें बताया गया था कि डैडी वहीं एक वार्ड में हैं, जिसमें मलेरिया के दूसरे मरीज़ भी भर्ती थे। अपने सन्तोष के लिए हम सिर्फ़ इतना ही कर सके।

तीसरी मंज़िल के एक हिस्से में खिड़की के पास मँडराती नर्स को देखकर मिस्टर डिसूज़ा ने उधर इशारा करते हुए कहा, 'वह ऊपर वहीं-कहीं होंगे।' मैं इससे बहुत मुतमइन नहीं हुआ। तो हमने अपना ताँगा पकड़ा और मद्धिम चाल से चलते हुए अतुल ग्रोव वापस लौट आए। दोपहर का खाना मैंने नहीं खाया था मगर मिस्टर डिसूज़ा की दी हुई डबलरोटियों से इसकी भरपाई हो गई।

मिस्टर डिसूज़ा ने पेशकश की कि जब तक डैडी अस्पताल से नहीं लौट आते, मैं उनके ख़ाली पड़े हुए कमरे में सो सकता हूँ, मगर मैंने अपने ही घर में रहने पर ज़ोर दिया। हुमायूँ मक़बरे के पास वाली झोंपड़ी में लम्बा वक़्त गुज़ार लेने के बाद अकेले रहने का मेरा अच्छा-ख़ासा रियाज़ हो चुका था। अब तक तो मैं अपने लिए अलग कमरे का इरादा भी रखने लगा था।

रात में अकेले रहने से मैं नहीं डरता था। बत्तियाँ बुझाकर, अपनी खाट पर पड़ा मैं जागता रहता और छोटी-सी खिड़की के पार दो स्ट्रीट लाइट्स की छाया और कभी-कभार उधर से गुज़रनेवाली कार की हेडलाइट्स की रोशनी देखता। दूर कहीं पर कुत्ते भौंकते—किसी अजनबी पर नहीं, बस अपनी आदत के चलते। कभी-कभी गीदड़ों के चीख़ने या नीम के पेड़ पर बैठी रात की किसी चिड़िया की आवाज़ सुनाई देती। खिड़की पर जाली लगी हुई थी तो इसके पल्ले मैं खुले रख सकता था, कीट-पतंगे, मक्खी-मच्छर और दूसरे उड़नेवाले कीड़े जाली से टकराते और बाहर ज़मीन पर गिर पड़ते। मानसून की शुरुआत के दिन थे, और हज़ारों-हज़ार उड़नेवाली चींटियाँ और पतंगे सड़कों के किनारे लगे खम्भों के लैम्प पर मँडराते, ये ख़ुशी-ख़ुशी आत्मघाती मिशन पर निकले प्राणी थे; और सबेरे गौरैया और दूसरे कीटभक्षी परिंदे ज़मीन पर गिरे हुए उन पतंगों की दावत उड़ाते।

रात का मुझे कोई ख़ौफ़ नहीं। अँधेरे से मैं कभी नहीं डरता था, और आज भी रात को मैं ऐसी संगिनी मानता हूँ, जिसकी सोहबत में मुझे वह निजता मिलती है, दिन के समय जिसका मिलना बहुत मुश्किल होता है। टिमटिमाते तारे, चाँदनी, भोर का उजाला, इन सबमें में एक ख़ास क़िस्म का सौन्दर्य होता है।

हाँ, दरवाज़े और खिड़कियाँ मैं ज़रूर बन्द कर लेता। इनसान का कोई भरोसा नहीं होता। लेकिन, युद्ध और सड़कों पर कभी-कभार होनेवाले हुड़दंग के बावजूद, 1940 के दशक में दिल्ली इक्कीसवीं सदी के मुक़ाबले कहीं ज़्यादा सुरक्षित जगह थी। अब तो हमें बताया जाता है कि वहाँ न तो कोई रहस्य बचा है और न ही कोई अजनबी रह गया है।

अस्पताल से लौटे तो डैडी ज़र्द और पस्त लग रहे थे, लेकिन इस बार वह बहुत जल्दी तन्दुरुस्त हो गए। इसका बड़ा श्रेय पिटकेर्न आइलैंड्स और फ़िजी के ख़ूबसूरत डाक-टिकटों को जाता है, जिनके कई सेट उन्होंने हासिल कर लिये थे। टिकट इकट्ठा करने के शौक़ ने उन्हें ऊर्जावान और गतिमान बनाए रखा!

और उन्होंने मुझे एक और ख़बर दी।

'मैंने शिमला में तुम्हारे लिए एक बढ़िया स्कूल ढूँढ़ लिया है,' उन्होंने कहा। 'तुम्हें वहाँ जाकर अच्छा लगेगा।'

'लेकिन मुझे तो यहीं अच्छा लगता है,' मैंने एतराज़ किया। 'आप मुझे फिर से बाहर के स्कूल में क्यों भेजना चाहते हैं? मैं पढ़ और लिख सकता हूँ। आपने मुझे जोड़ करना सिखाया ही है।'

'लेकिन मैं तुम्हें फ़िजिक्स और केमिस्ट्री नहीं पढ़ा सकता। इसके अलावा, दिल्ली की तेज़ गर्मी में लम्बे समय तक रहना तुम्हारी सेहत के लिए अच्छा नहीं होगा। ख़ुद ही देख लो, तुम्हारे गालों की गुलाबी रंगत ग़ायब हो गई है और तुम्हारी आँखें पीली दिखाई देती हैं।'

'आँखें तो आपकी भी पीली दिखाई देती हैं।'

'मेरी आँखें तो कुनैन खाने की वजह से ऐसी हैं। लेकिन तुम मेरी बात ध्यान से सुनो, दोबारा से स्कूल जाने का यह सबसे बढ़िया वक़्त है। सब कहते हैं कि मैं तुम्हें बिगाड़ रहा हूँ। वैसे भी, तुम साल-भर से ज़्यादा लम्बी छुट्टियाँ बिता चुके हो!'

'एक और साल की छुट्टी से कोई फ़र्क़ नहीं पड़ेगा। अगर आप चाहें तो जोसफ़ के साथ मैं यहीं दिल्ली में स्कूल जा सकता हूँ?'

'मुश्किल यह है कि जल्दी ही मेरा तबादला हो सकता है। यह जंग, उम्मीद से कहीं ज़्यादा लम्बी खिंच गई है। मुझे कराची या कलकत्ता, या उत्तरी अफ्रीका भी भेजा जा सकता है?'

'मैं आपके साथ क्यों नहीं चल सकता?' मैंने पूछा।

'तुम्हें साथ रखने की मुझे इजाज़त नहीं होगी, बेटे। दूसरे अफ़सरों के साथ मुझे खंदकों में रहना पड़ेगा। दिल्ली में रहते हुए, अपना इन्तज़ाम मैं ख़ुद कर सकता हूँ, लेकिन दूसरी जगहों की तैनाती में यह सहूलियत नहीं रहेगी।'

और इस तरह मुझे स्कूल का अपना ठहरा हुआ कॅरिअर फिर से शुरू करना पड़ा।

डैडी ने एक पखवाड़े की छुट्टी ली, अंकल फ्रेड ने हमें कालका जानेवाली रात की ट्रेन में बिठा दिया और हम शिमला के लिए रवाना हो गए, जो गर्मियों के दिनों में भारत की राजधानी होती थी।

यह सब कुछ इतना जल्दी और अचानक हुआ था कि मुझे जोसफ़ को अलविदा कहने का मौक़ा भी नहीं मिला।

लेकिन मैं उसे भूला नहीं हूँ। कुछ दोस्त—उनकी आँखें, उनकी छुअन, उनके शब्द—हमारी स्मृति में हमेशा के लिए बस जाते हैं, उन्हें मिटाया नहीं जा सकता।

देवदारों के साये में

लखनऊ में किताबों की मशहूर दुकान के मालिक राम आडवाणी ने एक बार मुझे बताया था कि उन्हें वह दिन याद है, जब डैडी मेरा दाख़िला कराने के लिए मुझे लेकर स्कूल के दफ़्तर आए थे। राम तब बिशप कॉटन स्कूल में ख़ज़ांची थे; बीसेक साल के उस नौजवान को यह नौकरी इसलिए मिली थी क्योंकि वह क्रिकेट के बढ़िया खिलाड़ी थे। हेडमास्टर कैनन सिंकर 'हाई चर्च' के पादरी थे, और लोग उनकी बड़ी इज़्ज़त करते थे। मेरे दाख़िले में कुछ अड़चनें थीं। पहली तो यही कि स्कूल का सत्र शुरू हुए काफ़ी वक़्त निकल चुका था और मिड-टर्म दाख़िले के बाद पढ़ाई में क्लास के बाक़ी बच्चों के साथ में कैसे चल पाऊँगी? साल-भर मैं स्कूल क्यों नहीं गया, और मेरी माँ कहाँ हैं? डैडी ने सारे हालात बयान कर दिये। वहाँ मौजूद श्रीमती सिंकर ने बातचीत में दख़ल दिया। उन्होंने अपने पति को समझाया, 'तुम्हें इस बच्चे को दाख़िला दे देना चाहिए, जॉर्ज। तुम देख ही रहे हो कि वह होनहार बच्चा है। और उसके पिता फ़ौज की नौकरी में हैं।' ज़ाहिर है कि डैडी की वर्दी ने हमारी मदद की।

मुझे प्रिपरेटरी स्कूल में दाख़िला मिल गया; यह सीनियर स्कूल से थोड़ी दूर छोटी शिमला में था लेकिन मुझे तुरन्त स्कूल नहीं जाना पड़ा, क्योंकि स्कूल में मिड-टर्म की छुट्टी चल रही थी और डैडी के पास भी कुछ दिनों की छुट्टियाँ बाक़ी थीं। स्कूल के दफ़्तर जाते समय, खेल मैदान के क़रीब से गुज़रते हुए मैंने जूनियर लड़कों को देखा था। डैडी ने उनकी तरफ़ इशारा करते हुए कहा था कि वे बच्चे काफ़ी ख़ुश दिखाई देते हैं, कि मुझे उनके साथ रहना अच्छा लगेगा। उनकी बात सही थी, मसूरी कॉन्वेंट की बाधाग्रस्त भीड़ के मुक़ाबले वे ज़्यादा खुश दिखे। उनमें से कुछ एक-दूसरे के पीछे दौड़ रहे थे, शायद कोई खेल खेल रहे थे, जबकि बाक़ी के तितली पकड़ने का जाल लिये इधर-उधर भाग रहे थे। कुछ चुपचाप बैठे हुए कॉमिक्स पढ़ रहे थे। रेल कार से शिमला तक के सफ़र में भी मुझे ख़ूब मज़ा आया था, जो कितनी ही चढ़ाई और ढलानों के गिर्द सहज ही सरकती हुई, और 103 सुरंगों के बीच फिसलती हुई हमें हमारे मुक़ाम तक ले आई थी; और फिर शिमला के तमाम बेहतरीन रेस्तराँओं में से एक में हमने जमकर खाना खाया। यही वजह थी कि फिर से स्कूल जाने को लेकर मेरी आशंका काफ़ी कम हो गई थी।

सन् 1943 की गर्मियों की शुरुआत में शिमला में ख़ूब गहमागहमी थी। वायसराय शहर में थे, और उन भारतीय नेताओं से मिल-जुल रहे थे, और जो

काफ़ी उद्विग्न थे कि वायसराय और उनके मुल्क के लोग जितनी जल्दी हो सके, भारत छोड़कर चले जाएँ। लेकिन युद्ध अभी तक खिंच रहा था, यहाँ तक कि अपने प्रभाव का इस्तेमाल करने के लिए अमेरिका भी अब जंग के मैदान में कूद चुका था। नेपोलियन वाली ग़लती दोहराते हुए, रूस पर हमला करके, और वह भी सर्दियों के बीच में, जर्मनी भी बुरी तरह फँस गया था। उसके पास अब कोई रास्ता नहीं बचा था। लेकिन प्रशान्त क्षेत्र में, जापानी प्रतिरोध भयंकर था, उनके कमिकाज़े (आत्मघाती) पायलट अमेरिकी विमानवाहक जहाज़ों के डेक पर अपने विमान क्रैश कर रहे थे, और वे अब भी एशिया में मुख्य भू-भाग के बड़े हिस्से पर क़ाबिज़ थे।

और इसलिए शिमला के माल रोड पर तरह-तरह की सेवाओं वाली वर्दियों की चमक दिखाई देती, वाइसरीगल लॉज के वर्दीधारी कारकुनों, छुट्टी मनाने आए परिवारों, टाई और टोपी लगाए स्कूली बच्चों की भीड़ मिलती और जाखू हिल के ढलानों पर उत्पात मचाते बन्दर मिलते।

हम क्रेग धू नाम की एक जगह पर बने अफ़सरों के हॉस्टल में ठहरे, जो शिमला की सात पहाड़ियों में से एक एलिसियम पहाड़ी पर है। डैडी को अपने रैंक के एक ब्रिटिश अफ़सर के साथ कमरा साझा करना पड़ा। उस अफ़सर ने उनसे पूछा था कि मैं वहाँ क्या कर रहा हूँ। वह ग़ैर-शादीशुदा लोगों के ठहरने की जगह थी, जहाँ बच्चे वर्जित थे। डैडी ने वहाँ मेरी मौजूदगी की वजह उन्हें समझाई। अधिकारी रहमदिल था; उनका एक छोटा बेटा साउथेम्प्टन में था, जिसे उन्होंने दो साल से नहीं देखा था। उन्होंने मुझे मार्स की एक चॉकलेट बार दी और हम दोस्त बन गए।

उन दिनों चीनी की राशनिंग चल रही थी और अंडों की भी कमी थी। फिर भी, मॉल रोड के सबसे मशहूर रेस्तराँ, डेविको'ज़ में कुछ नायाब क़िस्म की पेस्ट्री, केक और मेराइन मिलते थे, और जहाँ हम ठहरे हुए थे, डेविको'ज़ वहाँ से ज़्यादा दूर भी नहीं था। शहर में कारें नहीं थीं, सिर्फ़ टट्टू और रिक्शा चलते थे तो हमने कई बार रिक्शे की सवारी की और पेस्ट्री, संतरे और 'करी पफ़्स' के भरोसे टिके रहे।

'मगर करी पफ़्स' का हुआ क्या? इस छोटी मसालेदार और चटपटी चीज़ में करी चिकन या मटन भरा हुआ होता था। मुझे लगता है कि अब उन्हें किसी और नाम से जानते होंगे। कई सालों तक पफ़्स मेरा प्रिय नाश्ता था, और तब तक बने रहे, जब तक कि तेल में डूबे हुए समोसों से हारकर वे अचानक ही ग़ायब नहीं हो गए।

मुझे याद है कि एक बार रिक्शे की सवारी के दौरान डैडी को किपलिंग की कहानी 'द फ़ैंटम रिक्शा' की याद हो आई—1890 के दशक में शिमला की पृष्ठभूमि पर लिखी गई एक छोटी और डरावनी कहानी : एक ख़ूबसूरत और बहुत लोकप्रिय अंग्रेज़ महिला रिक्शे से कहीं जा रही थीं। मानसून की धुंध में उनका रिक्शा सड़क से फिसला और गहरे खड्ड में जा गिरा। वह महिला और रिक्शेवाले मारे गए। महिला पर फ़िदा उनके क़द्रदानों में से एक को अक्सर उनका भूत दिखाई देता, साथ ही रिक्शा खींचनेवाले भी। उन भूतों ने अन्ततः उसे भी पागल कर डाला।

मैं इस कहानी से पूरी तरह सन्तुष्ट नहीं हुआ।

मुझे याद है कि मैंने डैडी से कहा था, 'वे भूत थे न!'

'हाँ,' डैडी ने कहा। 'वह महिला भूत थी और रिक्शे वाले भी। कहते हैं कि असमय मौत के बाद कुछ लोग भूत बन जाते हैं।'

'लेकिन उस आदमी तो रिक्शा भी दिखाई देता था,' मैंने एतराज़ जताया। 'रिक्शा कैसे भूत बन सकता है? आख़िर वह कोई जीवित वस्तु तो नहीं है।'

डैडी को मेरा तर्क मानना पड़ा। उन्होंने मुझे बताया कि उनकी माँ ने एक पुरानी रॉकिंग-चेयर सँभालकर रखी थी, जिसमें बैठे-बैठे उनकी माँ गुज़र गई थीं। कभी-कभी रात को वह कुर्सी हिलती थी, मगर तभी जब नानी उसमें बैठी हुई नज़र आतीं।

'क्या आप कभी उस रॉकिंग-चेयर पर बैठे हैं?'

'नहीं,' डैडी ने कहा। 'नानी से मुझे डर लगता था।'

'ओहो तो वह देहरा वाली नानी जैसी रही होंगी,' मैंने कहा तो डैडी हँस पड़े और उन्होंने मेरे सिर पर हाथ फेरते हुए मेरे बाल सहलाए।

हम फ़िल्में देखने गए। शिमला में तीन सिनेमाघर थे—रीगल, रिवोली और रिट्ज। मुझे रिवोली सबसे अच्छा लगा। यह नीचे की तरफ़, एक छायादार खुले मैदान में था, जो पुराने ब्लेसिंग्टन होटल का हिस्सा था। इस ज़मीन का एक छोटा समतल हिस्सा सर्दियों में आइस-स्केटिंग रिंक के तौर पर काम आता था। वह मैदान देवदार के ऊँचे पेड़ों से घिरा हुआ था।

एक दोपहर को हम हनुमान मन्दिर देखने के लिए शिमला की सबसे ऊँची जाखू पहाड़ी की चोटी तक चढ़े और रास्ते में बन्दरों ने हमारी सारी पेस्ट्री और पाई पर हाथ साफ़ कर दिया।

फिर स्कूल जाने की बारी आ गई।

'कोई बात नहीं, साल के सिर्फ़ पाँच महीने ही तो बचे हैं,' डैडी ने मुझे आश्वस्त करते हुए कहा। 'नवम्बर में तुम फिर से मेरे पास दिल्ली आ जाओगे।'

और उन्होंने वायदा किया कि तब हम सिनेमा और किताबों की दुकान पर जाएँगे, आइसक्रीम खिलाने और कॉमिक्स दिलाने का वादा भी किया।

डैडी ने वाकई मुझे बहुत बिगाड़ रखा था।

~

प्रेप स्कूल में पढ़नेवाले लड़के फ़सादी क़िस्म के मगर दोस्तमिज़ाज थे, और बाद के अपने सीनियर स्कूल के मुक़ाबले, निश्चित रूप से मुझे वहाँ ज़्यादा मज़ा आया। हालाँकि, अंग्रेज़ी प्राइवेट स्कूलों की तर्ज पर बने होने के नाते स्कूल के अपने दस्तूर थे, मसलन दूसरे लड़कों को उनके उपनाम से ही बुलाने की परम्परा; प्रीफ़ेक्ट्स, बेंत की मार और अनिवार्य रूप से खेलों में शामिल होने की व्यवस्था—फिर भी प्रेप स्कूल में खुलेपन और अनौपचारिकता का माहौल था। अभी हमें उस तरह का सभ्य, सुसंस्कृत और अनुशासित बनना बाक़ी था, जैसे कि अंग्रेज़ी पब्लिक स्कूल वाले होते थे और जिस तरह ढले हुए लड़के हर साल बिशप कॉटन से निकलते थे। उन अच्छे दिनों में बिशप कॉटन को 'ईटन ऑफ़ द ईस्ट' यों ही नहीं कहा जाता था।

और न ही यहाँ हम कॉन्वेंट वाले उन बच्चों की तरह आधा पेट खाकर गुज़र करते, जो अतिपवित्र ननों की निगरानी में रहते थे। जहाँ तक मुझे याद पड़ता है, हम काफ़ी बेढंगे और मैले-कुचैले रहते थे। हम लड़ते-झगड़ते, धूल-मिट्टी में खेलते, ख़ूब शोर मचाते, दोस्तियाँ करते, मुसीबत में फँसते, शिक्षकों के साथ शरारतें करते और हमारे तकिया युद्ध तो इतने शानदार होते थे कि देखते ही बनता था, जब पूरी डॉर्मेट्री में रुई और परों का तूफ़ान आ जाता था।

और नानी के एनिमा की भीषण यंत्रणा से पैदा हुआ शारीरिक अन्तरंगता के प्रति मेरा विरक्ति-भाव भी जाता रहा। मसूरी कॉन्वेंट के विपरीत, यहाँ हमें टब में नहाने और अंडरवियर पहने रहने की कोई ज़रूरत नहीं थी, बल्कि हमें इसकी इजाज़त ही नहीं थी; हमें नंगे होकर शॉवर में एक साथ नहाना पड़ता था, हमें एक-दूसरे की देह को देखने और छूने की आदत हो गई थी। हम सारे आठ से बारह साल के थे, तरुणाई की दहलीज़ पर क़दम रख रहे थे, हमारी देह और दिमाग़ बदल रहे थे, इसलिए यौनिक रोमांच बहुत स्वाभाविक था। मगर यह कुछ और नहीं, जिज्ञासा और एक निस्पाप उत्सुकता ही थी। इसमें कोई भावनात्मक सम्बन्ध नहीं था, और न ही कोई शोषण, जिसे मैं याद कर सकूँ। यह मासूम क़िस्म का मज़ा था, हममें से कई, उससे उबर गए और कुछ ने इसे हमारे इनसानी तजुर्बे के तौर पर स्वीकार कर लिया।

सेक्स और रोमांस के मुक़ाबले कॉमिक-बुक और खेल की दुनिया के नायकों के कारनामों को हम कहीं ज़्यादा तरजीह देते, हमारी प्राथमिकताओं की सूची में ये बहुत ऊपर थे। हमारे नायक लड़ाकू पायलट थे, तेज़तर्रार-शेख़ीबाज़ समुद्री लुटेरे और डाकू थे, फुटबॉल के सितारे और 'ड्रिबल के जादूगर' सर स्टेनली मैथ्यूज़ जैसे खिलाड़ी और जो लुई सरीखे मुक्केबाज़ी के चैंपियन। ख़तरों के खिलाड़ी पायलट जेम्स बिगल्सवर्थ के कारनामों वाली 'बिगल्स' की किताबें, उस दौर की सनसनी हुआ करती थीं, और जब यह बात फैली कि मेरे पिता रॉयल एयरफ़ोर्स में हैं तो लड़कों ने मुझे ख़ास तवज्जो देनी शुरू कर दी, मुझे ज़्यादा इज़्ज़त की निगाह से देखा जाने लगा। मैंने इसका पूरा फ़ायदा उठाया और डैडी से कह दिया कि जब भी मुझसे मिलने आएँ तो अपनी वर्दी पहनकर आएँ।

'वह क्या बमवर्षक उड़ाते हैं?' लड़के मुझसे पूछते।

'हमेशा,' मैं झूठ बोलता और आसमान में उनके करतबों के क़िस्से गढ़-गढ़ कर सुनाता!

लेकिन मेरा एक प्रतिद्वंद्वी भी था। यंग एबट का दावा था कि अपने पिता की 12-बोर बन्दूक़ से उसने एक बाघ मार गिराया था। हमने उसकी बात पर भरोसा कर लिया, हम सब पर उसकी धाक जम गई थी।

अपने पहले टर्म के कई और लड़के मुझे याद हैं। बिमल मीरचन्दानी की टाँगें स्कूल में सबसे पतली थीं और सब उसे 'बांबी' बुलाते। बांबी, यानी डिज़्नी फ़िल्म वाला हिरन का छौना। (बड़े होकर बिमल बढ़िया पहलवान बना।) केलनर बॉडी-बिल्डिंग का कोर्स कर रहा था, मगर अपनी बहुत लम्बी गर्दन और बेढब पैरों की वजह से हार गया। हम उसे डोनाल्ड डक कहते थे। मेहता जूनियर नींद में चलता था। एक बार वह डॉर्मेट्री की छत से गिर पड़ा, अच्छा-ख़ासा हल्ला मचा, लेकिन वह हेड मास्टर के फूलों की क्यारी में गिरा था और उसे कोई नुकसान नहीं पहुँचा था।

कुछ लड़के असाधारण रूप से होनहार थे। मेरा एक सहपाठी (उसका नाम मैं भूल गया) टॉयलेट पेपर पर एक उपन्यास लिख रहा था—जासूसी कथा। युद्ध के दिनों में काग़ज़ की कमी थी, सो वह रोल के बजाय पैकेट में आनेवाली टॉयलेट पेपर की छोटी-पतली शीट्स पर लिखता था। टॉयलेट पेपर रोल हमें नहीं दिये जाते थे क्योंकि लड़के अक्सर उसकी झंडी बनाकर डॉर्मेट्री या गलियारों में उड़ाने लगते।

अभी तक मैंने लिखना शुरू नहीं किया था—उसमें अब भी दो या तीन साल का वक़्त बाक़ी था—मगर अभिनय और सिनेमा में दिलचस्पी होने की वजह से मैंने एक एकांकी नाटक तैयार किया। रिवोली में चल रही फ़िल्म 'द ब्राइटन स्ट्रैंगलर'

से प्रेरित इस नाटक में मेरी भूमिका एक विक्षिप्त हत्यारे की थी, जो एक के बाद एक कई ख़ून करता है। नाटक का कथानक बहुत आसान था। मुझे बस इतना करना था कि अपने शिकार को दबोचकर उसका गला घोंट दूँ। दूसरी भूमिकाएँ मेरे सहपाठी कर रहे थे, जो मेरे हाथों मारे जाने से पहले चिल्लाते, घुरघुराते, बलबलाते और मुझसे दया की भीख माँगते। अल्फ्रेड हिचकॉक देख पाते तो मेरे नाटक को पसन्द करते। मगर प्रेप स्कूल के मुखिया मिस्टर प्रिस्ली को यह क़तई पसन्द नहीं आया, मुझे अच्छी-ख़ासी डाँट पड़ी और कहा गया कि कोई और ढंग का काम करने में अपना दिमाग़ लगाऊँ।

नाटक की हमारी शिक्षक, मिस खन्ना को लगा कि स्कूल के मूक अभिनय में हम्प्टी-डम्प्टी की भूमिका मेरे लिए एकदम मुनासिब रहेगी। मेरे लिए एक अलंकृत पोशाक तैयार की गई, जिसमें गत्ते से बना एक विशाल अंडा था। मुझे उसके अन्दर बन्द कर दिया गया। मुझे बस इतना करना था कि ठीक समय पर दीवार से लुढ़क जाऊँ, गत्ते का अंडा टूटकर बिखर जाएगा, और फिर मैं 'राजा के घोड़ों और राजा के आदमियों' (मेरे सहपाठियों की ख़्वाहिश मेरी धुलाई करने की थी) की दया पर बचा रह जाऊँगा। दीवार से तो मैं सही वक़्त पर लुढ़क गया, मगर कमबख़्त कार्डबोर्ड के अंडे ने टूटने से इनकार कर दिया, और अपनी पोशाक में फँसा हुआ मैं पूरे मंच पर इधर-उधर उछलता रहा। ज़ाहिर है कि मेरी इस भूमिका ने लोगों का ख़ूब मनोरंजन किया, और मैं हिट हो गया।

इस तरह के हुड़दंग सिर्फ़ हमारे हेड मास्टर मिस्टर प्रिस्ली की वजह से मुमकिन हो पाते थे, जिनकी दिलचस्पी बच्चों से कहीं ज़्यादा अपने वायलिन में थी। हो सकता है कि उनकी महत्त्वाकांक्षा दूसरा जस्चा हाइफ़ेत्ज़ या फ़्रिट्ज़ क्रेस्लर बनने की रही हो। उनके वायलिन बजाने की दक्षता या उसके गुण-दोष का अनुमान लगाना हमारे लिए असम्भव था, हम तो इतना ही जानते थे कि वह सबेरे-शाम और कभी-कभी देर रात को भी रियाज़ करते थे—अपने कमरे में, या अपने दफ़्तर में, या स्कूल के हॉल में, जहाँ उनकी पत्नी पियानो पर संगत करतीं। उनके स्तन बहुत बड़े थे, जिन्हें लड़के 'नटक्रैकर्स' कहा करते थे। तक़रीबन पूरे दिन बजनेवाले इस पार्श्वसंगीत के हम अभ्यस्त हो गए थे; दरअसल हमें यह अच्छा भी लगता था, क्योंकि हम जानते थे कि हेड मास्टर अगर वॉयलिन के अपने अभ्यास में व्यस्त रहेंगे, तभी हमें शैतानियाँ करने के मौक़े मिल सकेंगे।

स्कूल में अनुशासन आमतौर पर मिस्टर मुर्टो के ज़िम्मे रहता था। विनोदी स्वभाव के मिस्टर मुर्टो, खेलों में दक्ष थे और हमें भूगोल भी पढ़ाते थे। डैडी के डाक-टिकटों के संग्रह से भूगोल मैंने ठीक-ठाक सीख लिया था और इस विषय में

पूरी क्लास में सबसे ज़्यादा नम्बर लाने में मुझे कोई मुश्किल नहीं हुई। डेढ़ साल तक स्कूल नहीं जाने से मेरा कोई नुक़सान नहीं हुआ था। अपने सहपाठियों से कहीं ज़्यादा किताबें मैंने पढ़ रखी थीं, और लिखने का मेरा हुनर भी ख़ासा विकसित हो चुका था। मुझे प्रोन्नति मिली और अगली क्लास में भेज दिया गया, इसका मतलब यह था कि वास्तव में मेरी स्कूली पढ़ाई का कोई वक़्त बर्बाद नहीं हुआ।

जिन दूसरे पुरुष शिक्षक की मुझे याद है, वह मिस्टर ऑलिवर थे। गहरी रंगत वाले विचारमग्न इनसान, जो कहीं बाहर निकलते तो उनका पालतू डक्सहुंड भी पीछे-पीछे रहता। मिस्टर ऑलिवर अपनी दुनिया में ही खोये रहते—लड़कों या स्टाफ़ के दूसरे लोगों से उनका कोई मेलजोल नहीं था। लोग कहते थे कि वह प्यार में धोखा खाए हुए हैं। ऐसा हो भी सकता है। इश्क़ में नाकाम रहे अधेड़ उम्र वाले अक्सर पालतू कुत्तों के साथ ज़िन्दगी बिताते पाए जाते हैं। कुँवारी लड़कियाँ बिल्ली, और कुँवारे लड़के कुत्ते पालते हैं, ऐसा कहा जाता है। मिस्टर ऑलिवर अपने डक्सहुंड पर बड़ी उदारता से मुहब्बत लुटाते—और लड़कों को नापसन्द करनेवाला वह बेमुरव्वत कुत्ता अक्सर हमारी पिंडलियों या टखनों पर दाँत गड़ा देता। वह—यानी मिस्टर ऑलिवर, न कि डक्सहुंड—हमें सामान्य गणित पढ़ाते थे। उनके अवसाद की शायद एक वजह यह भी रही हो।

डक्सहुंड को हम हिटलर बुलाते। यूरोप में, असली हिटलर अब भी शेख़ी बघार रहा था, अपनी भुजाएँ लहरा रहा था, और पूरी दुनिया पर क़ब्ज़े की धमकी दे रहा था; मगर उसे जो करना था, वह कर चुका था, उसकी सामर्थ्य और संसाधन चुक रहे थे और प्रतिशोध की लपटें तेज़ी से उसकी ओर लपक रही थीं। कितनी अजीब बात है, मानव जाति किसी घटिया और पाजी आदमी को किस तरह उठाकर सर्व-शक्तिमान और निरंकुश सत्ता के सिंहासन तक पहुँचा सकती है और फिर इतना ही आनन्द उसे नीचे घसीटकर धूल चटाने में भी पाती है। अपने ही लोगों में ईर्ष्या के बीज बोने वाले हैं तो बहुत अच्छे लोग भी बर्बाद हो सकते हैं।

प्रेप स्कूल में वह पहला साल बहुत जल्दी बीत गया। चूँकि मैं बीच सत्र में ही स्कूल गया था तो मेरे लिए यह सत्र सिर्फ़ पाँच महीने का था। मुझे अब सर्दी की छुट्टियों का और डैडी से मिलने का इन्तज़ार था—नये ग्रामोफ़ोन रिकॉर्ड, डाक-टिकट, कॉमिक्स, मिल्कशेक, सिनेमा—वे सारी चीज़ें, जिनका इन्तज़ार दुनिया के ख़ुशनसीब बच्चे स्कूल की छुट्टियाँ क़रीब आते-आते करने लगते हैं।

और कालका से रवाना होकर रात भर चलती आई ट्रेन जब पुरानी दिल्ली स्टेशन के प्लेटफ़ॉर्म पर आई तो वे वहाँ मेरा इन्तज़ार कर रहे थे। वह अपनी वर्दी में थे, और उतने ही चुस्त-फुर्तीले दिखाई दिये, जितना कि मैं उन्हें देखना चाहता

था। फ़ौज में नौकरी करनेवाले पिता के साथ बड़ा हुआ कोई भी बच्चा गौरव की उस भावना को अच्छी तरह समझ सकता है, जो पिता को देखने पर जागती है—जो अन्यथा थोड़े-से गोलमटोल हो सकते हैं, या औसत से छोटे क़द के, या थोड़े-से गंजे भी हो सकते हैं—और वर्दी जिनको किसी बहादुर नायक में तब्दील कर देती है। कोई लड़का ख़ुद के बैटमैन या सुपरमैन होने की कल्पना कर सकता है, या कोई लड़की वंडर वुमन के रूप में अपना तसव्वुर कर सकती है, लेकिन हम इतना तो जानते हैं कि यह सब नकली है—स्वाँग है। गहरे नीले रंग की रॉयल एयरफ़ोर्स की वर्दी और अलंकृत टोपी मगर असली चीज़ है।

दिल्ली के सबसे बढ़िया सिनेमाघर और संगीत की दुकानें अब भी थीं, फ़र्क़ सिर्फ़ इतना था कि मैं अब उनके और ज़्यादा क़रीब आ गया था। डैडी ने सिंधिया हाउस में एक फ़्लैट ले लिया था, जो कनॉट प्लेस के बाहरी सर्किल के सामने एक बड़ा अपार्टमेंट था।

सिंधिया हाउस के ठीक सामने, सड़क के उस पार, केवेंटर्स डेयरी फ़ार्म का मिल्क बार था। सड़क पार करने और स्ट्रॉबेरी या वनिला या चॉकलेट मिल्कशेक का स्वाद चखने में कुछ मिनट ही लगते थे। मेरे डैडी इतने उदार थे कि ऐसी छोटी-मोटी विलासिताओं से उन्होंने मुझे कभी वंचित नहीं किया। मैं जितने समय तक उनके साथ रहा, उन्होंने कभी कोई सख़्त बात मुझे नहीं कही, और न ही मुझे किसी ख़राब काम या आचरण के लिए डाँटा। और मुझे लगता है कि मैं उनकी इस उदारता की क़द्र करता था, क्योंकि कहीं और होने पर हालाँकि मैं शरारत या ख़ुराफ़ात से बाज़ नहीं आता था, मगर जब उनके साथ होता था तो मेरा व्यवहार हमेशा ही शालीन और बेहतरीन हुआ करता—बचपन की अपनी सहज व्यावहारिक बुद्धि से मैं यह ख़ूब अच्छी तरह जानता था कि जो कुछ भी मुझे चाहिए, डैडी से सिर्फ़ एक बार कहना होगा—खिलौना, कॉमिक्स, रिकॉर्ड, या कोई ख़ास मिठाई—और वह मुझे मिल जाएगा। उन्होंने मुझे बहुत क़ायदे से बिगाड़ा, और इसी का नतीजा यह है कि दूसरों के बच्चों को बिगाड़ता हुआ मैं बूढ़ा हो गया हूँ।

जंग अभी ख़त्म नहीं हुई थी, मगर इसका ज्वार मित्र राष्ट्रों के पक्ष में आने लगा था, और बहुतेरे अंग्रेज़ों, ख़ासतौर पर जो सेना और सरकारी नौकरियों में थे, को ऐसा लगने लगा था कि जंग ख़त्म होनेवाली है और अम्न-ओ-अमान जल्दी ही लौट आएगा। और धीरे-धीरे यह भी साफ़ होने लगा था कि ब्रिटिश हुकूमत को अपने 'मुकुट में जड़ा नगीना' हिन्दुस्तान छोड़कर किसी भी तरह जाना ही

पड़ेगा। हिन्दुस्तान में रहनेवाले ढेर सारे अंग्रेज़ों और एंग्लो-इंडियन लोगों की तरह ही डैडी भी उस अंजाम के हिसाब से तैयारियों में लगे हुए थे। उन्हें लगता था कि आज़ाद हिन्दुस्तान में हमारा कोई भविष्य नहीं होगा। इस मसले पर मेरी अपनी कोई राय नहीं थी, क्योंकि मैं बहुत छोटा था।

सिंधिया हाउस में कोई और बच्चा नहीं था। मगर वहाँ रहनेवाले तमाम लोगों के बीच मैं ख़ासा मशहूर हो गया था—ख़ासकर घरों में काम करनेवाली नौकरानियों, आया, रसोइयों, चौकीदारों और जमादारों के बीच। मेरी यह ख़ूबी जामनगर के उन दिनों का हासिल थी, जब मेरी आया मुझ पर लाड़-दुलार की बौछार किये रहती थी। वे मुझे 'बाबा' कहकर बुलाते और उनके बीच मेरी पहचान 'बॉन्ड-साहिब का बच्चा' के तौर पर थी। दिन के समय, डैडी जब दफ़्तर गए होते थे तो मैं इस पंचमेल जत्थे के साथ बैठकर गप्पें मारता, उनके पीछे-पीछे घूमता और उनकी ज़िन्दगी और अस्तित्व के लिए उनके संघर्षों के बारे में थोड़ा-बहुत जानता-सीखता। मेरी उत्सुकता और भोलेपन की वजह से वे मेरी सनक का भी मान रखते—मुझे आलू या मटर छीलने में मदद करने देते, मैं बच्चों को घुमानेवाली गाड़ी को धकेलता, बाल्टियों में पानी भरता, और पौधों को पानी देता—कई बार मैं उनमें ज़रूरत से ज़्यादा ही पानी डाल देता—और, इस सबका नतीजा यह कि मैं हरेक का काम मुश्किल बना देता। हिन्दुस्तान में मामूली कामकाज करनेवाले लोग बच्चों को बहुत लाड़ करते हैं, और उन्हें ख़ुश रखने के लिए सारे जतन करते हैं, उनकी इस दरियादिली का मैंने भरपूर फ़ायदा उठाया।

उन दिनों, मेरी सबसे बड़ी ख़्वाहिश टैप-डान्सर बनने की थी। यह ढेर सारी हॉलीवुड म्यूज़िकल्स देखने का नतीजा था, ख़ासतौर पर विलक्षण टैप-डान्सर एलीनॉर पॉवेल की फ़िल्में—वह सुन्दर थीं और बहुत फुर्तीली। 'लेडी बी गुड,' 'शिप अहॉय' और 'ब्रॉडवे मेलॅडी' जैसी फ़िल्मों में उन्होंने अपने नृत्य का जलवा बिखेरा था—और ये सारी फ़िल्में कभी न कभी नई दिल्ली के सिनेमाघरों में चल चुकी थीं। मैं फ़िल्म देखकर घर लौटता तो सिंधिया हाउस के गलियारों में टैप-डान्स की सिद्धि के लिए अपना रियाज़ शुरू कर देता, इससे नौकरों-चाकरों का मनोरंजन होता, साथ ही उधर से गुज़रनेवाले और लोगों का भी। एक कॉपी में मैंने उन सारी फ़िल्मों और उनके कलाकारों के नाम लिख डाले थे, जो मैंने देख रखी थीं, और मुझे लगता है कि इस कोशिश को मेरी साहित्य साधना की शुरुआत का दर्जा मिलना चाहिए। यों साहित्यिक इसमें कुछ भी नहीं था, मगर मेरी याददाश्त तेज़ करने में इसने काफ़ी मदद की। इस आदत ने मुझे 'लिस्ट मैन' बना डाला, और बाद के वर्षों में मुझे उन किताबों की सूची (शायद यह फ़िज़ूल काम था)

बनाने की आदत पड़ गई, जो मैंने पढ़ी थीं और भारत या दूसरे देशों के लिए खेलनेवाले क्रिकेट के खिलाड़ियों की सूची या बहुत बाद के दिनों में उन जंगली फूलों की सूची, जिन्हें मैंने पहाड़ियों पर उगता पाया।

मेरे प्यारे डैडी ने मुझे अपना सारा समय दिया, मगर फिर भी, उनके दफ़्तर में होने का लम्बा अन्तराल बिताने के लिए मुझे अपनी तरह के जतन करने पड़ते थे, और यह सोचकर मुझे हैरानी होती है कि किताबें पढ़ने का ख़याल तब, बहुत बाद तक, मुझे नहीं आया। मुझे लगता है कि वक़्त काटने और ख़ुद को उलझाए रखने के लिए कनॉट प्लेस की कशिश ही बहुत थी। लेकिन सर्दियों की छुट्टियाँ जल्दी ही बीत गईं, और मार्च की शुरुआत में मैंने ख़ुद को कालका-शिमला ट्रेन के भीड़भाड़ वाले एक डिब्बे में शोर-शराबा करते लड़कों के झुंड में बैठा पाया। ट्रेन पहाड़ी की चढ़ाई और गहरे ढलानों को धीरे-धीरे पार करती हुई, रास्ते में एक सैकड़े से ज़्यादा सुरंगों के बीच से गुज़रती छुक-छुक करती आगे बढ़ी चली जा रही थी।

~

प्रेप स्कूल में दूसरे साल के दौरान डैडी मुझसे मिलने नहीं आ सके। उनको और उनकी यूनिट को एक जगह से दूसरी जगह जाना पड़ रहा था; पहले कराची, फिर कलकत्ता। लेकिन वे मुझे लगातार लिखते रहते थे, ख़ूबसूरत पोस्टकार्ड भेजते थे, जिनमें से कुछ मैंने बचा रखे हैं। इनमें मनमौजी और हँसोड़ 'ग्रैन' पॉप' पोस्टकार्ड के साथ ही, प्रसिद्ध रेलगाड़ियों या जहाज़ों, या तितलियों या तीतरों या पानी वाले परिंदों, या शाही आभूषणों वाले कार्ड होते थे। कुछ अनोखे विषयों वाले भी होते थे, जैसे 'फ़र्स्ट लेडी साइकिलिस्ट', या 'बॉय विद ए डांसिंग बेयर'। मैंने वे सारे कार्ड बहुत हिफ़ाज़त से रखे। डैडी की तरह मैं भी संग्रह करना शुरू कर रहा था।

और आख़िरकार मैंने किताबें पढ़ना शुरू कर दिया। हमारी 'लाइब्रेरी' का मतलब वह अलमारी थी, जिसमें बिना सोचे-समझे चुनी गई और स्कूल छोड़कर गए शिक्षकों की छोड़ी हुई किताबें भरी थीं। 'बॉयज़ ऑन पेपर' के ज़िल्द वाले कई खंड वहाँ थे, मगर मुझे उकसाने में नाकाम रहे। एनीड ब्लाइटन मेरी पसन्द के हिसाब से बहुत बेमज़ा थीं। लेकिन एडगर वालेस के रहस्य-रोमांच वाली किताबों का एक सेट मेरे हाथ लगा तो मैंने सारा पढ़ डाला—'द क्रिमसन सर्कल', 'द डबल एंड अदर मिस्ट्रीज़' ख़त्म करके, कहीं ज़्यादा सनसनीख़ेज़ और रोमहर्षक आपराधिक रहस्य वाली शृंखला 'बुलडॉग ड्रमंड' पढ़ डाली, और इन सबसे ऊपर 'संत' के कारनामे—लेस्ली चार्टरिस का वह बहादुर और तेज़तर्रार नायक—साइमन

टेम्पलर—फ़िल्म में जिसका किरदार मनभावन अभिनेता जॉर्ज सैंडर्स ने बहुत असरदार तरीक़े से निभाया है। कम ही लोग जानते हैं कि लेखक लेस्ली चार्टरिस आधे-चीनी थे; उन्हें हमेशा कुलीन अंग्रेज़ ही समझा जाता था। लेखक उन दिनों 'अदृश्य' होते थे और सार्वजनिक जीवन नहीं जीते थे; अक्सर वे छद्मनाम रख लेते थे। एलेरी क्वीन दरअसल दो लोग थे; जॉन डिक्सन कार ही कार्टर ब्राउन भी थे; सेक्स्टन ब्लेक कई लेखकों की पूरी शृंखला थी।

'ऐलिस' और मेरे प्रिय कॉमिक पेपर्स को छोड़ दें तो 'बच्चों की किताबों' से कोई फ़ायदा उठाए बिना मैं सीधे वयस्क साहित्य की दुनिया में दाख़िल हो गया था।

और इसकी शुरुआत क्राइम थ्रिलर और जासूसी कहानियों से हुई—ऐसी विधाएँ जो ज़िन्दगी के आख़िरी दिनों तक मेरी दिलचस्पी जगाए रखेंगी, मेरा मनोरंजन करती रहेंगी। यह डिकेंस, स्टीवेन्सन और जे.बी. प्रिस्ली की दुनिया में दाख़िल होने से साल-दो साल पहले की बात होगी। क्राइम से चलकर मैं क्लासिक्स तक पहुँचा!

और इस बीच हम एक दूसरे प्रिस्ली से जूझ रहे होते—और वह हमारे श्रद्धेय, वायलिन-वादक हेडमास्टर प्रिस्ली थे (मुझे यह बताते हुए बेहद ख़ुशी है कि लेखक प्रिस्ली से उनका कोई सम्बन्ध नहीं था)। वह और उनकी पत्नी, दोनों ही, ने बच्चों में बहुत कम या बिलकुल दिलचस्पी नहीं ली। वे सारा काम और ज़िम्मेदारी शिक्षकों और स्टाफ़ के दूसरे लोगों को देते थे। उनकी अपनी कोई औलाद नहीं थी, और थोड़े से कुलीन अंग्रेज़ बच्चों को छोड़ दें तो हम लोगों को वे बिलकुल पसन्द नहीं करते थे। उन कुछ बच्चों के प्रति उनका भयंकर पक्षपात साफ़ दिखाई देता। श्रीमती प्रिस्ली कभी-कभी हम पर थोड़ी मेहरबान हो जातीं, और तब किसी वास्तविक या काल्पनिक अपराध के लिए वह अपने हेयरब्रश का मूठ वाला हिस्सा हमारे चूतड़ों पर जड़ देतीं।

मगर मुझे कोई ख़ास शिकायत नहीं थी और स्कूल में मुझे मज़ा आने लगा था। डैडी कलकत्ता से मुझे लगातार ख़त लिखते थे, जहाँ अब उनकी तैनाती थी और वहाँ वे अपनी माँ और मेरी बहन एलेन के साथ अपने पारिवारिक घर में रह रहे थे। 20 अगस्त, 1944 को उन्होंने मुझे एक लम्बी चिट्ठी लिखी, जिसमें उन्होंने मुझे बताया कि वे मलेरिया के एक और हमले से उबर रहे हैं। उन्होंने लिखा था कि पढ़ने के लिए उन्हें अब चश्मा पहनना पड़ता है, लेकिन एलेन को अब चश्मे की ज़रूरत नहीं रह गई है, वह ढंग से पेंसिल पकड़ पाती है और ड्रैगन और हाथी और बाघ और भेड़ियों की तसवीरें बनाने की कोशिश करती है। मेरे कलकत्ता आने के लिए वह क्रिसमस की छुट्टियों का इन्तज़ार कर रहे थे, तब वह मुझे न्यू मार्केट ले जाएँगे, जहाँ उन्होंने लिखा था कि किताबों की ढेर सारी दुकानें हैं।

मैं उनकी चिट्ठी का जवाब लिखने के लिए बैठा ही था कि मेरा एक दोस्त मेरे पास आया और बोला, 'मिस्टर मुर्टो तुमसे मिलना चाहते हैं। मुझे लगता है कि कोई गम्भीर बात है।'

क्या मैंने कोई मूर्खतापूर्ण नियम तोड़ा था? क्या घर चिट्ठी लिखने के बजाय मुझे पढ़ाई करनी चाहिए थी? मेरे कॉमिक पेपर्स के गट्ठर का पता चल गया क्या?

लेकिन नहीं। ऐसा कुछ नहीं था। मिस्टर मुर्टो ने मुझे अपने साथ लिया, और स्कूल के गेट की ओर जानेवाले रास्ते पर बढ़ गए, देवदार के नीचे एक बेंच पर मुझे बैठने के लिए कहा, ख़ुद भी मेरे पास बैठ गए, और फिर मुझे बताना शुरू किया—जितनी विनम्रता से वह बेचारे कह सकते थे—कि मेरे पिता नहीं रहे। भगवान ने उन्हें अपने पास बुला लिया, उन्होंने कहा। मुझसे कहीं ज़्यादा भगवान को उनकी ज़रूरत थी।

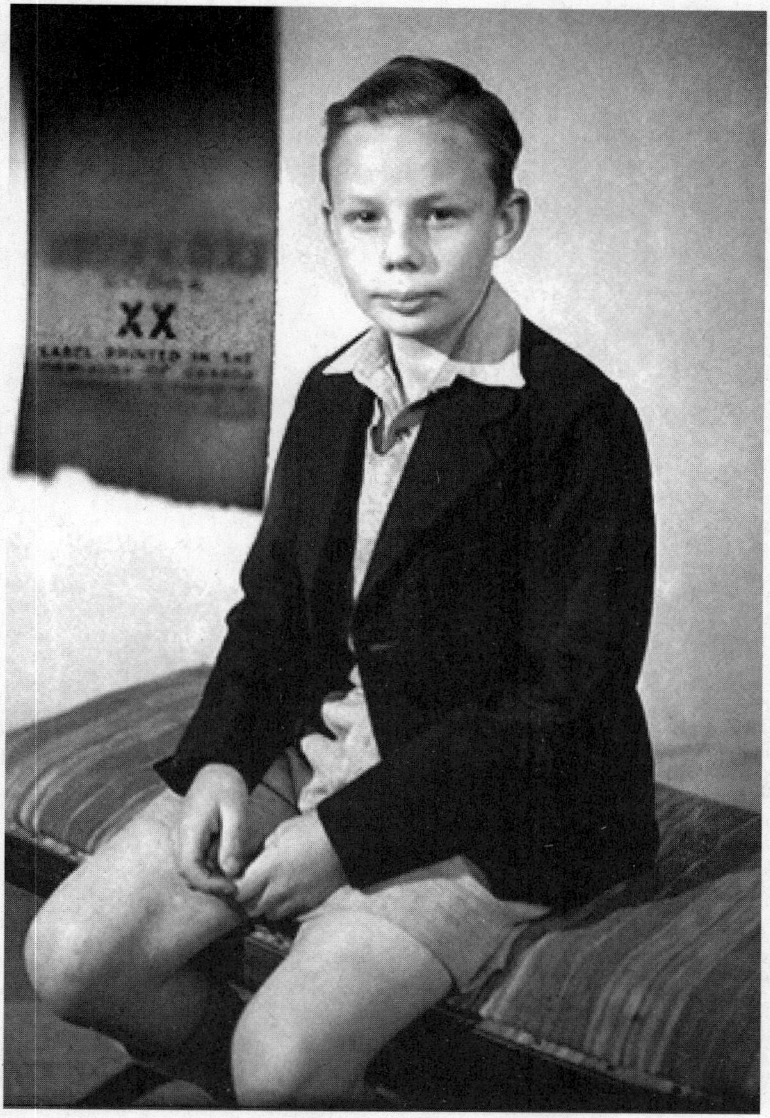

खंड II

रात का अँधेरा, और घर वापसी

और मुझे लगा कि मेरे पाँवों के नीचे से ज़मीन खिसक गई है। मेरी दुनिया में अँधेरा छा गया और एक भयानक ख़ालीपन मेरे सामने आ खड़ा हुआ; उसी क्षण मुझे अहसास हो गया कि मेरी ज़िन्दगी हमेशा के लिए बदल गई है, कोई उम्मीद नहीं बची, अब ऐसा कुछ भी बाक़ी नहीं रहा, जिसका इन्तज़ार किया जा सके।

एक दिन मैं अस्पताल में रहा। डैडी की ख़बर सुन लेने के बाद मैं एकदम टूट गया था और फिर बेहोश हो गया। तकलीफ़देह यादें भुला देने की मेरी आदत है, और डैडी को खोने से ज़्यादा बड़ा दर्द मैंने कभी महसूस नहीं किया। तब मेरी उम्र दस साल थी, और इस पूरी क़ायनात में अकेले वही एक शख़्स थे, जो मुझे प्यार करते थे, जिनके होने का मेरे लिए कोई अर्थ था, और वही चले गए। समय बड़े-बड़े घाव भर देता है, मगर मैं अब भी वह दिन नहीं भूल पाता हूँ, जब मैं अस्पताल में पड़ा था और साँसें भी मुश्किल से ले पा रहा था। सब कुछ अगर प्यार से शुरू होकर, प्यार पर ही ख़त्म होता है—और मेरा विश्वास है कि ऐसा ही होता है—तो मेरी दुनिया ख़त्म हो चुकी थी। किसी तरह मैं उस उजाड़ रात से उबर पाया; और इससे ज़्यादा मैं और कुछ याद नहीं करना चाहता हूँ।

एक या दो हफ़्ते बाद, मुझे अपनी माँ का एक ख़त मिला, जिसमें उन्होंने लिखा था कि सर्दियों की छुट्टियों में मैं उनके साथ देहरा में रहूँगा, और यह कि मुझे अपना ख़याल रखना चाहिए और अपनी पढ़ाई पर ध्यान देना चाहिए। मैं तो सोचने लगा था कि कहीं अब मुझे अनाथालय में तो नहीं रहना पड़ेगा, सो यह ख़त पाकर मैंने थोड़ा हल्का महसूस किया। अपनी माँ से मैं पहले ही दूर हो चुका था, इसलिए इस ख़त से मुझे कोई ख़ास ख़ुशी नहीं हुई, लेकिन कुछ राहत ज़रूर मिली। उन्होंने मिस्टर प्रिस्ली को भी ख़त लिखा था, और ये सारी जानकारी देते हुए उनसे मेरा ध्यान रखने को कहा था।

एक दिन प्रिस्ली ने मुझे अपने दफ़्तर में बुलाया और मशविरा दिया कि मैं डैडी की लिखी हुई सारी चिट्ठियाँ उन्हें दे दूँ ताकि वे उनको हिफ़ाज़त से रख दें; स्कूल बन्द होने के दो-एक रोज़ पहले वे चिट्ठियाँ मैं उनसे वापस ले सकता

हूँ। मैंने सोचा कि हो सकता है किसी टीचर या प्रीफ़ेक्ट ने उन्हें यह बता दिया हो कि मैं उन चिट्ठियों को बार-बार पढ़कर उदास होता रहता हूँ। डैडी की आख़िरी चिट्ठी और कुछ पोस्टकार्ड छोड़कर मैंने सारी चिट्ठियाँ ले जाकर उन्हें दे दीं। दो महीने बाद, जब हमारी पढ़ाई का सत्र पूरा हो गया तो वे चिट्ठियाँ वापस लेने के लिए मैं प्रिस्ली के दफ़्तर गया। उन्होंने भावशून्य निगाहों से मुझे देखा। कैसी चिट्ठियाँ? क्या मैंने कोई चिट्ठी उनके पास रखी थी? उन्होंने अपनी मेज़ की दराज़ों में खोजा। वहाँ उन्हें कोई चिट्ठी नहीं मिली। उन्होंने कहा कि वह सीनियर मास्टर से पूछेंगे। साफ़ लगता था कि वह बेहद विचलित इनसान थे।

क्या वह तेज़ी से बदलती दुनिया में अपनी नौकरी, अपने भविष्य को लेकर फ़िक्रमन्द थे? या वह अभी-अभी अपनी बीवी से झगड़ा करके आए थे? या अपने वायलिन के तार तोड़ बैठे थे?

कुछ देर मैं वहीं खड़ा रहा, फिर मुड़ा और बिना कुछ बोले लौट आया। बड़े लोगों के वादों का अब मेरे लिए कोई मोल नहीं रह गया था।

डैडी का एक ख़त अब भी मेरे पास था, और 'ग्रैन'पॉप' वाले कुछ पोस्टकार्ड भी। डैडी के अक्षय प्रेम और उनके दुलार के अहसास के अलावा उनका यह ख़त और कार्ड्स ही मेरी कुल थाती थे; क्योंकि अगले कुछ महीनों में डाक-टिकट का उनका संग्रह भी ग़ायब हो गया था।

~

ए.ए. बॉन्ड 108485 (आरएएफ़)
सी/ओ 231 ग्रुप
रैफ़पोस्ट
कलकत्ता 20/8/44

मेरे प्यारे रस्किन,

कुछ रोज़ पहले तुम्हारा ख़त मिला, बहुत-बहुत धन्यवाद। मुझे यह जानकर ख़ुशी हुई कि तुम अच्छे से हो और डटकर पढ़ाई कर रहे हो। हम सब यहाँ बिलकुल ठीक हैं, मगर मलेरिया के हालिया हमले के बाद मैं अभी कुछ कमज़ोर महसूस कर रहा हूँ और दफ़्तर जाने लायक़ तन्दुरुस्त नहीं हो पाया हूँ। इलाज के लिए मैं लम्बे समय तक अस्पताल में रहा और यही वजह है कि कई हफ़्तों से तुम्हें मेरा कोई ख़त नहीं मिला।

पढ़ने के लिए अब मुझे चश्मा लगाना पड़ता है। यों मैं हरदम चश्मा नहीं लगाता हूँ—सिर्फ़ पढ़ते हुए या हिसाब-किताब वाला काम

करते समय इसे लगाने की ज़रूरत होती है। एलेन अब चश्मा बिलकुल नहीं लगाती है।

क्या तुमको नये गर्म कपड़ों की ज़रूरत है? तुम्हारे गर्म सूट तो अब छोटे हो गए होंगे। मुझे यह जानकर ख़ुशी हुई कि तुम जिन पहाड़ों में रहते हो, वहाँ बारिश अब ख़त्म हो चुकी है। सितम्बर में जब तुम्हारी छुट्टियाँ चल रही होंगी, धूप के दिन होना अच्छा लगेगा। छुट्टियाँ क्या 9 सितम्बर से शुरू होती हैं? तब तुम क्या करोगे? क्या तारादेवी में स्काउट्स कैम्प होगा? या फिर स्कूल के क्रिकेट मैदान पर खिली हुई धूप में तितलियाँ पकड़ोगे? यह जानकर अच्छा लगा कि तुमने ढेर सारे दोस्त बना लिये हैं। अगले साल तुम प्रेप स्कूल की आख़िरी क्लास में होगे। क्रिसमस की छुट्टियाँ शुरू होने में सवा तीन महीने बाक़ी रह गए हैं, और इसके बाद तो तुम घर आ जाओगे। मुझे यक़ीन है कि यहाँ आकर तुम्हें ख़ुशी होगी, टिकटों का ढेर सारा काम करना है और लाइब्रेरी में पढ़ाई भी। यहाँ का न्यू मार्केट किताबों की दुकानों से भरा हुआ है। एलेन को यह बाज़ार बहुत पसन्द है।

रस्किन, तुम्हारी लिखावट के बारे में मैं पहले ही लिखना चाहता था, मगर भूल गया। कभी-कभी तुम्हारे ख़तों की लिखाई बहुत छोटी और महीन होती है, ऐसा लगता है कि तुम एक ही पन्ने पर सारा कुछ लिख डालना चाहते हो। छोटे अक्षरों में लिखने की यह आदत तुम्हारे लिए या तुम्हारी आँखों के लिए अच्छी नहीं है। मैं जानता हूँ कि तुम्हारी लिखावट अच्छी है और अपने सुलेख के लिए तुम अपनी क्लास में अव्वल आए थे, लेकिन तुम्हें बड़े अक्षरों में लिखने की आदत डालनी चाहिए और इस बात की फ़िक्र बिलकुल छोड़ देनी चाहिए कि जितना कुछ लिखना है, वह सारा एक ही पन्ने में समा पाएगा या नहीं—तुम तो बड़े अक्षरों में ही लिखा करो।

हमारे यहाँ ख़ूब बारिश वाला महीना अभी गुज़रा है। बदली अब भी छाई रहती है, रात को हमें पंखों का इस्तेमाल करना पड़ता है, मगर सर्दियों में मौसम यहाँ अच्छा रहता है—दिल्ली की तरह बहुत ठंडा नहीं और बहुत गर्म भी नहीं—बस मध्यम क़िस्म का। दादी बिलकुल ठीक हैं। उनकी और एलेन की तरफ़ से तुम्हें प्यार। आख़िरी बार, पिछले हफ़्ते मुझे देहरा की ख़बर मिली थी, वहाँ विलियम और बाक़ी के सभी लोग भी ठीक हैं।

पिछले कुछ दिनों से हम रसोइए के बिना काम चला रहे हैं। उम्मीद है कि जल्दी ही हम कोई अच्छा रसोइया ढूँढ़ लेंगे। हालाँकि यहाँ उनकी संख्या ज़्यादा नहीं हैं। काश कि दिल्ली वाला रसोइया हमें यहाँ मिल पाता, वह बूढ़ा आदमी अब अपने 'ब्लैक पुडिंग्स' के लिए मशहूर हो गया है, जो चार महीने पहले हमारे कलकत्ता पहुँचने के बाद से एलेन को मयस्सर नहीं हुई है।

रिकॉर्ड्स और ग्रामोफ़ोन मैंने अब भी सँभालकर रखे हैं और बहुतेरी बेहतरीन किताबें भी, लेकिन चूँकि वे सारी किताबें पुरानी हो रही हैं और उनमें से कुछ तुम्हारे पढ़ने लायक़ नहीं रह गई हैं, यानी जो केवल 8 साल से कम उम्र वाले बच्चों के लिए हैं—तो उनमें से कुछ किताबें मैं विलियम और एलेन को दे दूँगा, क्रिसमस के मौक़े पर घर आने के बाद अपने लिए तुम कुछ नई किताबें ख़रीद सकते हो। अपने सारे टिकटों को फिर से व्यवस्थित कर रहा हूँ, क्योंकि टिकट ख़रीदने के लिए आनेवालों को देखने-दिखाने के चक्कर में वे इधर-उधर और बहुत बेतरतीब हो गए हैं। अच्छे-ख़ासे टिकट बिक गए हैं, और बाक़ी बचे हुए आपस में मिल गए हैं, अब संग्रह को नये सिरे से तरतीब देने में ही मेरा सारा समय निकल जाता है। लेकिन चूँकि अभी मैं दफ़्तर जा नहीं रहा हूँ और पूरे दिन घर पर ही रहता हूँ तो अपने संग्रह को ठीक-ठाक करने और टिकटों को नये सिरे से व्यवस्थित करने का काम निपटाने के लिए काफ़ी समय मिल जाता है।

एलेन को ड्राइंग करना बहुत भाता है। मैं उसे काग़ज़ और पेंसिल दे देता हूँ और बिना किसी मदद के उसे अपने आप तसवीरें बनाने देता हूँ, ताकि उसे काग़ज़ और पेंसिल पकड़ने की आदत हो जाए। अब वह अपनी पेंसिल का इस्तेमाल करने में माहिर हो गई है और ऊँट, हाथी, कई सिर वाले ड्रैगन जैसे कुछ अद्भुत जानवर बना लेती है—नाग—पानी की बाल्टियाँ उलीचते हुए बारिश वाले बादल—लम्बी-लम्बी घास के बीच बाघ—अयाल वाले घोड़े और घने बालों वाले भेड़िये और लोमड़ियाँ। कई बार बहुत से जानवर तुम्हें दिखाई नहीं देंगे क्योंकि वे ख़ूब घनी घास से घिरे हुए होते हैं, लोमड़ी और भेड़िये बहुत लम्बे-घने बालों में छिप जाते हैं, घोड़े उनकी गर्दन पर ढेर सारी अयाल से—या फिर तेज़ बारिश वाले बादलों के बीच। यह सारी सजावट, सारा ठाट-बाट वह भारी-मोटी रेखाओं से रचती है, मगर इन्हें ग़ौर से देखने पर कोई

भी उनमें जानवरों की सुडौल बनावट पा सकता है, इनमें हाथी और शुतुरमुर्ग और दूसरी तमाम चीज़ें देखने को मिलेंगी। कुछ तसवीरें मैं तुम्हें भेजूँगा।

अच्छा रस्किन, मुझे उम्मीद है कि ख़ुश और तन्दुरुस्त होगे। हम सबकी ओर से ढेर सारा प्यार। फिर जल्दी ही ख़त लिखना।

हमेशा ही तुम्हारा प्यारा डैडी

~

डैडी जब गुज़रे, उनकी उम्र छियालीस साल थी। मलेरिया से कमज़ोर हुए डैडी हेपेटाइटिस का शिकार हो गए। यह बात मुझे बाद में मालूम हुई। मैं उनके अन्तिम संस्कार में शामिल नहीं हुआ था, और घर में कई सालों तक किसी ने उनकी मृत्यु का ज़िक्र नहीं किया। यह घर वालों की संगदिली हरगिज़ नहीं थी; मुझे लगता है कि शुरू-शुरू में वे लोग मेरा ख़याल करके इसकी चर्चा नहीं करते थे, और जब मैं बड़ा हो गया तो मैं ख़ुद ही इस बारे में चर्चा करने से बचने लगा। डैडी की मेरी यादें सिर्फ़ और सिर्फ़ मेरी थीं।

अगर कोई अपने किसी प्रियजन की मृत्यु के मौक़े पर मौजूद रहता है, या फिर उसकी मृत देह को और फिर उसे दफ़्न होते देख पाता है तो नश्वर जीवन की इस सच्चाई पर यक़ीन कर पाना और फिर बदली हुई परिस्थितियों का अभ्यस्त होना उसके लिए आसान हो जाता है। लेकिन जब आप सिर्फ़ मृत्यु की ख़बर पाते हैं, अपने प्रिय जन्मदाता की मृत्यु के बारे में सुनते हैं और उनकी मृत्यु के बारे में ज़्यादा कुछ आपको मालूम नहीं होता तब अपनी कल्पनाओं से जूझना बहुत तकलीफ़देह होता है—ख़ासकर जब वह किसी छोटे बच्चे की कल्पना हो। डैडी की मृत्यु का कोई हक़ीक़ी, कोई अनुभूत्य साक्ष्य नहीं होने की वजह से मेरे लिए यह मृत्यु नहीं, उनका अलोप हो जाना था। और हालाँकि इस नाते उन्हें हँसते-मुस्कुराते हुए सजीव इनसान के तौर पर याद रख पाना मेरे लिए मुमकिन हुआ, मगर इसका मतलब यह भी था कि उनकी मृत्यु मेरे लिए पूरी तरह यक़ीनी नहीं थी, और अवचेतन में कहीं मैं यह उम्मीद करता था कि वे आएँगे और मुझे इस अप्रिय स्थिति से बाहर निकालेंगे।

अपनी ज़िन्दगी की इस ख़ला से उबरने में मेरी पूरी उम्र गुज़र गई, और अब भी कई बार हैरानी होती है कि सचमुच क्या मैं उबर भी पाया हूँ। सच तो यह है कि अपने किसी प्रिय को खो देने की ख़ला से आप कभी उबर नहीं पाते। बस, आप उनके बावजूद जीना सीख लेते हैं।

क्या मेरे पिता एक ख़ुशमिज़ाज इनसान थे? पीछे मुड़कर देखने पर, मुझे लगता है कि हाँ, वह थे; वह उस तरह की ज़िन्दगी जीने में कामयाब रहे, जैसी कि वह जीना चाहते थे। हिन्दुस्तान के कई अलग-अलग हिस्सों में रहकर उन्होंने पढ़ाई की, काम किया और ख़ूब घूमे भी, और इन सबके बीच अपने शौक़ पूरे करने के लिए समय निकाला और संसाधन जुटाए—डाक टिकट इकट्ठे किये, रिकॉर्ड्स और तितलियाँ इकट्ठी कीं और फ़ोटोग्राफ़ी भी करते रहे। उन्हें मुहब्बत हो गई, और उन्होंने अपना परिवार बनाने की कोशिश की। उन्हें अगर यह लगता रहा हो कि इसमें वह नाकाम रहे तो भी इस बारे में उन्होंने कभी कोई बात नहीं की।

मेरी माँ ने मुझे बाद में बताया कि वह बहुत ईर्ष्यालु थे, और उन्हें दूसरे मर्दों से दूर रखते थे, कि जब वह अपनी मर्ज़ी से बाहर चली जाती थीं तो मनगढ़ंत कल्पनाएँ करके शायद ख़ुद को प्रताड़ित भी करते थे। ऐसे में कौन बदग़ुमान नहीं हो जाएगा? वह जवान थीं, सुन्दर थीं, ज़िन्दादिल थीं—और हर शख़्स उनकी तरफ़ मुड़कर देखता था। शायद यही वजह रही होगी, कि डैडी उनकी ओर आकर्षित हुए होंगे।

मगर उनकी जोड़ी बेमेल थी। माँ को बाहर रहना पसन्द था, और उनको एकदम नहीं। घर उनकी पसन्दीदा जगह थी। फिर भी उन्होंने कहीं घर नहीं बनाया; उन्हें एक जगह से दूसरी जगह जाना और बार-बार घर बदलना अच्छा लगता था। अगर हमें किसी एक घर में लम्बे समय तक रहना भी पड़ा तो वे फ़र्नीचर की जगह बदल दिया करते, बेडरूम को लिविंग रूम या फिर लिविंग रूम को बेडरूम बनाने में उन्हें बहुत मज़ा आता था जबकि मेरी माँ इस सबसे बहुत चिढ़ती थीं। उन्हें घर की चीज़ों का स्थायी बन्दोबस्त पसन्द था।

डैडी के मिज़ाज का यह पहलू मुझे हैरान करता है, क्योंकि उन्होंने कभी अपनी बेचैन शख़्सियत ज़ाहिर नहीं होने दी। मगर स्थिर चित्त वह कभी नहीं रहे। कभी-कभी वह स्कॉटलैंड में लॉच लोमांड के क़रीब घर बनाने की बात करते थे, लेकिन यह सिर्फ़ एक सपना था। वह तलाश क्या रहे थे?

हो सकता है कि यह उनके कैशोर्य का विस्तार रहा हो। या फिर इसका ताल्लुक़ शायद उनकी दोहरी विरासत से रहा हो। उनके पिता ब्रिटिश सेना में भर्ती होकर जब भारत आए थे, तब वह नौउम्र ही थे। अपनी जवानी और सारी ज़िन्दगी उन्होंने यहीं गुज़ार दी, यहीं ब्याह किया, और अपने बच्चों की परवरिश की, और उन दिनों में जब उनका पूरा कुनबा इंग्लैंड जाता तो उसका मतलब 'होम लीव' होता था। लेकिन, इंग्लैंड दरअसल उनका घर नहीं था। उनके पास जो कुछ भी था, वह यहाँ भारत में था, और फिर भी यह उनका घर नहीं था।

डैडी मुझसे मिलने जब शिमला आए, और जब दिल्ली में, मैंने उनके साथ छुट्टियाँ बिताईं तो वे यही कहते थे, 'जब जंग ख़त्म हो जाएगी तो हम इंग्लैंड चले जाएँगे। वहीं के स्कूल में तुम्हारा दाख़िला करा देंगे। मेरे लिए तब यहाँ कोई काम नहीं रह जाएगा।' उन्होंने मुझे बताया था कि जब-तब वह अपने संग्रह के डाक टिकट इसलिए बेचते हैं ताकि वहाँ नये सिरे से ज़िन्दगी शुरू करने लायक़ रक़म इकट्ठी कर सकें। उनके साथ मैं जाऊँगा, और शायद एलेन भी। वह अंग्रेज़ी हुकूमत के हिमायती नहीं थे; मुझे नहीं लगता कि वह हिन्दुस्तान को कम या इंग्लैंड को ज़्यादा पसन्द करते थे—उनकी दुनिया तो वैसे भी उनके कमरे में ही थी, जो उनके संग्रह और उनके संगीत से आबाद थी। लेकिन उनको यह अन्देशा था कि आज़ाद भारत में उनके लिए कोई जगह नहीं बचेगी, बल्कि उन्हें अंग्रेज़ी हुक़्मरानों की निशानी के तौर पर देखा जाएगा। वह सहूलियत और सुरक्षा चाहते थे, वैसे ही, जैसे कि हम सभी ख़ुद अपने लिए और अपने प्रियजनों के लिए चाहते हैं। मैं उनका सबसे ज़्यादा चहेता था, सो उनकी ख़्वाहिश मेरे लिए कुछ बेहतर करने की थी।

मेरी माँ से अलग होने के बाद, जब वह दिल्ली में अकेले रहते थे और उनकी सेहत बिगड़ती जा रही थी, मुझे लगता है कि वह उन दिनों का बेताबी से इन्तज़ार करते थे, जो वे मेरे साथ बिताते थे—उस वक़्त मैं इस जज़्बे को जितना महसूस कर सकता था, उनकी उत्सुकता उससे कहीं ज़्यादा होती। मैं ही था, जिसके पास उन्हें लौटना होता था; जिसकी ख़ातिर वह मंसूबे बाँध सकते थे।

मेरा प्यार बेशर्त था। और यह प्रेम वो किसी और से साझा नहीं करना चाहते थे। यह बेहद नायाब क़िस्म की ख़ुदग़रज़ी थी; और इसने मेरी छोटी-सी ज़िन्दगी को ढेर सारी ख़ुशियों से भर दिया था।

अधेड़ उम्र में, कभी-कभी मैंने अपने पिता को ख़त लिखे। अपने सपनों में, मैं भीड़भाड़ वाली सड़क पर उनसे मिलता, इतने साल गुज़र जाने के बाद भी वह अपनी उसी पुरानी ग़र्मजोशी के साथ मिलते। हम साथ-साथ किसी छोटी ट्रेन में सवार हो जाते, या किसी अँधेरे हॉल में बैठ जाते, और रुपहले पर्दे पर चलती-फिरती तसवीरें देखते। 'इतने सालों तक आप कहाँ थे?' मैं उनसे पूछता, और वह मेरे बाल सहलाने लगते। मेरे पिता की मृत्यु नहीं हुई थी; वह तो अलग-अलग दिशाओं के मुसाफ़िर थे, और जब-तब सिर्फ़ यह देखने के लिए चले आते थे कि मैं ठीक हूँ या नहीं।

सन् 2001 में, जब मैं 67 साल का हो चुका था, आख़िरकार मैं डैडी की क़ब्र तलाश करने के लिए निकला। वह कलकत्ता के भवानीपुर क़ब्रिस्तान में मिली।

'फ़्लाइट लेफ़्टिनेंट ऑब्रे अलेक्ज़ेंडर बॉन्ड' वहाँ, अपनी माँ ग्लोरियाना के क़रीब ही, आराम से सोये हुए थे। यह कोई छोटा ही मामला रहा होगा।

~

सर्दी के तीन महीनों के लिए स्कूल बन्द हो गए थे, और मैं ट्रेन में था। छुक-छुक करता भाप का इंजन, दून के पूर्वी इलाके में खेतों और जंगलों के बीच से, धीमे-धीमे गुज़रता हुआ मुझे माँ के पास ले जा रहा था, जिनको क़रीब तीन साल से मैंने नहीं देखा था।

दून घाटी में सुबह हमेशा बहुत सुहानी होती थी। एक छोटी नदी के ऊपर से गुज़रते हुए मैंने डिब्बे की खिड़की से बाहर झाँका। गंगा की उस सहायक नदी के साफ़ पानी में हाथियों का एक झुंड दाख़िल हो रहा था।

घाटी के ढलानों पर पहुँचकर रेलगाड़ी की चाल धीमी हो गई। दोनों तरफ़ दूर तक गन्ने और पीली सरसों के खेत फैले हुए थे। रेलगाड़ी की आवाज़ सुनकर हाथ हिलाने के लिए गाँव के बच्चे दौड़ते हुए अपने घरों से बाहर निकल आए। जवाब में कभी-कभी मैं भी हाथ हिला देता। डिब्बे की खिड़कियाँ उन दिनों आसानी से खोली और बन्द की जा सकती थीं, तब आप खिड़की में जड़े शीशों के पीछे क़ैद नहीं होते थे। कोयले के बारीक़ टुकड़े कभी-कभी आपकी आँखों में पड़ जाते थे, क्योंकि रेलवे में अभी भी भाप के इंजनों का ही राज था; और सफ़र पूरा होने के बाद आपको ढंग से नहाने की ज़रूरत पड़ती थी, मगर उस समय पानी की भी कोई कमी नहीं थी, और लाइफ़बॉय साबुन की ईजाद तो ख़ैर पहले ही हो चुकी थी।

रेलवे की पटरियाँ देहरा पहुँचकर ख़त्म हो जाती थीं। सूरज निकलने तक, हमारी ट्रेन उस छोटे-से स्टेशन में दाख़िल हुई, और रुक गई। कुलियों की इधर से उधर दौड़ शुरू हो गई। कुछ अभिभावक अपने बच्चों को लेने स्टेशन आए थे और प्लेटफ़ार्म पर खड़े उनका इन्तज़ार कर रहे थे; बिशप कॉटन स्कूल में हम तीन-चार ऐसे थे, जिनका घर देहरा में था।

मुझे उम्मीद थी कि माँ मुझे प्लेटफ़ॉर्म पर मिलेंगी, लेकिन वे वहाँ नहीं थीं। कहीं कोई जाना-पहचाना चेहरा नहीं दिखाई दिया; यहाँ तक कि कोई मौसी भी नहीं। हो सकता है कि कोई नौकर आया हो। एक बूढ़े कुली ने मेरा बक्सा और बिस्तरबन्द उतारकर प्लेटफ़ार्म पर रख दिया। मैंने उसे इन्तज़ार करने के लिए कहा। हम दोनों इन्तज़ार करते रहे। मैं अपने टिन के बक्से पर बैठ गया और वह पान चबाने लगा। मुझे लेने मगर कोई नहीं आया।

‘कहाँ जाना है, छोटा साहिब?’ उस धैर्यवान कुली ने पूछा।

मैं सोचने लगा कि कहाँ जाना है। मैं थोड़ा धीमे सोच पाता था, मगर यहाँ फ़ैसला लेने के लिए मेरे पास पूरा दिन थोड़े ही था। मेरी माँ ने मुझे लिखकर बताया था कि वह जिस घर में रहती हैं, वहाँ लीची के बहुत सारे पेड़ हैं, लेकिन इतना तो मुझे भी मालूम था कि इस जानकारी से फ़िलहाल मेरा कोई भला नहीं होनेवाला। मुझे नानी के घर का रास्ता याद आ गया। वह घर शायद अब भी वहीं हो, मेरी माँ वहीं होंगी।

‘क्या तुम मेरे लिए एक ताँगा बुला सकते हो?’ मैंने कुली से पूछा।

‘बिलकुल छोटा साहब, तुम मेरे साथ चले आओ। बहुतेरे ताँगे मिल जाएँगे,’ और वह मुझे स्टेशन के बाहर ताँगा स्टैंड तक ले गया, वहाँ खड़े एक ख़ाली ताँगे में उसने मेरा सामान जमाकर मुझे बैठा दिया; अपनी चार रुपये की कुल पूँजी में से एक रुपया मैंने उसे दे दिया। अपनी मज़दूरी लेकर फ़िल्म के एक पोस्टर पर पान की पीक मारता हुआ वह अपने रास्ते चला गया।

‘ओल्ड सर्वे रोड,’ मैंने ताँगे वाले से कहा।

उसने अपना चाबुक फटकारा और टट्टू इत्मीनान से सड़क पर चल पड़ा।

देहरा की शान्त सड़कों पर उसकी टापों की आवाज़ गूँज उठी। सड़क पर कुल दो या तीन मोटरें थीं। ताँगे ज़्यादा थे, और ढेर सारी साइकिलें। ताँगे से नानी के घर तक पहुँचने में मुझे क़रीब आधा घंटा लग गया। बरामदे की सीढ़ियों के पास मैं उतर गया। नानी जेरेनियम के पौधों को पानी दे रही थीं, वैसी ही रंजीदा और अपने आप में गुम, जैसा कि मैंने उन्हें पिछली बार इस घर में रहते हुए देखा था। वहाँ से थोड़ी दूरी पर उनका दोगला कुत्ता, क्रेज़ी, घास पर बैठा था। उसने मुझे पहचान लिया और छलाँग मारता दौड़ा हुआ मेरे पास आया, और उचककर मेरा मुँह चाट लिया।

अपने सर-ओ-सामान के साथ मुझे आया हुआ देखकर नानी हैरान थीं। वह शायद ही कभी मुस्कुराई हों, और अब भी उन्होंने ऐसी कोई कोशिश नहीं की।

‘मेरे स्कूल की छुट्टियाँ हो गई हैं, इसलिए घर चला आया,’ मैंने कहा।

‘तो क्या स्टेशन पर तुम्हें कोई मिला नहीं?’ थोड़ी त्योरी चढ़ाते हुए उन्होंने पूछा।

‘नहीं।’

‘तुम्हारी माँ अब यहाँ नहीं रहती। वे लोग डालनवाला में रहते हैं। उसे क्या तुम्हारे आने के बारे में मालूम नहीं था?’

‘मैं नहीं जानता। स्कूल ने उन्हें ख़बर भेजी होगी।’

‘अच्छा ठीक है, क्या तुम जानते हो कि कहाँ जाना है?’

'नहीं।'

'फिर तो लगता है कि मुझको ही तुम्हें वहाँ छोड़कर आना होगा।'

हमेशा की तरह भावशून्य चेहरा लिये वह मुझे साथ लेकर ताँगे में सवार हो गईं और ताँगे वाले को पता बताकर डालनवाला चलने को कहा। हम फिर से चल पड़े, और कैनाल रोड के नीचे उतरकर छोटी-छोटी गलियों की भूलभुलैया में घूमते रहे। ये सारी गलियाँ आगे जाकर नदी के सूखे किनारे पर ख़त्म होती मालूम देती थीं। काफ़ी कोशिशों के बाद आख़िरकार हमें सही गली और सही घर मिल गया। घर के सामने का दरवाज़ा अन्दर से बन्द था। हमारे बार-बार खटखटाते रहने के बाद, पाजामा और क़मीज़ पहने एक लम्बे और साँवले रंग के आदमी ने दरवाज़ा खोला। नानी को उसने बड़े अदब से सलाम किया।

'मेम साहब कहाँ हैं?' नानी ने उससे पूछा। उनकी आवाज़ में नाराज़गी कम, थकान ज़्यादा थी।

नौकर ने हमें बताया कि मेमसाहब और 'साहब' मोतीचूर के जंगलों में कहीं शिकार खेलने निकले हैं—बाघ का शिकार करने। लगता है कि उन लोगों को मेरे इतने जल्दी घर आ जाने की उम्मीद नहीं रही होगी; मगर खाना एकदम तैयार था और जब मरज़ी हो, मैं खा सकता था।

दो छोटे बच्चे घास पर खेल रहे थे। नानी मुझे उनके पास ले गईं।

'ये तुम्हारे भाई हैं,' उन्होंने कहा। 'वो सुन्दर-सा तुम्हारा सगा भाई है, विलियम। वह अब तीन साल का हो गया है। और दूसरा, छोटा वाला, तुम्हारा सौतेला भाई हेरल्ड है।'

वे कंचे खेलने में मगन थे और मेरी ओर उन्होंने बिलकुल ध्यान नहीं दिया।

'अच्छा तो अब मैं चलती हूँ,' नानी ने कहा। 'किसी भी वक़्त तुम चाहो तो मुझसे मिलने घर आ सकते हो।'

और वह ताँगे में बैठकर चली गईं। कम से कम ताँगे का किराया तो मुझे नहीं देना पड़ा। धीरे-धीरे मुझे नाउम्मीदियों की आदत पड़ने लगी थी।

मुझे लगता था कि मैं अपनी माँ और छोटे भाई के पास आ रहा हूँ। मैं नहीं जानता था कि उन्होंने दोबारा शादी कर ली है। यह मुझे किसी ने नहीं बताया था। नौकर से पूछने पर मुझे मालूम हुआ कि उसके साहब कौन थे; वह मिस्टर एच थे।

सर्दियों की छुट्टियाँ

मिस्टर एच के साथ मेरी माँ अगले रोज़ घर आईं। और, इसके बावजूद कि शहर के दूसरे हिस्से में उनकी एक पत्नी और दो बच्चे रहते थे, अब वह मेरे सौतेले पिता थे। उन लोगों को मेरे इतनी जल्दी आ जाने की उम्मीद नहीं थी। उन्हें ग़लत तारीख़ें बताई गई थीं। बाघ के शिकार का उनका दौरा भी नाकामयाब ही रहा, क्योंकि बाघ उन्हें दिखाई ही नहीं दिया। लेकिन बाघों के शिकार के दौरे तो अभी और होने थे, और उनमें से कुछ में मुझे भी साथ जाना था।

बहरहाल, मेरा ख़ैर-मक़दम किया गया और मुझे अलग अपना छोटा-सा कमरा भी दे दिया गया, जहाँ से उजाड़ और बेतरतीब लीची और अमरूद का बग़ीचा दिखाई देता था। कुछ दिनों बाद कलकत्ता से टिन का एक छोटा-सा सन्दूक़ आया, जो डैडी के भाइयों में से किसी ने मेरे लिए भेजा था। इसमें कुछ किताबें और रिकॉर्ड थे, और पोस्टकार्ड्स का संग्रह था, लेकिन डाक टिकट इसमें नहीं थे। डैडी का वह बेशक़ीमती डाक टिकट संग्रह कहाँ चला गया? मुझे पता था कि कुछ डाक टिकट उन्होंने बेच दिये थे, मगर संग्रह का बड़ा हिस्सा तो उनकी मृत्यु तक उनके पास ही था। वह संग्रह मुझे कभी नहीं मिला, और मुझे सन्देह है कि दरिद्र रिश्तेदारों ने वह उसे डीलरों को बेच दिया होगा।

तो मैं डालनवाला के एक टोले में, दो छोटे भाइयों (तीसरा आनेवाला था), अपनी माँ और सौतेले पिता के साथ रह रहा था, जिन्हें दावतों और बाघ के शिकार का जुनून था। मैंने उनसे, या अपने भाइयों से नज़दीकी बढ़ाने की कोई कोशिश नहीं की; और अगर उन्होंने अपनी ओर से कभी पहल की भी तो मुमकिन है कि मैंने उन्हें झिड़क दिया हो। डैडी की मृत्यु ने मुझे पहले से कहीं ज़्यादा अकेला और आत्मकेन्द्रित बना दिया था।

उन लोगों ने काफ़ी हद तक मुझे मेरे हाल पर छोड़ दिया था तो मुझे लम्बी सैर करने की आदत पड़ गई। आमतौर पर मैं देहरा के बाहरी इलाक़े में खेतों या चाय-बाग़ानों में चला जाता था। मेरा कोई दोस्त नहीं था, पर मुझे दोस्तों की ज़रूरत महसूस होती रही होगी, क्योंकि मुझे याद है कि जब ट्रेन आने का वक़्त होता था तो मैं जंगल के क़रीब से गुज़रनेवाली पटरियों के किनारे जाकर खड़ा हो जाता, और ट्रेन के खड़खड़ाते डिब्बों को गुज़रते हुए देखता रहता। एक दिन गाड़ी की खिड़की पर बैठे एक लड़के ने मुझे देखकर हाथ हिलाया और पुकारा, 'अरे! हैलो!' मैं उसको तब तक देखता रहा, जब तक कि ट्रेन वहाँ से गुज़र नहीं गई। फिर अगले कुछ दिनों तक मैं उसी जगह जाकर खड़ा रहता, मुझे उम्मीद

रहती कि उसे दोबारा देख पाऊँगा ताकि वापस हाथ हिलाकर उसे जवाब दे सकूँ, और शायद उसके डिब्बे के साथ-साथ दौड़ते हुए उसका नाम पूछ सकूँ और कहीं मुलाक़ात करने के बारे में कुछ तय कर पाऊँ।

अपनी ऐसी ही बेमक़सद सैर के दौरान एक रोज़ मैं नानी के घर पहुँच गया, और उनसे पूछा कि क्या घर में ऐसी कुछ किताबें रखी हैं, जिन्हें मैं पढ़ सकूँ। मैंने उन्हें कभी किताब पढ़ते हुए नहीं देखा था; मगर इस बात की सम्भावना हमेशा रहती है कि शायद कहीं कुछ छिपा हुआ रखा हो। किताबें कभी-कभी उन जगहों पर मिल जाती हैं, जहाँ उनके मिलने की उम्मीद बिलकुल नहीं होती। उन्होंने मुझे एक धार्मिक किताब लाकर पकड़ा दी, और उसे ध्यान से पढ़ने की हिदायत भी दी।

मेरा हमेशा से एक सिद्धान्त रहा है—निराश कभी नहीं होना है। तो किताबों के आग्रह के साथ इसके बाद मैं नानी की किरायेदार से मिलने चला गया। मिस केलनर बँगले के आधे हिस्से में रहती थीं। वह छोटे क़द की अविवाहित अपंग महिला थीं, जो उम्र के छठे दशक में थीं, कहीं आने-जाने में उनकी मदद करने के लिए वर्दीधारी लड़के तैनात थे और नहलाने-धुलाने के लिए एक आया। तब तक उनसे मेरी बातचीत कभी-कभार की दुआ-सलाम तक ही सीमित थी, या अगर कभी एक ही वक़्त हम बग़ीचे में साथ होते तो कुछ रस्मी जुमलों तक। अपनी लाचार हालत के बावजूद ज़्यादातर समय वह काफ़ी उत्साह में दिखाई देतीं।

बग़ीचे में आमतौर पर वह चकोतरे के पेड़ की छाया में आरामकुर्सी पर बैठी होती थीं।

'क्या आपके पास मेरे पढ़ने लायक़ कुछ है, मिस केलनर?' मैंने पूछा।

वह एक नोटबुक खोले बैठी थीं। उन्होंने सिर ऊपर उठाया, और अपने नाक-पकड़ चश्मे को हटाते हुए मुझे देखा। 'हाँ,' उन्होंने कहा, और मुझे एक धार्मिक किताब दे दी।

ज़ाहिर है कि धार्मिक किताबें फ़ैशन में थीं।

मगर उनकी किताब के साथ एक मिरैंग और एक नरम नानखताई बिस्कुट (जो सड़क के नीचे एक छोटी-सी बेकरी में बना करते) भी था, इसलिए मैंने वह किताब पढ़ने का वादा कर लिया।

बातचीत (और अल्प आहार) के लिए मिस केलनर से मिलना जल्दी ही एक तरह के अनुष्ठान में बदल गया। हफ़्ते में एक बार मैं उनसे मिलने चला जाता। एकाध बार तो नानी की तरफ़ न जाकर सीधे उन्हीं के पास चला गया। मैं उनके साथ ताश भी खेलता—'स्वैप' या 'बेगर माय नेबर' जैसे आसान खेल; मेरी ज़िन्दगी में बा यही कुछ मौक़े रहे, जब ताश के खेल के लिए ज़रूरी धैर्य मेरे पास रहा।

इस बात पर थोड़ी हैरत होती है कि जब किसी छोटे बच्चे से दोस्ती करनी हो तो खाने की चीज़ों से भरी-पूरी अलमारी पर क्या गुज़रती होगी।

मेरे पिता की मृत्यु के बाद वह मेरी पहली दोस्त थीं—टूटी हुई रीढ़, मुड़े हुए हाथ, ख़ासी लम्बी नाक (जो उन पर फबती भी थी), कमज़ोर और झुककर दोहरी हुई काया वाली एक बूढ़ी औरत। अपनी कुर्सी से बाहर मैंने उन्हें शायद ही कभी देखा हो, सिवाय ऐसे मौक़ों के, जब उनके सेवक उन्हें घर के अन्दर या बाहर ले जा रहे होते। वह हमेशा साफ़-सुथरे कपड़े पहनतीं। मुझे यक़ीन है कि आया की मदद से सुबह नहा लेना ऐसा अनुष्ठान था, जिसे उन्होंने कभी नहीं छोड़ा। उनके सारे क़रीबी रिश्तेदार पिछले कुछ सालों में गुज़र चुके थे, और वह अपने दम पर ज़िन्दा थीं। उनके माँ-बाप उनके लिए थोड़ी-बहुत रक़म छोड़ गए थे, जिसे उन्होंने बहुत क़ायदे से बरता था। अपनी देखभाल के लिए उन्होंने एक आया, एक रसोइया और चार लड़के रख छोड़े थे, जिनकी ज़िम्मेदारी उन्हें बग़ीचे में ले जाना और वापस ले आना थी। उनको जब घर से बाहर कहीं जाना होता तो वे लड़के उन्हें पालकी वाली कुर्सी पर बिठाकर ले जाते थे, और जब वह शहर या ब्रिज पार्टियों के लिए अपने दोस्तों के घर जातीं तो वे उनको आसमानी रंग के उनके निजी रिक्शे में बैठाकर ले जाते थे। वह ख़ुद चिड़िया के परों की तरह हल्की थीं, और चूँकि लड़कों को अच्छी तरह से खिलाती-पिलाती थीं, इसलिए उनका रिक्शा सड़क पर चलता नहीं, उड़ता हुआ लगता था, और मुझे लगता है कि मैंने एक बार उनको ख़ुशी से निहाल होकर अपने नन्हे हाथों से ताली बजाते हुए देखा था।

तमाम जिस्मानी नुक़्स के बावजूद, मिस केलनर तन्दुरुस्त रंगत वाली थीं और खाने की शौक़ीन भी। उनके बारे में एक क़िस्सा यह सुना कि वह गुलाब जल से नहाती थीं। मैं उनसे इतना बे-तकल्लुफ़ नहीं हुआ था कि इस क़िस्से की सच्चाई के बारे में उन्हीं से पूछ लेता तो मैंने तय किया कि उनकी आया से पूछना ठीक रहेगा। जामनगर के दिनों से ही, आयाओं से मेरे रिश्ते आमतौर पर ठीक-ठाक बन जाते हैं, वे क़िस्सों, अफ़वाहों, और गोपनीय जानकारियों का ख़ज़ाना होती हैं।

'अच्छा आया जी, एक बात बताओ, मिस केलनर क्या सचमुच गुलाब जल में नहाती हैं?' मैंने एक रोज़ बड़ी मासूमियत से पूछा।

'इससे तुम्हें क्या मतलब,' उनकी वफ़ादार आया ने मुझे झिड़क दिया। 'और तुम किसमें नहाते हो, टोही बच्चे?'

'गधी के दूध में,' मैंने शरारत से कहा, और फिर भाग खड़ा हुआ। चकोतरे के पेड़ के चारों तरफ़ वह मेरे पीछे-पीछे भागती रही।

मिस केलनर से मैं उनकी अपंगता के बारे में भी नहीं पूछ सका। मेरी माँ ने मुझे बताया कि मिस केलनर जब छोटी थीं तो एक बार कोई अंकल उनके साथ खेल रहे थे, वह उन्हें हवा में ख़ूब ऊपर उछालते और फिर लपक लेते, अचानक किसी वजह से उनका ध्यान बँट गया तो वह ज़मीन पर आ गिरीं। इस हादसे में उनकी रीढ़ और पाँव की हड्डी टूट गई, जो फिर कभी ठीक नहीं हुई और तभी से वह अपंग हो गई थीं।

मगर दिमाग़ी तौर पर वह एकदम चुस्त-दुरुस्त थीं। वह अपना सारा हिसाब-किताब रखतीं—एक बड़ी नोटबुक में, और हालाँकि उनके हाथ टेढ़े थे, वह अपने दोस्तों या दूर के रिश्तेदारों से ख़तो-ओ-किताबत करती रहती थीं (मैं यह कभी नहीं जान पाया कि वे कौन थे और कहाँ रहते थे)। उनका सामने का कमरा तमाम तरह के ईंट-पत्थरों के टुकड़ों से भरा हुआ था, जो उन्होंने कई सालों में इकट्ठा किये थे, समय-समय पर नौकर उन पर जमी धूल झाड़ते और चमकाकर उन्हें वापस रख देते।

जल्दी ही, उनकी आया को भी मुझसे लगाव हो गया। थोड़ी देर की बातचीत और ताश के खेल के बाद जब मिस केलनर पूछतीं, 'तुम्हें भूख लगी होगी,' तो मैं झट से 'हाँ' कह देता, वह आया को आवाज़ लगातीं, जो पहले ही जानती थी कि इस वक़्त उसकी बुलाहट का क्या मतलब है तो वह मिरैंग, पैटीज़ और नानखताई ले आती।

मिस केलनर के पास बैठने और उनसे बातें करनेवाला मैं अकेला बच्चा था। वहाँ आसपास कई और नौजवान लोग रहते थे, जिनमें नानी से मिलने के लिए आनेवाले मेरे मौसेरे भाई-बहन भी शामिल थे, मगर मुझे लगता है कि वे लोग उनसे ख़ौफ़ खाते थे, या फिर हरदम अपनी कुर्सी में ही बैठी रहनेवाली किसी बदसूरत बुज़ुर्ग की सोहबत से बचना चाहते थे। अपने खिलंदड़े स्वभाव के बावजूद, मैं बहुत सामाजिक प्राणी नहीं था, उन दिनों मैं परेशान और बहुत टूटा हुआ भी था; तो हमारा साझा अकेलापन हमें क़रीब ले आया था। इसकी वजह सिर्फ़ वह मिरैंग नहीं था, जो उनके यहाँ मुझे खाने को मिलता था! उनकी सोहबत मुझे दिलचस्प और अजीब तरह का सुकून देनेवाली लगती। उनके पास मेरे लिए समय था, और मेरे पास भी उनके लिए वक़्त था। दरअसल, वह मेरे आने का इन्तज़ार करतीं, ऐसी अनुभूति मुझे कहीं और नहीं होती थी। अपनों के बीच, चाहे वह मेरी माँ का घर हो या नानी का, मुझे अक्सर लगता कि जैसे डैडी की मृत्यु के बाद मुझे बर्दाश्त किया जा रहा हो। बेशक, ऐसा मान लेना पूरी तरह मुनासिब नहीं था। वे लोग मुझे नापसन्द नहीं करते थे, मगर मैंने ख़ुद ही उन्हें इतनी तवज्जो कभी नहीं दी

कि मुझे प्यार करना उनके लिए आसान होता। मैं तो उनसे यह उम्मीद रखता था कि वे अपनी ज़िन्दगी और बाक़ी परिवार को मेरी ख़ातिर दरकिनार कर देंगे, जैसा मुझे लगता था कि डैडी ने किया। मगर इन सब बातों की समझ तो उम्र के साथ आती है; दस साल का लड़का न तो इतना दरिया-दिल होता है और न ही दयालु।

अगले पाँच या छह वर्षों तक अपनी छुट्टियों के दौरान मैंने मिस केलनर के साथ वक़्त बिताने का सिलसिला बनाए रखा। मेरे शिमला लौट जाने के बाद कभी-कभी वह मुझे कार्ड लिखकर भेजती थीं। मेरी नानी उनका बहुत ख़याल रखती थीं, हालाँकि मुझे याद नहीं कि मैंने उन दोनों को कभी एक साथ देखा हो। नानी बहुतेरी बातें अपने तक ही रखती थीं। लेकिन मिस केलनर को वह अहमियत देती थीं और उनकी बहुत इज़्ज़त भी करती थीं; मुझे तो यह बाद में पता चला कि अपनी वसीयत में उन्होंने यह शर्त लगा दी थी कि उनके मरने के बाद, मेरी मौसी एमिली, जिनको वह घर विरासत में मिला, मिस केलनर को वहीं रहने देंगी। (और जब मेरी मौसी और उनके परिवार ने वह घर बेच दिया और जर्सी जाने लगे तो घर के नये मालिकों से उन्होंने वादा करा लिया कि मिस केलनर को वे बेदख़ल नहीं करेंगे, और 1950 के दशक की शुरुआत में अपनी मृत्यु के समय तक वह उसी घर में रहती रहीं।)

नानी के बग़ीचे में मैंने एक और दोस्त बनाया था। नानी ने एक माली रखा था, जिसका नाम दुखी था। शान्त तबीयत के उस शख़्स की उम्र चालीस के आसपास रही होगी, या शायद साठ साल—मुझे नहीं लगता कि कोई उसकी उम्र जानता भी था। तक़रीबन पूरे दिन वह उकड़ूँ बैठा रहता, छोटी कुदाल, या खुरपी लिये वह इधर से उधर जाता और फूलों की क्यारियों की निराई-गुड़ाई करता रहता। उसकी बेरमुरव्वत खुरपी कुकरौंधा, गुलबहार, भटकटैया और दूसरे तमाम तरह के खर-पतवार के साथ कोई रियायत नहीं बरतती थी। यहाँ तक कि देसी गेंदे के पौधे भी उसकी कुदाल की मार से उड़कर दूर जा पड़ते।

'उसे मत फेंको,' एक दिन मैंने एतराज़ किया। 'वे बहुत ख़ूबसूरत हैं!'

'तुम्हारी नानी को वे अच्छे नहीं लगते हैं,' दुखी ने कहा।

उनकी जगह पर पिटुनिया, पॉपी, स्वीट-पी, लार्क्सपर, स्नैपड्रैगन के पौधे लग गए।

स्नैपड्रैगन मुझे पसन्द आया। उन पर कई रंगों वाले फूल खिले। स्वीट-पी की गन्ध ही बहुत मादक लगी। मुझे लगता है कि नानी ने ज़्यादातर फूल उनकी ख़ुशबू की वजह से ही लगाए थे। भले ही वह ख़ुद मुस्कुराना भूल गई हों, मगर कम से कम उनका बग़ीचा एक खिलखिलाती हुई दोस्ताना जगह थी।

~

उन सर्दियों में मैंने ढेर सारा पढ़ना शुरू किया। मिस केलनर से मेरी मुलाक़ात का आख़िरकार सार्थक नतीजा निकला और उनसे कुछ दिलचस्प साहित्य पढ़ने को मिला। इंग्लैंड में रहनेवाला उनका कोई दोस्त या रिश्तेदार 'डेली मिरर' की प्रतियाँ उन्हें डाक से भेजता था। यह कामकाजी तबक़े के लोगों के लिए एक जानदार टैब्लॉइड अख़बार था, चमकीले पीले फ़ोल्डरों में बँधे हुए इसके सात सेट आते थे, ताकि ज़रूरी समझें तो आप उन्हें हिफ़ाज़त से सहेज सकें—और मैंने ऐसा किया भी। मिस केलनर के लिए जब 'डेली मिरर' की उन प्रतियों की ज़रूरत ख़त्म हो जाती तो वह उन्हें मुझको दे दिया करती थीं। और मैं ब्रिटिश समाज के ताज़ा स्कैंडल और सनसनीख़ेज हत्याओं के वे मामले चटख़ारे लेकर पढ़ता, उन्हें अख़बार युद्ध के समाचारों से ज़्यादा तरजीह देते हुए छापता था। कॉमिक स्ट्रिप्स के लिए एक पूरा पेज ही था, और दूसरा पेज फ़िल्मों के लिए, यह तो ठीक था—लेकिन किताबों के बारे में कुछ भी नहीं! तो क्या इंग्लैंड में लोग किताबें नहीं पढ़ते थे? यह मेरे 'मैनचेस्टर गार्जियन' या 'न्यूज़ क्रॉनिकल' देखने से वर्षों पहले की बात है। लेकिन थोड़े समय के लिए ही सही, ब्रिटेन के सांस्कृतिक परिदृश्य और प्राथमिकताओं को समझने के लिए 'डेली मिरर' ही मेरी अकेली कुंजी था।

तारा हॉल में मुझे ज़्यादा समृद्ध साहित्य मिला। दिलाराम बाज़ार के क़रीब वह विशाल, दोस्तपरस्त घर, मेलविल परिवार का था, जो देहरा का पुराना एंग्लो-इंडियन परिवार था, और जिनकी बेटी 'वी' ने अंग्रेज़ कॉर्पोरल से शादी की थी। चाय पीने या बैडमिंटन का अभ्यास करने के लिए लोग हमेशा उनके यहाँ आते रहते थे जहाँ बरामदे में ग्रामोफ़ोन पर लोकप्रिय रिकॉर्ड बजते रहते थे। वहाँ आनेवालों में दयालु स्वभाव वाली श्रीमती चिल भी थीं, जिन्होंने मुझमें दिलचस्पी दिखाई थी। अपनी शादी के ठीक बाद हैजे की वजह से उन्होंने अपने पति को खो दिया था। उन्होंने दोबारा शादी नहीं की थी। मगर मैंने हमेशा उन्हें ख़ुशमिज़ाज और रहमदिल पाया। क्रिसमस पर वह मुझे उपहार भेजती थीं (व्यक्तिगत त्रासदी के इम्तिहान से गुज़रनेवाले लोग अक्सर बहुत दयालु स्वभाव के होते हैं)। एक दिन मैंने श्रीमती चिल से पूछा कि क्या उनके पास कोई किताब है, जिसे मैं पढ़ सकूँ।

और, किताबों की एक पूरी शेल्फ़ मेरे हवाले कर दी गई। लेकिन वहाँ लगभग सारी किताबें उनके पसन्दीदा लेखक पी.सी. रेन की थीं, जिन्होंने फ्रेंच फ़ॉरेन लीजन की ज़िन्दगी के बारे में रोमांटिक गाथाएँ लिखी थीं—'बू ज़ट', 'बू सबरेअर', वग़ैरह। ये सारे उपन्यास मुझे अयथार्थवादी मालूम हुए, लेकिन 'द स्नेक एंड द सोर्ड' नाम

का एक उपन्यास मैं पढ़ गया, जो भारत की पृष्ठभूमि पर लिखा गया था। यह एक ऐसे फ़ौजी अफ़सर की कहानी थी, जो वैसे तो बहुत बहादुर था मगर साँपों से दहशत खाता था, और साँपों का यह ख़ौफ़ उसकी लाइलाज बीमारी थी। मैं सोचता था कि जिस शख़्स को साँपों से डर लगता है, वह आसानी से उनसे बच सकता है, मगर उपन्यास के नायक का तो उनसे बार-बार साबक़ा पड़ता—अपने बिछौने पर, ग़ुसलख़ाने में, परेड के दौरान, यानी वह जहाँ-जहाँ जाता, साँप सामने पड़ जाते। आख़िरकार उसने अपनी तलवार से एक साँप को मार डाला, तब कहीं जाकर अपने ख़ौफ़ से उबर पाया—और अपनी मुक्ति के इस निर्णायक पड़ाव तक आते-आते उसने 300 से ज़्यादा पन्ने पढ़वा डाले।

बहुत सालों के बाद मुझे पता चला कि पी.सी. रेन ने भारतीय शैक्षिक सेवा में नौकरी की और अंग्रेज़ी व्याकरण की एक किताब का सह-लेखन किया, जो भारत भर के स्कूलों में पढ़ाई जाती थी और 1970 के दशक में भी प्रचलन में थी—यानी वह 'बू ज़ट' को भुला दिये जाने के लम्बे अर्से बाद तक पढ़ी-पढ़ाई जाती रही। रेन ख़ुद कभी फ़ॉरेन लीजन में नहीं रहे, लेकिन उनकी गाथाएँ अजब पुरजोश हैं, और इससे समझा जा सकता है कि कल्पनाओं से क्या नहीं हासिल किया जा सकता है!

अभी मैं श्रीमती चिल के संग्रह से किताबें पढ़ ही रहा था, और पी.सी. रेन की किताबों की बहुतायत से ना-उम्मीद होने लगा था, तभी देहरादून और हरिद्वार के बीच जंगल के एक यादगार सफ़र के दौरान उपन्यासों का एक छोटा-मोटा ख़ज़ाना मेरे हाथ लग गया। मेरी माँ और अपने कुछ दोस्तों के साथ शिकार अभियान पर जा रहे मिस्टर एच ने ज़ोर देकर मुझे भी साथ चलने के लिए कहा। आमतौर पर वे लोग अकेले ही जाते थे, मगर शायद उन्हें इस बात की फ़िक्र थी कि मैं आवारा की तरह देर तक देहरा में घूमता फिरता हूँ। मन मारकर मैं साथ चला गया; बन्दूक़ों से मुझे नफ़रत थी और शिकार मुझे ऊब से निजात पाने का एक बर्बर तरीक़ा लगता था। मगर बाद में मुझे ख़ुशी हुई कि मैं वहाँ गया। मैंने उन लोगों के साथ शिकार पर जाने से इनकार कर दिया, और अपना ज़्यादातर वक़्त वन विश्राम-गृह में बिताया, जहाँ मुझे किताबों से भरी एक शेल्फ़ मिल गई। उसमें से लेकर मैंने पी.जी. वोडहाउस की 'लव अमंग द चिकन्स', एम.आर. जेम्स की 'घोस्ट स्टोरीज़ ऑफ़ ऐन एंटीक्वेरी', अगाथा क्रिस्टी की 'डेथ ऑन द नाइल' और 'मर्डर एट द विकारगे', ए.ए. मिलन का 'द रेड हाउस मिस्ट्री' और डिकेन्स की लघु-कथाओं का संग्रह 'स्केचेज़ बाय बोज़' पढ़ डाले—यह सारा अंग्रेज़ी का नायाब साहित्य था और मेरे लिए एक नया बदलाव भी।

जहाँ तक शिकार का सवाल है तो किसी के हाथ कुछ भी नहीं लगा, उस इलाक़े का बाघ शिकारियों के सामने ही नहीं पड़ा; मगर उसकी तलाश में शिकारी जब जंगल के अन्दर थे, विश्राम-गृह के सामने की ख़ाली जगह में मैंने एक तेंदुआ देखा। ग़ज़ब की तेज़ी से वह सामने आया और तेज़ छलाँग लगाकर ग़ायब हो गया। किसी ने मेरी इस बात पर भरोसा नहीं किया, मगर इस घटना ने मुझे तेंदुए का और वोडहाउस का भी मुरीद बना दिया।

अब कुछ मुख़्तसर मेरे सौतेले पिता मिस्टर एच के बारे में। मेरे प्रति उनका व्यवहार किसी भी तरह से बेरहमी का नहीं था; ज़्यादातर समय तो वह मेरी मौजूदगी से ही ग़ाफ़िल रहते थे, क्योंकि वह अपनी उन्मत्त ज़िन्दगी में ही उलझे रहते थे। मेरे प्रति उनका रवैया सौम्य क़िस्म की उपेक्षा का था, मगर वह तो अपने ही बच्चों से, अपनी पहली पत्नी और मेरी माँ से भी ज़्यादातर बे-ख़बर लगते थे।

वह अमृतसर से ताल्लुक़ रखते थे। उन्होंने एक पंजाबी महिला से ब्याह किया था। दहेज़ में उन्हें देहरादून में एक फ़ोटोग्राफ़ी स्टूडियो भी मिला तो जवानी के दिनों में ही उनका परिवार देहरादून आकर बस गया था। मैं कभी नहीं समझ पाया कि वह इस शादी के लिए राज़ी ही क्यों हुए थे, क्योंकि जिस महिला से उन्होंने शादी की और फिर जल्दी ही छोड़ दिया, और बाद के वर्षों में जिनको मैं अच्छी तरह से जान पाया था, वह बहुत पारम्परिक विचारों वाली थीं, और मिस्टर एच की पश्चिमी सोच और शहरी ज़िन्दगी के तौर-तरीक़ों में उनकी ज़रा भी दिलचस्पी नहीं थी। हो सकता है कि दहेज़ इसकी वजह रहा हो। ऑटोमोबाइल में अपनी दिलचस्पी के चलते उन्होंने स्टूडियो का आधा हिस्सा बेच दिया, और बाक़ी का आधा अपनी पत्नी के लिए छोड़कर, कार की डीलरशिप ले ली और एक मोटर वर्कशॉप ख़रीद ली। उन्हीं दिनों वह मेरी माँ से मिले थे। वह जीप का ज़माना था, और चूँकि उन दोनों की दिलचस्पी शिकार खेलने में थी, इसलिए कई बार वे जीप लेकर आसपास के जंगलों में साथ-साथ भटकने लगे, जहाँ आखेट के मौक़े अभी बाक़ी थे। जब जंगल नहीं जा रहे होते थे, तब वे पार्टियों में जाना पसन्द करते।

मेरी माँ की तरह, मिस्टर एच भी बहुत पैसे वाले नहीं थे। अपने ख़र्चों के भुगतान की अदायगी में वह अनियमित और हिसाब-किताब रखने में लापरवाह थे। उनकी वर्कशॉप में मरम्मत का काम शायद ही कभी समय पर पूरा होता था। अगर कोई ग्राहक अपनी बढ़िया कार उनके पास सर्विस कराने के लिए छोड़ जाता तो जाँच और आज़माइश के बहाने वह उसे कई हफ़्तों तक इधर-उधर घुमाते रहते,

फिर झुँझलाए हुए मालिक को कार वापस कर देते (तभी मेरी माँ से मुलाक़ात के शुरुआती दिनों में वह हर दिन एक नई कार में दिखाई देते थे)। मगर वर्कशॉप के मज़दूरों और मेकेनिकों के बीच वह ख़ासे लोकप्रिय थे, क्योंकि वह उनके साथ बैठकर शराब पीते थे, और अपने साथ शिकार पर भी ले जाते थे। उनके ग्राहकों को छोड़कर, बाक़ी सारे ख़ुश और ख़ूब मज़े में थे।

ज़ाहिर है कि इससे उनके कार कारोबार को नुक़सान हुआ, और जल्दी ही वे क़र्ज़ में डूब गए। मकान का किराया नहीं भर पाने की वजह से हम अक्सर घर बदल रहे होते थे। सर्दियों की छुट्टियों में मैं जब भी घर आता तो मालूम होता कि उनका ठिकाना बदल गया है और वे किसी दूसरे घर में रहने लगे हैं। रॉयल एयरफ़ोर्स से जो थोड़ी-बहुत मदद मिल जाती थी, उसी से माँ मेरी स्कूल की फ़ीस भर सकीं और बाद में विलियम की भी। मेरी बहन एलेन अभी दादी के साथ कलकत्ता में थी, मगर यह इन्तज़ाम भी बहुत लम्बा नहीं चलनेवाला था, दादी अस्सी से ऊपर की हो चुकी थीं, और जल्दी ही ऐलन को हमारे साथ रहने के लिए देहरा आना ही था। ऐलन की देखभाल के लिए रॉयल एयरफ़ोर्स भत्ता भेजती थी, मगर वह बहुत सीमित था। मेरी माँ ने अपनी ज़िम्मेदारी से कभी मुँह नहीं मोड़ा, मगर उन्होंने अपनी या अपने बच्चों की ज़िन्दगी आसान बनाने के लिए कुछ किया भी नहीं।

वह थोड़ी बेतरतीब ज़िन्दगी जीती थीं। बड़ी बहन एनिड को छोड़कर, अपनी सभी बहनों में वह सबसे ज़्यादा स्वच्छंद थीं। दूसरी बहनों ने कभी उनकी तरह का कोई जोखिम नहीं उठाया, उन लोगों ने परम्परागत तरीक़े से अपनी गृहस्थी बसाई, स्थायित्व पाया। उन सभी के पति कामयाब पेशेवर थे। यहाँ तक कि आंटी एनिड ने भी अपनी शादी को बचाये रखने और अपने पति को भटकने से रोकने के लिए सारे जतन किये, यह बात दीगर है कि उन्होंने ख़ुद भटकने की आदत डाल ली।

मेरी माँ को भली लड़की बनने में कोई दिलचस्पी नहीं थी; उन्हें शराब पीना और थोड़ा-बहुत गरियाना अच्छा लगता था। देहरा बेनेवलेंट सोसाइटी की महिलाओं को यह सब नाग़वार गुज़रता। बिना हैट लगाए चर्च जाने को भी वे बहुत बुरा मानती थीं—उन दिनों यह किसी कुफ़्र से कम नहीं समझा जाता था। इसका विरोध करते हुए चर्च के दूसरे सदस्य चिट्ठियाँ लिखते, और अपनी तकलीफ़ और ग़ुस्से का इज़हार करते। नतीजा यह हुआ कि उन्होंने चर्च जाना ही छोड़ दिया।

मेरी माँ ने अपने जीने के लिए जो रास्ता अख़्तियार किया, समाज में उसके लिए कोई जगह नहीं थी। दम्भी एंग्लो-इंडियन और वतनी यूरोपियन लोगों ने उन्हें अपने से अलग कर दिया क्योंकि उन्होंने अपनी क़ौम के एक उदार सदस्य से

रिश्ते तोड़े थे, और फिर एक ऐसे ग़ैर-ईसाई व्यक्ति से खुलेआम दोस्ती करके शादी भी कर ली थी जिसके पास न तो दौलत थी और न ही कोई पेशेवराना प्रतिभा। इससे भी माँ पर कोई असर नहीं पड़ा, इस बात ने उन्हें और नाराज़ किया होगा।

देहरा बेनेवलेंट सोसाइटी की औरतें और मर्द जब चर्च में प्रार्थना कर रहे होते थे, मेरी माँ और मिस्टर एच देहरा के किसी सिनेमाघर में बैठे, अंग्रेज़ी और हिन्दुस्तानी दोनों ही तरह की फ़िल्मों को बराबर मज़ा लेकर देख रहे होते थे। मुझे याद है कि 1944 की सर्दियों में उनके साथ मैंने अपनी पहली हिन्दुस्तानी फ़िल्म 'तानसेन' देखी थी, जिसमें मिस्टर एच के पसन्दीदा गायक और अभिनेता के.एल. सहगल और ख़ुर्शीद बानो ने काम किया था; और बाद में, नूरजहाँ और दिलीप कुमार की 'जुगनू' और 'नदिया के पार' भी देखी, जिसमें दिलीप कुमार और कामिनी कौशल थे। कामिनी कौशल बाद में मेरी पसन्दीदा अभिनेत्री बन गईं।

लेकिन 'पारिवारिक सैर-सपाटे' के ऐसे मौक़े दुर्लभ थे। आमतौर पर मेरी माँ और मिस्टर एच छोटे बच्चों को रसोइये और आया के भरोसे और मुझे मेरे हाल पर छोड़कर आसपास के जंगलों में गुम हो जाते थे। शहर में होते तो लगभग हर रात बाहर रहते थे। हमारी पुरानी फ़ोर्ड कन्वर्टबिल उन्हें लेकर सुबह दो या तीन बजे लौटती। असुरक्षा की मेरी पुरानी भावना फिर से जाग उठी, और मैं यह सोचकर जागता रहता कि अगर कहीं कोई हादसा हो गया और वे मारे गए तो मैं क्या करूँगा। तब क्या अपने भाइयों-बहनों की देखभाल मुझे ही करनी पड़ेगी? यह सब मैं कैसे करूँगा? पैसा कहाँ से आएगा?

ऐसी कोई फ़िक्र मेरी माँ और सौतेले पिता को परेशान करती नहीं लगती थी। समय पर अपने बिल भरने की बजाय वे ज़िन्दगी के मज़े लूटने में मगन रहते। एक दोपहर को जब मैं मिस केलनर के घर से लौटा तो देखा कि हमारे बक्से, बिस्तर, फ़र्नीचर और बर्तन-भांडे सब ड्राइव-वे में रखे हुए हैं। महीनों से मकान का किराया नहीं दिया गया था और मकान मालिक बेदख़ली का ऑर्डर ले आया था।

नानी ने हम सबको अपने घर में शरण दी, उनकी उन्मुक्त बेटी की वजह से एक बार फिर उनका एकान्त और दिमाग़ी सुकून छिन गया। मेरी सर्दी की छुट्टियाँ ख़त्म होने तक हम उन्हीं के घर में रहे।

~

1944-45 में देहरा बहुत जीवन्त जगह थी। कुछ साल पहले इस शहर को मित्र देशों की फ़ौजों के आराम और तफ़रीह के ठिकाने के तौर पर तय किया गया था, और यह शहर अब भी बर्मा और पूर्वी एशिया के मोर्चों पर तैनात फ़ौजियों से

अटा पड़ा था, जो छुट्टियाँ बिताने के लिए यहाँ आए थे। ब्रिटिश और अमेरिकी फ़ौजियों के बीच थोड़ा बैर रहता था क्योंकि अमेरिकी सैनिक ज़्यादा वेतन पाते थे और लुटाने के लिए उनके पास ज़्यादा पैसे होते थे। बार में उनकी आपसी भिड़ंत और सड़कों पर गुल-गपाड़े से बचने के लिए, अमेरिकियों को हफ़्ते में तीन दिन और अंग्रेज़ों को हफ़्ते में तीन दिन शहर में आने की इजाज़त दी गई थी। हफ़्ते का एक दिन इतालवी युद्ध-बन्दियों के लिए आरक्षित था, जो ख़ूबसूरत और ज़्यादा आकर्षक, मगर ग़रीब लोग थे। वे डाक टिकट और लकड़ी के खिलौने बेचकर कुछ पॉकेट मनी जुटाने की कोशिश करते थे।

एस्टली हॉल में और उसके आस-पास तमाम रेस्तराँ और नाइट क्लब खुल गए थे, और वे सारे के सारे हर रोज़ शाम को धमा-चौकड़ी मचाते फ़ौजियों से खचाखच भरे हुए होते, जो मोर्चे पर जाने से पहले जी-भर के रंगरलियाँ मनाने और मौज-मस्ती कर लेने की चाहत से भरे रहते। तमाम युवा एंग्लो-इंडियन, पीने-पिलाने और नाचने-गाने के इन ठिकानों पर नियमित जाते थे, जिनकी मंशा थोड़ी मस्ती और कुछ इश्क़ की तलाश होती थी। लड़कियों के लिए तो ऐसा था, मानो दुनिया ही उनके क़दमों में आ पड़ी हो।

कई बार रातों में, हँसी और सीटियों की आवाज़ से गलियाँ गूँज उठतीं और नशे में धुत्त कोई फ़ौजी रोता और गाली-गलौज करता सुनाई देता, उसे ग्रेसी या लारा नाम की लड़की की तलाश होती—जो देहरा में कहीं रहती थी, या फिर शायद ब्राइटन या टेनेसी में।

शहर के मशहूर ठिकानों में से एक कैफ़े कसीनो था, जहाँ नाइट क्लब भी चलता था। कसीनो का मालिक गोगिया पाशा नाम का एक जादूगर था, वह एक पंजाबी सज्जन थे, जिनका असली नाम अभी मुझे याद नहीं आ रहा है। हम उन्हें 'गली-गली' कहा करते थे, क्योंकि जादू का कोई खेल दिखाने से पहले वह 'गली, गली, गली' ज़रूर कहते, फिर अपनी जेब से ख़रगोश और मुर्ग़े निकाल कर दिखाते, अपने कानों से अंडे निकाल लेते, या आरी से काटकर एक औरत के दो टुकड़े कर देते। अपने करतब दिखाते हुए वह लगातार बोलते जाते और चुटकुले सुनाकर दर्शकों को बाँधे रखते। उनके जादू का शो ख़त्म होने के बाद बैंड का प्रदर्शन शुरू हो जाता था, नाचने के लिए लोग फ़्लोर पर चले आते, और फिर रोमांस के तराने वहाँ की फ़िज़ाओं में सम्भावना बनकर गूँजने लगते।

वहाँ लोकप्रिय हॉलीवुड फ़िल्मों और मशहूर अमेरिकी बैंड्स के गाने बजा करते थे। ज़माना उन दिनों रीटा हेवर्थ का दीवाना था, और उनकी 'गिल्डा' ('पुट द ब्लेम ऑन मेम, बॉयज़') जैसी हिट फ़िल्मों के गाने और डांस ख़ूब चलन

में थे। एला फिट्ज़गेराल्ड और डोरिस डे के गाने भी होते थे, और बिंग क्रॉस्बी और फ्रैंक सिनाट्रा के भी। दिल्ली और बॉम्बे में यक़ीनन बड़े-बड़े बैंड थे—रूडी कॉटन तो सैक्सोफ़ोन के बादशाह थे—लेकिन देहरादून का माहौल जानदार था, क्योंकि यह छोटी-सी जगह थी, मौज़-मस्ती के ठिकानों से सरगर्म शहर, जल्दी ही जिसे युद्ध-पूर्व के उनींदेपन में डूब जाना था।

आप यह सोचकर हैरान हो सकते हैं कि जब मैं सिर्फ़ दस साल का था तो नाइट क्लबों की उस दुनिया के बारे में इतना सारा कुछ मुझे कैसे मालूम है। ख़ैर, वह अठारह या उन्नीस साल की सुन्दर एंग्लो-इंडियन लड़की थी, जो कसीनो के नीचे एक स्टोर में काम करती थी, और जब भी मेरी माँ मुझे लेकर वहाँ जाती थीं, मुझ पर उसका ख़ास ध्यान रहता था। उसका नाम आइरीन था, वह और उसकी बहन रोडा दोनों नियमित रूप से कसीनो जाती थीं, जहाँ फ़ौजियों में उनको रिझाने की होड़ लगी रहती। रोडा ज़्यादा ख़ूबसूरत थी, लेकिन मुझे आइरीन अच्छी लगती थी। दो-एक मौक़ों पर, वह मुझे अपने साथ नाइट क्लब ले गई, धुएँ और संगीत और ठहाकों से भरा वह हॉल, मेरे लिए एकदम नई और जादुई दुनिया थी। मैं आइरीन पर मुग्ध था। लेकिन उसके लिए मैं छोटे भाई की तरह था, एक बिंदास लड़का जिसकी सोहबत और तवज्जो में उसे लुत्फ़ आता था। वह मेरा माथा चूम लेती, या मुझे अपनी पीठ दबाने को कह देती, या फिर मुझे पहरे पर खड़ा करके किसी कोने में अपनी पोशाक सँभाल आती, यह सब उसके लिए एकदम सहज था, इन बातों को वह ज़रा भी अहमियत नहीं देती थी।

आइरीन ने उस बार नये साल की मेरी शाम यादगार बना दी। उसने मुझे कसीनो की डांस पार्टी में आने का न्योता दिया, मेरी माँ और मिस्टर एच ने मुझे वहाँ जाने के लिए प्रोत्साहित किया। आइरीन के साथ मैं क्लब चला गया, जहाँ चार संगीतकारों वाला लाइव बैंड ग्लेन मिलर की ताज़ा हिट धुनें—'इन द मूड' और 'चाटानुगा चू चू' बजा रहा था, कुछ और धुनें भी थीं, जो मैं भूल गया हूँ। तम्बाकू का धुआँ, बीयर और व्हिस्की की महक रोज़ के मुक़ाबले कहीं ज़्यादा तेज़ थी। आइरीन ने मुझे चौथाई गिलास रम पकड़ा दी, जिसे मैं किसी तजुर्बेकार शराबी की तरह पी गया, और फिर उसे डांस फ़्लोर पर ले गया, लोगों ने वाह-वाह करते हुए हमारी हौसलाअफ़ज़ाई की और ख़ूब तालियाँ बजाईं। हमने फ़ॉक्सट्रॉट किया, भीड़ से शोर उठा और लोगों ने सीटियाँ बजाकर दाद दी। लेकिन जैसे ही गाना ख़त्म हुआ, एक फुर्तीले फ़ौजी ने आइरीन को मुझसे झपट लिया। ग़म और ग़ुस्से से भरा मैं पीछे हट गया और एक कोने में चला गया और त्योरियाँ चढ़ाए वहीं से उन्हें घूरता रहा। फ़ौजी या आइरीन में से किसी ने मेरे लिए फ़िश फ़िंगर्स

की प्लेट और रसभरी फ़्लेवर वाले विम्टो का एक गिलास भिजवा दिया। मगर उससे मेरी उदासी ख़त्म नहीं हुई।

मगर जब रोशनी गुल हुई और हॉल 'औल्ड लैंग साइन' के गाने की धमाकेदार आवाज़ से गूँज उठा, मेरा नाम पुकारते हुए आइरीन मेरे पास चली आई, उसने ख़ुशबू में बसी अपनी बाँहों में मुझे समेट लिया और मेरे होंठों पर गहरा चुम्बन जड़ दिया!

उस रोज़, पहली बार मैंने रम का ज़ायक़ा जाना था और वह मेरी ज़िन्दगी का पहला चुम्बन था तो मैं काफ़ी नशे में था।

मगर जादू अभी ख़त्म नहीं हुआ था। दो रोज़ बाद देहरा में बर्फ़बारी हुई। जब बर्फ़ गिरना शुरू हुई, मैं बाहर टहल रहा था। यह एकदम अचानक हुआ और जल्दी ही लीची और अमरूद के पेड़ बर्फ़ की नरम चादर से ढक गए। मुझे अच्छी तरह से याद है कि मैं दौड़ता हुआ अपनी माँ के पास गया और उन्हें बताया, 'बाहर बर्फ़ पड़ रही है, माँ!' और उन्होंने मुझे डपट दिया, 'तुम्हारे ये बेकार के लतीफ़े सुनने का अभी मेरा मूड नहीं है, रस्किन,' अभी-अभी मेरा दूसरा सौतेला भाई हंसुल पैदा हुआ था इसलिए माँ बिस्तर में लेटी हुई थीं। तो मैं बाहर भागा और बर्फ़ में ढके हुए लीची के कुछ पत्ते ले आया, उन्हें देखकर माँ का चेहरा खिल उठा, वह मुस्कुराईं।

बाद में मिस केलनर ने मुझे बताया कि देहरादून में चालीस साल पहले एक बार बर्फ़ गिरी थी, जब वो यहाँ रहने आई थीं।

'हो सकता है कि यह इशारा हो कि अब मुझे जाना चाहिए,' उन्होंने कहा।

'अभी मत जाइए,' मैंने कहा। 'आपको अगली बर्फ़बारी का इन्तज़ार करना चाहिए।'

यह सुनकर वह ख़ुश हो गईं, फिर हम स्नैप खेलने बैठ गए। आया हमारे लिए जिंजर बिस्कुट ले आई, और मैंने वे सारे बिस्कुट खा लिये, फिर और लाने को कहा।

हर बार छुट्टी के दिनों में मैं मिस केलनर से मिलने जाता था, भले ही नानी अपनी किसी बेटी या किसी पुराने दोस्त से मिलने राँची या लखनऊ गई हों। जिस बूढ़ी मिस केलनर को मैं जानता था, ख़ुद मेरी उम्र अब उनसे कहीं ज़्यादा हो चुकी है, फिर भी उस बेकरी के सामने से गुज़रते हुए कभी-कभी उनकी याद आ जाती है। कन्फ़ेक्शनरी का उनका भंडार अक्षय लगता था। दिलाराम बाज़ार में मोहम्मद शरीफ़ की छोटी-सी बेकरी थी, नानी के यहाँ वह डबलरोटी और कभी-कभार पैटीज़ दे जाते थे, लेकिन मिस केलनर कुछ और अनूठी और ज़ायक़ेदार

चीज़ें भी मँगाती थीं—पेस्ट्री, करी पफ़, मैरिंग और नानखताई। मुझे लगता है कि वह उसकी पसन्दीदा ग्राहक थीं।

आख़िरी बार जब मैंने मिस केलनर को देखा था, शॉल और स्कार्फ़ लपेटे हुए वह घर के अन्दर ही थीं और सर्दी-बुख़ार के ताज़ा हमले से उबर रही थीं। सिर्फ़ दो सालों में ही वह काफ़ी बूढ़ी हो गई थीं। उनकी आँखें कमज़ोर हो गई थीं और हाथ काँपने लगे थे। जब तक मैंने उनसे बात शुरू नहीं की, वह मुझे पहचान नहीं पाई थीं। हालाँकि बाद में उन्होंने मुझे पहचान लिया—'तुम रस्किन हो न? वही जो मेरे साथ स्नैप खेलते थे। आओ, बैठ जाओ।'

मैं उनके पास बैठ गया, और वह सोच में डूब गईं, दिमाग़ी तौर पर वह अब भी चैतन्य थीं। मगर मैंने देखा कि उनकी पहले वाली चमक-दमक नदारद थी। वह पुराने कपड़ों में थीं और रिक्शे वाले लड़कों का भी कोई पता नहीं था। उन्होंने ब्रिज की पार्टियों में जाना बन्द कर दिया था, और लड़के वापस अपने गाँव लौट गए थे। पीछे के बरामदे में खड़ा रिक्शा धूल खा रहा था।

मेरी भूख और खाने की आदत मगर वह नहीं भूली थीं।

'आया,' उन्होंने महीन, ऊँची आवाज़ में पुकारा, और आया समझ गई। ख़ुद भी बूढ़ी हो चली उनकी आया बिस्कुट का एक टिन लेकर अन्दर आई।

स्कूल लौटने के कुछ महीने बाद, मुझे मेरी माँ की चिट्ठी मिली, जिसमें दूसरी और ख़बरों के साथ बड़े सरसरी ढंग से उन्होंने यह भी लिखा था कि मिस केलनर गुज़र गईं। इस फ़ानी दुनिया का यही दस्तूर है। मगर जैसी उनकी शारीरिक अवस्था थी, उस हाल में उन्होंने बहुतेरे लोगों की उम्मीद से कहीं ज़्यादा बेहतर ज़िन्दगी गुज़ारी थीं। कभी-कभी अच्छे लोगों के साथ अच्छा ही होता है।

जब सारे युद्ध अंजाम तक पहुँचे

मार्च का महीना आ गया था, यह वापस स्कूल जाने का समय था। मुझे अम्बाला जानेवाली ट्रेन में बैठा दिया गया, जहाँ उतरकर मुझे दिल्ली से चलकर कालका पहुँचनेवाली ट्रेन पकड़नी थी। मैं अब बड़ा हो गया था, क़रीब ग्यारह साल का, और अपने सफ़र का इन्तज़ाम मैं अकेले कर सकता था। छुट्टियों के बाद बीसीएस

यानी बिशप कॉटन स्कूल जानेवाले कई और लड़के भी वहाँ मिल जाएँगे। उन दिनों ट्रेनें आमतौर से समय पर चलती थीं, लेकिन मेरी ट्रेन इसका अपवाद निकली, और जब मैं अम्बाला स्टेशन पहुँचा तो दिल्ली वाली मेरी ट्रेन छूट चुकी थी। तो अपने सन्दूक़ और बिस्तरबन्द के साथ मैं वहाँ प्लेटफ़ार्म पर खड़ा था, और मैं नहीं जानता था कि अब क्या करना चाहिए। जल्दी ही रात होनेवाली थी।

थोड़ी देर तक मैं प्लेटफ़ार्म पर यूँ ही टहलता रहा, फिर अपना सामान वेटिंग-रूम में छोड़कर स्टेशन के बाहर निकल गया। मैं चलता जा रहा था—बिना कुछ सोचे-समझे, बेमक़सद—सिवाय इसके कि जब तक मेरी मुश्किल का कोई समाधान नहीं मिल जाता, मुझे चलते जाना है। थोड़ी देर बाद, मुझे एक पुलिस चौकी दिखाई दी, मैं चौकी में चला गया और वहाँ मौजूद पुलिस कर्मचारी को बताया कि मेरी ट्रेन छूट गई है और मैं अपने माता-पिता को ख़बर करना चाहता हूँ। इत्तेफ़ाक़ से, मेरी माँ और सौतेले पिता के घर में एक टेलीफ़ोन था। उनके नाम और फ़ोन नंबर मैंने पुलिस वाले को दे दिये और उन्होंने मेरे घर फ़ोन मिलाकर मुझे पकड़ा दिया। मैंने अपनी माँ को बताया कि मैं अम्बाला स्टेशन पर फँस गया हूँ।

हे भगवान! उन्होंने कहा। क्या सचमुच? ख़ैर, परेशान होने की बात नहीं है, मुझे वहीं रुके रहना चाहिए, जल्दी ही कोई मेरी मदद के लिए वहाँ पहुँच जाएगा। मैं वापस स्टेशन पर आ गया, और बेंच पर लेटकर सो गया—अम्बाला काफ़ी व्यस्त स्टेशन था, कुछ और लोग भी वहाँ बेंचों पर और फ़र्श पर बैठे या लेटे हुए थे। मेरा मददगार जब तक पहुँचा, सबेरा हो चुका था—वह मेरे सौतेले पिता की वर्कशॉप में काम करनेवाला कोई शख़्स था, जिसने मेरा टिकट बनवाया और कालका जानेवाली अगली ट्रेन में मुझे बिठा दिया। कुछ और लड़के अपने माँ-बाप या अभिभावकों के साथ आ गए थे। मैं उन्हीं के साथ हो लिया।

जैसा कि स्कूल का रिवाज़ था, विद्यार्थियों को साथ ले जाने के लिए कुछ शिक्षक कालका स्टेशन पर मौजूद थे। छोटी लाइन की छोटी-सी ट्रेन ने पहाड़ों पर चढ़कर हमें शिमला तक पहुँचाने में पूरा दिन लगा दिया। रास्ते-भर लाल फूलों से लदे रोडोडेंड्रॉन के पेड़ मिलते रहे, मगर ज़मीन ने बर्फ़ की चादर ओढ़ रखी थी, और जब हम शिमला पहुँचने को थे तो मालूम हुआ कि पटरियों पर भी बर्फ़ जम गई है। रास्ते में फँस गए हम सारे लड़कों ने वह ठंडी और तकलीफ़देह रात इकट्ठे बैठे-बैठे गुज़ार दी। भोर हुई, तब ट्रेन से उतरे और क़रीब तीन मील दूर अपने स्कूल जाने के लिए लम्बी पैदल यात्रा शुरू की। हमारा सामान एक दिन बाद पहुँच पाया। मुझे याद नहीं है कि बर्फ़ के बीच से होकर हमारे उस लम्बे सफ़र

के बाद गर्म पानी से नहाने का कोई इन्तज़ाम था; शायद नहीं।

मुझे लगता है कि हम बहुत मज़बूत और हिम्मती लड़के थे। आज के ठाट-बाट वाले बोर्डिंग स्कूलों के विपरीत, बिशप कॉटन स्कूल में हीटिंग सिस्टम नहीं था, न डॉर्मेट्री में कोई फ़ायरप्लेस था, और न ही जाड़ों में भरपूर गर्म पानी। हालाँकि, हमारा स्कूल इतना विकसित ज़रूर था कि शौचालयों में फ़्लश सिस्टम था—हिन्दुस्तान के तक़रीबन सभी घरों और ज़्यादातर प्रतिष्ठानों, यहाँ तक कि बड़े-बड़े होटलों में भी, उन दिनों तेज़ गड़गड़ाहट और शोर पैदा करनेवाले, थंडर बॉक्स की तरह की चीज़ इस्तेमाल होती थी (इनमें से कई 1960 के दशक तक अच्छा काम करते रहे)। मगर बीसीएस में शौचालय जाना तब ख़ासा जोखिम भरा काम था। वहाँ शौचालयों की एक लम्बी क़तार थी। और अन्दर जो फ़्लश था, उसमें ज़ंजीर खींचने की ज़रूरत नहीं होती थी, हर दस मिनट में पानी अपने आप नीचे आ गिरता था। शौचालय इस्तेमाल करनेवाले लड़कों की बड़ी तादाद की वजह से या ख़राब रखरखाव के चलते, आमतौर पर अन्दर सैलाब का आलम होता। होता यह था कि जैसे ही गड़गड़ाहट सुनाई देती, आप समझ जाते कि पानी नीचे आ रहा है, फिर आप तेज़ी से उछल पड़ते और इसके पहले कि नीचे से उठनेवाली लहर आपको सराबोर कर दे, आप भाग खड़े होते!

बेशक, हमारा स्कूल बहुत आलीशान नहीं था, फिर भी भारत के लाखों लोग जिस तरह जीते थे, उसके मुक़ाबले हमारी ज़िन्दगी हज़ार गुना बेहतर और आरामदेह थी, और बिशप कॉटन जैसे स्कूलों में हम लोग उस ज़िन्दगी से तक़रीबन पूरी तरह अछूते थे। हममें से किसी ने कभी भूख का अहसास नहीं किया। युद्ध के दिनों में अनेक चीज़ों की किल्लत थी, लेकिन बहुतेरी चीज़ों से हम महरूम नहीं रहे। 'अंडे के पाउडर' से ऑमलेट बन जाते थे—उस रहस्यमयी पाउडर के बारे में मुझे बाद में पता चला कि वह निर्जलित अंडा ही था और चीन के लोग उसे सदियों पहले से बनाते आ रहे थे। निहायत ही घातक दिखनेवाले सॉसेज़ भी कई तरह की रहस्यमय सामग्री से बनते थे जिन्हें फ़ौजी उन्हें 'स्वीट मिस्ट्रीज़ ऑफ़ लाइफ़' के तौर पर जानते थे—यह नाम उन्हें फ़िल्म 'नॉटी मेरियाटा' में नेल्सन एडी और जिनेट मैकडोनल्ड के युगल प्रेम-गीत 'आह! स्वीट मिस्ट्री ऑफ़ लाइफ़,' की तर्ज पर मिला था। तारादेवी के केवेंटर्स फ़ार्म से मक्खन हमें लगातार मिलता रहा, संकट केवल चीनी ज़्यादा का था तो हमारी चाय में गुड़ या खाँड डाली जाती थी, जो शायद सेहत के लिए अच्छी होती थी। पॉकेट मनी अगर आपके पास है तो स्कूल की केक और मिठाइयों की दुकान एक लोकप्रिय ठिकाना थी। हालाँकि वहाँ सिर्फ़ बन, समोसे, पकौड़े और जलेबी ही मिलती थी, मगर हममें

से बहुतेरों के लिए उतना ही काफ़ी था। (फ़ास्ट-फूड का ज़माना अभी दूर था, और इसके आसपास की चीज़ सिर्फ़ च्यूंगम के पैकेट थे, जो अमेरिकी फ़ौजी इफ़रात से बाँटा करते थे, जो युद्ध ख़त्म होने के बाद अपने घरों को लौट गए।)

उस दौर के ज़्यादातर बोर्डिंग स्कूल शायद ऐसे ही थे। और बिशप कॉटन्स तो ख़ैर सबसे प्रतिष्ठित स्कूलों में एक था। अंग्रेज़ी और एंग्लो-इंडियन लड़कों—जिनमें से कई बहुत सम्पन्न परिवारों के थे—के साथ ही हिन्दुस्तानी, नेपाली और तिब्बती लड़के भी थे, जिनका ताल्लुक़ राजघरानों या समृद्ध ज़मींदारों के परिवार से था। नौकरीपेशा लोगों के परिवारों के बहुत कम लड़के वहाँ थे। हालाँकि राजघरानों का मतलब यह हरगिज़ नहीं था कि बहुत सारे भावी राजा और दीवान हमारे साथ पढ़ रहे थे। इनमें से तमाम लड़के राजसी गौरव के साये में रहते थे, और बाद में भी ज़िन्दगी-भर वे इसी तरह रहनेवाले थे।

पटियाला वाले लड़के इसकी बढ़िया मिसाल थे—पटियाला के महाराजा मरहूम भूपिन्दर सिंह के ये बेटे, उन औरतों की औलादें थीं, जिनके साथ महाराजा के सम्बन्ध थे, मगर जिनसे उन्होंने विवाह नहीं किया था। ऐसी औरतों की एक बड़ी तादाद थी। मगर महाराजा ने उन सभी औरतों और उनके बच्चों की परवरिश की। कई लड़कों को उन्होंने बीसीएस में पढ़ने भेजा, लड़कियों को पास के ऑकलैंड हाउस में भर्ती कराया गया; दूसरी और औलादें देहरादून और मसूरी के बोर्डिंग स्कूलों में गईं। मेरे समय में बीसीएस में पटियाला वाले क़रीब बीस भाई थे। सिख नामों के अलावा, उन सभी के अंग्रेज़ी नाम भी रखे गए थे : जो हेमेंदर था, वह मौरिस भी था, देविंदर सेसिल था, एक और लड़का डेनिस था—महाराजा का यह अनूठा शौक़ था। एक बार बहुत मज़ेदार वाक़या हुआ, जब देहरादून में कर्नल ब्राउन्स के स्कूल की फुटबॉल टीम मैच खेलने के लिए हमारे यहाँ आई थी : उनकी टीम के आधे खिलाड़ी तो मेरे दोस्त और साथी खिलाड़ी हेमेंदर के भाई निकले—वे सभी अलग-अलग महिलाओं की कोख से जन्मे महाराजा पटियाला के बेटे थे!

उस समय तक मैं फुटबॉल टीम का नियमित सदस्य बन गया था। अफ़सोस कि बीसीएस में दूसरे या तीसरे साल से शुरू हुआ खेल से मेरा नाता, स्कूल छूटने के बाद, जल्दी ही टूट गया। स्कूल में सभी खेलों में शामिल होना ज़रूरी था, जिन्हें न तो मैं समझ पाया और न ही उनमें मुझको मज़ा आता, लेकिन आश्चर्य होता था कि इतनी जल्दी फुटबॉल खेलना मैंने कैसे सीख लिया और उसमें मुझे कितना तो आनन्द आता था (मैं स्कूल की टीम का कप्तान भी बना!)। हालाँकि मुझे हॉकी खेलना भी पसन्द था, मगर क्रिकेट ज़रा भी नहीं भाया, वह मुझे उबाऊ लगता था।

लेकिन जो दो खेल मुझे एकदम नापसन्द थे, वे मुक्केबाज़ी और तैराकी थे। मुझे जल्दी ही मालूम हो गया था कि अगर मैं अपने प्रतिद्वंद्वी के सिर या पेट पर वार करता हूँ तो मुझे मुक्केबाज़ी के मुक़ाबले से बाहर कर दिया जाएगा तो इस तरह मुझे इस यातना से छुटकारा मिल गया। हालाँकि, तैराकी से निजात पाने की कोई आसान तरक़ीब नहीं मिली, पानी से मुझे डर लगता था तो मुझे अपने इस डर पर क़ाबू पाने के साथ ही, स्वीमिंग पूल में ज़ोरदार छपछप करते हुए फ्रीस्टाइल, बटरफ़्लाई या बैक स्ट्रोक साधने की जद्दोजहद में अपनी घबराहट छिपाने के लिए भी ख़ासा जूझना पड़ता। आख़िरकार, एक रहमदिल और सयाने शिक्षक मिस्टर जोन्स ने मुझे इस संघर्ष से उबार लिया, उन्होंने मुझे ब्रेस्ट स्ट्रोक सिखाया, और कहा कि मेरे मिज़ाज के अनुकूल यही था।

खेलों की तरह ही, चर्च जाना भी अनिवार्य था, हालाँकि मसूरी कॉन्वेंट की तरह यहाँ इसे लेकर कोई कट्टर नहीं था। बहुत सारे लड़कों के लिए—वैसे भी, उनमें तमाम ग़ैर-ईसाई थे—यह लाइब्रेरी या फ़िज़िकल ट्रेनिंग की क्लास में जाने जैसा था। कुछ ऐसे भी थे, जिन्हें इसमें आनन्द आता, ख़ासतौर पर क्वायर (गायन मंडली) में, और उसमें भी सारे लड़के ईसाई नहीं थे। मुझे याद है कि हमारे चर्च की गायन मंडली में दो-तीन सिख लड़के थे, और वे बहुत बढ़िया गाते थे, अपनी पगड़ी के साथ कैसॉक (पादरियों का लम्बा और चुस्त वस्त्र) पहनकर खड़े वे लड़के बहुत प्यारे लगते थे—इस दुनिया को ज़्यादा दिलचस्प और रंगीन बनाने के लिए धार्मिक और सांस्कृतिक मेल के ज़बरदस्त विज्ञापन की तरह।

लेकिन गाने का सलीक़ा मैं नहीं सीख पाया। हमारी संगीत की शिक्षक, श्रीमती नाइट, ने मुझे स्कूल की गायन मंडली में शामिल कर लिया क्योंकि उन्हें लगता था कि कैसॉक और सरप्लिस (कैसॉक के ऊपर पहने जानेवाला सफ़ेद चोग़ा) में मैं बढ़िया क्वायर बॉय दिखाई देता था, एकदम गुलाबी और चमचमाता हुआ। लेकिन गाने की उन्होंने मुझे मनाही कर रखी थी।

'बॉन्ड, दूसरों के साथ तुम्हें सिर्फ़ अपना मुँह चलाते रहना है,' उन्होंने ताक़ीद की, 'मगर तुम कोई आवाज़ नहीं निकालोगे!'

उनकी हिदायत ने मुझे मसूरी कॉन्वेंट की सख़्त ननों की याद दिला दी, और फिर मुझे अपनी गुलाबी उँगलियों पर छड़ी की मार याद आ गई। मैं डर गया था।

मगर कुछ अच्छे शिक्षक भी थे। थोड़े-से अजीब, लेकिन अच्छे। जैसे कि नेकदिल मिस्टर जोन्स, जो सिगार पीते थे। उनके पास एक पालतू कबूतर था, जिसका अड्डा अक्सर उनका सिर हुआ करता था। वह इसे क्लास में लेकर नहीं आते

थे, लेकिन जब वह बाहर घूम रहे होते थे, कबूतर उनके सिर पर बैठा रहता था—और चूँकि वह गंजे थे, इसलिए वह बड़ा दिलकश नज़ारा होता था। मिस्टर जोन्स अकेले ही रहते थे तो कबूतर उनके घर में ज़्यादा सहज रहता, वह किताबों, काग़ज़ों या कपड़ों के बेतरतीब ढेर में, कहीं भी जा बैठता, जो सारे के सारे ही सिगार की गन्ध में डूबे होते थे।

मिस्टर जोन्स बड़े निराले शिक्षक थे, छोटे लड़कों के साथ बढ़िया बर्ताव करते, और हम सारे ही उन्हें बहुत पसन्द करते थे। इसकी एक वजह तो यही थी कि उन्होंने हमें कभी सज़ा नहीं दी। लड़कों की ग़लतियों पर उन्हें बेंत लगाने के रिवाज़ के ख़िलाफ़ वह अकेले मुजाहिद थे, और इसके चलते स्कूल के दूसरे शिक्षक सनकी कहकर उनका मज़ाक़ उड़ाते थे। इसी वजह से उन्होंने अपनी वरिष्ठता गँवा दी थी।

मिस्टर जोन्स मुझे बहुत दयालु इनसान लगे। वह फ़ौज से रिटायर एक वेल्श शख़्स थे, और हमें धर्मशास्त्र पढ़ाते थे। वह जान गए थे कि धर्म में मेरी कोई दिलचस्पी नहीं है, मगर इससे वह परेशान या निराश नहीं हुए, उनका पढ़ाने-सिखाने का तरीक़ा इतना सौम्य और उदार था कि उन्होंने मुझसे पूरी बाइबिल पढ़वा दी! वह बाइबिल का किंग जेम्स संस्करण था, और हालाँकि उसने मुझे कोई नेक ईसाई, या ख़राब ही, नहीं बनाया, मगर मैं उसकी शैली की नायाब सादगी से बड़ी गहराई तक प्रभावित हुआ।

वह डिकेंस के मुरीद थे, और जब मैंने उन्हें बताया कि मैं 'स्केचेज़ बाय बोज़' पढ़ चुका हूँ तो उन्होंने 'कम्प्लीट वर्क्स ऑफ़ चार्ल्स डिकेंस' का अपना पूरा सेट पढ़ने के लिए मुझे दे दिया। ये सारी किताबें ख़ूबसूरत तसवीरों वाले संस्करण थे। फिर कई दिनों तक मैं डेविड कॉपरफ़ील्ड, निकोलस निकल्बी और ओलिवर ट्विस्ट की जीवन गाथाओं में खोया रहा। अगर कोई मुझसे पूछे कि लेखक बनने के बारे में गम्भीरता से सोचने की शुरुआत मैंने कब की तो वह यही दौर होगा।

समाजवादी होने के नाते मिस्टर जोन्स पी.जी. वोडहाउस को सख़्त नापसन्द करते थे, जिनके हास्य उपन्यास मुझे ख़ूब भाते थे। वह कहते थे कि वोडहाउस ने उच्च-वर्ग के अंग्रेज़ों की ज़िन्दगी को बढ़ा-चढ़ाकर अति आकर्षक ढंग से पेश किया है, और उनकी यह बात सही भी थी। मगर उन्होंने मुझे बर्टी वूस्टर और जीव्स या बाक़ी सबको पढ़ने से रोकने की कोशिश नहीं की। कुछ ही वर्षों बाद मुझे पता चल गया कि वोडहाउस ने अपने उपन्यासों में जिस दुनिया का ख़ाका खींचा है, और दुनिया-भर में उनके बेशुमार पाठक जिस पर लट्टू थे, हक़ीक़त में उसका कोई वजूद ही नहीं था।

फिर भी, मैंने वोडहाउस को पढ़ना और उसका आनन्द लेना नहीं छोड़ा, मगर मिस्टर जोन्स की प्रेरणा से, जितना सम्भव था, उतना समय मैंने स्कूल की लाइब्रेरी में बिताना शुरू कर दिया। हमारे स्कूल की एंडरसन लाइब्रेरी में ढेर सारी किताबें थीं, और मेरे स्कूल के बाक़ी वर्षों में वह लाइब्रेरी मेरे लिए किसी जन्नत से कम नहीं थी।

~

सख़्त मिज़ाज और अभिजात लड़कों पर ख़ास मेहरबान हेडमास्टर प्रिस्ली अभी स्कूल में ही थे। मगर जंग ख़त्म होनेवाली थी तो वह और तमाम प्रवासी अंग्रेज़ शिक्षक और छात्र जल्दी ही वापस लौट जानेवाले थे। हिन्दुस्तान की आज़ादी का वक़्त भी क़रीब आ पहुँचा था और बहुत से एंग्लो-इंडियन परिवार इंग्लैंड और ऑस्ट्रेलिया जाकर बसने लगे थे। आज़ादी आई तो उसके साथ ही बँटवारा भी हुआ, मुल्क के नक़्शे पर मनमाने ढंग से सीमाएँ खींच दी गईं, और अक्सर ऐसी राजनीतिक उथल-पुथल के नतीजे में पैदा होनेवाली नफ़रत और हिंसा की वजह से मेरे कई प्रिय दोस्त भी बिछड़ गए।

प्रेप स्कूल के आख़िरी साल के मेरे दोस्तों में लाहौर का अज़हर ख़ान था; बम्बई का साइरस सतरालकर; और नई दिल्ली का एक एंग्लो-इंडियन लड़का ब्रायन एडम्स था। हम ख़ुद को 'द फ़ोर फ़ेदर्स' कहा करते थे—एक शाहीन, एक मोर, एक तोते और एक कठफोड़वे का पंख—ख़तरों के खिलाड़ी हम चार यार, जो हमेशा साथ रहते। जब भी मौक़ा पाते, हम शरारत करने से बाज़ नहीं आते थे मगर कभी-कभार की ये शरारतें बन्दिशों की हद तोड़ने तक ही सीमित रहती थीं, यों हम अपने खाने के पार्सल आपस में साझा करते, या इतवार की दोपहर को फ़िल्म देखने के लिए साथ-साथ शहर जाया करते। सतरालकर के घर से खाने के सबसे ज़्यादा पार्सल आया करते थे तो 'द फ़ोर फ़ेदर्स' समूह में उसका रुतबा सबसे ऊपर हो गया था।

लेकिन अज़हर मेरा सबसे क़रीबी दोस्त बन गया था। वह ख़ामोश और अपनी उम्र से कहीं ज़्यादा संजीदा लड़का था, जो लम्बी सैर या पहाड़ियों की ढलान पर दौड़ लगाने के लिए बेहतरीन साथी था। अब जबकि मैं अपनी झेंप और संकोच से काफ़ी कुछ उबर चुका था, और पहले की तरह अकेला महसूस नहीं करता था, वह शर्मीला और अन्तर्मुखी था और 'द सर्कस' वाले मार्क्स ब्रदर्स की मुद्राओं की नक़ल उतारने की चंचल कोशिशों में कभी शरीक नहीं होता था। क्लासरूम में होनेवाली धमाचौकड़ी पर उसने कभी एतराज़ नहीं किया और न

ही उसमें कभी शामिल होने की कोशिश की। एक बार उसने मुझे अपनी ओर देखते हुए पकड़ लिया तो एक शान्त मगर उदास मुस्कान उसके चेहरे पर फैल गई। तो क्या मेरी क्लास में कोई और भी बालिग़ था? ऐसा कोई, जो अपनी उम्र से थोड़ा बड़ा था?

आपस में हमारी बातचीत शुरू होने से पहले ही, अज़हर और मेरे बीच एक तरह का तालमेल और समझदारी बन चुकी थी, हम दोनों जब क्लास के बाहर गलियारों में या डाइनिंग हॉल में मिलते तो सिर हिलाकर एक-दूसरे को सलाम कर लेते थे। हम एक हाउस में नहीं थे। स्कूलों में हाउस की व्यवस्था अपनी तरह के रंगभेद का रियाज़ थी, जिसमें आप दूसरे हाउस के लड़कों से मेलजोल नहीं रख सकते थे। मान लीजिए कोई लड़का कर्ज़न हाउस का है तो उससे यह उम्मीद की जाएगी कि वह रिवाज़ या लेफ्रॉय हाउस के किसी लड़के से दोस्ती नहीं करेगा। मगर यह अड़चन भी तब दूर हो गई, जब अज़हर और मैं स्कूल की हॉकी टीम के लिए चुन लिये गए—अज़हर फ़ुल-बैक, और मैं गोलकीपर के तौर पर। गोलकीपर और फ़ुल-बैक के बीच बेहतर तालमेल और आपसी समझदारी ज़रूरी होती है, और इस लिहाज़ से हमारे रुझान साझा थे। मुझे उसके क़दमों की चाल का अन्दाज़ा हो जाता था, और उसे मेरे।

हमारे स्कूल, क्लास और डाइनिंग हॉल की हदों से बाहर जाने के बाद ही हमारी दोस्ती फली-फूली। हमारी हॉकी टीम सनावर गई, जो दरअसल अगली पहाड़ी पर ही था, और वहाँ हमें अपनी पारम्परिक प्रतिद्वंद्वी, लॉरेंस स्कूल की टीम के ख़िलाफ़ कुछ मैच खेलने थे। लॉरेंस स्कूल तब भी सैन्य स्कूल हुआ करता था, मेरे डैडी यहीं पढ़े थे। सनावर की इस यात्रा के दौरान अज़हर और मैंने काफ़ी वक़्त साथ गुज़ारा और एक-दूसरे को अच्छी तरह जान पाए। फ़ुरसत के समय हम दोनों आराम से टहलते हुए स्कूल के चक्कर लगाते, हम पर कोई रोक-टोक या पाबन्दी नहीं थी, क्योंकि वहाँ हम मेहमान थे, स्कूल के छात्र नहीं। हमने अपने अतीत की बातें साझा कीं। अज़हर नार्थ-वेस्ट फ्रंटियर प्रॉविंस (अब ख़ैबर पख़्तूनख़्वा) से था, उसने भी अपने पिता को खो दिया था, घरेलू झगड़े में किसी ने उन्हें गोली मार दी थी। उसके एक रईस चाचा उसकी पढ़ाई का ख़र्च उठाते थे, जैसे कि रॉयल एयरफ़ोर्स मेरी पढ़ाई का।

अपनी पहली किताब लिखना मैं तब तक शुरू कर चुका था। इसका नाम 'नाइन मंथ्स' था, मगर गर्भ की अवस्था से इसका कोई लेना-देना नहीं था; यह तो केवल स्कूल की सत्र अवधि, यानी मार्च की शुरुआत से लेकर नवंबर के आख़िर तक के समय का संकेत देता था। यह स्कूल की मेरी दोस्तियों, दुःस्साहसिक

कारनामों का ब्योरा थी, और इसमें कुछ शिक्षकों का मज़ाक़ भी उड़ाया गया था। अपनी इस अवयस्क साहित्यिक योजना में मैंने तीन पतली कॉपियाँ भर डाली थीं, और इन्हें मैंने अज़हर को पढ़ने के लिए दिया। वह मेरा पहला पाठक और आलोचक था। 'यह है तो बहुत दिलचस्प है पर अगर यह किसी के हाथ लग गई तो तुम मुश्किल में फँस जाओगे?' फिर अपनी हँसी दबाकर, मज़ा लेते हुए उसने एक आपत्तिजनक छंद पढ़ा :

ऑली, ऑली, ऑली, विद हिज़ बॉल्स ऑन अ ट्रॉली,
एंड हिज़ आर्स ऑल पेंटेड ग्रीन!

यह टुकड़ा गणित के हमारे घुन्ने शिक्षक मिस्टर ओलिवर के बारे में था। मिस्टर ओलिवर से मुझे कोई शिकायत नहीं थी, लेकिन गणित से मुझे नफ़रत थी।

सनावर से सारे मैच जीतकर हम शिमला लौट आए, और अगले कुछ दिनों तक स्कूल में हम हीरो बने रहे। फिर मेरे हाउसमास्टर को मेरी साहित्यिक कृति के बारे में पता चल गया, वह उसे उठा ले गए और पढ़ डाला। क़ायदे से गिनकर मुझे छह मलाका बेंत पड़े, और मेरी वह पांडुलिपि फाड़ दी गई। अज़हर को जब मैंने अपने नितम्ब पर पड़े नीले निशान दिखाए तो 'देखा बच्चू, मैंने तुम्हें पहले ही कहा था न' जैसा कुछ कहने के बजाय, उसने मेरी कॉपियों से याद किये हुए कुछ ज़्यादा बेढब अंश दोहरा दिये और हँस पड़ा। वह तब तक हँसता रहा, जब तक कि ख़ुद मेरी हँसी भी नहीं छूट गई।

'जब अंग्रेज़ हिन्दुस्तान छोड़ जाएँगे तो क्या तुम भी यहाँ से चले जाओगे?' अज़हर ने एक रोज़ मुझसे पूछा।

'नहीं तो, मुझे नहीं लगता,' मैंने कहा, 'मेरे सौतेले पिता हिन्दुस्तानी हैं।'

'हर कोई कहता है कि वे देश का बँटवारा करने जा रहे हैं। लगता है कि मुझे तो जाना पड़ेगा।'

'ओह, ऐसा नहीं होगा,' मैंने झट से कहा, 'इतने बड़े देश को वे कैसे बाँट सकते हैं?'

उसने कहा, 'गांधी उन्हें रोक लेंगे।'

हमने तो हालाँकि ऐसी सम्भावनाओं को ख़ारिज कर दिया, मगर जिन्ना, नेहरू और माउंटबेटन और बाक़ी अहम नेता, उस बड़ी शल्य-क्रिया के लिए अपने नश्तरों पर धार दे रहे थे।

इसके पहले कि उनका फ़ैसला हमारी ज़िन्दगी को ठोकर लगाता, हमने अपनी छोटी-सी आज़ादी हासिल कर ली थी—यह एक भूमिगत सुरंग थी, जिसे

हमने स्कूल के मैदान के एक कोने में खोज निकाला था। असल में वह जल निकासी की व्यवस्था का पुराना और बेकार पड़ा हिस्सा था, और जब अज़हर और मैंने अपना अनुसंधान अभियान शुरू किया तो हमें अन्दाज़ नहीं था कि आगे यह कितनी दूर तक फैला हुआ है। हमने उसके अन्दर पेट के बल रेंगना शुरू किया और क़रीब बीस फ़ीट तक जाने के बाद, ख़ुद को घनघोर अँधेरे के बीच पाया। यह थोड़ा डरावना था, मगर अब पीछे लौटना भी मुमकिन नहीं था, इसलिए कसमसाते-छटपटाते हम तब तक आगे बढ़ते रहे, जब तक कि सुरंग के दूसरे छोर पर हमें हल्की रौशनी नहीं दिखाई दी। धूल से सने, थोड़ी चोट खाए हुए और बेहद मैली-कुचैली हालत में, आख़िरकार हम स्कूल की चहारदीवारी के बाहर, घास के एक टीले पर जाकर निकले। हमें स्कूल से भाग निकलने का एक रास्ता मिल गया था!

यह सुरंग हमारा ख़ूबसूरत राज़ बन गई। उसमें बैठकर हम गपशप करते, या स्कूल से ग़ायब होकर जंगलों में घूमने के रोमांच की ख़ातिर रेंगते हुए बाहर निकल जाते। या फिर घास पर ख़ामोश पड़े रहते, आपस में सिर जोड़कर हम कॉमिक्स पढ़ते या आसमान में उड़ती पतंगों और चीलों को देखा करते। शान्ति के उन क्षणों में, प्रकृति की सुन्दरता और सन्तोष को मैंने पहले के मुक़ाबले कहीं ज़्यादा गहनता से महसूस किया : चीड़ की पत्तियों की ख़ुशबू, हिमालयी बुलबुलों की ख़ुशनुमा आवाज़, नंगे पाँवों के नीचे घास की नर्मी का अहसास, और झींगुरों का मद्धिम संगीत।

वायसराय और भावी गवर्नर-जनरल लॉर्ड माउंटबेटन, उस साल हमारे स्कूल के स्थापना दिवस के जलसे में आए और उन्होंने इनाम भी बाँटे। तमाम मुक़ाबलों में से किसी न किसी में मैंने इनाम जीता ही था, सो उस क़द्दावर और दिलकश शख़्स के हाथों अपनी किताब लेने के लिए मैं मंच पर ही चढ़ा रहा। बिशप कॉटन 'पूरब का ईटन' था। यहाँ होने वाले जलसों में वायसराय और राज्यपाल आते ही रहते थे। यहाँ से पढ़कर निकले कितने ही लड़कों ने सिविल सर्विस और फ़ौज में बहुत नाम कमाया था। हाँ, एक 'पुराना लड़का' बेशक ऐसा था, जिसका ज़िक्र यहाँ कोई नहीं करता था, और उसके नाम पर हमेशा निरपेक्ष-सी चुप्पी छा जाती थी—वह था जनरल डायर, वही जिसने 1919 में अमृतसर के जलियाँवाला बाग में क़त्ल-ए-आम का हुक़्म दिया था।

ग्रेट ब्रिटेन अब चीज़ों को दुरुस्त करना चाहता था। माउंटबेटन ने उन तमाम अहम् घटनाओं के बारे में बात की, जो हमारी दुनिया में चारों ओर घट रही थीं—दूसरा विश्वयुद्ध अभी-अभी ख़त्म हुआ था, संयुक्त राष्ट्र ने दुनिया में अमन-

चैन और सद्भाव क़ायम रखने का वादा किया था, और ब्रिटेन का बराबर का साझीदार भारत भी उन महान राष्ट्रों में एक होगा...

जहाँ तक मुझे याद है, आज़ादी शब्द का इस्तेमाल किये बग़ैर ही उन्होंने भारत की आज़ादी का उल्लेख किया। देश के बँटवारे के बारे में वह कुछ नहीं बोले थे।

कुछ हफ़्तों के बाद, बड़ी मुस्लिम आबादी वाले बंगाल और पंजाब सूबों को दो हिस्सों में बाँट दिया गया। हर कोई जल्दी में था—जिन्ना और उनके साथी अपना देश पाने की जल्दी में थे; नेहरू, पटेल और दूसरे लोग, खंडित ही सही, आज़ाद हिन्दुस्तान का निज़ाम चलाने की जल्दी में थे; और ब्रिटेन सब कुछ छोड़कर यहाँ से निकलने की जल्दी में था। पूरे उत्तर भारत में दंगे भड़क गए, पाकिस्तान और भारत को अलग करनेवाली ताज़ा बनीं सरहदों से भारी पलायन हुआ। बेशुमार घर तबाह हो गए, हज़ारों लोगों की जान चली गई।

कॉमन रूम का रेडियो और कभी-कभार आनेवाला अख़बार हमको बाहर की दुनिया से बाख़बर रखते, मगर हमारी सुरंग में अज़हर और मैं, बाहर की दुनिया में चल रही लूट-मार, ख़ून-ख़राबे और प्रतिशोध से दूर, ख़ुद को महफ़ूज़ पाते थे। सुरंग के बाहर, ताज़ी बेतरतीब घास थी, जिसमें जहाँ-तहाँ तिपतिया और गुलबहार के पौधे दिखाई दे जाते, कुछ आवाज़ें थीं, जो वहाँ का सन्नाटा तोड़तीं—किसी कठफोड़वे की लगातार ठकठक, और कहीं दूर से आती हिमालयी बार्बेट की आग्रह-भरी पुकार। वहाँ हमें भला कौन छू सकता था?

'और जब सारी जंगें अपने अंजाम को पहुँच जाएँगी,' मैंने कहा, 'तितली तब भी इतनी ही ख़ूबसूरत होगी।'

'क्या तुमने यह कहीं पढ़ा है?' अज़हर ने पूछा।

'नहीं तो, बस अभी मेरे दिमाग़ में आया।'

'सुन्दर बात है। तुम तो पहले से ही लेखक हो।'

हालाँकि उसके मुँह से यह सुनना मुझे अच्छा लगा, मगर मैंने इसे थोड़ा हल्का कर दिया। 'नहीं, मैं भारत के लिए हॉकी या आर्सेनल के लिए फुटबॉल खेलना चाहता हूँ। मैं सिर्फ़ जीतनेवाली टीम में रहूँगा!'

'तुम भले ही विजेता टीमों में चले जाओ, मगर कभी-कभी तुम हारोगे भी, यह तो जानते ही हो,' समझदार अज़हर ने कहा। 'खेल में आप हमेशा ही जीत नहीं सकते। लेखक बनना बेहतर होगा।'

जून में जब मानसून की बारिश आई तो सुरंग में पानी भर गया, और मलबे से नाला बन्द हो गया तो अज़हर और मेरे साहसिक उद्यम थम गए। मगर अब तो

शहर जाने पर भी पाबन्दी थी। एक इतवार को, हमें लॉरेंस ओलिवियर की फ़िल्म 'हैमलेट' देखने के लिए शहर के सिनेमाघर जाने की इजाज़त मिली, यह ऐसी ख़राब फ़िल्म थी, कि उस भीगी और उदास दोपहर में उसे देख लेने के बाद भी हमने ज़रा-सा जोश महसूस नहीं किया। और अभी हम शहर से लौटे ही थे, कि शिमला के लोअर बाज़ार में दंगे शुरू हो गए।

एक सुबह गिरजाघर में प्रार्थना के बाद, हेडमास्टर ने एलान किया कि उन मुस्लिम लड़कों को, जिनके घर अब पाकिस्तान में हैं, स्कूल छोड़ना होगा। फ़ौजी काफ़िले के साथ उन्हें सरहद पार उनके घर भेजा जाएगा।

अज़हर के जाने का समय आ पहुँचा था, उसके साथ ही लाहौर, रावलपिंडी और पेशावर के क़रीब पचास दूसरे लड़कों को भी जाना था। हम बाक़ी लड़कों—हिन्दू, ईसाई, बौद्ध, सिख और पारसी—ने इन्तज़ार में खड़े ब्रिटिश सेना के ट्रकों में उनका सामान लादने में उनकी मदद की। ये ट्रक उन्हें लाहौर ले जानेवाले थे। कुछ लड़के फूट-फूट कर रोने लगे, जिनमें हमारे स्कूल का कप्तान, वह पठान भी शामिल था, जो कभी भावुक नहीं होता था। अज़हर ने मेरी तरफ़ हाथ हिलाया और मैंने भी हाथ हिलाकर उसे विदा किया। हमने क़सम खाई थी कि आगे फिर कभी हम ज़रूर मिलेंगे। हम दोनों ने अपना संयम बनाए रखा; या तो हमारे तजुर्बों ने हमें इतना मज़बूत बना दिया था, या फिर हमें सचमुच भरोसा था कि हम फिर से एक साथ होंगे।

कुछ दिनों बाद हेडमास्टर ने घोषणा की कि सारे लड़के हिफ़ाज़त से पाकिस्तान पहुँच गए हैं। मगर उनका सफ़र हादसे से ख़ाली नहीं रहा था। हालाँकि यह बात हमें आधिकारिक तौर पर बताई नहीं गई थी, लेकिन हमें पता चला कि छोटा शिमला में अपने घर से हमारे पसन्दीदा बन और पकौड़े बनाकर लानेवाले, स्कूल कैंटीन के मालिक हरदिल'अज़ीज़ मुस्लिम नानबाई को मार दिया गया है। वह और स्कूल के दो मुस्लिम बैरे भी लड़कों के काफ़िले में सफ़र कर रहे थे। उनका क़ाफ़िला जब कालका में रुका तो ये तीनों लोग भटककर किसी वर्जित इलाक़े में चले गए थे। वहाँ भीड़ ने उन पर हमला कर दिया, दोनों बैरे तो वहाँ से बचकर भाग निकलने में कामयाब हो गए, मगर जान बचाने की दौड़ में नानबाई, दराँती और चाकुओं से लैस उस भीड़ से आगे नहीं निकल पाया।

सरहद के दोनों तरफ़, पंजाब के बाक़ी हिस्सों की तरह ही, शिमला में भी अराजकता और हिंसा का बोलबाला था। दंगे रोकने के लिए लश्कर नाकाफ़ी थे—अंग्रेज़ देश छोड़कर जा रहे थे, और स्थानीय प्रशासन चरमरा गया था। हमारा स्कूल ख़तरे में था; कुछ शिक्षकों और बड़े लड़कों को स्कूल वालों ने राइफ़लें

दे दी थीं, और हमें चहारदीवारी के बाहर क़दम रखने की मनाही कर दी थी। वह सत्र पूरा होने तक हम स्कूल में ही क़ैद रहे, सिवाय 15 अगस्त, 1947 की एक सुबह के, जब हिन्दुस्तान का झंडा पहली बार फहराते हुए देखने के लिए हमने शहर तक मार्च किया था। शिमला अब भी भारत की ग्रीष्मकालीन राजधानी थी, इसलिए यह एक अहम घटना थी।

उस रोज़ सुबह बारिश हो रही थी। हमने रेनकोट और गम-बूट पहन रखे थे, और शिमला के मॉल पर छतरियों का समन्दर लहरा रहा था। नीचे आते हुए यूनियन जैक, और उसकी जगह भारतीय तिरंगे को आते देखकर मुझे कैसा लगा था? मेरे पिता शायद ही कभी भारत या ब्रिटेन या किसी और देश में हमारी हैसियत के बारे में कोई बात करते थे, जब-तब वह इतना ही कहते थे कि युद्ध ख़त्म होने के बाद हम यहाँ से चले जाएँगे। उस वक़्त मैं छोटा ही था और मुझे नहीं लगता कि इस मुद्दे को लेकर मुझमें किसी तरह की कोई गहरी चेतना थी। मुझे अच्छी तरह याद है कि वहाँ मंच से हो रहे भाषणों से ज़्यादा मेरी दिलचस्पी भारतीय झंडे के रंग और डिज़ाइन में थी। (दो साल बाद, प्रीफ़ेक्ट होने के नाते, स्कूल में भारतीय झंडा फहराना मेरी ज़िम्मेदारी बन गया। यह मुझे बहुत सहज लगता था; और नेशनल कैडेट कोर में शामिल होना भी ख़ासा सहज और रोमांचकारी ही लगता था।)

जो चीज़ मैं बहुत शिद्दत से महसूस करता था, वह देश का बेतुका बँटवारा था, जिसकी वजह से मेरे दोस्त बिछड़ गए थे। स्कूल सत्र के आख़िर में, जब जाड़ों की तीन महीने की छुट्टियाँ बिताने के लिए मैं देहरादून जाने की तैयारी कर रहा था, अज़हर की एक चिट्ठी मुझे मिली। उसने मुझे अपने नये स्कूल के बारे में बताया था और यह कि उसे मेरी कमी कितनी महसूस होती है, और, हमारे खेल और आज़ादी की हमारी सुरंग को वह कितना याद करता है। उसकी चिट्ठी का जवाब देते हुए मैंने उसे घर का पता भी लिख भेजा था, मगर फिर कभी उसका कोई ख़त नहीं आया। देहरादून में हम हमेशा ही घर बदलते रहते थे, इसलिए अगर कोई ख़त आया भी होगा तो वह आसानी से गुम हो सकता था। और वैसे भी तमाम नई सीमाएँ बन गई थीं। उन सीमाओं को छोड़ भी दें तो बँटवारे के बावजूद दुनिया अब भी बहुत बड़ी थी, और हम बहुत छोटे थे।

अठारह साल के बाद, मुझे कोई ख़बर मिली, मगर एकदम अलग सन्दर्भ में। भारत और पाकिस्तान के बीच जंग चल रही थी और अम्बाला में बमबारी के दौरान एक पाकिस्तानी विमान मार गिराया गया था। स्कूल के एक पुराने दोस्त ने ख़त लिखकर बताया कि उसे मालूम हुआ है कि पायलट का नाम अज़हर

था, लेकिन वह यक़ीन के साथ नहीं बता पाया था कि क्या यह वही अज़हर था, जिसे हम जानते थे!

~

जंग भारत की सरहदों तक आ पहुँची थी और इसने हमारी दुनिया को हमेशा के लिए बदल डाला था। लेकिन इसके नतीजों के बारे में मुझे उस उम्र में ज़रा भी अन्दाज़ा नहीं था। बाद में, मैंने उस वैश्विक युद्ध की भयावहता के बारे में पढ़ा-सुना—यातना शिविर और हिटलर द्वारा यहूदियों का संहार; चीन और दक्षिण-पूर्व एशिया में जापानियों के अत्याचार; और आख़िर में, अमेरिका द्वारा हिरोशिमा और नागासाकी पर परमाणु बम गिराने से लाखों इनसानों का सफ़ाया।

उनके पहले भी अति-महत्त्वाकांक्षी विजेताओं के साथ जैसा होता आया था, ज़ालिम ख़ुद से ठगे गए और ख़ुद ही अपनी हार का कारण बने। पर यूरोप को बदहाल छोड़ दिया गया। ब्रिटेन का औपनिवेशिक साम्राज्य अब डगमगा रहा था, कम से कम इसे ही एक बेहतर नतीजा माना जा सकता था—युद्ध का अगर कोई बेहतर नतीजा हो सकता हो तो—और हिन्दुस्तान उम्मीद से थोड़ा पहले ही आज़ाद हो गया। मगर बँटवारे की त्रासदी ने इस ख़ुशी पर पानी फेर दिया था।

बँटवारा बहुत ही भयानक और तकलीफ़देह घटना थी। इसकी वजह से बड़े पैमाने पर अफ़रा-तफ़री और अराजकता फैली, दोनों ओर से हड़बड़ाई हुई बड़ी आबादी का पलायन हुआ, बड़े पैमाने पर लड़ाई-झगड़े और ख़ून-ख़राबा हुआ, अशान्ति फैली। यहाँ तक कि देहरा जैसे छोटे शहर और शिमला और मसूरी जैसे शान्त हिल स्टेशन भी उन दिनों फैले साम्प्रदायिक उन्माद की चपेट में आने से नहीं बच पाए।

बीसीएस के मुस्लिम लड़कों को तो हिफ़ाज़त से सरहद पार भेज दिया गया, मगर दूसरे लोग इतने क़िस्मत वाले नहीं निकले। घरेलू नौकरों, छोटे दुकानदारों, मजदूरों और सीधे-सादे कामगारों को सड़कों पर क़त्ल कर दिया गया। ये सब पूरे उत्तर भारत में हुआ, और नये बने मुल्क पाकिस्तान में भी। देहरा में, मेरी माँ ने मुझे बताया, छोटी नहर लाशों से पट गई थी। केवल अमीर लोग ही वहाँ से बचकर निकल पाए थे या फिर वे लोग, जिन्होंने शरणार्थी शिविरों में पनाह ले ली थी। मेरे सौतेले पिता हिन्दू थे, और वह उन थोड़े से लोगों में शामिल थे, जिन्होंने बहशीपन के उस दौर में अपना काम-धंधा छोड़कर लोगों की मदद की। उन्होंने अपने कई मुसलमान दोस्तों और कर्मचारियों को बचाकर सरहद पार कराई—उन लोगों को अपनी मोटर में बैठाकर तमाम अशान्त इलाक़ों को पार करते हुए वह

उन्हें सरहद के क़रीब छोड़ आते थे, जहाँ से रात के अँधेरे में वे लोग उस पार चले जाते। ऐसा करके उन्होंने अपनी जान जोखिम में डाली थी और यह उन्होंने कई बार किया।

जब तक मैं स्कूल से घर पहुँचा, हालात कुछ हद तक सँभल चुके थे। भारत में, किसी बड़ी उथल-पुथल के बाद अक्सर बेचैन क़िस्म की शान्ति का दौर आता है—हिंसा की वारदातें अचानक थम जाने के बाद, जो कुछ गुज़रा उसके सदमे से उबरने की ज़रूरत, और आसपास से ग़ायब हुए लोगों का लेखा-जोखा।

देहरा वाली नानी ग़ुम हो गई थीं, मगर इसकी वजह बँटवारे के फ़साद नहीं थे। आज़ादी के कुछ महीने बाद वह गुज़र गईं। अपनी दोस्त से मिलने वह राँची गई थीं, वहीं उनकी मृत्यु हो गई, शायद दिल का दौरा पड़ने से, और उन्हें वहीं दफ़्न कर दिया गया। इसके बारे में मुझे नहीं बताया जाना था, सो नहीं बताया गया।

उन जाड़ों में, जल्दी ही मेरा घूमने-फिरने का सिलसिला फिर शुरू हो गया, कभी किताबों की दुकान में जाकर पन्ने पलटता, या पॉकेट मनी पास हो तो सिनेमाघर चला जाता। शहर के तमाम सिनेमाघरों में से तीन अब भी अंग्रेज़ी, या कहें कि अमेरिकन फ़िल्में दिखा रहे थे, और चकराता रोड पर हॉलीवुड सिनेमा इन्हीं में एक था, जहाँ वार्नर ब्रदर्स और एमजीएम की सारी नई फ़िल्में चलती थीं।

देहरा की शान्त सड़कों और गलियों में अब तक शायद मैं एक जाना-पहचाना चेहरा बन चुका था—एक तन्हा नौजवान, हल्के रंग के बाल, गोरेपन से ज़्यादा गुलाबी रंगत, जेब में हाथ डाले, सिर नीचा किये हुए ऐसे डोलता फिरता था, जैसे फ़ुटपाथ पर कुछ खोज रहा हो। जामनगर में समुद्र किनारे सीपियों की तलाश में घूमते हुए मुझे सिर नीचा करके चलने की आदत पड़ गई थी। बेशक, देहरा में सीपियाँ नहीं थीं, मगर कभी-कभी मैं पत्थर के रंगीन टुकड़े उठाने के लिए ठहर जाता था। रंगीन पत्थरों का मेरे पास एक छोटा संग्रह हो गया था।

सड़कों पर टहलते हुए कोई मुझ पर ध्यान नहीं देता था। रास्ते में कभी-कभार कोई शरारती लड़का मिल जाता, और मुझे देखकर चिढ़ाता 'लाल बन्दर!,' मगर मुझे इसकी आदत पड़ चुकी थी। एक बार कॉलेज के कुछ साइकिल सवार लड़कों ने इकट्ठे होकर धकियाते हुए मुझे फ़ुटपाथ के नीचे खंदक में गिरा दिया और गाली-गलौज करते हुए भाग गए; लेकिन यह अकेली घटना थी, कॉलेज के लड़के ऐसा तो अपने लोगों के साथ भी करते रहते थे।

शिमला में मेरे स्कूल के दोस्त थे, अंग्रेज़ी बोलनेवाले लड़के, लेकिन देहरा में तो मैं एकदम अकेला था—फिर एक दिन बड़ा दिलचस्प वाक़या हुआ। मैदान

(पुराना परेड ग्राउंड) पार करते समय एक फुटबॉल उछलती हुई मेरी तरफ़ आई और फुटबॉल का तजुर्बेकार खिलाड़ी होने के नाते मैंने गेंद को ऐसी किक लगाई कि वह लौटकर सीधे खिलाड़ियों के पास पहुँच गई। हिन्दीभाषी, या कहें कि हिन्दुस्तानी ज़बान बोलनेवाले वे लड़के पलटन बाज़ार और आसपास के इलाक़ों के थे, और यों ही मज़े के लिए खेल रहे थे। मेरी किक का असर यह हुआ कि उनमें से एक ने मुझे आवाज़ लगाई : 'बहुत अच्छे! आप खेलेगा?' मैंने उसका निमंत्रण स्वीकार किया और उनके खेल में शामिल हो गया। जल्दी ही मैं उनकी छोटी-सी टीम का नियमित खिलाड़ी बन गया। शाम को फुटबॉल खेलता और कभी-कभार उनके साथ क्लॉक टॉवर के क़रीब चाट या गोल-गप्पे के ठिकानों पर भी चला जाता।

और इस तरह अचानक, मेरी दुनिया थोड़ी-सी बड़ी हो गई थी।

~

देहरा में बहुत से सिनेमाघर थे। मैं अकेला ही फ़िल्म देखने जाया करता था। पलायन के कुछ घंटे बिताने के लिए, ख़िरामाँ-ख़िरामाँ चलता हुआ मैं ओरिएंट, या ओडियन, या फिर हॉलीवुड पहुँच जाता था। बेशक, किताबें थीं, जो पलायन का दूसरा और बेहतर ज़रिया थीं, मगर किताबें तो घर में बैठकर ही पढ़ी जा सकती थीं और कई बार मैं घर से दूर जाना चाहता था, ताकि अँधेरे सिनेमाहॉल की उस बेचेहरा निजता में अपनी एक दूसरी और एकाकी ज़िन्दगी जी सकूँ।

पुराने परेड ग्राउंड के सामने ओडियन सिनेमा—जिसका अब निशान भी बाक़ी नहीं—मेरा पसन्दीदा हॉल था। 1940 और 50 के दशक में अंग्रेज़ी सिनेमा के शौक़ीनों के मिलने-जुलने का भी शायद यह सबसे पसन्दीदा अड्डा था। किसी फ़िल्म की लोकप्रियता का अन्दाज़ा आप बाहर खड़ी साइकिलों से लगा सकते थे। ओल्ड सर्वे रोड से, उन दिनों जहाँ हम लोग रहते थे, ओडियन बीस मिनट की दूरी पर था। शाम के शो के बाद मैं टहलते हुए, सुनसान परेड ग्राउंड पार करके घर चला आता था। उस वक़्त तारों से जगमगाता आसमान मेरी सपनों की दुनिया को और चमकीला बना देता था, जहाँ कितने ही सितारे पहले से झिलमिला रहे होते थे—उस नभमंडल में टैप डांसरों की ठक-ठक ठकाठक, गाते-गुनगुनाते काऊबॉय, तलवारबाज़ और सॅरोंग पहने चित्ताकर्षक महिलाओं का राज था।

शॉर्ट फ़िल्म्स और मुख्य फ़ीचर फ़िल्म के बीच पाँच मिनट का इंटरवल होता तो प्रोजेक्शनिस्ट या उसका कोई असिस्टेंट हॉल में बैठे लोगों का ख़ालीपन भरने के लिए कुछ ग्रामोफ़ोन रिकॉर्ड बजाया करते थे। बदक़िस्मती से, ओडियन वालों

के पास सिर्फ़ दो या तीन ही रिकॉर्ड थे, और हर शो में उन्हीं धुनों को सुनकर दर्शक बेचैन हो जाते थे। इसी मजबूरी की वजह से बिंग क्रॉस्बी को मुझे कम से कम सौ बार 'डोंट फ़ेंस मी इन' गाते हुए सुनना पड़ा और इसे सुनते वक़्त मैं सचमुच ख़ुद को बँधा हुआ महसूस करता।

घर में मेरे पास ग्रामोफ़ोन रिकॉर्ड्स का एक बढ़िया संग्रह था, उन रिश्तेदारों और पड़ोसियों की वजह से यह संग्रह ख़ासा समृद्ध हो गया था, जिन्होंने आज़ादी के कुछ बरस पहले हिन्दुस्तान छोड़कर जाना शुरू कर दिया था, और अब भी जा ही रहे थे, और जाते हुए अपने रिकॉर्ड्स मेरे हवाले कर गए थे। मैंने सोचा कि इनमें से कुछ रिकॉर्ड सिनेमा वालों को दे देना ठीक रहेगा ताकि इंटरवल में हमें थोड़ा ज़्यादा विविध संगीत सुना सकें। मैंने क़रीब बीस रिकॉर्ड चुने—जिनमें ज़्यादातर उस दौर के नृत्य-संगीत के थे—और ले जाकर सिनेमाघर के मैनेजर मिस्टर मान को दे दिये। वह भारतीय ईसाई थे, मितभाषी थे मगर उनके चेहरे पर सौम्यता झलकती थी।

मेरा तोहफ़ा पाकर वह थोड़े हैरान, मगर ख़ुश हुए और बदले में, उन्होंने मुझे एक मुफ़्त पास दिया, जिससे टिकट ख़रीदे बिना ही मैं अपनी पसन्द की सारी फ़िल्में देख सकता था! किसी भी दिन, कोई भी शो, जब तक कि मिस्टर मान वहाँ मैनेजर थे।

यह अप्रत्याशित उपहार क़रीब दो साल तक मेरे काम आया, और इसका नतीजा यह हुआ कि स्कूल की छुट्टियों के दौरान मैंने हर दूसरे दिन एक फ़िल्म देखी। तब ज़्यादातर फ़िल्में औसतन दो दिनों तक चलती थीं। 'गॉन विद द विंड' ज़रूर इसका अपवाद थी, जो हफ़्ते-भर तक चली और मैं कुढ़ता रहा। मुझे यह बहुत उबाऊ लगी, मैं बीच में ही निकल आया था। लेकिन ऐसी तमाम फ़िल्में थीं, जिन्हें देखना मुझे भाया—आमतौर पर मशहूर या जानी-पहचानी किताबों पर बनी फ़िल्में। डिकेंस के उपन्यास सिनेमा के पर्दे के लिए बहुत माकूल थे; 'डेविड कॉपरफ़ील्ड', 'ओलिवर ट्विस्ट', 'ग्रेट एक्सपेक्टेशंस', 'अ टेल ऑफ़ टू सिटीज़', 'ए क्रिसमस कैरल' (स्क्रूज), सभी पर कामयाब फ़िल्में बनीं। डाफ़्ने डि मौरियाई के उपन्यासों पर भी ढंग की फ़िल्में बनीं। ऐसे ही सॉमरसेट मॉम की किताबों : 'ऑफ़ ह्यूमन बांडेज', 'द रेज़र्स एज' और कई दूसरी किताबों पर भी।

उन फ़िल्मों ने मेरी उस बार की और उसके बाद आनेवाली सर्दियों को यादगार बना दिया, इसके लिए मैं मिस्टर मान का शुक्रगुज़ार था। मुझे यक़ीन है कि उन्होंने मुझ पर यह इनायत इसलिए की कि वह मेरे हमदर्द थे—हो सकता है कि उन्होंने मुझे देहरा की सड़कों पर हमेशा ही अकेला, किसी ख़ानाबदोश की

तरह, भटकते हुए देखा हो। स्थानीय होने के नाते वह मेरे हालात से वाक़िफ़ रहे होंगे। मेरे रिकार्ड भेंट करने से उन्हें मेरी मदद करने का बहाना मिल गया। उन्हें मालूम हो गया था कि फ़िल्मों का मुझे शौक़ है और टिकट पर हमेशा ख़र्च करने की मेरी ताब नहीं थी।

मेरे इंग्लैंड चले जाने के कुछ दिनों के बाद यह छोटा-सा सिनेमाघर बन्द हो गया और जब मैं लौटा तो इसकी इमारत गिराने की तैयारियाँ चल रही थीं। मिस्टर मान कहीं और चले गए थे, और मुझे यह सोचना भला लगता है कि वह जहाँ भी होंगे, सिनेमा के दूसरे शौक़ीनों को उनकी रहमदिली वैसे ही रास आ रही होगी, जैसे कि मुझे आई।

~

जनवरी, 1948—मैं हॉलीवुड में बैठा एक फ़िल्म देख रहा था, बदलाव के इरादे से मैं चकराता रोड पर इस सिनेमाघर में चला आया था। शो शुरू होने के क़रीब दस मिनट बाद फ़िल्म अचानक रोक दी गई, हॉल की बत्तियाँ जल गईं, और मैनेजर ने सामने आकर घोषणा की कि अभी-अभी ख़बर मिली है कि आज सुबह प्रार्थना सभा में जा रहे महात्मा गांधी की गोली मारकर हत्या कर दी गई है। फ़िल्म का शो रद्द किया जाता है, और सिनेमाघर एक हफ़्ते तक बन्द रहेगा।

इस ख़बर से मैं सदमे में था, और उलझा हुआ भी, फिर बड़ा मैदान पार करके घर लौट आया। मैं खिन्न था कि अब हफ़्ते-भर तक फ़िल्में देखने को नहीं मिलेंगी। तब मैं तेरह साल का था, इसलिए संवेदनशीलता की मेरी इस कमी को शायद माफ़ किया जा सकता है। लेकिन मुझे ख़ूब याद है कि छोटे-छोटे समूहों में दुखी और स्तब्ध चेहरा लिये लोग, दबी ज़बान में आपस में बात कर रहे थे और इस बात को लेकर फ़िक्रमन्द थे कि अब क्या होगा। हत्यारा हिन्दू था तो साफ़ तौर पर यह राहत की बात की थी कि इस हादसे की वजह से साम्प्रदायिक दंगे नहीं होंगे। घर पर, मेरी माँ, सौतेले पिता और घर के नौकर-चाकर सब हक्के-बक्के दिखाई दिये, और शोकाकुल भी।

लेकिन मेरे परिवार में सबसे ज़्यादा किसी के दिल को ठेस पहुँची तो वह मेरी बहन एलेन थी। अगले कई दिनों तक, उसने ड्रेगन, हाथी और बाघ की तसवीरें नहीं बनाई। घंटों तक बैठकर वह गांधी की तसवीरें बनाती रहती थीं। उसकी नज़र कमज़ोर थी, और कुछ तसवीरों में आकृतियाँ अजीब-सी बन गई थीं, लेकिन गोल रिम वाले चश्मे, सैंडल और छड़ी से हम गांधी को पहचान सकते थे। किसी को अन्दाज़ भी नहीं था कि वह अपने आस-पास की बहुत-सी चीजों को देखती-

समझती भी है, बाहर की दुनिया की तो बात ही छोड़िए। पता नहीं कैसे, महात्मा ने उसका मर्म छू लिया था।

हम कभी नहीं जान पाए कि एलेन के उस मन में क्या चल रहा था, जिस मन की उम्र पूरी ज़िन्दगी पाँच साल ही बनी रही।

द ग्रीन्स होटल में

1947-48 की सर्दी की छुट्टियाँ बहुत जल्दी ख़त्म हो गईं, मैं बोर्डिंग स्कूल लौट आया, और इतवार को होनेवाली क्रिकेट की नेट प्रैक्टिस और सुबह-सुबह पीटी और प्रवचनों से ऊबने लगा। हमारी फ़ोर फ़ेदर्स मंडली के तीन लोग अब दुनिया के अलग-अलग हिस्सों में थे—पाकिस्तान, इंग्लैंड और न्यूज़ीलैंड में—मुझे उनकी कमी बहुत खलती थी, और सबसे ज़्यादा अज़हर की।

बीसीएस में अब मैं अकेला रह गया था तो मुझे बहुत मज़ा नहीं आ रहा था। मैंने अपनी माँ को लिखकर पूछा कि क्या वह मुझे देहरा के किसी स्कूल में दाख़िल करा सकती हैं, उन्होंने कहा कि वह कोशिश करेंगी, लेकिन फिर मैंने अपना इरादा बदल दिया। स्कूल की लाइब्रेरी और किताबों से मेरे लगाव ने वह साल बिताने में मेरी मदद की।

फिर दिसम्बर आ गया, और जाड़ों की तीन महीने की छुट्टियाँ मिलने से मैं ख़ुश था।

घर आया तो मालूम हुआ कि मेरी माँ एक पुराने होटल, द ग्रीन्स, का इन्तज़ाम देखने लगी थीं, जो राजपुर रोड पर मुख्य रास्ते से थोड़ा हटकर अन्दर की तरफ़ था। देहरा मन्दी के दौर से गुज़र रहा था, मेरे सौतेले पिता की कारोबारी कोशिशें लगातार नाकाम हो रही थीं तो इस बार मेरी माँ ने ख़ुद कमान सँभाल ली थी, और वह घर छोड़कर चली आई थीं। पता चला कि मिस्टर एच ने अपनी पहली पत्नी से सुलह कर ली और वह उनके साथ रहने चले गए थे, अग़रचे यह इन्तज़ाम बहुत दिन नहीं चल पाया।

एक मंज़िला ग्रीन्स किसी बड़े बँगले की तरह था, जिसमें क़रीब बीस कमरे थे। यह काफ़ी बेनूर क़िस्म की ऊबड़-खाबड़ जगह थी, जिसे एक सिख परिवार

ने ख़रीद लिया था, पास ही में परफ़ेक्शन हाउस नाम से उनकी एक बड़ी दुकान थी। उन्होंने मेरी माँ को मैनेजर रख लिया था, और होटल के पीछे एक छोटा-सा कॉटेज दे दिया था, जहाँ वह मेरे भाई विलियम और सौतेले भाइयों हेरल्ड और हेंसल और एलेन के साथ रह रही थीं। जन्म के समय एलेन को लगी चोट का असर और गम्भीर हो गया था। उसे मिरगी के दौरे आने लगे थे, अपने बूते वह बहुत कुछ करने में असमर्थ थी, और उसे लगातार देखभाल और एहतियात की ज़रूरत पड़ती थी। होटल का काम देखने के साथ माँ, उसकी और बाक़ी तीन बच्चों की देखभाल नहीं कर सकती थीं, इसलिए उन्होंने एक विधवा श्रीमती केनेडी को एलेन की आया के तौर पर रख लिया था। होटल की तनख़्वाह मामूली ही थी, जिसमें किसी तरह गुज़ारा हो सकता था, एलेन के लिए रॉयल एयरफ़ोर्स से मिलनेवाले भत्ते के बावजूद था।

कॉटेज में जगह की किल्लत थी, और चूँकि होटल में कभी-कभार ही कोई मेहमान आता था, माँ ने छुट्टियाँ बीतने तक एक छोटे-से ख़ाली कमरे में मेरे रहने का इन्तज़ाम कर दिया। यह एक बड़े कमरे से सटा हुआ था, जिसके बीच में एक बन्द दरवाज़ा, और सामने एक अलमारी थी, मगर दूसरी ओर तेज़ आवाज़ में होनेवाले बहस-मुबाहसे मुझे देर रात तक जगाए रखते। दरवाज़े के दूसरी तरफ़ एक एंग्लो-इंडियन माँ-बेटे रहते थे, जिन पर बुरा वक़्त आ पड़ा था, और वे हमेशा एक-दूसरे से झगड़ते रहते थे। ना-उम्मीदी भरी उनकी बेहूदा बातें मुझे परेशान करतीं, मगर उसकी आदत डाल लेने के सिवाय मेरे पास कोई चारा भी नहीं था—मुझे रहने के लिए यह जगह मिल गई क्योंकि यह होटल का सबसे छोटा कमरा था; होटल का मालिक मुफ़्त में मुझे कोई बड़ा कमरा तो देने से रहा।

लेकिन होटल मालिक का बेटा जसबीर बहुत मिलनसार तबीयत का था और बैडमिंटन खेलते हुए हम दोनों काफी वक़्त साथ बिताते थे। होटल के निर्जन पड़े बगीचे में हमने बैडमिंटन कोर्ट बनाया और जल्दी ही इसकी ख्याति इतनी फैली कि कई दूसरे लड़के और कुछ लड़कियाँ खेलने के लिए आने लगे। इससे होटल की कमाई में तो कोई बहुत इज़ाफ़ा नहीं हुआ, क्योंकि कभी-कभार नींबू पानी छोड़कर उन लोगों ने और कुछ नहीं खरीदा, मगर वहाँ कम से कम थोड़ी चहल-पहल रहने लगी।

उस होटल में लम्बे समय तक रहनेवाले लोग नहीं, सिर्फ़ शहर से गुज़रनेवाले थोड़े-से लोग थे—दवाओं के सेल्समैन, मसूरी जानेवाले सैलानी, और कभी-कभार शहर के छोटे बोर्डिंग स्कूलों में पढ़नेवाले विद्यार्थियों के अभिभावक। वहाँ हल्के-फुल्के और कामचलाऊ नाश्ते भर का इन्तज़ाम था, कोई रेस्टोरेंट नहीं था। लेकिन

बिलियर्ड्स रूम से सटा हुआ एक बार वहाँ था, जो थोड़ी अँधेरे और सीलन से भरी जगह थी। कुछ विलायती लोग बिला-नाग़ा वहाँ बिलियर्ड्स खेलने पहुँचते थे। बिलियर्ड्स रूम चलानेवाला मार्कर दिलचस्प इनसान था। उसकी उम्र का अन्दाज़ तो नहीं लगाया जा सकता मगर वह पन्द्रह-बीस सालों से होटल में काम कर रहा था, उसे यह भी याद था कि किसी ज़माने में बैंड के लिए बग़ीचे में चबूतरा हुआ करता था और बरामदे में डांस फ़्लोर था। उन दिनों होटल यूरोपियन और समृद्ध हिन्दुस्तानियों—ज़मींदारों, शाही ख़ानदान के लोगों और कामयाब पेशेवरों—की आवाजाही से सरगर्म और गुलज़ार रहता था। वे लोग होटल में ठहरने या फिर खाना खाने के लिए जुटते थे। यह बात अगर सच थी तो होटल के वैभव का पराभव बहुत तेज़ और नाटकीय रहा था। 1940 के दशक के आख़िर और 50 के दशक की शुरुआत में, देहरादून के बारे में भी ऐसा ही कहा जा सकता था। कुछ को छोड़कर सारे अंग्रेज़ और एंग्लो-इंडियन परिवार यहाँ से चले गए थे, और बँटवारे की वजह से बड़े पैमाने पर पुराने मुस्लिम परिवारों का पलायन भी हुआ था। सिख और पंजाबी शरणार्थी अभी आना शुरू ही हुए थे और पाकिस्तान में अपना सब कुछ लुटा आने के बाद वे यहाँ ख़ुद को जमाने के लिए जूझ रहे थे।

इसलिए ग्रीन्स होटल में करने के लिए ज़्यादा कुछ नहीं था। हर रोज़ सुबह, क़रीब दस बजे, खातों और काग़ज़ी कामकाज में मदद करने के बहाने मैं अपनी माँ के दफ़्तर चला जाता था, हालाँकि वहाँ करने के लिए बहुत कुछ होता नहीं था। दरअसल मैं, माँ के लिए आनेवाली कॉफ़ी और पकौड़े की वजह से, और अख़बार पढ़ने के लिए वहाँ जाता था। वहाँ से फ़ारिग़ होने के बाद, गपशप करने के लिए मैं कॉटेज में श्रीमती केनेडी के पास चला जाता था।

श्रीमती केनेडी आयरिश थीं, उनके पास सुनाने के लिए ढेरों क़िस्से थे, और उनके क़िस्से सुनना मुझे भला लगता था। उन्होंने अच्छे दिन देखे थे, जैसे कि उन तमाम ग़रीब एंग्लो-इंडियन और यूरोपीय लोगों ने, जो अंग्रेज़ों के अचानक चले जाने से प्रभावित हुए थे। श्रीमती केनेडी जैसे लोग, जिन्होंने सम्पन्न गोरे परिवारों के लिए काम किया था, अचानक ख़ुद को असहाय पा रहे थे। उनके पति सेल्समैन थे, वह घूम-घूमकर दीमक मारनेवाला रसायन बेचते थे, मगर एक ट्रेन दुर्घटना में उनकी मृत्यु हो गई, और कीटनाशक सेल्समैन की विधवा के लिए तो कोई पेंशन होती नहीं थी। वक़्त आने पर श्रीमती केनेडी को इंग्लैंड या आयरलैंड भेज दिया जाएगा, पर तब तक तो उन्हें किसी तरह जीवनयापन करना ही था, और मेरी बहन की देखरेख के लिए किसी ख़ास हुनर की दरकार नहीं थी—बस धैर्य और हमदर्दी की ज़रूरत थी। श्रीमती केनेडी के पास थोड़े-थोड़े दोनों ही थे।

उन्होंने मुझे बताया कि उनके पति अद्‌भुत गाते थे, हूबहू आयरिश गायक जॉन मैककॉर्मैक की तरह, और दावतों में, शादियों में, यहाँ तक कि अन्त्येष्टियों में भी वह अक्सर बुलाए जाते थे। श्रीमती केनेडी को भी गाना पसन्द था—उनकी आवाज़ मद्धिम थी—और वह हमें 'डैनी बॉय', 'स्वीट रोज़ी ओ'ग्रेडी' और 'व्हेन आयरिश आइज़ आर स्माइलिंग' जैसे भावुक गीत सुनातीं।

वह भोजनवीर थीं, और कोई भी पकवान दो बार अपनी प्लेट में डालना उनकी आदत में शुमार था। चूँकि मेरे भाइयों की ख़ुराक भी ठीकठाक थी, इसलिए माँ को यह ख़याल रखना पड़ता था कि अलमारी में दाल, चावल और आलू कम न होने पाएँ। आयरिश होने के नाते श्रीमती केनेडी को आलू बहुत पसन्द थे, ख़ासतौर पर दमपुख़्त आलू, और उन्हें इस बात पर अभिमान था कि क़रीब सदी-भर पहले भारत में आलू लाने का श्रेय उनके हमनाम कैप्टेन केनेडी को जाता है, जिन्होंने शिमला की पहाड़ियों में आलू की खेती शुरू कराई, और मसूरी की पर्वत श्रृंखला में उनके हमवतन कैप्टेन यंग ने। अब तो, ज़ाहिर है कि हर कोई आलू खाता है—आलू की तरकारी, दूसरी सब्ज़ियों के साथ मिलाकर, तली हुई मछली के साथ चिप्स के तौर पर, या यों कहें कि लगभग हर चीज़ के साथ।

'सोचो कि आलू न होता तो हम लोग क्या करते?' उन्होंने मुझसे पूछा था।

'तो शलजम खाते,' मैंने कहा। 'शलजम तो भारत में हमेशा ही होता था।'

'शलजम से तुम जल्दी ही ऊब जाओगे। वह केवल अचार के लिए ही अच्छा है!'

श्रीमती केनेडी ने खाने में मीनमेख और मेरी चंचलता पर मुझे झिड़का। मैं उनके या अपने भाइयों की तरह पेटू जो नहीं था।

'तुम्हारी शादी कभी नहीं होगी,' उन्होंने कहा।

'ऐसा क्यों?'

'तुम किसी एक चीज़ पर टिके जो नहीं रह सकते,' वह बोलीं। 'कभी तुमको भीतर से नरम पर तले हुए अंडे चाहिए, कभी अंडे की भुजिया तो कभी आधे उबले हुए अंडे। इसी तरह हर टोस्ट पर भी कुछ न कुछ अलग चाहिए—एक पर आम की चटनी, दूसरे पर मुरब्बा, तीसरे पर सरसों का सॉस! तुम्हारी शादी कभी नहीं होगी।'

'मेरे खाने और शादी में भला क्या रिश्ता है?' मैंने पूछा।

'तुम किसी एक के साथ निभा नहीं पाओगे—पत्नी, रखैल, प्रेमिका, नौकरी, कुछ भी—तुम्हें तो हर दिन कुछ अलग चाहिए होगा!'

'अगर ऐसा है,' मैंने कहा, 'तो अमरूद की जेली ज़रा इधर बढ़ाओ।'

शायद वह ठीक कहती थीं। या यह कोई आयरिश लोककथा थी? मुझे लगता है कि खाने में इतनी विविधता की मेरी चाहत के पीछे स्कूल में मिलनेवाला सादा और नीरस भोजन था। हो सकता है कि शादी नहीं करके या किसी हमसफ़र के बिना ज़िन्दगी बिताने का फ़ैसला करके मैंने बुद्धिमानी की हो—सचमुच मैं कुछ कह नहीं सकता। जहाँ तक प्रेमिकाओं का सवाल है तो उन्हें रिझाने लायक पुर-कशिश सूरत ही मेरी नहीं थी। फिर भी, मैं मुहब्बत के जज़्बे से ख़ाली नहीं रहा; इनमें से कुछ एकतरफ़ा थीं, कुछ साझा और शदीद—इनमें से कुछ का ज़िक्र मैंने अपनी कहानियों में किया है और इन पन्नों में उन्हें फिर से याद भी करूँगा, पर कुछ के बारे में ख़ामोश ही रहूँगा, क्योंकि कुछ अनुभूतियाँ बहुत निजी होती हैं, और उन्हें जाने बग़ैर दुनिया का कुछ बिगड़ नहीं जाएगा।

लेकिन नौजवानी के दिनों में मैंने कई नौकरियाँ कीं, और लेखक के तौर पर पिछले तमाम वर्षों में तक़रीबन तीस या चालीस प्रकाशकों ने मुझे छापा होगा। जज़्बे की बात अपनी जगह, मगर उनमें से किसी के साथ मैं हमबिस्तर नहीं हुआ तो मुझे नहीं लगता कि उन रिश्तों को पत्नी, रखैल या प्रेमिकाओं का नाम दिया जा सकता है। मगर दो या तीन अच्छी दोस्त रही हैं।

श्रीमती केनेडी को बातें करना अच्छा लगता था, और मुझे वह सब सुनना, क्योंकि उनकी प्यारी आवाज़ की लय और उनका तलफ़्फ़ुज़ मुझे पसन्द था। लेकिन एलेन उन्हें सख़्त नापसन्द करती थी, सही बात तो यह है कि उस पर अंकुश लगानेवाले किसी भी शख़्स को वह बिलकुल पसन्द नहीं करती थी। उसे केले से नफ़रत थी, और अगर श्रीमती केनेडी उसे यह कहकर केला खिलाने की कोशिश करतीं कि, 'केले तुम्हारे लिए फ़ायदेमन्द हैं, बच्चे,' तो फिर केले कमरे में चारों तरफ़ उड़ते नज़र आते और वहाँ मौजूद लोगों को उनसे बचने के लिए सिर झुका लेना पड़ता।

कोई भी चीज़ अगर उसे यह कहकर दी जाती कि 'तुम्हारे लिए फ़ायदे' की है तो वह तुरन्त ग़ुस्सा हो जाती और उसे किनारे कर देती। इसलिए मैंने दूसरा तरीक़ा अख़्तियार किया। एक रोज़ खाने की मेज़ पर ज़ायक़ेदार 'ब्रेन कटलेट' आते ही मैंने उससे कहा, 'यह तुम्हें नुक़सान करेगा। तुमको यह नहीं खाना चाहिए।' उसने झट से तीन ब्रेन कटलेट खा डाले, फिर और माँगे। ज़िन्दगी के आख़िरी दिनों तक ब्रेन कटलेट उसे बहुत पसन्द रहे, और बाद के वर्षों में उसकी देखभाल की ज़िम्मेदारी सँभालनेवाली मेरी सौतेली बहन प्रमिला को लुधियाना में उसके लिए ब्रेन कटलेट जुटाना भारी पड़ता था। रिटायर होने के बाद वह एलेन को अपने साथ लेकर लुधियाना में बस गई थीं।

श्रीमती केनेडी ने, हालाँकि हमें छोड़ने का फ़ैसला उसी दिन कर लिया, जिस दिन एक उड़ता हुआ चकोतरा उनकी आँख में जा लगा था। एलेन ने निशाना दरअसल मुझ पर लगाया था—क्योंकि मैं उसे चिढ़ा रहा था—मगर उसकी कमज़ोर नज़र के चलते पूरी ताक़त से फेंका हुआ वह चकोतरा निशाने से चूक गया और मेरे बजाय श्रीमती केनेडी को जा लगा।

फिर एक स्थानीय कॉन्वेंट स्कूल में उन्होंने छात्रावास की मैट्रन की नौकरी कर ली, और बाद में उन्हें आयरलैंड वापस भेज दिया गया।

~

भारत के दूसरे शहरों और क़स्बों की तरह ही देहरा भी अंग्रेज़ और एंग्लो-इंडियन परिवारों से ख़ाली होता जा रहा था। सारे बोवेन्स, शेफ़र्ड्स, क्लार्क्स, क्लर्क्स, व्हाइट्स, ब्राउन्स, ग्रेशम्स, ग्रीन्स—या तो शहर छोड़ चुके थे, या फिर छोड़ने की तैयारी कर रहे थे। कुछ लोग यहीं रहनेवाले थे, जिनमें मेरी माँ भी शामिल थीं। अपने बड़े परिवार में वही अकेली बची रह गई थीं। उनकी सारी बहनें, यहाँ तक कि उनके निठल्ले सौतेले भाई केन ने भी भारत छोड़ने का फ़ैसला कर लिया था।

पलायन का सिलसिला तो ख़ैर दूसरे विश्वयुद्ध के आख़िरी वर्षों में ही शुरू हो गया था। कुछ लोगों के लिए फ़ैसला करना कठिन था। इंग्लैंड में उनके लिए कोई सम्भावना नहीं थी, और बहुतों का वहाँ कोई रिश्तेदार भी नहीं था। और अगर कोई अच्छी योग्यता न हो तो भारत में भी उनके लिए कोई सम्भावना नहीं रह गई थी। 'सफ़र में मदद' का सुभीता उनमें से कई के लिए इंग्लैंड जाने का सहारा बना : आज़ादी के कुछ वर्षों बाद तक, 'ग़रीब गोरों' और बेसहारा एंग्लो-इंडियन लोगों को यह सहूलियत मिली हुई थी कि ब्रिटिश उच्चायोग में जाकर वे ख़ुद को ब्रिटेन वापस भेजने के लिए कह सकते थे और उन्हें वापस जाने का सफ़र ख़र्च मिल जाता था। अमूमन वे ऐसे लोग थे, जो ख़ुद को संकट में फँसा हुआ महसूस करते थे—ऐसे लोग जिनके पास कोई काम नहीं था, या बेसहारा औरतें और बुज़ुर्ग।

मुझे लगता है कि डाँवाँडोल मुस्तक़बिल के लिहाज़ से 'ग़रीब गोरे' वाली क़ाबिलियत तो मुझमें भी थी। मगर कई ऐसे भी थे, जिनके हालात मुझसे कहीं ज़्यादा ख़राब थे। मिसेज़ डीड्स इन्हीं में से एक थीं।

मिसेज़ डीड्स, उम्र के तीसवें में थीं और उनका बेटा हॉवर्ड सत्रह साल का था, वे दोनों होटल ग्रीन्स में मेरे बगल वाले कमरे में रहते थे। अपने साजो-सामान के साथ वे वहाँ पड़े हुए सफ़र ख़र्च वाली मदद का इन्तज़ार कर रहे थे। भगवान जाने वे कहाँ से आए थे, या देहरा क्यों आए थे, जहाँ उनका कोई दोस्त या

रिश्तेदार नहीं था। वे साम्राज्य के जहाज़ के उस खोए हुए सामान की तरह थे, जिसे वे ही पीछे छोड़ गए थे, जिनकी वजह से उनका वजूद था। मिसेज़ डीड्स समझदार और आकर्षक महिला थीं, मगर शराब की आदी थीं। उनसे कई बार की बातचीत से मेरी माँ को पता चला कि उनके पति ने उन्हें छोड़ दिया है, अपना घर भी बेच दिया और उन्हें धेला भी नहीं दिया। उनके परिवार में कोई और नहीं था, कम से कम ऐसा कोई नहीं था, जो उनकी मदद करता। कुछ सालों तक उन्होंने कहीं एक स्टोर में काम किया और अपने बेटे को पाला-पोसा, लेकिन अब कोई नौकरी भी नहीं थी।

जब वह बोतल पटक रही थीं तो उनके बेटे ने उनका मज़ाक़ उड़ाया, और फिर उन दोनों के बीच भयानक झगड़ा हुआ, जिसका एक-एक शब्द मैं सुन सकता था। वह एक दंभी नौजवान था, जो अपने ख़राब हालात के लिए उनको ही दोषी ठहराता था। उसे हमेशा पैसे की ज़रूरत रहती थी, और मिसेज़ डीड्स उस पर चोरी करने और उनका बचा-खुचा निजी सामान बेच आने का आरोप लगातीं। जवाब में वह उनको झूठा शराबी कहता, और एकाध मौक़ों पर तो उसने यहाँ तक कह डाला कि वह हर उस शख़्स के साथ सोने को तैयार रहती हैं, जो उनके लिए थोड़ी शराब ख़रीद सकता हो। उनका अपराधबोध अपने बेटे के हमलों से और भी गहन हो उठता, और नतीजा यह कि वे और ताक़त से बोतल को पटक देतीं। उनके पास जब पैसे ख़त्म हो जाते तो शराब की ख़ातिर वह मेरी माँ से चिरौरी करतीं। और जब हावर्ड के पास पैसे नहीं होते तो वह मुझसे एक रुपया उधार ले जाता था।

किसी को इस बात पर हैरानी नहीं हुई कि मिसेज़ डीड्स होटल का भाड़ा नहीं भर पाईं और माँ-बेटे को होटल छोड़ना पड़ा। वहाँ से उठकर वे देहरादून रेलवे स्टेशन के दूसरे दर्जे के वेटिंग रूम में रहने चले गए। एक मेहरबान स्टेशन मास्टर ने उन्हें कई हफ़्तों तक वहाँ रहने की इजाज़त दे दी; फिर वे स्टेशन के बाहर एक सस्ते और भद्दे-से छोटे होटल में चले गए।

मिसेज़ डीड्स को नैनीताल में थोड़ी-सी सम्पत्ति विरासत में मिली थी और उन्हें हमेशा उस शख़्स के मनीऑर्डर का इन्तज़ार रहता था, जिसने वह सम्पत्ति ख़रीदी थी। वह मनीऑर्डर कभी नहीं आया। भाड़ा भरने और शराब ख़रीदने के लिए उन्होंने शादी की अपनी अँगूठी और अपनी घड़ी बेच दी। हॉवर्ड इधर-उधर आवारा घूमता फिरता, और बड़ी-बड़ी बातें करता—जब वे इंग्लैंड या ऑस्ट्रेलिया चले जाएँगे या जहाँ कहीं भी वे जानेवाले थे तो वह अपनी मनपसन्द नौकरी खोज लेगा। देहरा में रहते हुए नौकरी तलाश कर लेने की उसे कभी नहीं सूझी।

एक रोज़ देर शाम को मिसेज़ डीड्स घंटाघर के क़रीब शराब की एक छोटी-सी दुकान से शराब पीकर उठीं और कुछ मदद की उम्मीद में किसी शख़्स से मिलने के लिए क्लब की ओर निकलीं। वह मैदान से गुज़र रही थीं, जब तीन-चार युवकों का एक गिरोह उन पर टूट पड़ा, उन लोगों ने उन्हें बुरी तरह पीटा और फिर उनके साथ बलात्कार किया। वह मदद के लिए चिल्लाती रहीं, मगर कोई नहीं आया। मैदान हमेशा से महफ़ूज़ जगह रहा था; मगर वक़्त बदल रहा था।

मेरी माँ उनसे मिलने गईं और उनकी जो कुछ मदद कर सकती थीं, उन्होंने की। फिर ब्रिटिश उच्चायोग से उनके इंग्लैंड जाने के ख़र्च की रक़म आ गई तो मिसेज़ डीड्स और उनका बेटा अपने रास्ते चले गए। वे जहाँ भी गए हों, सम्भवतः उन्होंने नई ज़िन्दगी की शुरुआत की हो।

अगले कुछ सालों तक अंग्रेज़ और एंग्लो-इंडियन परिवार बड़े पैमाने पर देहरादून छोड़कर जाते रहे। मगर कुछ ऐसे भी थे, जो यहीं बने रहे या फिर यहीं छूट गए। इनमें से बहुतेरे ऐसे थे, जिनका कोई आसरा नहीं था। बूढ़े लोगों ने सबसे ज़्यादा तकलीफ़ झेली। राजपुर रोड के क़रीब रहनेवाले बूढ़े दम्पती भी इन्हीं में से थे, जो अंग्रेज़ थे, हालाँकि हिन्दुस्तान में ही पैदा हुए थे, और एक दो-मंज़िला मकान में अब अकेले रहते थे। उन्हें यहीं रहते हुए आधी सदी से ज़्यादा वक़्त बीत गया था, थोड़ी-सी आमदनी से अपना गुज़ारा करते, एक बग़ीचा बना लिया था, उसी में रमे रहते और अपने काम से काम रखते। जब आज़ादी आई तो उनके पास कहीं और जाने को कोई ठौर नहीं थी—न कोई दोस्त, न परिवार और न ही विदेश में कोई रिश्तेदार। उनकी जमा-पूँजी जल्दी ही चुक गई, बग़ीचा उजाड़ हो गया, वे बीमार पड़ गए और किसी को इसका पता भी न चला। फेरी लगाकर सौदा बेचनेवाले ताजिर, बॉक्सवालों और सब्ज़ीवालों ने आना बन्द कर दिया। न दूध, और न डबलरोटी। महीनों से बिल नहीं भरे जाने की वजह से बिजली का कनेक्शन कट गया था। हफ़्तों से उन्हें किसी ने नहीं देखा था। एक रोज़, कोई चिट्ठी या बिल देने के लिए डाकिया घर के अन्दर गया तो वे अपने बिस्तर पर आस-पास लेटे हुए मिले। फ़ाक़ों ने उनकी जान ले ली थी।

कुछ सालों के बाद मैंने उजाड़ हो चुके उस ख़ामोश घर को देखा था। टूटी हुई खिड़कियों से मैंने दो-एक कमरों के भीतर झाँककर देखा, मगर वे ख़ाली पड़े थे—सारा फ़र्नीचर ग़ायब हो चुका था। वहाँ एक भयानक क़िस्म की उदासी छाई थी। कभी दो लोग वहाँ रहा करते थे, शायद ख़ुशी-ख़ुशी—जब तक कि वे नियति के चक्र से हार नहीं गए, नियति पर उनका कोई वश नहीं चला। ये इतिहास की दुर्घटनाएँ थीं।

लेकिन सारी कहानियाँ दर्दनाक नहीं थीं, न ही विछोह के बारे में थीं। मेरी माँ की दोस्त डोरीन, मिसेज़ डीड्स के एकदम उलट थीं। सब उन्हें जंगल की राजकुमारी कहते, क्योंकि वह जंगल में पली-बढ़ी थीं, और थोड़ी साँवली मगर बहुत आकर्षक थीं। हर्बर्टपुर के बाहर जंगल के किनारे उनके माँ-बाप की ज़मीनें थीं। हर्बर्टपुर देहरादून और पांवटा साहिब के बीच एक छोटा-सा शहर था, उन्नीसवीं शताब्दी में जहाँ पहले-पहल एक एंग्लो-इंडियन परिवार आबाद हुआ था। डोरीन के पति उन्हें छोड़ चुके थे तो माँ-बाप की मृत्यु के बाद ज़मीनों की देखभाल का ज़िम्मा उन्होंने अपने ऊपर ले लिया, और ख़ुद ही खेती-बाड़ी कराने लगीं, क्योंकि उनके भाई-बहनों में से किसी की दिलचस्पी खेती में नहीं थी और सारे के सारे बाहर चले गए थे।

उनकी एक जवान बेटी थी, जो वहीं पली-बढ़ी और अब वे दोनों उस बीहड़ में, थोड़े-से निष्ठावान खेत-मज़दूरों के भरोसे, काफ़ी बेहतर ढंग से रहते थे। आज़ादी आने तक उस इलाक़े में अकेला वही कुनबा बचा रह गया था। डोरेन की आमदनी उनके आम और अमरूद के बाग़ों से होती थी, और जमुना (यमुना नदी; पर मेरे जैसे पुराने लोगों के लिए यह हमेशा जमुना ही रहेगी) के क़रीब उस अलग-थलग देहाती इलाक़े में रहते हुए वह काफ़ी ख़ुश लगती थीं। कुछ घंटे का बस का सफ़र करके, कभी-कभी वह देहरादून आतीं तो अपनी बचपन की दोस्त, मेरी माँ से मिलने आ जातीं, और रात को यहीं रुकतीं।

जाड़ों में, एक बार मैं अपनी माँ के साथ कुछ दिनों के लिए डोरीन के फ़ार्म पर गया था। उनके पास दो या तीन बन्दूक़ें थीं, और वह उन्हें बाक़ायदा चलाना भी जानती थीं। मैंने उन्हें अपनी बारह-बोर बन्दूक के छर्रों से कई तीतरों को नीचे गिराते हुए देखा था। लोग बताते हैं कि उन्होंने एक बाघ भी मार गिराया था, जो पास के गाँव से मवेशी उठाकर ले जाता था, और गाँव वाले उससे आज़िज़ आ चुके थे।

क़रीब चालीस बरस पहले, जब मैंने उनको आख़िरी बार देखा था, डोरीन सत्तर से ऊपर की हो चुकी थीं और तब भी अपनी खेती-बाड़ी सँभाल रही थीं। कुछ ही अर्से बाद उन्होंने अपनी ज़मीन बेच दी और अपनी बेटी के साथ रहने कहीं और चली गईं। तब तक उनकी बेटी का ब्याह हो चुका था और उसका अपना परिवार था।

फ़िशर का जाल, फिर मेरी नजात

स्कूल के मेरे आख़िरी दो साल, 1949 और 1950, बड़े तूफ़ानी ढंग से गुज़रे। इस दौरान, पहले पेचिश और फिर पीलिया की वजह से, मेरा अस्पताल आना-जाना लगा रहा। मेरा चेहरा, पहले भी कोई क़ाबिल-ए-तारीफ़ नहीं था, पर सख़्त मुहासों की वजह से इधर और बिगड़ गया था। नये हेडमास्टर मिस्टर फ़िशर से मेरी ठनी रहती थी, और मैं लगातार उनके निशाने पर रहता, उनकी पत्नी की मेहरबानी भी मैं हासिल नहीं कर पाया, जो अपने क़द्रदानों के बीच बहुत अज़ीम थीं। कभी-कभी, थोड़ी देर के लिए, मुझ पर ग़ुस्से और हताशा का दौरा पड़ता, जिसकी वजह मैं समझ नहीं पाता था—फिर एक दिन मैंने बिलावजह ही स्कूल की लाइब्रेरी की खिड़कियों के शीशे तोड़ डाले। मुमकिन है कि यह ग़ुस्सा किशोरों के मिज़ाज में होनेवाले उतार-चढ़ाव की वजह से रहा हो, या शायद फ़िशर दम्पती के रूखे व्यवहार की वजह से भड़का हो, या मेरी बीमारियों से पैदा खीज रही हो, या अज़हर और दूसरे दोस्तों के चले जाने के बाद की निरंतर उदासी, जिसे मैं ज़ाहिर नहीं कर पाता था।

पीलिया ने मुझे दबे पाँव आकर दबोचा था, मेरे पेशाब का रंग शराब के हल्के पीले रंग से गहरा भूरा-पीला हुआ जा रहा था, और स्कूल के नाटक 'टन्स ऑफ़ मनी', या ऐसे ही किसी कॉमेडी नाटक में हिस्सा लेने के बाद मैं बिस्तर पर पड़ गया। मुझे रिपन अस्पताल भेज दिया गया, जो स्थानीय सरकारी अस्पताल था। पेट दर्द से छटपटाते हुए दो रातें मैंने वहाँ के जनरल वार्ड में काटीं। बाद में मुझे प्राइवेट वार्ड में रखा गया, यह बहुत छोटा-सा कमरा था मगर मेरा अपना था। यहाँ मैं क़रीब तीन हफ़्ते तक रहा, मेरी सेहत धीरे-धीरे सँभल रही थी। आराम के साथ ही भरपूर मात्रा में जौ का पानी और डॉ. बीकम की लिवर वाली गोलियाँ मेरा इलाज थीं। माना जाता था कि ये गोलियाँ लिवर में पित्त का प्रवाह बढ़ा देती थीं। बिस्तर पर पड़े-पड़े हाज़त रवा करने में मेरा काफ़ी वक़्त गुज़रा।

एक मेहरबान मैट्रन ने स्टोररूम में पुरानी किताबों और पत्रिकाओं का छिपा हुआ ख़ज़ाना खोज निकाला तो मेरे बिस्तर से सटी मेज़ जल्दी ही 'पंच' के पुराने अंकों से भर गई, इसके साथ ही ए.ए. मिल्न, बैरी पेन, स्टेसी आमोनियर, डब्ल्यू. डब्ल्यू. जैकब्स और 1920 के दशक के कई और लोकप्रिय लेखकों के उपन्यास भी थे। अभिनेता स्टेसी आमोनियर अव्वल दर्जे के कहानीकार भी थे। जैकब्स ने हँसोड़ मल्लाहों के बारे में कहानियाँ लिखीं। बेशक, ए.ए. मिल्न को दुनिया-भर में विनी-द-पूह वाली किताबों के लेखक के तौर पर पहचाना जाता है, मगर मैं

उनको जासूसी उपन्यास 'द रेड हाउस मिस्ट्री' (आज भी पढ़ने लायक़) और 'मिस्टर पिम पासेज़ बाय' सरीखे नाटकों के लेखक के तौर पर ज़्यादा जानता था। अभी पिछले ही साल मिस्टर पिम का मंचन शिमला के गेयटी थियेटर में हुआ था।

कैस्पर किर्श्नर मुझसे मिलने अस्पताल आ गया, और इस मुलाक़ात ने मेरी तबीयत ख़ुश कर दी। वह जर्मन था, जंग का दौर उसने अपने माँ-बाप और छोटे भाइयों के साथ कई जेल शिविरों में बिताया था। पहले डच लोगों ने इंडोनेशिया में और फिर अंग्रेज़ों ने भारत में उन्हें नज़रबन्द किये रखा। देहरा में वे हेनरिक हैरर के साथ क़ैद थे, जो बाद में तिब्बत भाग गए और वहाँ के अपने तजुर्बों पर एक किताब 'सेवन ईयर्स इन तिब्बत' लिखी। जंग ख़त्म हुई तो कैस्पर के उद्यमी पिता ने पहले तो नाहन आयरन फ़ाउंड्रीज़ में काम किया, फिर केवेंटर्स डेयरी फ़ार्म के मैनेजर हो गए, जो शिमला के बाहरी इलाक़े तारादेवी में था। कैस्पर और उसके भाई एंड्रियस ने 1948 में मेरे स्कूल में दाख़िला ले लिया और जल्दी ही उन दोनों की गिनती होनहार विद्यार्थियों में होने लगी। कैस्पर साइंस में ज़्यादा तेज़ था, मगर उसने साहित्य में भी दिलचस्पी दिखाई तो जल्दी ही हम दोनों डिकेंस और थैकरे, मॉम और ह्यू वालपोल, अगाथा क्रिस्टी और आर्थर कॉनन डॉयल की ख़ूबियों और ख़ामियों की तुलना करते हुए बातें करने लगे। इंडोनेशिया छोड़ने के बाद कुछ सालों में ही उसने अंग्रेज़ी ज़बान में जितनी जल्दी महारत हासिल कर ली थी, वह हैरान करनेवाला था।

स्कूल के उन आख़िरी सालों में मेरा स्वभाव गढ़ने में उसका ज़बरदस्त असर रहा; जब मैं बग़ावत करता, वह विवेक देता, मेरे अनगढ़पने को वह समझदारी से सँभालता। बाद की ज़िन्दगी में भी हमारा नाता बना रहा, ख़त-ओ-किताबत रही और कभी-कभार हमारी मुलाक़ातें भी हुईं—1953 में लन्दन में, और फिर 1980 के दशक की शुरुआत में यहाँ लंढौर में, जब वह किसी हाइकिंग अभियान पर निकला था और अपनी पत्नी के साथ मुझसे मिलने आइवी कॉटेज आया था।

रिपन अस्पताल में अपनी क़ैद के बारे में कुछ कहने से मुझे गुरेज़ है तो आप यह समझ सकते हैं कि कैस्पर का चले आना, मेरे लिए क्यों अहमियत रखता था। वह अकेला शख़्स था, जो मुझसे मिलने अस्पताल आया था। चूँकि मेरा खान-पान सख़्त परहेज़ वाला था, इसलिए वह अपनी माँ के हाथों की बनी ज़ायक़ेदार कुकीज़ मेरे लिए नहीं लाया, लेकिन उसने अपनी पसन्दीदा आर.डी. ब्लैकमोर की किताब 'लोर्ना दून' लाकर मुझे दी। ज़ाहिर है कि उसकी सख़्त और शान्त प्रकृति के पीछे एक रूमानी झिलमिलाहट दुबकी हुई थी।

वह और उसका भाई एंड्रियस दोनों अच्छे तैराक थे, उन्होंने सुमात्रा के समुद्री

किनारों पर तैरना सीखा था। लेकिन फुटबॉल वह किसी अनाड़ी की तरह खेलता था, पैरों के बजाय वह अपने घुटनों का इस्तेमाल करता था। फिर भी, वह स्कूल की फुटबॉल टीम के लिए चुन लिया गया था, 1950 की वह ग्रुप फ़ोटो मैंने अब भी सँभालकर रखी है, जिसमें वह मेरे ठीक पीछे खड़ा है। हमारी टीम का वह सबसे लम्बा खिलाड़ी एकदम अलग से पहचान में आता है।

1948 से मैं बीसीएस की फुटबॉल टीम में था, ज़्यादातर गोलकीपर के तौर पर ही खेला, क्योंकि दौड़ने के मुक़ाबले टहलना मुझे ज़्यादा पसन्द था, और 1950 में मैं टीम का कप्तान बन गया—यह ऐसी कामयाबी थी, जिस पर पूरी ढिठाई से मुझे गर्व है।

मेरे लिविंग रूम में उस साल की फुटबॉल टीम की एक फ़ोटो अभी तक टँगी है, जिसे देखकर अभी पिछले दिनों किसी ने टीम के खिलाड़ियों के बारे में पूछा था, और मुझे ख़ुद हैरानी हुई कि क़रीब सत्तर साल बाद मुझे उन सभी के नाम याद थे। कैस्पर किर्शनर के अलावा, एक ईरानी लड़का बोगा भी था; नेपाल का लामा; एक एंग्लो-इंडियन लड़का, प्लंकेट, जो बाद में इंग्लैंड चला गया और स्कॉटलैंड यार्ड में शामिल हो गया; एक सिख लड़का, जोगी, जो हमेशा मुस्कुराता रहता, और उसका भाई नेपिन्दर; एक तिब्बती लड़का शाकबपा, जिसके पिता दलाई लामा के वित्त मंत्री थे; पटियाला के मरहूम महाराजा के बेटों में से एक हेमेंदर; एक ऑस्ट्रियाई लड़का, क्रुशचैंडल, जिसके पिता शिमला का क्लार्क्स होटल चलाते थे; और एक अंग्रेज़ लड़का हिल्टन।

प्रतिद्वंद्वी स्कूलों के ख़िलाफ़ हमने काफ़ी मैच खेले, और ज़्यादातर मुक़ाबले जीते भी, हालाँकि हमारे मैदान में खेलने के लिए आनेवाली शिमला की सारी पेशेवर टीमों से हम हारे, मगर शायद ही कभी हमने इसकी शर्मिंदगी महसूस की हो। फुटबॉल ऐसा खेल था, जिसमें मैंने सचमुच बेहतरीन हुनर हासिल किया था, इसीलिए, जब एक बार अपनी मेहमान टीम से खेलते हुए एकदम जीत के क़रीब पहुँचकर हम हार गए और मिसेज़ फ़िशर ने इसके लिए मुझे दोषी ठहराया तो मुझे ग़ुस्सा आना लाज़िमी था। उन्होंने एक गोल नहीं रोक पाने के लिए मेरी आलोचना की और मुझे 'दूधवाला' कहा। मैं नहीं जानता कि उन्होंने ऐसा क्यों सोचा होगा कि यह कोई हतक या गाली है—या मैंने ही इसे तौहीन क्यों मान लिया। बदला लेने के लिए मैंने उन्हें 'दूधवाली' कह डाला, इसके बाद मुझे उनके पति के दफ़्तर में हाज़िर होने का हुक्म हुआ और अनुशासनहीनता की सज़ा मिली—आमतौर पर तीन बेंत के बजाय इस बार मुझे चार बेंत पड़े!

मिसेज़ फ़िशर के साथ संवाद के आदान-प्रदान को आप लोग हिन्दी ज़बान पर मेरी पकड़ का प्रमाण मत मान लीजिएगा। मेरी हिन्दी बेहद ख़राब है। हिन्दी की पढ़ाई हमारे स्कूल में 1948 में ही शुरू हुई थी। हिन्दी के हमारे पहले शिक्षक बहुत लम्बे समय तक नहीं टिके, और उनकी जगह मोहन राकेश नाम के एक होनहार युवा हिन्दी नाटककार हमें पढ़ाने आए। बाद में उन्हें बहुत शोहरत मिली। मैंने सुना है कि 'आधे अधूरे' उनका सबसे कामयाब नाटक था, जो शादीशुदा ज़िन्दगी की कलह और ज़िन्दगी की आम दुश्वारियों के प्रति असन्तोष के बारे में था। इसमें शायद उनके अपने तज़ुर्बों की झलक भी रही हो—उनकी कई बार शादियाँ और तलाक़ हुए, कुछ हद तक ख़ुद भी यातनापूर्ण ज़िन्दगी जीते रहे। लेकिन ये सब बाद की बातें हैं; स्कूल में तो वह लोकप्रिय शिक्षक थे, मुझसे तो हालाँकि वह जल्दी ही भर पाए थे, और एक बार जब मैंने उन्हें अपने हिन्दी के ज्ञान से हैरान कर दिया तब से तो उन्होंने मुझे मेरे हाल पर छोड़ दिया। उन्होंने मुझसे अंग्रेज़ी की एक कविता का हिन्दी में अनुवाद करने के लिए कहा तो मैंने टेनिसन की 'चार्ज ऑफ़ द लाइट ब्रिगेड' की शुरुआती पंक्तियाँ चुनीं :

हाफ़ अ लीग, हाफ़ अ लीग,
हाफ़ अ लीग फ़ॉरवर्ड,
ऑल इन द वैली ऑफ़ डेथ
रोड द सिक्स हंड्रेड।

और मोटे तौर पर इसका अनुवाद मैंने यों किया था :

आधा मील, आधा मील
आधे मील आगे
छे सौ आदमी घोड़ा पे भागे

एक पंक्ति मैंने छोड़ दी थी और मैं जानता था कि मेरा व्याकरण शायद ग़लत था, मगर वह इससे ख़ुश हो गए थे!

क़रीब साठ साल बाद की बात है, देहरादून में किताबों पर दस्तख़त करने के साथ ही मैं कुछ पाठकों से बातचीत में मशगूल था, कि एक महिला मेरे पास आईं और ख़राब हिन्दी पर मुझे ताना मारा। 'मिस्टर बॉन्ड,' उन्होंने कहा, 'आप अपनी पूरी ज़िन्दगी हिन्दुस्तान में रहे हैं, फिर भी आपकी हिन्दी इतनी ख़राब है?' मैंने कहा, 'आप बिलकुल ठीक कहती हैं, मैडम, हिन्दी मुझे आपके पति ने ही पढ़ाई थी!' मैंने पहचान लिया था कि वह मोहन राकेश की पूर्व पत्नियों में से एक थीं।

मोहन राकेश के बारे में तो मैंने अपनी किसी कहानी में नहीं लिखा, मगर उनके पहले वाले गुरुदेव पर एक कहानी ज़रूर लिखी थी। 'मास्टरजी' नाम की यह कहानी काफ़ी लोकप्रिय हुई। इसमें थोड़ी-बहुत अतिरंजना ज़रूर थी, मगर बहुत ज़्यादा नहीं। जैसा कि उस कहानी में कहा गया था, हिन्दी के नाम पर पंजाबी पढ़ाकर वह हमें बेवक़ूफ़ तो नहीं बनाते थे, लेकिन उनकी हिन्दी हमसे बेहतर भी नहीं थी। और कहानी का वह हिस्सा भी, जिसमें उनकी ओछी हरकतों और गिरफ़्तारी का ज़िक्र है, कोई ख़ास नाटकीय या गढ़ा हुआ नहीं है, ख़ासतौर पर तब, जब मैं बीसीएस के कुछ लड़कों की बाद की ज़िन्दगी में ऐसी ही समानताएँ देख पाता हूँ। हालाँकि उनकी कहानियाँ मनहूस क़िस्म की हैं—बिशप कॉटन के लड़कों की हत्या या दुर्घटना में मौत की जैसे कोई रीत बन गई थी।

एक सिख लड़का था, जो बाद में आला पुलिस अफ़सर बना। उसने शादी की, बच्चे हुए, लेकिन वह दूसरी औरतों के फेर में पड़ा रहता था, और फिर एक सुबह चंडीगढ़ झील से उसकी लाश निकाली गई। फ़ौरी तौर पर इसे डूबने से मौत का मामला बताया गया, लेकिन बाद में पोस्टमॉर्टम रिपोर्ट से मालूम हुआ कि उसे ज़हर दिया गया था। उस वक़्त बहुतेरे लोगों को लगता था कि उसकी फ़ैसलाकुन बीवी ने उसे ज़हर दिया था और फिर डूबने से मौत का झाँसा देने के लिए लाश झील में फेंक दी थी। कई सालों तक उसके ख़िलाफ़ जाँच चलती रही, लेकिन आख़िरकार वह सज़ा से बच गई।

रजवाड़े की रसिक और अति-कामुक रवायत का नतीजा, हेमेंदर, कलकत्ता में उपद्रवी लोगों के बीच फँस गया, और मारा गया। उसके कई सौतेले बड़े भाइयों की सन्दिग्ध शिकार अभियानों और कार दुर्घटनाओं में पहले ही मौत हो चुकी थी।

और पुराने कॉटनियंस में जिनका दर्दनाक अन्त हुआ, उनमें सिकंद परिवार के लड़के भी थे। वह परिवार दिल्ली में एक बड़ी मोटर कम्पनी का मालिक था (और वहाँ बाद में मेरे सौतेले पिता ने नौकरी की थी)। उन भाइयों में से एक, किशन ने, जिसे मैं बेहद ख़ुशमिज़ाज लड़के के तौर पर याद करता हूँ, चालीस साल की उम्र में सेना के एक कर्नल की अलग रह रही बीवी से इश्क़ करना शुरू कर दिया। अपने अगले जन्मदिन पर, किशन को कर्नल की ओर से ख़ूबसूरत काग़ज़ में लिपटा हुआ एक तोहफ़ा मिला, और जैसे ही उसने वह पार्सल खोला, धमाके के साथ वह उसके चेहरे पर फट गया और उसकी जान चली गई।

मुझे नहीं पता कि बीसीएस के उन वर्षों में ऐसा क्या था। मुझे लगता है कि ज़िन्दा बच गए कुछ लोगों में से एक होने के नाते मुझे ख़ुद को ख़ुशक़िस्मत समझना चाहिए।

~

फ़िशर दम्पती के साथ मेरी अदावत संजीदा पढ़ाई-लिखाई में अड़चन बनने लगी। एक बार इम्तिहान में एक सवाल का जवाब मैंने इन शब्दों में दिया, 'एग्ज़ाम्स आर रबिश' (परीक्षाएँ बकवास हैं), जिसके नतीजे में मुझे एक नहीं, बल्कि दो ज़ीरो मिले। किसी और दिन, लंच के वक़्त, अपने हाउस में सबसे वरिष्ठ छात्र होने के नाते, फ़िशर ने मुझसे पूछा कि क्या खाना ठीक था, और मैंने साफ़ कह दिया कि बिलकुल नहीं। उन दिनों बोर्डिंग स्कूलों में आप खाने की शिकायत नहीं कर सकते थे। उसके बाद बेंत खाने की अनिवार्य सज़ा मिली, और हाउस के बाक़ी लड़कों के सामने माफ़ी माँगने के लिए मुझे मजबूर होना पड़ा—इससे बचने का एक विकल्प और था, स्कूल से तत्काल निष्कासन।

कुछ भी हो, उस दौर के मेरे अकेले सहपाठी और क़रीबी दोस्त कैस्पर का असर हमेशा तसल्ली देनेवाला रहा। 1950 के आख़िर में, स्कूल के दिन ख़त्म हुए, और हमने अलग-अलग राहें पकड़ीं—वह कॉलेज और फिर विश्वविद्यालय की पढ़ाई के लिए जर्मनी चला गया, मैं देहरादून के ग्रीन्स होटल के पिछवाड़े एक छोटे-से कमरे में।

तीन साल बाद, 1953 की गर्मियों में (मुझे लगता है कि वह महारानी एलिजाबेथ की ताजपोशी के जश्न के दिन थे), ब्रिटेन के पैदल सफ़र पर निकले, कैस्पर और एंड्रियस हाइकिंग के कपड़ों में नमूदार हुए। मैं उन्हें ग्लेनमोर रोड (लन्दन की मेरी तमाम रिहाइशों में से पहला) पर अपने छोटे अटारी वाले कमरे में रखना चाहता था, लेकिन मेरा इरादा जानकर मेरी यहूदी मकान मालकिन घबरा गईं। 'क्या वे जर्मन हैं?' उन्होंने व्याकुल होकर पूछा, नाज़ी सत्ता की यादें उन्हें सताने लगी थीं। कैस्पर और एंड्रियस दोनों ख़ूब सुनहरी भूरी रंगत वाले नौजवान थे और दिखने में ही जर्मन लगते थे तो मेरी मकान मालकिन को इस बात पर भरोसा नहीं हुआ कि वे भारत में मेरे साथ ही बड़े हुए हैं।

वे दोनों हैरतअंगेज़ और हिम्मती लड़के, टहलते हुए बेलसाइज़ पुलिस स्टेशन पहुँच गए और वहाँ जाकर उन्होंने बताया कि उनके पास पैसे कम हैं, और ठहरने की कोई जगह नहीं है। पुलिस ने एक ख़ाली कोठरी में उन्हें रात-भर रहने की इजाज़त दे दी, थाने के रिकॉर्ड में उन्हें 'आवारा' दर्ज कर लिया गया। पुलिस वालों ने, अगले रोज़ सुबह, जेल वाला नाश्ता कराकर उन्हें विदा किया; आपसी दुश्मनी ख़त्म होने के सात साल बाद एंग्लो-जर्मन मैत्री का यह एक दिलकश नमूना था।

पर यहाँ मैंने भी काफ़ी ऊँची छलाँग लगा दी है, मुझे अपने प्रिय और पुराने बीसीएस में अपने दोस्तों और परिचितों के बीच, इसके मुक़द्दस गलियारों में लौट आना चाहिए। वहाँ इरविन हॉल था, जहाँ हम नाटक खेलते थे और यहीं स्कूल के अहम जलसे होते थे। जलसों में लम्बे और उबाऊ भाषण होते थे। प्रीफ़ेक्ट होने के नाते, मुझे यह देखना पड़ता था कि राज्यपाल के भाषण के बीच में छोटे लड़के कहीं सो तो नहीं गए। उन कमउम्र लड़कों के लिए यह किसी यातना से कम नहीं रहा होगा। एक से ज़्यादा मौक़ों पर तो मैं ख़ुद ही सो गया था, और हमेशा चक्कर लगाते रहनेवाले फ़िशर ने पसली में कोंचकर मुझे जगाया था।

पीलिया ने मुझे कमज़ोर कर दिया था, और मुँहासों के मेरे इलाज ने भी, जिसमें एक छोटी बोतल से स्टिलबोएस्ट्रॉल नाम की औरतों वाले हॉर्मोन की गोलियाँ मुझे दी जाती थीं। जब भी कोई बताता है, 'यह चिकित्सा विज्ञान की एकदम नई खोज है,' तो तुरन्त मुझे शक होने लगता है। आमतौर पर इसका नतीजा तमाम तरह के दुष्प्रभाव और गड़बड़ियाँ होती हैं। स्टिलबोएस्ट्रॉल खाते रहने के महीने-भर बाद, मेरी छाती फूल गई और मेरी मांसपेशियाँ थुलथुल हो गईं। तो क्या मेरा लिंग-परिवर्तन हो रहा था? डॉक्टर ने जब इन बदलावों पर ग़ौर किया तो उन्होंने मुझे पुरुष हार्मोन टेस्टोस्टेरॉन देना शुरू कर दिया—और उसका असर यह हुआ कि मेरे अंडकोश बड़े हो गए और मेरे कानों से बाल निकलने शुरू हो गए। इन सारी हिकमतों के बीच मुँहासे जस के तस थे। कैस्पर कहीं ज़्यादा अच्छा डॉक्टर साबित हुआ। दिन में दो बार मेरी क़मीज़ और बनियान उतरवाकर (मेरी पूरी पीठ पर मवाद से भरी घमौरियाँ थीं) उसी पुराने और '... तन्दुरुस्ती है वहाँ' के भरोसे वाले लाइफ़बॉय साबुन से रगड़कर वह सफ़ाई करता। वह आख़िरी साल पूरा होते-होते मुहाँसे ग़ायब हो गए थे, मगर उन हार्मोन्स के असर से निजात नहीं मिली।

इन हालात का फ़ायदा मैंने बड़ी बुद्धिमानी से उठाया, और स्कूल मैराथन (इसमें शामिल होना भी अनिवार्य था) में सबसे आख़िरी धावक बनने के लिए ख़ुद को तैयार कर लिया। सबसे पीछे होने का एक फ़ायदा तो यही था कि किसी की निगाह में आए बग़ैर शिमला मॉल पर रुककर मैं कम से कम क्वालिटी की आइसक्रीम खा सकता था, जबकि बाक़ी लड़के मेडल और सान्त्वना पुरस्कारों की ख़ातिर हाँफते-काँपते दौड़े चले जा रहे थे। हर बादल में उम्मीद की एक किरण होती है।

शिमला के बोर्डिंग स्कूलों के छात्रों में मॉल रोड को लेकर जादुई आकर्षण

था—यह ख़ूब सारे रेस्तराँओं, दुकानों और सिनेमाघरों वाला ठिकाना था। हमें अपनी गर्मी की दस दिनों की छुट्टी का बेसब्री से इन्तज़ार रहता, जब हम घर नहीं जा सकते थे मगर शहर जाने की हमें इजाज़त होती थी। बिना वक़्त गँवाए हम मॉल पहुँच जाते, स्नैक्स निपटाने के बाद धप-धप करते रिज की ओर दौड़ पड़ते ताकि आख़िरी शो छूटने न पाए। कभी-कभी हम बारिश में भीगे हुए या पसीने से तर-बतर पहुँचते, लेकिन मौसम के ऐसे बदलावों का फ़िल्म देखने के हमारे उत्साह पर कभी कोई फ़र्क़ नहीं पड़ा। चिप्स के पैकेट और कोला की बोतलें अभी हम तक नहीं पहुँची थीं, सो भुनी हुई मूँगफली या भुट्टे से हमारा काम चल जाता। ये चीज़ें सस्ती भी थीं। सिनेमा का टिकट भी एक रुपए से थोड़ा ज़्यादा का होता था। अगर आपकी जेब में पाँच रुपये होते तो शहर में आप कुछ घंटे मज़े से बिता सकते थे।

शिमला में तीन सिनेमाघर थे, उनमें से एक वीरभद्र सिंह के परिवार का था, जो बाद में हिमाचल प्रदेश के मुख्यमंत्री बने। बीसीएस में वीरभद्र मेरे जूनियर थे और हमारे कहने पर वे हमें फ़्री पास लाकर दे दिया करते थे। मानना पड़ेगा कि इसके लिए मैं उनका एहसानमन्द था, क्योंकि उन दिनों मेरे पास पॉकेट मनी शायद ही कभी हुआ करती थी।

स्कूल में, लाइब्रेरी मेरी पनाहगाह बन गई थी। एक कृपालु शिक्षक ने मुझे लाइब्रेरी का इंचार्ज बना दिया था। चाबियाँ मेरे पास रहती थीं, और जब मन करता, अक्सर असमय ही, मैं वहाँ चला जाता था, ज़ाहिरा तौर पर किताबों को सूचीबद्ध करने के लिए, पर दरअसल, मैं शानदार और नज़रअन्दाज़ दोनों तरह की किताबों से परिचित होने और उन्हें पढ़ने के लिए जाता था। डेढ़ साल में, मैंने डिकेंस, स्टीवेंसन, जैक लंडन, एच.जी. वेल्स, जे.बी. प्रिस्ली, ब्रोंटेस, मॉम और बेन ट्रैवर्स की किताबें पढ़ डालीं; जे.एम. बैरी और बर्नार्ड शॉ के सारे नाटक; और ए.जी. गार्डिनर, बेलॅक, चेस्टर्टन और कई और लेखकों के निबन्ध पढ़े—लेखन की यह विधा मुझे हमेशा ही पसन्द रही है। और बेशक, इनके साथ ही, हास्य-विनोद रचनेवाले मार्क ट्वेन, थर्बर, वोडहाउस, स्टीफ़न लीकॉक, जेरोम के. जेरोम, बैरी पेन, डेमन रॅनियन—और जॉर्ज और वीडन ग्रॉस्मिथ भी, जिनकी 'द डायरी ऑफ़ अ नोबडी' अब भी हास्य की मेरी पसन्दीदा किताब है।

मेरी अपनी ज़िन्दगी नीरस होने की वजह से, इन लेखकों की गढ़ी गई दुनिया में ख़ुद को भुला देना मुझे भला लगता था।

लाइब्रेरी के बाद कॉमन रूम स्कूल में सबसे अच्छी जगह होता था। हर

हाउस में एक जूनियर और एक सीनियर कॉमन रूम होता था। यह इन्तज़ाम स्कूल के मेरे आख़िरी दो सालों में हुआ। यहाँ आप आरामदेह कुर्सियों में मज़े से बैठे रह सकते थे—पढ़ने के लिए किताबें थीं, और एक रेडियो था। हमें ख़बरें और क्रिकेट या फुटबॉल की कमेंट्री सुनने के लिए प्रोत्साहित किया जाता था। चूँकि वह आज़ादी के बाद का दौर था तो मुझे याद है कि ज़्यादातर समय ऑल इंडिया रेडियो ही बजता था। यों आज़ादी के पहले भी, आकाशवाणी स्कूल में ख़ूब पसन्द किया जाता था। 1940 के दशक की शुरुआत में हमारे स्कूल की गायन मंडली बहुत अच्छी थी, और मुझे याद है कि हेंडेल के 'मसीहा' के गायन का प्रसारण आकाशवाणी से हुआ था।

मगर लड़के नृत्य-संगीत में ज़्यादा दिलचस्पी लेते थे। स्कूल ख़त्म करके घर लौट आने के बाद, रेडियो सुनना मेरा ख़ास शौक़ बन गया, तब मैं बीबीसी के टॉक शो और कॉमेडी वाले कार्यक्रम सुनता था। लेकिन कॉमन रूम में भी रेडियो सुनना मुझे बहुत प्रिय था। वह बड़े बैंडों का ज़माना था, झमाझम जैज़ बैंड—बेनी गुडमैन, ग्लोरिया पार्कर और दूसरे कई मशहूर बैंड थे—और बॉलरूम में इनकी धुनों पर लोग मदहोश-से नाचते। हम लड़के एक-दूसरे के साथ क़दम मिलाकर नाचने का अभ्यास करते थे, नृत्य में साथ देने के लिए कोई लड़की तो वहाँ होती नहीं थी।

लड़कियों के साथ नाचने का मौक़ा साल में एक बार, या ज़्यादा से ज़्यादा दो बार मिलता था, जब सीनियर लड़कों को सामाजिक आयोजनों में शिरकत के लिए ऑकलैंड हाउस ले जाया जाता था, ताकि हम जान लें कि फ़िल्मों और कॉमिक्स के बाहर हमारी दुनिया में भी लड़कियाँ सचमुच होती हैं, और ऐसे मौक़ों में हदों के पार जाने की गुंजाइशें भी रहती थीं। हम ऑकलैंड हाउस की लड़कियों से बात कर सकते थे, उनके साथ नाच सकते थे—और हमारे लिए यह इतनी बड़ी बात थी कि हमें इस मौक़े का इन्तज़ार रहता। 1949-50 में मैंने इंदु नाम की एक लड़की के साथ नृत्य किया, जो काठियावाड़ की एक छोटी-सी रियासत जज़दान की राजकुमारी थी। कौन जाने कि जामनगर में जाम साहिब की किसी पार्टी में हम बचपन में भी मिले रहे हों और अब क़िस्मत ने फिर हमें एक साथ लाकर खड़ा कर दिया था। और आधी सदी के बाद हम पुराने लोग फिर मिले—एक रोज़ वह घर चली आईं, बाल सफ़ेद हो गए थे, मगर अब भी दुबली-पतली (मैं वैसा नहीं रह गया) और फुर्तीली और बहुत दिलकश लगती थीं, और हमने गुज़रा ज़माना याद करते हुए एक बेहतरीन शाम साथ बिताई।

मुझे याद है कि हमारे उस पहले नृत्य के बाद मैंने इंदु को एक ख़त लिखा

था। वह ख़त उसकी हेडमिस्ट्रेस या किसी और शिक्षक के हाथ लग गया था, उन्होंने इसे खुर्राट फ़िशर को भेज दिया, और फिर तो मेरा मुसीबत में पड़ना तय था—उनकी वजह से हमेशा मेरी फ़ज़ीहत होती थी। हम दोनों की कुंडली ज़रा भी मेल नहीं खाती थी—मेरी और फ़िशर की!

लेकिन उस कांड का नतीजा यह हुआ कि मैं मशहूर हो गया, और कुछ लड़के अपने लिए वैसी ही चिट्ठी लिखाने मेरे पास आने लगे। कुछ सालों बाद, जब स्कूल से मैं देहरादून लौट आया था, मैंने वहाँ लड़कों और नौजवानों के लिए कई प्रेम-पत्र लिखे। वे मेरी कहानियाँ नहीं पढ़ते थे, मगर प्रेम-पत्र और नौकरी की अर्ज़ियाँ लिखवाने मेरे पास ज़रूर आते थे!

बीसीएस में मेरे आख़िरी साल में, हमने बॉरोड ब्लूम्स नाम के एक एकांकी का मंचन किया, जो किसी अंग्रेज़ हास्य लेखक का लिखा प्रहसन था, जिसका नाम मुझे याद नहीं रह गया है। नाटक में मैंने एक शराबी की भूमिका निभाई थी, जिसमें मुझे बहुत मज़ा आया, सिवाय इसके कि व्हिस्की का आभास देने के लिए बोतल में बिना चीनी और दूध वाली चाय थी। नशे के लिए मंच पर मुझे वही गुनगुना तरल पीना था। जो भी हो, मैंने यह काम बहुत अच्छे से किया और उस साल के सर्वश्रेष्ठ अभिनेता का इनाम मुझे मिला। स्कूल के मेरे साथियों को पूरा यक़ीन था कि मैं छिपा हुआ पियक्कड़ हूँ, तभी इतना जानदार अभिनय कर सका। काश कि यह सच होता। स्कूल के अन्दर, यहाँ तक कि शिक्षकों के घरों में भी शराब कहीं मयस्सर न थी।

हालाँकि शराब पीना ख़ासा सम्मोहक कृत्य समझा जाता था, मगर चूँकि हम शहर से बहुत दूर थे, इसलिए वह हमारी पहुँच से दूर थी। मुझे एक ऐसे मोहक मौक़े की याद है, जब एक युवा शिक्षक की शादी हुई थी, और इस उपलक्ष्य में उन्होंने मॉल के एक रेस्तराँ में दावत दी थी, इसमें स्कूल के कुछ सीनियर प्रीफ़ेक्ट को भी न्योता दिया गया था। मेहमानों के लिए बीयर और वाइन लिये बेयरे आ-जा रहे थे, और हम सारे तब तक गिलास ख़ाली करते रहे, जब तक कि किसी ने हमें देखकर इस पर पाबन्दी नहीं लगा दी। उस दोपहर को स्कूल वापस लौटते हुए, मैंने महसूस किया कि आसमान पहले के मुक़ाबले कुछ ज़्यादा नीला था, पत्ते और घास की हरियाली कहीं ज़्यादा चटख़ और चिड़ियों के गीत थोड़े ज़्यादा मधुर थे। मेरा मन चंचल हो उठा था, और मैं प्यार करना चाहता था, लेकिन प्यार करने के लिए तो वहाँ कोई नहीं था!

~

मिस्टर फ़िशर ने एक रोज़ हमें अपने अध्ययन कक्ष में बुलवाया, जहाँ सारे प्रीफ़ेक्ट को वह कुछ बेहूदा हिदायतें देना चाहते थे। वहाँ मैंने देखा कि किताबों के उनके शेल्फ़ में गाइ दे मोपासां की ढेर सारी किताबें क़रीने से लगी हुई थीं—वही प्रतिभाशाली फ्रेंच लेखक, जो सिफ़लिस का शिकार होने के बाद विक्षिप्त हो गया और फिर उसने ख़ुद ही अपना गला काट लिया था। तो मिस्टर फ़िशर मोपासां के मुरीद थे। मोपासाँ तो बहुत अय्याश क़िस्म का आदमी था, उसकी कितनी ही रखैलें थीं और बाज़ारू औरतों का उसके घर आना-जाना लगा रहता था। मनुष्य की त्रासदी और तकलीफ़ों की कहानियों के लेखक की यह एक सराहनीय ख़ूबी थी, लेकिन मैं यह सोचकर हैरान था...क्या फ़िशर इस मनचले रसिक को, पेरिस की सड़कों पर फिरनेवाले इस लम्पट को अपना आदर्श पुरुष मानते हैं, ख़ुद में उसका अक्स देखते हैं?

मेरी इस जिज्ञासा का जवाब अगले साल आया, जब मैं स्कूल छोड़ चुका था, बल्कि भारत में ही नहीं था। मगर स्कूल के पुराने ख़ुफ़िया सूत्रों ने मुझे यह चौंकाने वाली ख़बर दी कि फ़िशर दम्पती को ख़ुराफ़ाती बच्चों की तरह स्कूल से निकाल दिया गया था, उन्हें बर्ख़ास्त कर दिया गया था।

मोपासाँ की कहानी के किसी पुण्यात्मा नायक की तरह, आदरणीय मिस्टर फ़िशर जूनियर स्कूल की हाउसकीपर से लम्बे समय से इश्क़ लड़ा रहे थे, अपने तीसवें में वह एक आकर्षक विधवा थी। किसी भी मामले में उनसे पीछे नहीं रहनेवाली स्थूल और गुदगुदी मिसेज़ फ़िशर ने एक सीनियर लड़के को पटा लिया, जिसे लगता था कि हेडमास्टर की बीवी से थोड़ी अन्तरंग शिक्षा लिये बग़ैर उसकी पढ़ाई पूरी नहीं होगी। आधी रात को फ़िशर जब जूनियर स्कूल के दौरे पर होते तो उनका एक हेड प्रीफ़ेक्ट उनकी मोटी-ताज़ी बीवी के साथ हमबिस्तर होता। हूबहू मोपासाँ की कहानी।

हालाँकि, जहाँ तक मैं जानता हूँ, बोर्ड ऑफ़ गवर्नर्स में से किसी ने मोपासाँ, यहाँ तक कि ज़ोला को भी नहीं पढ़ा था, इसीलिए जब फ़िशर दम्पती की आशिक़ी का भाँडा फूटा तो उन्हें स्कूल छोड़ना पड़ा। मोपासाँ की तरह, फ़िशर ने अपना गला नहीं काटा और न ही उनकी भलीमानुस बीवी ने कोई बवाल खड़ा किया। इसके बजाय, वे दोनों ऑस्ट्रेलिया चले गए।

छत पर वह एक कमरा

परीक्षाओं और परीक्षकों के प्रति मेरी नफ़रत के बावजूद, सीनियर कैम्ब्रिज स्कूल का सर्टिफ़िकेट मुझे मिल गया—मेरे ख़याल से वह आज की दसवीं की बोर्ड परीक्षा के बराबर था। और वह मेरी अकादमिक पढ़ाई पर पूर्ण विराम था। बाक़ी की शिक्षा मैंने पुराने पुस्तकालयों और पुरानी किताबों की दुकानों में पाई।

एमिली मौसी देहरा का घर बेचकर अपने पति और बच्चों के साथ चैनल आइलैंड्स चली गई थीं—उनके पति डॉ. हेपोलेट, एक कामयाब स्त्री रोग विशेषज्ञ थे। उन्होंने ख़्वाहिश जताई कि अगर मैं भारत छोड़कर ब्रिटेन आ जाऊँ तो वह मुझे अपने साथ रखने के लिए तैयार हैं। मेरी माँ को लगा कि यह बढ़िया रहेगा।

'तुमने कुछ सोचा है कि अब आगे क्या करना है?' मेरे स्कूल से लौट आने के बाद उन्होंने मुझसे पूछा था।

'हाँ, मैं लेखक बनना चाहता हूँ,' मैंने जवाब दिया था।

'पागल मत बनो। लेखक बनने से ज़िन्दगी नहीं कटती। अच्छा होगा कि तुम सेना में भर्ती हो जाओ।'

देहरादून के प्रतिष्ठित डीएवी कॉलेज में दाख़िला लेना ही फ़ौज में जाने का अकेला विकल्प था, मगर इसका मतलब फिर से परीक्षाओं में बैठना होता! उस पुराने ज़माने में कॅरिअर को लेकर इतने सारे विकल्प नहीं होते थे, जितने आज के नौजवानों के पास हैं। मैं जिन लड़कों को जानता था, उनमें से ज़्यादातर फ़ौज में जा रहे थे। जिन्हें फ़ौजी की ज़िन्दगी पसन्द नहीं थी, वे वकालत की ट्रेनिंग ले रहे थे। बहुत कम लोग डॉक्टर या इंजीनियर बनने के लिए पढ़ते थे, क्योंकि सफलता की सम्भावना वहाँ कम ही होती थी। पब्लिक स्कूलों में पढ़े और ठीक-ठाक अंग्रेज़ी बोलनेवालों के लिए चाय बाग़ान में मैनेजर की नौकरी एक आसान विकल्प था—चाय कम्पनियाँ डिग्री की बहुत परवाह नहीं करती थीं।

फ़ौज में जाने का मेरी माँ का मशविरा बहुत व्यावहारिक था—हालाँकि उनका आशय ब्रिटिश फ़ौज से था। चूँकि मेरे पिता की मृत्यु नौकरी के दौरान हुई थी, इसलिए मेरे इंग्लैंड जाने और वहाँ ठहरने का ख़र्च रॉयल एयरफ़ोर्स को उठाना था, बशर्ते मैं रॉयल एयरफ़ोर्स या ब्रिटिश सेना या नौसेना में शामिल हो जाऊँ। मेरी माँ ने यह कहकर मुझ पर दबाव डाला, कि ऐसा करने से मेरा भविष्य सुरक्षित हो जाएगा, मगर फ़ौज की नौकरी करने में मेरी कोई दिलचस्पी नहीं थी। हालाँकि, ब्रिटेन जानेवाले विचार से मैं असहमत नहीं था। मुझे यह बहुत स्वाभाविक लगा कि अगर मुझे लेखक बनना था तो ब्रिटेन चले जाना चाहिए—उन सारे लेखकों

ने, जिनका मैं मुरीद था, वहीं तो अपना कॅरिअर बनाया था।

लेकिन मुझे कोई जल्दी नहीं थी। दस साल की बोर्डिंग-स्कूल (दो साल मसूरी में और आठ साल शिमला में) की क़ैद के बाद मैं कम से कम दस महीने एकदम आज़ादी से जीने का इरादा किये हुए था।

उस साल के जाड़े में ग्रीन्स होटल बिक गया, और हम ओरिएंट सिनेमा के पीछे पुरानी स्टेशन कैंटीन की इमारत के एक फ़्लैट में चले गए, पिछले पाँच सालों में यह हमारा पाँचवाँ घर था; मेरे सौतेले पिता भी हमारे साथ रहने के लिए यहीं आ गए, वह अप्रत्याशित तरीक़े से अवतरित और अदृश्य होते रहते थे। नानी का घर बिक जाने के बाद मेरी माँ को कुछ पैसे मिले थे, इसलिए हमारी माली हालत बहुत ख़राब नहीं थी।

मैं सोलह साल का हो गया था, ज़िद्दी था और असाधारण क़िस्म के रोमांच की उम्मीद पाले हुए था, अपना नाम छपा हुआ देखना मेरी सबसे बड़ी महत्त्वाकांक्षा थी—ख़ास तौर पर किताब के कवर पर। मैं इतना समझदार हो गया था कि यश और लोकप्रियता के मुक़ाबले धन-दौलत को तिरस्कार की चीज़ मानता था, मगर यश के बारे में भी मैं बहुत फ़िक्रमन्द नहीं था। लेखक बनने के रूमानी ख़याल में ही बहुत कशिश थी।

मगर स्वभाव से मैं बहुत आलसी था—हमेशा से रहा हूँ। अनुशासित, लेकिन आलसी, क्योंकि दुनिया की किसी और चीज़ के मुक़ाबले सौन्दर्य में मेरी सबसे ज़्यादा दिलचस्पी थी—सुन्दर इनसान, जो तन या मन से सुन्दर हो; नाज़ुक फूल; परिंदे और उनका गान; पेड़ों और टिन की छतों पर धूप और चाँदनी।

और 1950-51 का देहरा सौन्दर्य और रूमानी माहौल से भरपूर था, या कम से कम इसकी गुंजाइश थी। जेब में हाथ डाले, मैं शहर-भर में घूमता फिरता—बॉलकनी में धूप में खड़ी लड़कियों को निहारता या पीपल के नीचे कसरत करते पहलवानों को; फ़िल्मों के रंग-बिरंगे पोस्टर देखकर सुकून महसूस करता; स्टेशन पर आने-जानेवाली ट्रेनों को ताकता रहता; लॉन में कीड़ों की तलाश में फुदकते हुदहुद पर नज़र डालता; नहर के किनारे धोबियों को कपड़े धोते हुए देखता; सूनी सड़कों पर बारिश की ठंडी फुहारों का छनछनाना सुनता और फिर बाज़ार की किसी छोटी-सी दुकान में बैठकर गरमागरम पकौड़े और चाय का आनन्द लेता।

मगर, बीच-बीच में मैं लिख भी रहा था—अपनी शुरुआती कहानियाँ, जिनमें से कुछ जल्दी ही यहाँ-वहाँ पत्रिकाओं में छपीं। ये कहानियाँ उस कमरे में लिखी गई थीं, जो पूरी तरह से मेरा था। छत पर वह एक कमरा, माँ से झगड़ा करने के बाद मुझे मिला था।

~

हमारे पास घर में एक रेडियोग्राम था, जो मैं ख़ूब सुनता था—टॉक-शो, कमेंट्री और बीबीसी पर मेरे पसन्दीदा कॉमेडी शो, ख़ासतौर पर 'मच-बाइंडिंग-इन-द-मार्श', जो रॉयल एयरफ़ोर्स के एक काल्पनिक केन्द्र की घटनाओं पर आधारित था। एक रोज़ शाम को माँ ने मुझे टोका और हर वक़्त रेडियो से चिपके रहने को मना किया। उनका कहना था कि मिस्टर एच (जिनसे मैं अब भी ख़फ़ा था) कभी-कभी कुछ सुनना चाहते हैं, मगर उन्हें मौक़ा ही नहीं मिल पाता। उनकी बात सुनकर मैं एकदम हत्थे से उखड़ गया, और झल्लाकर कहा, 'तो ठीक है, इसे आप ही रख लीजिए। मैं अब यहाँ और रहना ही नहीं चाहता,' मैंने कुछ किताबें और कपड़े एक थैले में रखे, शाम का समय था। उन दिनों मैं बहुत तुनकमिज़ाज हो गया था।

मैं मैदान पहुँचा तो मुझे अहसास हुआ कि खुले में रात नहीं बिताई जा सकती थी—जनवरी के आख़िरी दिन थे और देहरा शीतलहर की चपेट में था। फिर वहाँ से चलकर मैं रेलवे स्टेशन पहुँचा, मगर वहाँ की सारी बेंचों पर दूसरे ख़ानाबदोशों ने पहले ही क़ब्ज़ा कर रखा था। जिन कम्बलों में लिपटे हुए वे सो रहे थे, उनकी तेज़ गन्ध दूर से ही उनकी मौजूदगी का पता देती थी। मैं कम्बल तो लाया नहीं था, और उन लोगों के कम्बल में साझा करने की हिम्मत नहीं पड़ी, इसलिए मैं भीम के पास चला गया—चौदह साल के उस हिम्मती और उत्साही लड़के से पिछले साल फुटबॉल के मैदान पर मेरी मुलाक़ात हुई थी और फिर वह मेरा दोस्त बन गया था। उनके पिता नेत्र सर्जन थे और उनका बँगला राजपुर रोड पर था, जहाँ दो-एक बार मैं पहले जा चुका था।

भीम के छोटे-से कमरे में मैंने रात बिताई और सुबह उससे कहा, 'भीम, मैं अब घर नहीं जानेवाला हूँ।'

'तुमको रहने के लिए जगह की फ़िक्र करने की कोई ज़रूरत नहीं है,' उसने कहा, 'तुम यहाँ रह सकते हो। मगर अपनी ज़रूरतों के लिए पैसे कहाँ से लाओगे?'

'कोई बात नहीं, मेरे पास स्कूल में मिले ये इनाम हैं, मैं इन्हें बेच दूँगा।' निबन्ध लिखने और अभिनय के लिए स्कूल में मुझे कुछ इनाम मिले थे—शेक्सपियर के संग्रहों के महँगे संस्करण, डिकेंस और कई दूसरे लेखकों की जीवनियाँ, और कुछ पदक।

'ये पदक तो बेकार हैं,' भीम ने कहा। 'लेकिन कमीशन पर मैं तुम्हारी किताबें ज़रूर बेच सकता हूँ। सेंट जोसेफ़ एकेडमी के सामने एक दुकान है, जहाँ

पुरानी किताबें ख़रीदी जाती हैं।' और किताबों का गट्ठर लेकर वह रवाना हो गया, लौटकर मुझे चालीस या पचास रुपये दिये, जिससे अगले दो-चार दिन का बन्दोबस्त तो हो ही सकता था।

तीसरे दिन, मैं जेफ़्री डेविस के गेट के सामने से गुज़र रहा था कि बातें करने के लिए उसने मुझे रोक लिया। मैंने उसे बताया कि मैं घर छोड़ आया हूँ। जेफ़्री बीसीएस में मेरे साथ था; वह मुझे ख़ामोश मगर अड़ियल लड़के के तौर पर जानता था, इसलिए मेरे फ़ैसले से वह हैरान नहीं दिखा—उसकी प्रतिक्रिया में प्रशंसा, सहानुभूति और ख़ुशी का मिला-जुला भाव झलक रहा था। उस दिन बाद में जब वह मुझसे मिला तो उसने कहा, 'मेरी चाची ने तुम्हें यह देने के लिए कहा है,' और दस रुपये मेरी तरफ़ बढ़ा दिये।

जेफ़्री की चाची चार्ली विल्सन की विधवा थीं। चार्ली को अपने पिता, 'पहाड़ी' विल्सन से काफ़ी जायदाद विरासत में मिली थी, जो 'देसी' हो गए मशहूर अंग्रेज़ थे, और टिहरी के ठेकेदारों के राजा होने के नाते उन्होंने जंगलों से बेहिसाब लकड़ी और अकूत दौलत जुटाई। चार्ली ने तक़रीबन सब कुछ गँवा दिया था, मगर उसकी विधवा अब भी दौलतमन्द थीं। जेफ़्री के माँ-बाप की माली हालत बहुत अच्छी नहीं थी, और वे उन्हीं के घर में रहते थे।

श्रीमती विल्सन के उस तोहफ़े से मेरा एक और दिन का बन्दोबस्त हो गया। फिर मैं कैम्ब्रियन हॉल स्कूल चला गया और नौकरी के बारे में दरियाफ़्त किया। यह स्कूल मेनवरिंग परिवार चलाता था, जो बीसीएस में पढ़ा चुके थे। उन्होंने मुझसे वजह पूछी, और मैंने उन्हें सब बता दिया। मिस्टर मेनवरिंग भले आदमी थे, उन्होंने मुझे बैठाया और मुझसे बातचीत की।

'तुम परेशान मत हो, रस्किन। केवल तुम्हारी माँ ही हैं, जो तुम्हारे भले के लिए सोचती हैं। घर लौट जाओ, ऐसे जाओ कि जैसे कुछ हुआ ही न हो, तुम देखना सब ठीक हो जाएगा।'

मैंने उनकी सलाह मान ली—चार दिन हो चुके थे और हालात अब मुश्किल होते जा रहे थे!

मैं घर में दाख़िल हुआ तो माँ बरामदे में थीं।

'क्या खाना तैयार है?' उनसे पूछने के बजाय मैंने मानो हवा से कहा।

'मेज़ पर लगा हुआ है,' उन्होंने भी हवा को ही जवाब दिया।

और बस, इतने के बाद बात ख़त्म हो गई!

मगर वह छोटी-सी बग़ावत मेरे बड़े काम आई। उसने शायद मेरी माँ और सौतेले पिता के मन में फ़िक्र पैदा कर दी थी, क्योंकि मुझे ख़ुश करने के लिए

एकाध महीने बाद ही उन्होंने मेरे लिए एक अलग कमरे का इन्तज़ाम कर दिया—यह इमारत की छत पर बनी बरसाती थी। तब तक मैं अपने भाई और दोनों सौतेले भाइयों के साथ एक ही कमरे में रहता था, और उनकी तिकड़ी इस क़दर ऊधम करती कि मेरी नाक में दम हो जाता था। मैंने उन पर कभी ग़ुस्सा नहीं किया, मगर मुझे उन पर कभी प्यार भी नहीं आया। वे मुझसे सात, नौ और दस साल छोटे थे और हम बहुत कम समय ही साथ रहे थे। जब मुझे बरसाती मिल गई तो हम सबने राहत की साँस ली।

तो अब मेरे पास अपना कमरा था। मैंने एक पुराना टाइपराइटर ख़रीद लिया और घर के पास ही चलनेवाले एक 'टाइपिंग एंड शॉर्टहैंड इंस्टीट्यूट' में दाख़िला ले लिया। यह लेखकीय जीवन की शुरुआत थी।

लेखक होने का ख़याल बहुत रोमांटिक मालूम देता है, और हममें से कुछ लिखने पर इसलिए आमादा होते हैं, कि मानो हम रोमांस करने ही निकले हों। बहुत बार, जो लोग डटे रहते हैं, उनके लिए यह डगर बड़ी कठिन साबित होती है; हम नौकरीपेशा या साहित्यिक आलोचक होकर रह जाते हैं। मैं नसीब वाला था कि साहित्य की दुनिया में मैं ख़ास तरह के भोलेपन के साथ दाख़िल हुआ, और तक़रीबन ज़िन्दगी-भर उस भोलेपन को, अपने अनाड़ीपन को बचाये रख सका।

मेरे पास एक टाइपराइटर, एक मेज़ और कुर्सी और पीने के पानी के लिए मिट्टी की एक सुराही थी—और मुझे पता चला कि आपको इतने की ही ज़रूरत भी होती है। पैंसठ साल बाद अब भी मुझे मेज़ और कुर्सी (या अपने बिस्तर के किनारे) ही चाहिए, टाइपराइटर से मैंने छुटकारा पा लिया है, क्योंकि यह शोर बहुत करता है, और अब मैं बॉल-पॉइंट या रोलर-बॉल पेन से लिखता हूँ। क़लम और काग़ज़, और क़लम, हाथ और मन के बीच छुअन का जो भौतिक रिश्ता या तालमेल होता है, वह मुझे पसन्द है। मुझे शब्दों का इस्तेमाल करना भाता है, इनसे कविताएँ और कहानियाँ और गद्य के शब्दचित्र रचना भला लगता है, और शायद इसीलिए सबसे बुरे वक़्त में भी मैंने लिखना नहीं छोड़ा।

जब मैंने शुरुआत की थी तो ख़ूब पैसा कमाने की उम्मीद बिलकुल नहीं की थी। मेरी माँ, और बाद में मेरी मौसी, दोनों को लगता था कि लेखक बनने की मेरी झक क्षणिक थी, और यह कि देर-सबेर मैं किसी ऐसी नौकरी या पेशे में चला जाऊँगा, जिसमें भविष्य सुरक्षित होगा। कई बार ख़तरे की हद तक मैं उस मक़ाम के क़रीब पहुँच भी गया, मगर शुक्र है कि बिना किसी मुस्तक़िल नुक़सान के साफ़ बचकर निकल आया।

उस टाइपराइटर पर मेरी शुरुआती कोशिशें कहानी-लेखन के अभ्यास से थोड़ी ही बेहतर थीं, लेकिन मैं उन्हें छपने के लिए सब जगह भेज देता और वे अस्वीकृति की पर्चियों के साथ लौट आतीं। मगर दक्षिण में, मद्रास से छपनेवाली, एक छोटी-सी पत्रिका थी, जिसे मैं जो कुछ भी लिखकर भेजता, वह तक़रीबन सब कुछ छाप देती थी। यहाँ तक कि मेरी हर कहानी या लेख के लिए पाँच रुपये का मेहनताना भी देती थी, उस ज़माने में यह ठीक-ठाक रक़म थी।

ख़ैर, 1951 में पाँच रुपये से मैं बहुत कुछ कर सकता था। मैं चाहता तो चार फ़िल्में देख सकता था। या तीन पत्रिकाएँ और एक पेपरबैक किताब ख़रीद सकता था। या हाल ही में बने अपने नौजवान दोस्तों को चाट की दावत दे सकता था। मैंने पाँच रुपये के उन मनीऑर्डर्स का तिरस्कार कभी नहीं किया।

'माय मैगज़ीन ऑफ़ इंडिया' नाम की यह पत्रिका—भाग्य जगानेवाले रत्नों, कामोत्तेजना बढ़ानेवाली दवाओं, पाचन चूर्ण, ज्योतिष की भविष्यवाणियों, घड़ियों और इत्रों के—विज्ञापनों के बूते चलती थी, और ये सारी चीज़ें डाक से मँगाई जा सकती थीं। पार्सल मिलने पर आप उनके दाम चुका सकते थे। इतनी आकर्षक चीज़ों में से कोई भी मैंने तो कभी नहीं मँगाई, लेकिन मुझे यक़ीन है कि बहुतेरे लोग मँगाते ही होंगे, क्योंकि चार साल बाद मैं जब इंग्लैंड से लौटा था, पत्रिका तब भी छप रही थी। बिना विज्ञापन वाले पन्नों को वे सनसनी जगानेवाले साहित्य से भरते थे। मेरे लिए यह बढ़िया पत्रिका थी—दूसरी पत्र-पत्रिकाओं के अस्वीकार के बाद जो कुछ भी लौटता, वह सब यहाँ स्वीकार कर लिया जाता था। मैंने तो इसकी अर्थव्यवस्था में भी योगदान किया, हालाँकि अनजाने में ही। एक दिन, एक कहानी के मेहनताने का मनीऑर्डर हमेशा के पाँच रुपये के बजाय दो रुपये आठ आने का आया तो मैंने एक बहुत सख़्त चिट्ठी लिखकर पूछा कि उन्होंने मेरी फ़ीस क्यों कम कर दी। फ़ौरन उनका जवाब आया कि उन्होंने मेरे पारिश्रमिक में कटौती नहीं की है, बल्कि पत्रिका के एक साल के चन्दे की रक़म वसूल की है!

मैंने उनको जो कहानियाँ भेजी थीं, अब उनमें से कोई भी सलामत नहीं गई है, और एक लिहाज़ से यह अच्छा ही हुआ क्योंकि वे बहुत हौलनाक कहानियाँ थीं। वे रहस्य-रोमांच वाली उन फ़िल्मों के किरदारों को आधार बनाकर लिखी गई थीं, जो मैंने देख रखी थीं—रेमंड चैंडलर का फ़िलिप मार्लो या अर्ल बिगर्स का चार्ली चैन, जो होनोलूलू पुलिस में जासूस था। मेरी कहानियों में जासूस मैं ख़ुद होता था, जो दिल्ली और शिमला में रात के अँधेरे में हत्यारों और ग़ुंडों का पीछा करता था, मगर अक्सर होता यह कि बीच में ही कहीं मेरा दिल उचाट हो जाता, पीछा करने में मेरी दिलचस्पी ख़त्म हो जाती और कहानी अपने रास्ते से

भटक जाती, मगर 'माय मैगज़ीन' में इस पर किसी का ध्यान नहीं गया और न ही इससे कोई परेशान हुआ।

मैंने कुछ ऐसी कहानियाँ भी लिखीं, जो काफ़ी निजी क़िस्म की थीं, और इनमें से एक 'कारवाँ' नाम की पत्रिका ने छापी, और 'द अनटचेबल' नाम की दूसरी कहानी 'इलस्ट्रेटेड वीकली ऑफ़ इंडिया' जैसी प्रतिष्ठित पत्रिका में छपी, जहाँ से मेरे नाम पचास रुपये की शानदार रक़म का एक चेक भी आया। मैं छा गया था! (या मैं ऐसा सोचता था।)

मैं हमेशा एक डायरी रखता या स्कूल की कॉपियों में रोज़नामचा दर्ज करता, जिसमें रोज़मर्रा की अपनी ज़िन्दगी की कुछ घटनाओं का ब्योरा लिखता रहता, इसमें मेरी दोस्तियों और स्टेशन कैंटीन की इमारत और उसके आसपास रहनेवाले लोगों के आने-जाने का हिसाब-किताब भी शामिल रहता था।

~

मेरी छोटी बरसाती उस इमारत की सपाट कंक्रीट छत पर खुलती थी। छत पर कुछ और नहीं बना हुआ था, यहाँ से पत्थर की सीढ़ियों का एक ज़ीना नीचे उतरता था, जो इमारत के बाहर की तरफ़ था, इस तरह निजता यहाँ काफ़ी थी। यहाँ मैं कमोबेश अपने परिवार से आज़ाद रहता था—दिन में दो या तीन बार खाना खाने के लिए जब मैं नीचे जाता था, तभी उनसे मुलाक़ात हो पाती थी। मेरे कमरे तक आनेवाली सीढ़ियाँ एकदम खड़ी थीं तो मुझसे मिलने लोग ऊपर कम ही आते थे, सिवाय पड़ोस में रहनेवाले लड़कों के—जिनमें सोमी, हरिपाल, कृष्ण और रणबीर सबसे ज़्यादा मिलनसार थे।

लेकिन उन लोगों ने बाद में आना शुरू किया। शुरुआत में तो, मेरे कमरे में झाड़ू लगाने के लिए सिर्फ़ एक महिला ही आती थी, और बाक़ी के जो मेहमान थे, वे इनसानों की श्रेणी में नहीं आते थे।

सामने ही बरगद का एक पेड़ था। दोपहर-भर गिलहरियाँ यहाँ उछल-कूद मचाए रखतीं, सुबह-शाम गौरैया, कौवे और अन्य पक्षी, और रात में उड़तीं लोमड़ियाँ। पहली बार मेरे पास ऐसा कमरा था, जहाँ से दिखनेवाली बाहर की दुनिया नितान्त मेरी थी, एकदम निजी और मुझे लगता है कि उन्हीं दिनों मैंने नज़ारों, ख़ुशबुओं, रंगों और अपने आसपास की दुनिया में रोज़मर्रा के वाक़यों पर ग़ौर करना और उन्हें आत्मसात करना शुरू किया था।

इमारत के बग़ल से होकर एक चौड़ा रास्ता गुज़रता था, जो बहुत व्यस्त नहीं रहता था, लेकिन उस पर चलनेवाली गतिविधियाँ हमेशा दिलचस्प होती थीं : सिर

पर टिन का बक्सा लिये एक 'बॉक्सवाला' गुज़रता था, जो डबलरोटी से लेकर बिस्कुट तक, बेकरी के सामान से लेकर केश तेल, सेफ़्टी पिन और पायजामे की इलास्टिक तक सब कुछ बेचता था; बच्चों को घुमाने की गाड़ी लेकर निकली आया; भाड़ा वसूल करने निकला वह शख़्स, जिसके नथुने और दाँत घोड़े की तरह लगते थे; अपनी नई एटलस साइकिल पर डाकिया; ऊँचे सुर में बल्कि किसी दीवाने की तरह लगातार अपने फलों के नाम लेकर चिल्लाता फल बेचनेवाला; स्कूली लड़कियों की एक क़तार, जिनकी चोटियों में लाल फ़ीते बँधे हुए होते।

बारिश होती तो हलचलें बढ़ जातीं। पहली गड़गड़ाहट सुनते ही, औरतें कपड़े समेटने के लिए बाहर दौड़ पड़ती थीं और अगर हवा तेज़ चल रही हो तो पूरे अहाते में कुछ कपड़ों के पीछे दौड़ती दिखतीं। जब बारिश होती तो लगता जैसे कोई इंतिक़ाम लेने आई हो, सारा रास्ता गँदली नदी में तब्दील हो जाता था। कोई साइकिल सवार तेज़ी से उस नदी में होकर गुज़र जाता; किसी बुज़ुर्ग सज्जन को अपनी बड़ी छतरी सँभालने में मुश्किल पेश आ रही होती; नंग-धड़ंग बच्चे बारिश के पानी में भीगते इधर-उधर नाचते-किलोल कर रहे होते।

मेरे कमरे में एक खिड़की और दो दरवाज़े थे। एक दरवाज़ा बाईस सीढ़ियों के बाद एकदम सामने था, जिससे होकर मैं कमरे में घुसता था (और यह अजीब संयोग है कि मेरे मौजूदा घर, आइवी कॉटेज में भी बाईस सीढ़ियाँ हैं, जो सामने के दरवाजे तक आती हैं)। दूसरा दरवाज़ा, उस इमारत की सीमेंट वाली सपाट छत पर खुलता था। अप्रैल के आख़िर तक मौसम गर्म हो जाता था, और चूँकि मेरे पास कोई पंखा नहीं था, इसलिए मैं सारे दरवाज़े और खिड़कियाँ दिन-रात खुले रखता ताकि पहाड़ियों से जो भी हवा आती हो, मेरे कमरे में आ सके। कभी-कभी ये दिल्ली की ओर से आती गर्म हवाएँ होती थीं, मगर यदा-कदा तिब्बत के पठार और दूर बर्फ़ीली चोटियों को छूकर आनेवाली हवा से तपिश वाले मौसम से थोड़ी राहत मिल जाती थी।

दरवाज़े और खिड़कियाँ खुले रहने से पक्षियों और दूसरे छोटे जीवों के लिए कमरे के अन्दर आना आसान हो जाता था। ख़ूब शोर करनेवाली मैनाओं का एक जोड़ा—उनमें से एक लड़ाई के बाद गंजी हो गई थी—अक्सर कमरे में आता-जाता रहता था, मैं मेज़ पर बैठा होता या निकर और बनियान पहने बिस्तर पर चित पड़ा होता, कमरे में मेरी मौजूदगी का उन पर कोई असर नहीं होता था। उस छोटे-से रौशनदान में गौरैयाँ आराम कर रही होतीं, और उसे खोलने की मेरी हिम्मत नहीं होती थी कि कहीं उनके नाजुक घोंसले को ठेस न लग जाए या कहीं उसे गिरा न बैठूँ। अपने खोए हुए दोस्तों की तलाश में एक गिरगिट कमरे

का चक्कर लगाता, और कभी-कभी ड्योढ़ी से ही अन्दर झाँकने के लिए अपना सिर उठा लेता था।

दो या तीन छिपकलियाँ थीं, जो पतंगों या मच्छरों की तलाश में हमेशा दीवारों पर या छत पर, घात लगाए घूमती रहती थीं। कभी-कभी यह होता कि इनमें से किसी छिपकली की दीवार पर पकड़ कमज़ोर पड़ जाती तो वह धप्प से नीचे आ गिरती, कभी डेस्क के ऊपर, बिस्तर या फ़र्श पर, या मेरे ऊपर ही। सफ़ाई वाली उस महिला ने मुझे बताया कि आमतौर पर देह के किसी हिस्से पर छिपकली का गिरना शुभ होता है।

'किसके लिए शुभ होता है, छिपकली के लिए या मेरे लिए?' मैंने पूछा।

'अरे, तुम्हारे लिए शुभ होता है।' फिर उसने मुझे विस्तार से समझाया कि छिपकली अगर मेरे पेट पर गिरती है तो मैं मोटा और पेटू हो जाऊँगा; अगर मेरे पैर पर गिरती है तो मैं घुमन्तू बनूँगा; अगर मेरी खुली हुई पीठ पर गिरी तो मेरे ढेर सारे दोस्त होंगे। आदि, आदि।

वह भली औरत थी। आसपास की किसी झुग्गी में रहती थी और यहाँ किरायेदारों के कमरों में झाड़ू लगाने आती थी। महीने में वह क़रीब तीस रुपये कमाती थी, और उसी से अपने छोटे-से कुनबे को पालती थी। गपशप करना उसे पसन्द था, और मैं उसे बढ़िया श्रोता मिल गया था तो इलाक़े की ताज़ा ख़बरें वह मुझे बताती रहती थी। जैसे कि नशे में धुत्त मिस्टर लाल अपने घर की सीढ़ियों से गिर गए, और अपना एक हाथ तोड़ बैठे। श्रीमती सहगल को टाइफ़ाइड हो गया था। किसी का बेटा इम्तिहान में नक़ल करते पकड़ा गया। एक और लड़का दुकान से चोरी करते हुए पकड़ा गया। देहरा आ रही रेलगाड़ी एक हाथी पर चढ़ गई। मेरे सौतेले पिता की पहली पत्नी उन पर मुक़दमा करनेवाली थीं। शहर में सर्कस आनेवाला है। मसूरी जाते हुए प्रधानमंत्री (मिस्टर नेहरू) शहर से गुज़रनेवाले हैं। और उसकी कमर में दर्द है, जो ठीक होने का नाम ही नहीं ले रहा था। मैंने उसे एस्पिरिन की गोलियों का एक पत्ता दे दिया (एस्प्रो ब्रांड का नाम था), और इसके बाद तो मैं उसका चिकित्सा सलाहकार बन गया। वह अपनी तकलीफ़ बताती और मैं उसे एस्पिरिन या एनासिन, ओरिएंटल बाम, और कभी-कभी ईनो के फ्रूट सॉल्ट की ख़ुराक दे देता।

जैसाकि पहले बता चुका हूँ, रात को भी मैं सामने का दरवाज़ा खुला छोड़ देता था। लेकिन एक रात, बिस्तर के पास किसी भयानक डरावनी चीख़ ने मुझे गहरी नींद से जगा दिया। बत्ती जलाई तो देखा कि एक गीदड़ मेरे क़रीब खड़ा था, और चाँद या सितारों या आसपास की छतों में कहीं खोए हुए अपने प्यार

को सुनाने के लिए मुँह ऊपर किये हुआँ-हुआँ कर रहा था। मैं चिल्लाया तो वह भाग गया, सीढ़ियों से नीचे उतरकर वह सड़क के उस पार भागा तो इलाक़े के सारे कुत्ते ज़ोर-ज़ोर से भौंकते हुए उसके पीछे दौड़ पड़े। मुझे लगता है कि उस बेचारे गीदड़ को मुझसे कहीं ज़्यादा डर लगा होगा; मगर इसके बाद, रात को मैं सामनेवाला दरवाज़ा बन्द रखने लगा।

लेकिन दिन में दरवाज़ा हमेशा खुला रहता था, और एक सुबह, उसी दरवाज़े से, ख़ाकी निकर और चप्पल पहने हुए चमकती आँखों वाला एक सिख लड़का अन्दर आया। उसकी उम्र कोई बारह साल रही होगी। दाढ़ी अभी तक नहीं आई थी। वह मुझे ऐसे देख रहा था जैसे मैं कोई अनोखा और किसी लुप्तप्राय प्रजाति का पक्षी हूँ। फिर वह हँसने लगा, उसकी हँसी गर्मी की तपिश के बीच बारिश की बौछार सरीखी थी।

यह सोमी था, उसके भाई हरिपाल के घर पर मेरी उससे छोटी-सी मुलाक़ात थी।

मुझे याद नहीं कि हरिपाल से मैं कैसे मिला था। शायद भीम ने मुझे रणबीर से मिलाया, और उसने मुझे हरिपाल से मिलाया—दोस्त उसे एच.पी. सॉस कहते थे। जर्मनी, मैक्सिको और जापान में उसके कई पेन-फ्रेंड थे और बक़ौल हरिपाल, मैं उसका पहला ब्रिटिश दोस्त था। मैंने उसे बताया कि मैं ब्रिटिश नहीं था, मैं भारत में पैदा हुआ था, मैं और मेरा परिवार हमेशा से यहीं रहते आए थे। उसने सहमति में सिर हिलाया : हाँ, मैं ब्रिटिश नहीं हो सकता, मैं अंग्रेज़ों की तरह नहीं बोलता था; दरअसल, मेरी अंग्रेज़ी भी बहुत अच्छी नहीं थी। तो मैं उसका पहला एंग्लो-इंडियन दोस्त था, उसने कहा। उन दिनों भी एंग्लो-इंडियन कहे जाने की मैं बहुत परवाह नहीं करता था, मुझे ऐसा कुछ महसूस भी नहीं होता था कि इस पर मैं एतराज़ करता।

हरिपाल पन्द्रह साल का था, दसवीं में पढ़ता था, और इसके बाद वह सेना या नौसेना में भर्ती होना चाहता था—उसकी यह ख़्वाहिश मुझे प्रभावित नहीं करती थी, क्योंकि किसी भी तरह के अनुशासन या रेजिमेंटेशन को मैं कमतर मानता था। मैंने उसे बताया कि मैं लेखक बनना चाहता हूँ—और इस बात ने उसे प्रभावित नहीं किया, क्योंकि यह कोई कॅरिअर नहीं था, और वैसे भी, लेखक बनकर जीना केवल इंग्लैंड या अमेरिका में ही मुमकिन था, और मैं हिन्दुस्तान में था।

एक दिन दोपहर को खाना खिलाने के लिए वह मुझे अपने घर ले गया, वहाँ मैं उसकी माँ से मिला, जो मुझे देखकर ख़ुश हुई थीं। उसके भाई सोमी और छोटू और उसके चचेरे भाई दीपी और दलजीत से भी मुलाक़ात हुई। उनका घर क़स्बे

के बाहरी इलाक़े में था, जहाँ इनसानी तहज़ीब जंगल में विलीन होने लगती थी। यह उन कुछ बड़े परिवारों में से पहला था, जिनसे मैं वर्षों तक जुड़ा रहा, और उस घर के दरवाज़े मेरे लिए हमेशा खुले रहते, मेरे प्रति वे सभी इतने सहृदय थे कि जब मेरी मरज़ी करे, मैं वहाँ आ-जा सकता था। यह मेरे अनुकूल व्यवस्था थी; कहीं स्थायी रूप से रहने के बजाय मेहमान बने रहने में मुझे ज़्यादा सुभीता लगता था, अपनी यह आदत मैंने चालीस का होने के बाद ही छोड़ी।

उस पहली मुलाक़ात के बाद, जब सोमी मुझसे अंग्रेज़ी की अपनी पढ़ाई में मदद माँगने आया था—जिसे वह जल्दी ही भूल भी गया—वह किसी भी वक़्त चला आता था। जल्दी ही, हम छत पर बग़ीचा लगाने की तैयारी में जुट गए। पढ़ाई में सोमी का दिल कम ही लगता था, सो वह स्कूल छोड़कर भाग आता था। दो दिनों तक हम पास के खेत से बाल्टी में भरकर मिट्टी ढोते रहे। दूसरे दिन शाम तक हमने फूलों की एक साफ़-सुथरी क्यारी बना ली थी। सोमी और छोटू ने उसमें कद्दू के कुछ बीज बो दिये, हालाँकि मैंने फूल लगाने की सोची थी, इसको लेकर हमारी थोड़ी बहस भी हुई और फिर बाहर जाकर चाट खा लेने के बाद सुलह भी हो गई।

कई बार दोपहर में हम उस कमरे में इधर-उधर पड़े रहते और बातें करते रहते। जब शाम हो जाती और उनके घर जाने का समय हो जाता तो मुझे उनको अपनी पीठ पर लादकर सीढ़ियों के नीचे तक छोड़ने जाना पड़ता! सोमी को इसमें छोटू से ज़्यादा मज़ा आता, वह ख़ुश होकर हँसता और मुझे तेज़, और तेज़ चलने के लिए कहता—मैं उसका पसन्दीदा टट्टू था, उसका गधा और सीढ़ियों के नीचे पहुँचकर जब मैं उसे पीठ से नीचे उतारता, ताकि वह साइकिल लेकर अपने घर चला जाए तो पैडल मारते हुए वह एलान करता कि मैं उसका 'सबसे अच्छा दोस्त' हूँ और वह मुझे बहुत प्यार करता है।

सोमी को साइकिल चलाने में सबसे ज़्यादा मज़ा आता था। मैं बढ़िया साइकिल सवार नहीं था; हमेशा गिर पड़ता था, एक बार साइकिल लेकर मैं एक भैंसा गाड़ी से जा भिड़ा और मेरी बाँह की हड्डी टूट गई। लेकिन सोमी और उसके भाइयों की सोहबत मज़ेदार थी। मैं एक दुकान से पुरानी साइकिल किराए पर ले लेता था और तेज़ धूप में उनके साथ घूमता—कभी हम गन्धक वाले झरनों तक तो कभी प्रेमनगर (जहाँ सैन्य अकादमी थी) तक चले जाते, या हरिद्वार रोड पर चाय बाग़ानों में, या लच्छीवाला में सूखी नदी के किनारे और जंगलों में भी। नहर के किनारे बैठकर हम घंटों बिता देते और अपनी उम्मीदों और सपनों के बारे में बातें करते रहते।

हर कोई यहाँ से दूर जाना चाहता था। हमारी महत्त्वाकांक्षाओं के लिहाज़ से देहरा बहुत छोटी जगह थी, और उस उम्र में हम सारे ही दुनिया जीत लेने के ख़्वाहिशमन्द थे। लेखक बनने का मेरा ख़्वाब केवल इंग्लैंड में ही पूरा हो सकता था, मुझे यक़ीन था कि वहाँ अदब की दुनिया के दरवाज़े मेरे लिए खुल जाएँगे।

लम्बे समय तक साइकिल की सवारी के बाद, हम प्यास के मारे और थके-माँदे मेरे कमरे पर पहुँचते, और 'माय मैगज़ीन ऑफ़ इंडिया' से आया हुआ मेरा पाँच रुपये का मनीऑर्डर बर्फ़ और कोल्ड ड्रिंक पर ख़र्च हो जाता। उन मनीऑर्डर्स की रक़म ने मेरे सत्रहवें जन्मदिन पर एक छोटा-मोटा जलसा करने में मेरी बड़ी मदद की—ज़िन्दगी में पहली बार मैंने जन्मदिन पर पार्टी दी। इस पार्टी में छह लड़के, कुछ कौवे और एक कुत्ता (छोटू का पालतू) शामिल थे, और हमने समोसे, आइसक्रीम (ब्लमॉन्ज पाउडर से घर में बनी), लेमोनेड, देसी मिठाई और अंग्रेज़ी कन्फ़ेक्शनरी की दावत उड़ाई। यह सब परोसने के लिए प्लेटें और गिलास पड़ोसियों से उधार ले लिए थे। छोटू और सोमी को सबसे ज़्यादा खाने को मिला क्योंकि एक सबसे छोटा था और दूसरा हमारे गिरोह का सबसे प्यारा और आकर्षक बन्दा था।

मेरे पड़ोसी कृष्ण और रणबीर भी हमारे गिरोह में थे, लेकिन हम सारे उन्हें जितना प्यार करते थे, वे उतने ही अनाकर्षक दिखते थे। मुझसे कुछ साल छोटे कृष्ण की भौंहें अजीब थीं और नाक अक्सर बहती रहती थी; रणबीर का माथा तो मुश्किल से दिखाई देता था, जिसकी वजह से वह कुछ-कुछ इनसान के पुरखे निएंडरथल जैसा लगता था।

रणबीर तगड़ा और मज़बूत लड़का था, लेकिन ऊर्जा और फुर्ती में अपनी बहन के मुक़ाबले कहीं नहीं था। उससे तीन या चार साल बड़ी राज बैडमिंटन की चैंपियन खिलाड़ी थी, जो ख़ाली ज़मीन के एक टुकड़े पर हमारे बनाए खुले कोर्ट पर खेलते हुए, हममें से बेहतरीन खिलाड़ी को भी हरा सकती थी। यों वह अपनी काली और गहरी आँखों की तिरछी चितवन से भी बहुतेरे लड़कों को पछाड़ सकती थी। मुझे नहीं लगता कि उसका आशय ऐसा रहा होगा, मगर उसका असर ऐसा ही होता था। उसे खेलते हुए देखना मुझे अच्छा लगता था, क्योंकि वह उन तमाम लड़कियों की तुलना में असाधारण थी, जिन्हें मैं जानता था। उसकी काया दिलकश और लचकदार थी, लम्बी दूरी के धावक की तरह पैर, नाज़ुक बाँहें, तगड़ी कलाई, मज़बूत कन्धे—कुछ मर्दों जैसे गुण फिर भी ज़नाना।

उसके साथ खेलना और उससे हार जाना भी ख़ुशी की बात थी। वह नंगे पैर पर खेलती थी। एक बार उसकी एड़ी में एक बड़ा काँटा चुभ गया और किसी

तरह गहरे जाकर मांस में धँस गया। वह घास पर बैठ गई और काँटा निकालने की कोशिश करने लगी, पर इस चक्कर में वह टूट गया। मैं कोई बहुत कीमियागर नहीं हूँ, मगर उसकी तकलीफ़ देखकर मदद के लिए आगे बढ़ने पर मुझे ख़ुद हैरानी हुई। उसके सुडौल पाँव अपने हाथों में लेकर, मैंने काँटा ठीक से पकड़ा और बड़ी दक्षता से उसे निकाल लिया। सबने ताली बजाई और अगले खेल में मुझे प्वाइंट बनाने का मौक़ा देकर राज ने इस एहसान का बदला चुकाया। उसे मेरे साथ रहने में मज़ा आता था, शायद इसलिए कि मैं उससे भी वैसे ही पेश आता था, जैसे अपने मर्द दोस्तों के साथ। उसके लिए यह मुक्ति और राहत की अनुभूति रही होगी, और इसी हौसले के चलते एक रोज़ शाम को रणबीर के साथ वह छत पर आई थी, इधर-उधर की तमाम बातें करते हुए वह मेरा हाथ थामे रही और सीढ़ियों से नीचे उतरते हुए उसने मुझे अपनी जीभ से छुआ और धीमे से मेरा गाल काट लिया था।

राज को मैं पसन्द करता था, हालाँकि मुहब्बत में मुब्तिला नहीं था। कृष्ण की माँ की बात अलग थी। वह मुझसे पन्द्रह या सोलह साल बड़ी रही होंगी, स्वभाव और शरीर दोनों ही से बहुत ख़ूबसूरत इनसान। ख़ुशनुमा, शालीन और संजीदा मगर इसके साथ ही ज़बरदस्त काम-ऊर्जा बिखेरती हुई वह अभिनेत्री कामिनी कौशल की तरह दिखती थीं। मैं उन्हें पूजता था, जैसे कोई देवी को पूजता है; उन्होंने मेरे किशोर प्रेम को भाँप लिया था, मगर न तो इसे प्रोत्साहित किया और न ही हतोत्साहित। मैं उनके छोटे बेटे का दोस्त था, और उनके लिए यही काफ़ी था। मैं अपनी मरज़ी से उनके घर आ और जा सकता था। शाम को हम कैरम खेलते थे, जबकि उनके शराबी पति बरामदे में झपकी ले रहे होते थे। वह पीडब्ल्यूडी में इंजीनियर थे, और अपनी नौकरी खो देने के बाद दुनिया से ग़ाफ़िल होकर अब वह दूसरी ही दुनिया में रहते थे। मुझसे कहा जाता था तो कभी-कभी मैं उनके महकमे के बड़े अफ़सरों के नाम अर्जियाँ और अपील टाइप कर देता था, लेकिन उनका कोई नतीजा नहीं निकला। मुझे ठीक-ठीक याद नहीं कि उन पर किस तरह की गड़बड़ी करने का आरोप था; मगर मसूरी के उनके घर में मिली बेहिसाब नकदी से उसका कुछ लेना-देना ज़रूर था—पीडब्ल्यूडी महकमे की पुरानी परम्परा में यह बहुत आम बात थी, लेकिन मिस्टर लाल इससे पीछा छुड़ाने लायक़ चालाक नहीं निकले।

मेरे ये सारे अच्छे दोस्त और पड़ोसी मेरे रोज़नामचे में दर्ज होते रहे, हालाँकि उस समय मुझे यह अन्दाज़ नहीं था कि उनमें से कुछ बाद में मेरी कहानियों के किरदार होंगे और मेरी पहली किताब 'द रूम ऑन द रूफ़' का हिस्सा बनेंगे। मेरे

उपन्यास का 'कमरा' यक़ीनन असली था, वही कमरा जिसमें छिपकलियाँ और मैना भी मेरे साथ रहते थे। और सोमी और कृष्ण और रणबीर भी बग़ैर किसी फेर-बदल के किताब में चले आए। लेकिन कथावस्तु (अगर आप इसे यह कह सकें तो), घटनाएँ, घटनाओं का क्रम, भागने का प्रसंग, मीना के साथ रिश्ते, दूर जाना और लौट आना, ये सभी मेरे रोज़नामचे के ब्योरे के 'उपन्यासीकरण' का हिस्सा थे, जिसमें मेरी कल्पना और हुनर शामिल था।

मैं मानता हूँ कि ज़्यादातर लेखक, किसी-न-किसी हद तक, अपने काल्पनिक किरदारों को असली लोगों के आधार पर ही गढ़ते हैं। मेरे किरदार सच्चाई के ज़्यादा क़रीब बैठते हैं। यह उनको मेरा जवाब है, जिसमें हेरफेर होती रहती है। अपने सारे किरदारों में सबसे काल्पनिक मैं ख़ुद ही हूँ।

इंग्लैंड का सफ़र

और अब युवा रस्किन, जो अभी केवल सत्रह साल का था, इंग्लैंड के लिए रवाना हो रहा था।

मुझे पेनिनसुलर एंड ओरिएंटल स्टीम नेवीगेशन कम्पनी (पी एंड ओ) के जहाज़ एस.एस.स्ट्रैथनेवर से सफ़र करना था, जो बम्बई और लन्दन के बीच चलनेवाले कई बेहतरीन मुसाफ़िर बर्दार जहाज़ों में से एक था; बल्कि, सिडनी और लन्दन के बीच, क्योंकि इसका सफ़र ऑस्ट्रेलिया से शुरू होता था। मेरा टिकट आ चुका था। इसकी क़ीमत 450 रुपये थी, जिसमें खाने का ख़र्च भी शामिल था। यह यात्रा एक पखवाड़े से थोड़े ज़्यादा समय में पूरी होनी थी। मेरा टिकट, कुछ कपड़े और इंग्लैंड में मेरे शुरुआती दिनों के लिए कुछ और सामान, उस रक़म से ख़रीदे गए जो देहरा वाली नानी अपनी वसीयत में मेरे लिए छोड़ गई थीं। उनके पास ज़्यादा कुछ नहीं था, मगर उन्हें मेरा ख़याल था। उन्होंने यह बात मुझे नहीं बताई थी, और अब तक मेरी माँ को भी इसका पता नहीं था, और अब मेरी वह निष्ठुर नानी मेरे सामने नहीं थीं कि मैं उनका शुक्रिया कर पाता।

जैसे-जैसे मेरे जाने का दिन नज़दीक आ रहा था, शहर छोड़कर जाने के ख़याल से मुझे घबराहट होने लगी थी, और अकेलेपन का पुराना अहसास लौट

आया था। अपने परिवार को छोड़कर जाना बहुत मुश्किल नहीं था; मगर उस साल गर्मियों में मैंने जो दोस्त बनाए थे, उनकी कमी बहुत खलनेवाली थी। लेकिन अपने जज़्बात का इज़हार करने में मैं अनाड़ी था, दूसरे अधिकांश लड़के भी ऐसे ही थे—सिवाय सोमी के, जो हमेशा सहजता और बेतकल्लुफ़ी से अपना लगाव ज़ाहिर कर देता था।

'मुझे दुःख होगा, रस्किन,' उसने बड़ी सादगी से कहा।

'मैं वापस आऊँगा,' मैंने कहा।

'तुम नहीं लौटोगे। तुम हम लोगों को भूल जाओगे।'

एक हफ़्ते बाद उसे निमोनिया हो गया। मुझे लगता नहीं था कि मैं जा पाऊँगा, मगर हमेशा से व्यावहारिक समझ वाले हरिपाल ने मुझे समझाया कि फ़िक्र मत करो। सोमी जल्दी अच्छा हो जाएगा, मगर मैं नहीं गया तो वह सब करने का बेशक़ीमती मौक़ा गँवा दूँगा, जो मैं हमेशा से करना चाहता था। मेरे रुकने से कोई फ़ायदा नहीं होनेवाला।

और सोमी अपनी मज़बूत इच्छाशक्ति के बूते अच्छा भी हो गया, मानो उसका इरादा मुझे किसी अपराधबोध या फ़िक्र के बग़ैर विदा करने का हो। आख़िरी बार जब मैं उनके घर गया तो उसकी माँ मुझे अलग ले गईं। 'तुम्हें किसी चीज़ की ज़रूरत तो नहीं है, बेटा?' उन्होंने पूछा। 'तुम इस घर के ही हो, अगर तुमको कुछ चाहिए तो मुझे बताओ।'

मेरा चेहरा उन्होंने अपने हाथों में ले लिया और मैं रो पड़ा। 'हौसला रखो,' धीमी आवाज़ में उन्होंने कहा, और मेरा माथा चूम लिया।

नवम्बर की शुरुआत में मैंने देहरा छोड़ा था। मेरी माँ और मिस्टर एच मुझे विदा करने के लिए स्टेशन आए। यह छह साल पहले के उस दिन से बिलकुल अलग स्थिति थी, जब मैं दस साल का था और अपने पिता के गुज़रने के बाद स्कूल से देहरा पहुँचा था, और उनमें से कोई मुझे लेने स्टेशन नहीं आया था। पर वक़्त कई घाव भर देता है, अब तक मैं अपनी ज़िन्दगी के हालात से कमोबेश समझौता कर चुका था। और उन्हें मुझसे बड़ी उम्मीदें थीं।

मुझे विदा करने के लिए मेरे दोस्त भी स्टेशन पहुँचे थे। सोमी और उसके भाई, कृष्ण और रणबीर। तो चलते-चलते काफ़ी हँसी-ख़ुशी का माहौल बन गया। कोई आँसू नहीं, और न कोई पछतावा। हर किसी ने मेरे हौसले की तारीफ़ की कि इतनी कम उम्र में मैं अकेले इतनी दूर जा रहा था।

'तुम एक दिन बहुत बड़े लेखक बनोगे, देख लेना,' कृष्ण ने कहा। 'दुनिया

में सबसे अच्छे!' और मैं इतना भोला था कि उसकी बात पर भरोसा भी कर लिया। उस कृष्ण की बात पर जिसे 'बीनो' कॉमिक पेपर पढ़ना सबसे ज़्यादा पसन्द था।

इतनी मुहब्बत करनेवाले इन लड़कों से मुझे भी बेपनाह मुहब्बत थी, और अब ये सब इसी छोटे-से शहर देहरादून में पीछे छूट जाएँगे, हिन्दुस्तान के बाहर किसी ने जिसका नाम भी नहीं सुना होगा, जबकि मैं वहाँ जा रहा था, जो डिकेंस और बकिंघम पैलेस की धरती है!

ट्रेन बम्बई के लिए रवाना हुई। मैंने खिड़की से बाहर झाँककर देखा, वे सब अभी प्लेटफ़ार्म पर ही खड़े थे, ख़ुशी से चिल्लाते और हवा में हाथ लहराते हुए। मैं जानता था कि मैं ख़ुद अपने और उनके भी लड़कपन को अलविदा कह रहा हूँ, और अगर ज़िन्दगी में हम फिर कभी मिले तो हम सब बड़े हो चुके होंगे, हमारी मासूमियत के ये दिन बहुत पीछे छूट चुके होंगे।

गुडबाय चिल्लाते हुए सोमी मेरे डिब्बे के साथ दौड़ा, वह हँसता रहा था और उसका चेहरा आँसुओं से भीगा हुआ था।

इन दोस्तों से फिर मेरी मुलाक़ात तभी हुई, जब हम तक़रीबन बूढ़े हो चले थे—सिवाय दीपी और कृष्ण के, वे दोनों कुछ वर्षों तक देहरा में रहे, रणबीर, इतने बड़े हिन्दुस्तान में कहीं ग़ुम हो गया, और दलजीत, जवानी में ही मर गया।

हरिपाल—एच.पी.एस. अहलूवालिया—फ़ौज में चला गया, एवरेस्ट की चोटी फ़तेह वाले पहले भारतीयों में वह एक था। कुछ महीने बाद, 1965 की लड़ाई में उसे गोली लगी, और इसका नतीजा यह हुआ कि वह ज़िन्दगी भर के लिए व्हीलचेयर पर आ गया। कभी हार नहीं माननेवाले हरिपाल ने नई दिल्ली में इंडियन स्पाइनल इंजरीज़ सेंटर की स्थापना की, और अब भी वह इसके मुखिया हैं।

सोमी ने इंजीनियरिंग की पढ़ाई की और अमेरिका चला गया, जहाँ से भारत वह आता रहता था और कुछ मौक़ों पर मुझे मिला भी—चाँदी-सी चमकती दाढ़ी वाला वह शख़्स अब विवाहित बच्चों का पिता था। मगर मेरी स्मृति में उसका मासूम रूप ही बसा हुआ था, थोड़ी तिरछी पगड़ी बाँधे, निकर पहने हुए वह लड़का, जो ख़ाली सड़क पर अपनी साइकिल दौड़ाता रहता था।

स्कूल की पढ़ाई पूरी करने के बाद दलजीत एयरफ़ोर्स में चला गया, और थोड़े ही अर्से बाद एक प्रशिक्षण उड़ान के दौरान उसकी मृत्यु हो गई।

कृष्ण को मेरी ज़िन्दगी में अलग-अलग मौक़ों पर मिलते रहना था—देहरा, दिल्ली और मसूरी में—हमारी दोस्ती पहले की तरह ही पक्की थी, और तब तक

बनी रही, जब तक मैंने उसे भी खो नहीं दिया। चालीस साल से ऊपर का वह कामयाब इंजीनियर बम्बई में रहता था, गोवा में एक बच्चे को डूबने से बचाने की कोशिश में उसकी जान चली गई।

~

बम्बई में लैमिंगटन रोड पर एक घटिया, गन्दे होटल में मैंने दो दिन और दो रातें बिताईं, और फिर जब मैं जहाज़ पर सवार हुआ तो ख़ासा बीमार महसूस कर रहा था। एक-दो दिनों तक तो मैं कुछ खा ही नहीं पाया। लेकिन इसके अलावा, सफ़र ठीक-ठाक गुज़रा—बम्बई छोड़ने से लेकर दक्षिण लन्दन में लंगर डालने तक कुल अठारह दिन के इस सफ़र के रास्ते में तीन पड़ाव शामिल थे—अदन, पोर्ट सईद और मार्सैय।

जहाज़ में दो तरह के केबिन थे—पहला दर्जा और दूसरा या सैलानियों वाला दर्जा। मैं सैलानियों वाले दर्जे में था, जिसमें मुझे एक और मुसाफ़िर के साथ केबिन साझा करना था, लेकिन मेरी क़िस्मत अच्छी थी कि पोर्ट सईद तक वह पूरा केबिन मेरा ही था। पी एंड ओ के जहाज़ उन दिनों ऑस्ट्रेलिया से चलकर बम्बई में ठहरते थे और फिर आगे इंग्लैंड तक जाते थे। इसलिए इस सफ़र में ढेर सारे ऑस्ट्रेलियाई मुसाफ़िर थे, जिनमें ऑस्ट्रेलिया के पेशेवर 'ऑल-इन' पहलवानों की एक टीम भी थी—'ऑल-इन' का आशय यह कि कोई नियम-क़ायदा नहीं, 'सब चलता है'। डेक पर ज़्यादातर समय, वे लोग अभ्यास करते और कुश्ती लड़ते, एक-दूसरे को उठाकर इधर-उधर पटक रहे होते, और कभी-कभी बेहिसाब बीयर पीकर बेक़ाबू हो जाते। एक छरहरी और हसीन ऑस्ट्रेलियाई महिला भी थीं, जो पियानो बजाती थीं, और एक संगीत समारोह में प्रस्तुति देने के लिए इंग्लैंड जा रही थीं। वह उस सैलून में रियाज़ करतीं, जहाँ एक पियानो रखा हुआ था, जबकि बाहर पहलवानों का हुल्लड़ चल रहा होता। एक तरफ़ बीथोवेन की सिफ़नी मूनलाइट सोनाटा गूँज रही होती तो दूसरी तरफ़ किंग काँग के दाँव-पेच—यह ख़ासा उदात्त क़िस्म का प्रहसन था।

वह बम्बइया पारसी भी कम दिलचस्प नहीं था, जिसे इंग्लैंड पहुँचने पर अपनी क़िस्मत बदल जाने की उम्मीद थी। हर कोई उसे अपना हाथ दिखा रहा था। मेरी हथेली देखकर उसने मेरा भी भाग्य बाँचा, और बहुत निराशा दिखा, बताया कि अधेड़ उम्र तक मेरा समय बहुत दुश्वारियों में बीतनेवाला है, और फिर पचासवें में मेरी मौत हो जाएगी। इस तरह की बातें करके तो उसे दौलत मिलने से रही, लेकिन कल के बारे में कौन जानता है। बाद में, जब मैं लन्दन में रहता था, मैंने

उसे कभी नहीं देखा, अलबत्ता वहाँ मैंने कई और ज्योतिष और हस्तरेखाविद् देखे, और वे सभी भारत से आए थे।

पोर्ट सईद में, मेरे केबिन की दूसरी बर्थ पर एक फटेहाल अंग्रेज़ आया, जो कुछ सालों से मिस्र में फँसा हुआ था, और जिसे वापस इंग्लैंड भेजा जा रहा था। दीन-हीन क़िस्म का वह किरदार कंगाल था, और हमेशा ही इस फेर में रहता कि मैं उसे शराब पिला दूँ। मेरे पास जितने पैसे थे, वे अपने लिए ही बहुत काफ़ी नहीं थे, ऐसे में उसकी संगत में मुझे बहुत मज़ा नहीं आया! सौभाग्य से, दिल लगाए रखने के लिए वहाँ काफ़ी कुछ था। शाम को फ़िल्में चलती थीं, और फ़ैंसी-ड्रेस बॉल का आयोजन होता—एक बार मैंने भी इसमें हिस्सा लिया, नहाने के कपड़ों में प्रैम में बैठकर चूसनी चूसते हुए। मुझे लगा कि मैंने काफ़ी रोचक प्रस्तुति दी थी, लेकिन उन लोगों ने मुझे इनाम नहीं दिया।

पी एंड ओ के ज़्यादातर जहाज़ों की तरह, हमारा जहाज़ भी सिसली के उत्तर में स्ट्रॉमबोली के ज्वालामुखी वाले द्वीप से होकर गुज़रा। ज्वालामुखी पर जैसे ही शाम उतरी, कप्तान ने हमें डेक पर बुला लिया, और हमने लावा-किरणों का भड़कीला फ़व्वारा देखा, ज्वालामुखी की चोटी से अँधेरे आकाश में सैकड़ों मीटर ऊपर तक उठती आग की लहरें। हम ख़ासा दूर थे, इसलिए हम सिर्फ़ क़ुदरत की सुन्दरता देख सके, तबाही मचानेवाली उसकी ताक़त नहीं।

जब हम मार्सैय में रुके तो मैं जहाज़ से नीचे उतरकर किनारे गया और घर भेजने के लिए पोस्टकार्ड ख़रीदे, जिन पर फ्रांसीसी डाक टिकट लगे थे। और फिर हम अपने आख़िरी पड़ाव, टिलबरी बन्दरगाह की ओर बढ़ गए थे।

सफ़र पूरा होने के क़रीब था तो मैंने एक छोटी-सी कविता लिखी थी, जो इतने, इतने सालों के बाद भी बची रह गई है। इसे याद करके यहाँ लिख रहा हूँ :

आय बोर्डेड द बिग शिप बाउंड फ़ॉर द वेस्ट,
द क्लीन व्हाइट लाइनर।
इन अ कोल्ड ग्रे फ़ॉग व्ही डॉक्ड
इन द लंडन्स ग्रेट रिवर।
बट आय सॉ ओनली अ काऊ ऐट रेस्ट
एंड अ बॉय हू सैंग टु हिमसेल्फ़
इन द शेड ऑफ़ ऐन ओल्ड साल ट्री,
एंड हिज़ सॉन्गवुड बी माइन फ़ॉरएवर।

मग़रिब की ओर जाते
उस बड़े जहाज़ में
सवार हुआ था मैं,
साफ़-शफ़्फ़ाफ़ और सफ़ेद।
सर्द सुरमई धुंध,
और
लन्दन का वह अज़ीम दरिया,
जिसके किनारे जा लगे थे हम।
पर मैंने देखी
सुकून से बैठी
एक गाय,
और वह लड़का
जो आप ही गाता जाता था,
साल के पुराने दरख़्त
की छाँव में,
और उसके सारे गीत
अब मेरे साथ रहेंगे
सदा के लिए।

खंड III

वीरान टापू पर

एक बरस से थोड़ा ज़्यादा समय तक मैं जर्सी में रहा, जो चैनल द्वीपसमूह में सबसे बड़ा द्वीप है। इसके बाद ढाई साल लन्दन में बीते। पूरब और पश्चिम के द्वंद्व में फँसकर मुझे यह तय करना था कि मेरी अपनी जगह कौन-सी है, आख़िर मैं हूँ कहाँ का। ब्रिटेन से मेरा रिश्ता ज़रा नाज़ुक क़िस्म का था; भले ही मैं यहाँ पला-बढ़ा नहीं, पर नस्ल से तो आख़िरकार यहीं का था।

एक तरह का सपना लेकर मैं इंग्लैंड आया था और दूसरी तरह के सपने लेकर मुझे भारत लौटना था; मगर इसके बीच चार साल का लम्बा अन्तराल था, और यह मुद्दत मुझे दफ़्तरों में बे-लुत्फ़ काम करके, सीलन से भरे और उदास बेड-सिटिंग रूम, गन्दे-जर्जर डेरों, सस्ते स्नैक बार, अस्पताल के वार्डों में गुज़ारनी थी, अपनी पहली किताब लिखने और उसके लिए प्रकाशक ढूँढ़ने का संघर्ष भी इसमें शामिल था। तभी मैंने यह जाना कि मेरे जैसे किसी शख़्स के लिए दुनिया किस क़दर अकेली जगह हो सकती है। और यह भी कि लेखक बनने के लिए केवल काग़ज़ पर कलम चलाना भर काफ़ी नहीं होता—यक़ीनन यह पहला क़दम ज़रूर है!

~

जर्सी एक ख़ूबसूरत टापू था—चौड़ी खाड़ियाँ, सुन्दर नाके, छोटा मगर व्यस्त बन्दरगाह, अनोखी राजधानी (सेंट हेलियर), और टमाटरों और जर्सी गायों के लिए मशहूर फ़ार्म। लेकिन मैं अपनी मौसी के घर वालों के सिवाय किसी और को नहीं जानता था और मेरे रिश्तेदारों ने मेरी साहित्यिक महत्त्वाकांक्षाओं में कोई ख़ास दिलचस्पी नहीं दिखाई।

यहाँ पहुँचने के हफ़्ते के भीतर ही मुझे फिर से पीलिया हो गया। हो सकता है कि बम्बई के उस गन्दे होटल में रहते हुए संक्रमण हुआ हो, और समुद्र के लम्बे सफ़र के दौरान वायरस मेरे शरीर में कहीं दुबके रहे हों। जर्सी जैसी जगह

में निश्चय ही, कोई पीलिया या शदीद गर्म जगहों वाली बीमारियों का शिकार नहीं होता था। लेकिन सही ख़ुराक और आराम करने की वजह से जल्दी ही मैं ठीक हो गया और तुरन्त ही नौकरी की तलाश में जुट गया। मैं अब अपनी मौसी पर ज़रूरत से ज़्यादा बोझ नहीं डालना चाहता था।

नौकरी के लिए अर्ज़ियाँ लिखने या रोज़गार दफ़्तरों के चक्कर लगाने में मैंने वक़्त बर्बाद नहीं किया। मैं तो बस सेंट हेलियर की मुख्य सड़क पर निकल पड़ा, दरवाज़े खटखटाए, दफ़्तरों के बाहर इन्तज़ार किया, इंचार्ज जैसे दिखनेवाले किसी भी शख़्स के पास चला जाता और शाइस्तगी से पूछता : 'माफ़ कीजिए, सर, मैं नौकरी की तलाश में हूँ। क्या आपके यहाँ कोई जगह है?' आमतौर पर कहीं कोई गुंजाइश नहीं होती थी, मगर लोग मेरे इस तरह सीधे चले आने पर हैरान होते और कभी-कभी कोई मुझसे पूछ भी लेता कि मैं क्या कर सकता हूँ। 'मैं टाइप कर सकता हूँ,' मैं जवाब देता। 'थोड़ी-बहुत शॉर्टहैंड जानता हूँ। ख़तो-किताबत कर सकता हूँ। बिल बना सकता हूँ।' और फिर हताशा में यह भी कह देता : 'मैं चाय बना सकता हूँ।'

किराना स्टोर की एक बड़ी श्रृंखला, लेस रिचेज़, के दफ़्तर के मैनेजर ने मुझे ऊपर से नीचे तक देखा और पूछा कि क्या मैं हिसाब-किताब कर सकता हूँ। 'गणित में मैं बहुत अच्छा नहीं हूँ,' मैंने ईमानदारी से बता दिया 'मगर जोड़-घटाना तो कर सकता हूँ!' उन्होंने मुझे हफ़्ते में तीन पाउंड की तनख़्वाह पर जूनियर क्लर्क की नौकरी दे दी, जो उन दिनों के लिहाज़ से बुरी नहीं थी। हर हफ़्ते मैं मौसी को एक पाउंड दे देता था और बाक़ी किताबों, फ़िल्मों और स्टेशनरी पर ख़र्च कर देता। मैंने अपने लिए एक जोड़ी नये जूते भी ख़रीदे, क्योंकि मेरी मौसी कहा करती थीं कि 'किसी आदमी की हैसियत हमेशा उसके जूतों से तय होती है, रस्किन, और तुम्हारे जूते बहुत बदहाल दिखते हैं।'

अपनी शक्ल-सूरत पर मैंने कभी ज़्यादा ध्यान नहीं दिया। मेरी पतलून आमतौर पर बिना प्रेस की हुई होती थी, क़मीज़ की आस्तीन फटी हुई और टाई उधड़ी-सी रहती थी (उन दिनों काम पर टाई पहनकर जाना ज़रूरी होता था), लेकिन मैंने ख़ुद को स्मार्ट बनाने के जतन किये, मक़सद अपनी मौसी को ख़ुश करने के साथ ही, लेस रिचेज़ में काम करनेवाली लड़कियों पर अपनी छाप छोड़ना भी था। स्टोर के ऊपर एक बड़े और नीमअँधेरे-से दफ़्तर में मैं क़रीब बीस दूसरे क्लर्कों के मिले-जुले समूह में काम करता था। जाड़े का मौसम था—सुबह आठ बजे जब मैं काम पर जाता था तो अँधेरा रहता था, और शाम को छह बजे जब काम से वापस लौटता तब भी अँधेरा हो चुका होता था। शनिवार की दोपहर को हम

ख़ाली रहते थे, और इतवार को तो छुट्टी होती ही थी। मेरे साथी क्लर्क, जिनमें से ज़्यादातर मुझसे बड़ी उम्र के थे, मिलनसार तबीयत के लोग थे, जो फुटबॉल, फ़िल्मों, मौसम और शाही ख़ानदान के बारे में बातें करते रहते थे। जब किंग जॉर्ज (छठवें) की मृत्यु हुई तो हमने एक मिनट का मौन रखा। वह लोकप्रिय बादशाह रहे थे, और अपनी ख़राब सेहत के बावजूद युद्ध के दौरान उन्होंने बहुत बहादुरी और निःस्वार्थ भाव से काम लिया था। मुझे याद है कि मेरे पिता उनका बहुत सम्मान करते थे।

अपने पिता की कमी मुझे हमेशा ही खलती है, लेकिन अब मुझे भारत और देहरा के अपने दोस्तों की याद आने लगी थी। पिछले साल-भर के दौरान, मुझे उन सबसे ख़ासा लगाव हो गया था—सोमी और उसके भाई; कृष्ण और उसकी माँ; रणबीर और उसकी बहन राज; हमारे खेल, पिकनिक और तराई में हमारी छोटी-मोटी मुहिमों को भी मैं बहुत याद करता था। बाज़ार में मिठाई और चाट की दुकानों, छोटे-से रेलवे स्टेशन, और आम के निर्जन बाग़, और छत पर मेरे कमरे में चले आनेवाले बुलबुल, मैना और अन्य छोटे पक्षियों को भी। यहाँ जर्सी में, सिर्फ़ समुद्री पक्षी थे! फिर यह टापू वाला इलाक़ा था। यहाँ मुझे भारत या पूरब की याद दिलाने लायक़ बहुत कुछ नहीं था, यहाँ तक कि सड़कों पर या समुद्र के किनारे गहरी रंगत वाला एक भी चेहरा नहीं दिखता था। एक या दो दशक के बाद भले ही यह अलग क़िस्म की जगह बन गई, लेकिन 1950 के दशक में उस संवेदनशील लड़के की सोहबत या थोड़ी तसल्ली के लिए यहाँ कुछ नहीं था, जो 'बेहतर भविष्य' की तलाश में घर और दोस्तों को छोड़कर आया था।

कभी-कभार, शाम को खाना जल्दी खा लेने के बाद, मैं समुद्र के सुनसान किनारे पर टहलने चला जाता। अगर ज्वार आता और हवाएँ तूफ़ानी ताक़त के साथ चलती होतीं तो किनारे की दीवार पर लहरें पूरे वेग से टकरातीं और ठंडे नमकीन पानी की फुहारें मुझे भिगो जातीं। मौसी को उस निर्जन में मेरा इस तरह अकेले टहलना पागलपन लगता था; लेकिन तूफ़ानी हवाएँ और दीवार पर सिर टकराती लहरें, मुझे आज़ादी का अहसास देती थीं और थोड़ा सुकून भी। जिस साल मेरे पिता की मृत्यु हुई थी, उसके बाद से कभी मुझे इतना अकेलापन महसूस नहीं हुआ था।

वह अटारी वाला कमरा, जो मुझे मिला था, वहाँ से कुछ नहीं दिखता था, इसलिए खिड़कियों से बाहर की दुनिया में झाँकने का मेरा पसन्दीदा शग़ल भी बन्द हो गया था। लेकिन शायद यह मेरे लिए काम का साबित हुआ, इसी वजह से मैं अपने टाइपराइटर पर चढ़े काग़ज़ पर ज़्यादा ध्यान दे पाया। रात को, मैं

देहरा का अपना रोज़नामचा निकालता और उसमें दर्ज कुछ ब्योरों के हवाले से कहानी लिखता। शायद उन्हें मिलाकर कोई किताब बन जाए। मैं कहानियाँ लिखता और छपने के लिए अंग्रेज़ी पत्रिकाओं को भेज देता, मगर अस्वीकार की विनम्र पर्चियाँ साथ लिये वे लौट आतीं।

मैंने सेंट हेलियर लाइब्रेरी ढूँढ़ निकाली, और वहाँ से रवीन्द्रनाथ टैगोर के नाटकों और कविताओं के संग्रह; मुल्क राज आनन्द और आर.के. नारायण के कुछ उपन्यास; संथाल परगना पर केन्द्रित सुधीन घोष के बचपन के दिनों के दिलचस्प संस्मरण (एंड गज़ेल्स लीपिंग); और रुमर गॉडेन के उपन्यास उठा लाया। इन किताबों—ख़ासतौर पर टैगोर की कविताओं—ने मुझे भारत की आत्मा से जोड़े रखा।

रुमर गॉडेन के उपन्यासों में से एक, 'द रिवर', पर महान फ्रांसीसी निर्देशक ज्याँ रेनुआ ने हाल ही में एक फ़िल्म भी बनाई थी, और यह सेंट हेलियर एक सिनेमाघर में हफ़्ते भर तक चली। मैंने यह फ़िल्म कई बार देखी—इसकी गहन लयात्मकता और शानदार रंगों पर मैं मुग्ध था और मेरे दिल में गूँजते रहनेवाले भारत के एक छोटे-से हिस्से के माहौल की छवियाँ फ़िल्म जिस तरह पेश करती, वह मुझे ख़ासा जादुई लगता था। मैंने रुमर गॉडेन के सारे 'भारतीय' उपन्यास 'ब्लैक नर्सिसस' (इस पर भी एक ख़ूबसूरत फ़िल्म बनी), 'द रिवर' और 'ब्रेकफ़ास्ट विद द निकोलाइड्स' (सम्भवत: उनका सर्वश्रेष्ठ) पढ़ डाले—और इसका असर यह हुआ धीरे-धीरे आकार ले रहे अपने उपन्यास में मैंने भारत के अपने हिस्से पर अधिकार जताने, या कहें कि फिर से क़ाबिज़ होने का संकल्प कर लिया।

अब तक मैंने लेस रिचेज़ छोड़ दिया था, और ट्रैवल एजेंसी थॉमस कुक के नये खुले दफ़्तर में सहायक के तौर पर नौकरी कर ली थी। थॉमस कुक ने इस द्वीप पर अपने बढ़ते कारोबार (ज़्यादातर होटल बुकिंग) का कामकाज सँभालने के लिए श्रीमती मैनिंग को अपने प्रतिनिधि के रूप में जर्सी भेजा था। श्रीमती मैनिंग को ऐसे सहायक की ज़रूरत थी, जो शिष्ट हो और अच्छी अंग्रेज़ी बोल सके, और इस काम के लिए मैं उनको एकदम मुनासिब लगा।

अतिशय विनम्रता, और दूसरों को ख़ुश करने के लिए ज़रूरत से ज़्यादा उत्सुकता मेरी तमाम ख़ामियों में से एक है, और इसका नतीजा यह होता है कि तानाशाह क़िस्म के ताक़तवर लोग मुझ पर धौंस जमाने लगते हैं, मुझ पर हावी हो जाते हैं—ख़ासकर महिलाएँ। श्रीमती मैनिंग हृष्ट-पुष्ट और दबंग क़िस्म की महिला थीं, और जल्दी ही दफ़्तर के सारे काम मुझसे ही कराने लगीं। चाय बनाने से लेकर, फ़ोन का जवाब देने तक, होटलों की बुकिंग करने, फ़ाइलों को व्यवस्थित रखने के जतन शुरू करने से लेकर दफ़्तर की चिट्ठियाँ टाइप करने और फिर बाहर

जाकर उन्हें पोस्ट करने तक के सारे काम मेरे ही हिस्से आ गए। वह ख़ुद दनादन सिगरेट फूँकतीं और ज़रा भी दम लिये बग़ैर लगातार बोलती जातीं हालाँकि फ़ोन पर बात करते समय वह विचलित हो जातीं। कभी-कभी वह दफ़्तर से घंटों ग़ायब रहतीं, क्योंकि चिकनी-चुपड़ी बातें करने और आकर्षक दिखनेवाले एक शख़्स से उनके भावनात्मक रिश्ते थे, जो पुराने अग्निशमन यंत्र बेचकर अपनी जीविका चलाता था। वह ठग था और दरअसल बहुत चालाक भी। वह पुराने अग्निशमन यंत्र खरीदता, मरम्मत करके उन्हें दुरुस्त करता, और फिर नया पेंट करने के बाद पूरे टापू पर घूम-घूमकर उन्हें नया बताकर बेचता। मेरी बॉस, श्रीमती मैनिंग (मुझे कभी पता नहीं चला कि मिस्टर मैनिंग कौन थे) मोटर में उसके साथ बैठकर पूरे टापू का चक्कर लगाती फिरतीं, जो शायद मज़ेदार रहा होगा—अधेड़ उम्र के प्रेमियों के लिए जर्सी की जलवायु और नज़ारे बहुत माकूल थे।

ऐसे में एक मशहूर ट्रैवल एजेंसी के सारे कामकाज की ज़िम्मेदारी मुझ पर आ पड़ती, दिनोंदिन बढ़ते काम के दबाव से निपटने की मैं भरसक कोशिश करता; फिर भी कुछ उलझनें और तमाम गड़बड़ियाँ तो अवश्यम्भावी थीं। एक बुज़ुर्ग दम्पती को दो बेड वाला कमरा चाहिए था—मैंने उन्हें डबल-बेड वाला क्यों दे दिया? और हनीमून पर जानेवाले ऐसे लोग, जो डबल-बेड चाहते थे, उन्हें अलग-अलग बेड दे दिये थे। कुछ होटलों में नस्ली प्रतिबन्ध अभी बाक़ी था—ब्रिटेन के बाक़ी हिस्सों में, बड़े पैमाने पर, सदियों पुरानी नस्लभेद की रिवायत से छुटकारे की कवायद शुरू हो चुकी थी, लेकिन इसकी आहट अभी जर्सी तक नहीं पहुँची थी—और मुझे इस बात पर फटकार पड़ी कि ब्राज़ील की सांबा नर्तकियों के एक दल के लिए मैंने ऐसे होटल में बुकिंग कर दी, जो केवल गोरों के लिए था।

श्रीमती मैनिंग पर इन गड़बड़ियों की तोहमत लगी तो उन्होंने मुझे नौकरी से निकाल दिया। कुछ हफ़्ते बाद उन्हें लन्दन वापस बुला लिया गया; हो सकता है कि आग बुझानेवाले अपने प्रेमी को भी वह अपने साथ ले गई हों। इस बाबत मुझे कभी पता नहीं चल पाया क्योंकि तब तक मुझे दूसरी नौकरी मिल गई थी, इस बार जर्सी के सार्वजनिक स्वास्थ्य विभाग में।

दूसरों पर आश्रित रहने का ख़याल मुझे कभी नहीं भाया और लम्बे समय तक मैं बिना नौकरी के नहीं रहा।

सेंट हेलियर बन्दरगाह के क़रीब, सार्वजनिक स्वास्थ्य विभाग के दफ़्तरों में, मैंने तमाम वरिष्ठ क्लर्कों, इंजीनियरों और सचिवों के बीच काम किया, और उन सबके बीच काफ़ी मशहूर भी रहा। उनकी सोहबतों के उस साल की सुखद यादें ही अब मेरे पास हैं।

वहाँ मैं सबसे कम उम्र का था, और हर कोई मुझे रस कहकर पुकारता—या, जब उन्हें लेखक बनने के मेरे सपनों की ख़बर हुई तो पुश्किन! मुझे उनके नाम याद हैं—मिस्टर ब्रॉमली, उन सबमें सबसे भले थे; चिमनी की तरह के एक शख़्स थे, जिन्हें ब्लायआउत कहा जाता था (फ्रेंच नाम—चैनल द्वीप समूह मूल रूप से फ्रांसीसी है; ज़्यादातर लोग अपभ्रंश फ्रेंच बोलते थे); मिस्टर कमिंग्स, जो युद्ध के दौरान नौसेना में थे; और हमारे मुखिया, मिस्टर गाथर्ड, जो एक नायाब, मृदुभाषी इनसान थे। वहाँ एक इंजीनियर मैक्लिंटॉक भी काम करता था, जो रोमन कैथोलिक था और चूँकि कैथोलिक लोग परिवार नियोजन में भरोसा नहीं करते, इसलिए उसके बारह बच्चे थे। मुझे नहीं मालूम कि अपनी तनख़्वाह से वह इतने सारे बच्चों की परवरिश कैसे कर पा रहा था। वह भी भला इनसान था, सिवाय इसके कि वह मुझसे कहता रहता था कि मुझे 'कैथोलिक आस्था के बारे में सोचना चाहिए।' वह मेरा धर्मांतरण करने की कोशिश कर रहा था। प्रोटेस्टेंट होने के बावजूद, धर्म में मेरी ज़रा भी रुचि नहीं थी, इसलिए कोई दिलचस्पी दिखाए बग़ैर मैं उसे बोलने देता और उसकी बातें इस कान से सुनकर उस कान से निकाल देता। फिर जब मेरी अरुचि उसकी समझ में आ गई तो उसने कहना बन्द कर दिया।

पचासेक साल के मिस्टर ब्रॉमली शान्त तबीयत के भले इनसान थे। और मैं अपना ज़्यादातर समय उनके साथ बिताने लगा। वह विधुर थे, और मेरी मौसी के घर के पास ही एक छोटे-से घर में अकेले रहते थे, शाम को अक्सर हम साथ ही घर लौटते थे। वह यॉर्कशायर के रहनेवाले थे, और अपनी सेहत की वजह से जर्सी आकर बस गए थे। उन्होंने बताया कि यॉर्कशायर बहुत नमी वाली जगह थी, जो उनके लिए मुनासिब नहीं थी और डॉक्टरों ने उन्हें धूप वाली जगह जाने का मशविरा दिया था। उन्हें किस तरह की बीमारी थी, यह तो उन्होंने मुझे नहीं बताया; लेकिन वह अक्सर अपने बेटे के बारे में बातें करते थे, जो जंग में मारा गया था, और नॉर्थ कंट्री के बारे में, जहाँ उनका घर था। उन्हें महसूस होता था कि एक तरह से हम दोनों ही निर्वासित थे, जो अपने घरों से बहुत दूर, इस छोटे, बल्कि ख़ुश्क़-मिज़ाज टापू पर रहते थे।

मिस्टर ब्रॉमली ने ख़ूब पढ़ रखा था, और किताब लिखने के मेरे अनगढ़-से लेकिन मज़बूत इरादे की वह तारीफ़ करते थे। मुझे लगता है कि उन्होंने ही मुझे पुश्किन नाम दिया था, जब-तब वह पूछते भी रहते थे कि किताब लिखने का मेरा काम कैसा चल रहा था।

एक शाम मैं एक दुकान के सामने रुक गया, जिसके शो-केस में एक छोटा-सा पोर्टेबल टाइपराइटर रखा हुआ था, जिसे पिछले कुछ दिनों से मैं देखता रहा था और

उस पर मुग्ध था, मैंने कहा, 'काश, मैं इसे ख़रीद पाता?' मेरा पुराना टाइपराइटर ख़स्ताहाल हो चुका था, उसके कुछ बटन जाम हो गए थे और अटक जाते थे, टाइपिंग ख़त्म करने के बाद उन अक्षरों पर मुझे हाथ से स्याही लगानी पड़ती थी।

'क्या यह बहुत महँगा है?' मिस्टर ब्रॉमली ने पूछा।

'यह उन्नीस पाउंड का है। मैंने अब तक कुल छह पाउंड बचाए हैं, हो सकता है कि कुछ महीनों बाद इसे ख़रीद सकूँ।' और मैं वहाँ से चलने लगा।

मिस्टर ब्रॉमली रुक गए और बोले, 'मैं तुमसे एक बात कहूँ, बच्चे। तुम अपने छह पाउंड मुझे दे दो, उसमें तेरह पाउंड मैं मिला देता हूँ, और हम यह मशीन ख़रीद लेते हैं। बाद में तुम अपनी तनख़्वाह से मुझे यह रक़म धीरे-धीरे लौटा देना—हर महीने एक या दो पाउंड। बताओ, यह कैसा रहेगा?'

मिस्टर ब्रॉमली के व्यवहार और हमारे बीच बन गए तालमेल की वजह से, मैंने बिना किसी हिचकिचाहट के उनकी यह पेशकश मंजूर कर ली। हमने टाइपराइटर ख़रीद लिया और मैं लेखन की अपनी कोशिशों के बारे में थोड़ा ज़्यादा आश्वस्त महसूस करते हुए घर लौट आया। यह क़र्ज़ चुकाने में मुझे कई महीने लग गए—लन्दन चले जाने के बाद भी मैं हर महीने कुछ पैसे भेजता रहा था—लेकिन मिस्टर ब्रॉमली हमेशा धैर्यवान बने रहे।

~

सार्वजनिक स्वास्थ्य विभाग में काम करते हुए मेरे वरिष्ठ सहकर्मियों ने मुझे जर्सी सिविल सेवा के इम्तिहान में बैठने के लिए उकसाया, योग्यता की शर्त के बग़ैर जो सभी के लिए खुले थे। इसमें सामान्य ज्ञान, प्रारम्भिक गणित, इतिहास और अंग्रेज़ी साहित्य के पर्चे के साथ-साथ एक बुद्धि-परीक्षा भी होती थी। जैसा कि आप लोग जानते हैं, इम्तिहान से मुझे नफ़रत थी, लेकिन मिस्टर ब्रॉमली और दूसरे लोगों ने मुझ पर दबाव डाला कि मैं इम्तिहान में ज़रूर बैठूँ और क़रीब दो सौ दूसरे लोगों के साथ मैंने भी परीक्षा दी।

मुझे ताज्जुब हुआ (और मेरी मौसी और मौसा भी कम अचम्भित नहीं हुए) कि अंग्रेज़ी साहित्य के पर्चे में उत्कृष्ट योग्यता के ख़ास उल्लेख के साथ, पूरे जर्सी में मैं चौथे स्थान पर रहा।

इसका मतलब यह था कि अब मैं सार्वजनिक स्वास्थ्य विभाग, या स्थानीय सरकार के किसी दूसरे महकमे में पक्की नौकरी के योग्य हो गया था। इम्तिहान पास करनेवालों को साक्षात्कार के लिए बुलाया गया, और जो लोग मेरा साक्षात्कार ले रहे थे, उनमें से एक ने कहा कि अगर मैं चिकित्सा सेवा विभाग में चला जाऊँ,

जहाँ उन्हें लोगों की ज़्यादा ज़रूरत थी तो वे मुझे तरक़्क़ी भी देंगे। मैंने जवाब दिया कि मैं सार्वजनिक स्वास्थ्य विभाग में ही ख़ुश हूँ; जहाँ के काम और लोगों से मैं वाक़िफ़ हूँ, इसलिए मैं वहीं रहना पसन्द करूँगा। मेरे जवाब से उन सज्जन को थोड़ी हैरानी हुई, फिर बोले, 'ठीक है, आख़िर वफ़ादारी भी तो कोई चीज़ है।'

मुझे लगता है कि यह एक तरह की वफ़ादारी ही थी। मिस्टर ब्रॉमली और दूसरे लोग मेरे प्रति सहृदय थे, और अगर मुझे जर्सी में ही रहकर नौकरी करनी थी तो मैं उन्हीं लोगों के बीच रहना पसन्द करता जिनके साथ मैं सहज था।

मगर असली वजह कुछ और थी। यह बात बिलकुल सही है कि आरामदेह तनख़्वाह और पेंशन की उम्मीद पर मैं जर्सी में बस सकता था, वहीं उम्र गुज़ार सकता था। सभी लोग इस विचार से सहमत होते—मेरी मौसी और मौसा; भारत में मेरी माँ; मेरी भलाई चाहनेवाले हमदर्द सहकर्मी। मगर मुझे किसी सरकारी मुलाज़िम की ठहरी हुई या बेमज़ा ज़िन्दगी की तलाश नहीं थी। पक्की नौकरी से मैंने इनकार नहीं किया, लेकिन अपने दिल की बात मैं ख़ूब जानता था कि मुझे वहाँ ठहरना नहीं है।

लन्दन के एक प्रकाशक की ओर से हौसला बढ़ानेवाला जवाब आया था, जिन्होंने मेरे उपन्यास का पहला मसौदा पढ़ा था। उनका नाम डायना एटहिल था, जो एक उभरते हुए प्रकाशक आंद्रे ड्यूश लिमिटेड की फ़र्म में भागीदार और सम्पादक थीं। मेरी किताब को लेकर वह उत्साहित थीं, मगर उन्हें लगता था कि इसके कुछ हिस्सों पर दोबारा काम करने की ज़रूरत थी और इस बाबत उनके कुछ सुझाव भी थे। और सुझावों की मैं हमेशा ही क़द्र करता रहा हूँ।

लन्दन मुझे इशारे से बुला रहा था। लेखक और प्रकाशक वहीं तो जुटते हैं। डिकेंस वहीं रहते थे, और ठैकरे, और गाल्सवर्दी, और अपने प्यारे बुज़ुर्ग ह्यू वॉलपोल, जो बहादुर इनसान, और नौजवान लेखकों के दोस्त थे। वहीं तो केंसिंग्टन गार्डन में पीटर पैन का बुत लगाकर बैरी की याद का जश्न मनाया गया था। बर्टी वूस्टर और जीव्स और ड्रोन्स क्लब के सदस्य वहीं तो धूमधाम और उत्सव-भावना में डूबे मिलते थे। या फिर यह मेरा ख़याल भर हो...

लेकिन मेरे जर्सी छोड़ने की असली प्रेरणा या उत्प्रेरक तो मेरे रिश्तेदारों, ख़ासकर मौसा के साथ मेरी अनबन थी।

पांडिचेरी के ईसाई, डॉ. हेपोलेट सीधे-सच्चे, ईमानदार और मेहनती इनसान थे (लाहौर में वह मशहूर डॉक्टर थे), लेकिन उस देश के बारे में जहाँ उनकी जन्मभूमि थी, उनकी अपनी सोच और पूर्वग्रह थे। भारत या भारतीयों के बारे में ज़्यादा सोचने को वह कभी तवज्जो नहीं देते थे और आज़ादी के सिर्फ़ पाँच साल

बाद ही देश के भविष्य के बारे में अक्सर मनहूस क़िस्म के पूर्वाभास जताते रहते थे। मेरी माँ और ज़िन्दगी जीने के उनके तौर-तरीक़ों के बारे में अपनी नापसन्दगी ज़ाहिर करने में वह बहुत मुखर रहते थे, और यह भी कि अपने ऐसे फ़ैसलों के चलते आख़िर वह 'हिन्दुस्तानी' से बाँधकर रह गईं। उन्होंने और मेरी मौसी दोनों ने ही अंग्रेज़ों के ज़माने के हिन्दुस्तान में ठसक और आराम की ज़िन्दगी बसर की थी और उसमें ख़लल के ख़याल से ही हिन्दुस्तान छोड़कर आ गए थे। उनके जैसे कई लोग थे। उनका यह रवैया मुझे ज़्यादती-सा लगता था और मैंने ऐसा कह भी दिया; मगर क्योंकि मैं उनके साथ एक 'ग़रीब रिश्तेदार' की हैसियत से रह रहा था, भले ही अपनी तरह से मैं उसकी भरपाई भी कर रहा था तो मैं उनसे उलझने-बहस करने या कोई अप्रिय स्थिति पैदा हो, इससे बचने की भरसक कोशिश करता था। इसके बजाय, अपने विचारों और भावनाओं को मैं अपनी डायरी में लिख लेता था। बदक़िस्मती से—या अब जब मैं पीछे मुड़कर देखता हूँ तो लगता है कि क़िस्मत से—वह मेरे मौसा के हाथ पड़ गई, और डायरी पढ़ने से वे ख़ुद को रोक नहीं पाए, और फिर हमारे बीच एक भयानक झगड़ा हुआ। दूसरी और बातों के अलावा, मुझ पर एहसानफ़रामोशी का इल्ज़ाम लगाया गया और इससे मुझे यक़ीन हो गया कि अब वहाँ से निकलकर आगे बढ़ने का समय आ गया है।

जब भी मैं दुखी या परेशान होता तो समुद्र के किनारे सुनसान इलाक़े में टहलने चला जाता था। इस बार भी मैंने यही किया, हालाँकि शाम हुए देर हो चुकी थी। किसी बड़े तूफ़ान के आसार थे, लहरें आपस में टकरा रही थीं और समुद्र तट पर कोई नहीं था। ज्वार तेज़ था, एक लहर आकर किनारे की दीवार पर ज़ोर से टकराई, और नमकीन पानी की तेज़ बौछार मेरे सिर और चेहरे पर आ पड़ी। मैं तक़रीबन गिरने को हुआ, लेकिन मैंने ख़ुद को सँभाल लिया और तनकर मज़बूती से वहीं खड़ा हो गया, किसी विद्रोही की तरह, एक बार फिर चुभती हुई बौछार मेरे ऊपर आकर गिरी, और फिर एक बार और, चारों तरफ़ हुहुआती हवाओं का शोर था, जैसे वे मेरा हौसला परख रही हों, मुझे चुनौती दे रही हों। उस आह्लादकारी सनसनी से दिलेरी और अजेयता का जो बोध मुझमें पैदा हुआ, उसने मुझे आश्वस्त किया कि मैं हर मुश्किल से पार पा सकता हूँ। उस ख़राब मौसम में क़ुदरत ने मुझे जो हौसला दिया, उसी के बूते मैंने उसी समय फ़ैसला कर लिया कि अगले रोज़ जर्सी छोड़ दूँगा।

और मैंने ऐसा ही किया।

एक हाथ में सूटकेस और दूसरे हाथ में पोर्टेबल टाइपराइटर थामे मैं बन्दरगाह पहुँच गया और प्लेमथ के लिए रवाना होनेवाले पहले स्टीमर का टिकट ख़रीद

लिया। मैंने अपने महकमे को नोटिस देने की ज़रूरत भी नहीं समझी और नतीजतन मुझे पिछले हफ़्ते की तनख़्वाह से हाथ धोना पड़ा। लेकिन मैंने क़रीब बीस पाउंड बचाकर रखे थे, और 1952 में यह रक़म कम से कम महीने-भर तक मुझे भूख से बचाने के लिए काफ़ी थी।

वह मार्च का महीना था, फ़िज़ा में कोहरा था, और समुद्र एकदम बेचैन और बेमुरव्वत, ज़ोर की लहरें उठ रही थीं। मगर मैं ख़ुद पर यक़ीन और भविष्य के प्रति काफ़ी आत्मविश्वास से भरा हुआ महसूस कर रहा था। अचानक मुझे अहसास हुआ कि ज़िन्दगी में पहली बार सचमुच मैं पूरी तरह ख़ुदमुख़्तार था। मुझे सँभालने के लिए न तो माँ-बाप थे और न ही मदद करनेवाला कोई रिश्तेदार। मैं अकेला था। हवा और पानी के उस बियाबान में एकदम अकेला। वैसे ही, जैसे कि मैं चाहता था। अठारह साल की उम्र में मेरा मुक़द्दर मेरी मुट्ठी में था; क्योंकि सबसे समर्थ वही होता है, जो अकेला खड़ा होता है।

लन्दन का अभियान

शुरुआती कुछ दिनों तक मैं लन्दन में ज़्यादा कुछ नहीं देख पाया, क्योंकि चारों तरफ़ घने कोहरे की चादर फैली हुई थी। दो-तीन दिनों तक मैं छात्रों के एक हॉस्टल में रहा; वह सस्ता था, मगर वहाँ शोर बहुत होता था। मेरे पास बीसीएस के एक पुराने छात्र, श्याम किशन का पता था, जो 'उच्च शिक्षा' के लिए लन्दन में था। बेलसाइज़ पार्क में वह एक कमरे में रहता था, और उसने ज़ोर दिया कि मैं उसके साथ रहूँ। स्कूल में वह मेरा सीनियर था, कोई बहुत क़रीबी दोस्त नहीं, मगर यहाँ उसने मेरे साथ भाई जैसा बर्ताव किया। मगर मैं जानता था कि अपना ख़याल मुझे ख़ुद ही रखना पड़ेगा तो पहली फ़ुरसत में मैं पास के रोज़गार दफ़्तर पहुँच गया और अपने लिए काम माँगा।

मैं अस्त-व्यस्त ज़रूर लग रहा होऊँगा। हमेशा की तरह मेरी पतलून बिना प्रेस की हुई थी, जो कोट मैंने पहन रखा था, मेरे पास वही एक कोट था और उसकी आस्तीनें थोड़ी घिसी हुई थीं, मेरे जूते बिना पॉलिश के थे। मेरे पास ओवरकोट नहीं था और मुझे ठंड लग रही थी।

'अच्छा तो आप क्या काम कर सकते हैं?' सन्देह-भरी निगाहों से मुझे देखते हुए क्लर्क ने पूछा।

उसे यह बताने का कोई फ़ायदा नहीं था कि मैंने एक किताब लिखी है। वे किसी बेरोज़गार लेखक की तलाश में तो थे नहीं।

'मैं टाइप कर सकता हूँ,' मैंने कहा था। 'मैं चिट्ठियाँ लिख सकता हूँ। बिल बना सकता हूँ। हिसाब-किताब कर सकता हूँ।'

उसने हँसते हुए कहा, 'ओहो, काफ़ी हरफ़नमौला हो। और कुछ?'

'मैं फुटबॉल खेल सकता हूँ।'

'उसमें तो मैं तुम्हारी कोई मदद नहीं कर सकता। उसके लिए तुम्हें किसी फुटबॉल क्लब में शामिल होना पड़ेगा। लेकिन स्विंडन में एक फ़ैक्ट्री है, जो फुटबॉल खेलनेवाले जूते बनाती है। क्या तुम बूट फ़ैक्ट्री में काम करना चाहोगे?'

'जी नहीं।'

'ठीक है तो तुम्हारे लिए डेस्क की एक नौकरी है,' उसने दराज़ से एक कार्ड निकालते हुए कहा। 'फ़ोटैक्स कम्पनी है, जो फ़ोटोग्राफ़ी में इस्तेमाल होनेवाला सामान बनाती है। उन्हें एक अकाउंट क्लर्क की ज़रूरत है, जिसे बही-खाते का थोड़ा-बहुत रखरखाव आता हो। शुरुआत में हफ़्ते में पाँच पाउंड मिलेंगे। यह काम तुम्हें ठीक लगता है?'

हफ़्ते के पाँच पाउंड कोई ख़ज़ाना हाथ लगने जैसा लगा। जर्सी में मुझे तीन पाउंड मिलते थे।

'बिलकुल, यह ठीक लग रहा है।'

'तो फिर ठीक है,' और उसने मुझे फ़ोटैक्स लिमिटेड का पता लिखकर दे दिया, टोटेनहम कोर्ट रोड के क़रीब यह कम्पनी अगले दो सालों तक मेरी आजीविका का ठिकाना बननेवाली थी।

~

श्याम को स्कूल में हम 'जैक्सन' के नाम से जानते थे, जोधपुर में इसी नाम से उसके पिता का महँगे कपड़ों का स्टोर था। उसने ज़ोर देकर कहा कि मैं जब तक चाहूँ, उसके साथ रह सकता हूँ। लेकिन मैं उसकी भलमनसाहत और मेहमाननवाज़ी का फ़ायदा उठाकर उस पर बोझ नहीं बनना चाहता था। मैं उसके कमरे से बाहर निकला और अपने लिए एक कमरा तलाश कर लिया।

लन्दन में रहते हुए मैंने कई घर बदले, और यह बेचैनी मेरी उस दौर की दिमाग़ी हालत का बयान भी थी। सबसे पहले, उत्तरी लन्दन में ग्लेनमोर रोड पर

अटारी का एक छोटा-सा कमरा लिया था, जो बेलसाइज़ रोड ट्यूब स्टेशन से ज़्यादा दूर नहीं था और एवरीमैन थिएटर भी वहाँ से पास ही था। यह छोटा-सा सिनेमाघर पुरानी फ़िल्में चलाता था, और मैं एकान्त में समय बिताने के लिए अक्सर शाम को वहाँ चला जाता था। लेकिन ग्लेनमोर रोड का यह कमरा ठंडा और ख़स्ताहाल था, जहाँ से बादलों से ढका आसमान और दूसरे घरों की छतें दिखाई देती थीं—धूसर टाइल्स का अन्तहीन विस्तार और काली चिमनियाँ, और इस नज़ारे की ऊब से निजात पाने के लिए वहाँ और कुछ नहीं था, एक बिल्ली तक नहीं। इसलिए मैं हैवरस्टॉक हिल की एक ख़ुशनुमा जगह पर रहने चला गया, जहाँ मैं कुछ महीनों तक रहा; फिर, थोड़े-थोड़े समय के लिए, दक्षिणी लन्दन के बेलसाइज़ एवेन्यू, टुटिंग और फिर उत्तरी लन्दन में स्विस कॉटेज में रहने के लिए लौटा।

मेरी ज़्यादातर मकान मालकिनें यहूदी थीं। पहली, जिनकी मुझे ख़ूब याद है, मेरे अटारी वाले कमरे से दो मंज़िल नीचे, ग्राउंड-फ़्लोर पर रहती थीं। उस इमारत में एकमात्र टेलीफ़ोन उनके कमरे के बाहर होता था, और जब कभी मेरे लिए कोई फ़ोन आता तो मुझे नीचे बुलाने के लिए वह ज़ोर से आवाज़ लगातीं। मगर मेरा नाम वह कभी ढंग से नहीं ले पाईं! 'रूस्किन!' वह चिल्लातीं। 'रू-ऊ-स्किन। तुम्हारा फ़ोन है।' और मैं बिना किसी हड़बड़ी के इत्मीनान से सीढ़ियाँ उतरकर नीचे जाता, क्योंकि उन शुरुआती दिनों में शायद ही कोई ऐसा शख़्स था, जिसके साथ मैं वक़्त बिताना चाहता। आमतौर पर अपने सीलन-भरे, अव्यवस्थित कमरे में लौटकर मैं अपने लिए पनीर सैंडविच बनाता—कभी-कभी हैम सैंडविच भी—और फिर देहरा की डायरी लेकर काम करने के लिए अपने टाइपराइटर पर बैठ जाता। उस अकेलेपन के बीच, एक रोज़ कमरे में मुझे एक साथी दिखाई दिया—एक छोटा-सा चूहा जो फ़र्श पर लगे किताबों के ढेर के पीछे से मेरी तरफ़ झाँक रहा था (मेरे पास कोई बुकशेल्फ़ नहीं थी)। मैंने अपने आधे खाए हुए सैंडविच में से कुछ टुकड़े और थोड़ा-सा पनीर उसकी ओर फेंक दिया, कि वह उन्हें कुतरकर खाने लगा था। उसके बाद, वह हर शाम मेरा अकेलापन बाँटने चला आता था, उसके वहाँ होने से मैं बहुत ख़ुश था।

मेरी दुनियावी जायदाद में इज़ाफ़ा हो गया था, जर्सी में ख़रीदे गए टाइपराइटर के बाद, अब मैंने श्याम के दोस्त एक थाई छात्र से पुराना रिकॉर्ड प्लेयर भी ख़रीद लिया था। अश्वेत गायिका एर्था किट का मैं ज़बरदस्त प्रशंसक बन गया था और मैंने उसके कई रिकॉर्ड ख़रीद लिए थे; मगर प्लेयर के बग़ैर तो वे सब बेकार थे, ऐसे में उस थाई लड़के ने मेरी मदद की। फिर तो एर्था की मादक और भारी

आवाज़ में—'उस्का दारा' और 'आई वांट टू बी एविल'—जैसे गाने पूरी इमारत में गूँजने लगे, पर मकान मालकिन और पहली मंज़िल पर रहनेवाले सज्जन को इससे दिक़्क़त होने लगी। उनकी शिकायतों के बाद मुझे धीमी आवाज़ में रिकॉर्ड बजाने पड़ते, मगर उसमें बहुत मज़ा नहीं आता था। हिन्दुस्तानी संगीतकार, मास्टर इब्राहिम का शहनाई वादन सुनने का भी मुझे बहुत शौक़ था, जो लोकप्रिय हिन्दी फ़िल्मी गीतों की धुनें शहनाई पर बजाते और जिन्हें सुनते हुए मैं सुदूर भारत के छोटे-से शहर की सड़कों और बाज़ारों में पहुँच जाता।

कई बार तो अकेलापन किसी भारी पत्थर की तरह मेरे भीतर बैठ जाता। ख़ासतौर पर, कोहरे वाले दिनों में। न तो परिंदे, और न ही किसी इनसान की आवाज़ सुनाई पड़ती, और ऐसा भी कोई नहीं, कुछ नहीं, जिसे कि मैं अपना कह सकता। पीछे छूट गए हिन्दुस्तान की यादों से इसकी भरपाई करने की कोशिश करता तो अटारी वाला वह छोटा कमरा और सताने लगता। खिड़की खोलता तो कोहरा भीतर आ जाता। तो अपना रेनकोट पहनकर मैं टहलने निकल जाता, या किसी सस्ते रेस्तराँ में जाकर टोस्ट और बीन्स खा आता। कभी-कभी मैं सस्ती शेरी खरीद लेता और पीकर मदहोश होने की कोशिश करता।

एक शाम मैं लेस्टर स्क्वायर पहुँच गया। वहाँ के अँधेरे कोनों में तमाम साये दुबके हुए थे। नहीं मालूम कि मेरी तलाश क्या थी, लेकिन मैं वहाँ इतनी देर तक ठहरा रहा कि एक साया मेरे क़रीब आकर खड़ा हो गया। 'मैं तुमको ख़ुश कर दूँगी। सिर्फ़ दो पाउंड, मेरे प्यारे।' उस शाम मेरी जेब में दो पाउंड थे, जो मेरी हफ़्ते-भर की तनख़्वाह की क़रीब आधी रक़म थी। मैं उसके पीछे-पीछे उसके कमरे तक चला गया। स्ट्रीट लाइट की रोशनी में वह आकर्षक लग रही थी, लेकिन अभी जब हम उसके कमरे की सीढ़ियाँ चढ़ रहे थे, मुझे वह बूढ़ी लगने लगी थी। उसके हाथ-पाँव की नसें बुरी तरह फूली हुई थीं।

मद्धिम रौशनी वाले कमरे में पहुँचकर, वह बिस्कुट का एक डिब्बा उठा लाई। वह कंडोम से भरा हुआ था।

शायद मेरे चेहरे पर उलझन का भाव देखकर, या फिर यह देख लेने के बाद कि मेरी उम्र कितनी कम है, उसने बड़ी नरमी से कहा, 'इसमें से एक निकाल लो, हमारे पास बहुत वक़्त नहीं है, प्यारे।'

मैंने उसे दो पाउंड पकड़ाए और यह कहकर हड़बड़ाता हुआ बाहर निकल आया कि बाद में आऊँगा।

वापस लौटते हुए, मैं अपने कमरे से निकलते समय के मुक़ाबले कहीं ज़्यादा दयनीय महसूस कर रहा था। उसके सस्ते इत्र की महक कई हफ़्तों तक मेरे कोट में

बसी रही। मैं उसे बर्दाश्त नहीं कर पा रहा था। रुग्ण कर देनेवाली वही गन्ध लेकर सैकड़ों आदमी उस कमरे से निकले होंगे। उस उदास रात को मैं अपनी नाकामी मानने लगा था, और उसने बरसों-बरस तक मुझे महकती महिलाओं से दूर ही रखा। इस बात का उनसे कोई लेना-देना नहीं था; यह मेरी अपनी ही कमज़ोरी थी।

हफ़्ते के आख़िरी दिनों में मैं शहर घूमने निकल जाता था, आमतौर पर पैदल ही, क्योंकि किसी जगह को जानने-समझने का यही सबसे बढ़िया तरीक़ा है। लन्दन कैसा होगा, इसके बारे में मेरी अवधारणा डिकेंस और पी.जी. वोडहाउस के उपन्यासों की शुरुआती पढ़ाई पर आधारित थी। ख़ैर, डिकेंस का लन्दन तो बहुत पहले ही ख़त्म हो चुका था, और वोडहाउस का लन्दन (और इंग्लैंड) कभी वजूद में ही नहीं था। जीव्स और बर्टी वूस्टर की दुनिया की अपेक्षा 'ऐलिस इन वंडरलैंड' की दुनिया कहीं ज़्यादा वास्तविक थी। आर्थर मॉरिसन (टेल्स ऑफ़ मीन स्ट्रीट्स) और पैट्रिक हैमिल्टन (हैंगओवर स्क्वायर) की कहानियों से शहर को मैंने ज़्यादा बेहतर ढंग से जाना होता; मगर इन लेखकों को मैंने बाद में पढ़ा।

लन्दन अब भी युद्ध के असर से उबर रहा था, ईस्ट एंड और डॉकलैंड इलाक़े में बमबारी से तबाह ऐसी इमारतें और ख़ाली जगहें अब भी दिखाई देती थीं, जहाँ कभी दफ़्तर या घर हुआ करते थे। चीनी पर बन्दिश अब भी जारी थी, और जल्दी ही मुझे दफ़्तर की बिना चीनी वाली कड़क चाय पीने की आदत हो गई। सस्ते रेस्तराँ में मिलनेवाला भोजन नाकाफ़ी होता था, पास के एबीसी कैफ़े में 'गोश्त और दो सब्ज़ियाँ' खा लेने के बाद भी मेरा पेट नहीं भरता था।

फिर भी, जब कभी मुमकिन होता मैं शहर में भटकता और टेम्स डॉकलैंड और माइल एंड रोड पर 'ब्लीक हाउस' या 'अवर म्युचुअल फ्रेंड' के निशान खोजता फिरता। किसी फ़र्ज़ की अदायगी की तरह मैं केंसिंग्टन गार्डन में घूमता रहा और पीटर पैन के बुत को अक़ीदत का नज़राना पेश किया, बेकर स्ट्रीट के एक कोने पर खड़े होकर उस घर के दरवाज़े को देखता रहता, जहाँ शर्लक होम्स और डॉ. वाटसन ने कितने ही पोशीदा मुवक्किलों से मुलाक़ात की थी...

शाम को, दफ़्तर से निकलने के बाद मैं आमतौर पर टोटेनहम कोर्ट स्टेशन से बेलसाइज़ पार्क के लिए ट्यूब ट्रेन पकड़कर घर जाता था। कभी-कभी पैदल भी चला जाता। एक बार शाम को, सड़कों की भूलभुलैया से गुज़रते हुए मुझे सड़क के किनारे एक छोटा-सा रेस्तराँ दिखाई दिया। मैंने वहीं रुककर खाना खाने का फ़ैसला कर लिया। पनीर और हैम सैंडविच खा-खाकर मैं ऊब चुका था। इसके पहले मैं वहाँ कभी नहीं गया था। तो मैं अन्दर चला गया, और वहाँ बैठकर बढ़िया-मज़ेदार भोजन किया, फिर जब बिल चुकाने का समय आया तो देखा

कि मेरा बटुआ नदारद था! मौसम काफ़ी सर्द होने लगा था तो बटुआ मैंने अपने ओवरकोट की जेब में रखा था, और ओवरकोट मैं दफ़्तर में ही भूल आया था। थोड़ी देर तक तो मैं छुरी-काँटे से खेलता रहा, फिर तय किया कि मुझे साफ़-साफ़ बता देना चाहिए। मैं उठकर मैनेजर के पास गया और कहा, 'मैंने डिनर कर लिया है, सर, और आपके यहाँ का खाना बहुत बढ़िया था। लेकिन मुझे माफ़ कर दें कि इस वक़्त मेरे पास बिल भरने के लिए पैसे नहीं हैं। मेरा ओवरकोट दफ़्तर में ही छूट गया है और मेरा बटुआ उसी में है।' मैंने उसे बताया कि जहाँ मैं काम करता हूँ, वह रेस्तराँ से ज़्यादा दूर नहीं है, लेकिन दफ़्तर अब तक बन्द हो चुका होगा। उसने मुझे ऊपर से नीचे तक देखा, वह मुझे परख रहा था कि मैं सच बोल रहा हूँ या चालाकी कर रहा हूँ, फिर कहा, 'ठीक है। आप कल आकर बिल के पैसे दे सकते हैं।' अगली सुबह सबसे पहले मैंने यही काम किया।

उसके बाद कभी-कभार शाम को मैं उसी रेस्तराँ में चला जाता था। दिन में, फ़ोटैक्स के एक साथी क्लर्क, केन मुरेल, अपनी माँ के हाथ के बने मर्माइट सैंडविच मुझसे साझा कर लेते थे, या हम दोनों लंच ब्रेक के दौरान किसी स्नैक बार में चले जाते थे। केन हमेशा ही मदद करते थे; वह ख़ुद मज़दूर तबक़े से थे, इसलिए उन्हें अहसास था कि मैं मुश्किल दौर से गुज़र रहा हूँ। मेरे भारत लौट आने के बाद हम कुछ दिन एक-दूसरे को ख़त लिखते रहे, और फिर उसके बाद क़रीब चालीस सालों तक हमारी ख़तो-किताबत बन्द रही। क़रीब दस साल पहले, मुझे एक ख़त मिला, जिसे भेजनेवाले ने लिखा था कि मेरा पता उसे अपने पिता केन मुरेल से मिला था। केन अल्ज़ाइमर से पीड़ित थे और किसी को मुश्किल से पहचान पाते थे। एक दिन उनके बेटे ने उन्हें बताया कि कम्पनी के काम से उसे भारत में देहरादून नाम के एक शहर जाना है, यह सुनकर केन की आँखें चमक उठीं और उन्होंने कहा, 'तुम्हें मालूम है कि रस्किन भी वहीं गया था। वह मेरा दोस्त है।' वह ख़त पढ़कर मुझे बहुत अच्छा लगा। केन का बेटा देहरादून से मुझसे मिलने आया, और मैंने उसके पिता के साथ काम करने के उन दिनों की यादें उससे साझा कीं, जब हम दोनों जवान थे, सिर्फ़ उन्नीस या बीस साल के।

लेकिन मेरे अंग्रेज़ दोस्त ज़्यादा नहीं रहे। अंग्रेज़ी क़ौम अगर संकोची थी तो मैं महासंकोची था। अपने शरमीले स्वभाव की वजह से मैं हमेशा ही दूसरों की तरफ़ से पहल का इन्तज़ार करता था। भारत में लोग अपनी ओर से पहल करने और आपके बारे में जान लेने में ज़रा भी समय नहीं गँवाते। इंग्लैंड में मगर ऐसा नहीं था। वे तो इस हद तक विनम्र थे कि निगाह उठाकर आपकी तरफ़ देखने से भी

बचते थे। और उस लिहाज़ से मैं अंग्रेज़ों से भी ज़्यादा अंग्रेज़ था।

ग्लेनमोर रोड पर ठीक मुझसे नीचे की मंज़िल पर रहनेवाले सज्जन कभी-कभी तक़ल्लुफ़ की हद से गुज़र जाते और अभिवादन करते हुए कहते, 'कितना वहशी मौसम है, है न?'

और मैं उन्हें जवाब देता, 'ओह, सचमुच बहुत वहशी है।' फिर आगे बढ़ जाता।

यह सब बहुत विनम्र और विचित्र, बल्कि नीरस और बेरंग था। ये हालात तब बदले, जब एक गुजराती लड़के प्रवीण से मेरी मुलाक़ात हुई। वह बेसमेंट फ़्लोर पर रहने आया था। मुझसे मिला तो उसके चेहरे पर मोहिनी मुस्कान खिल गई, और मुझे याद है कि मैंने कहा था, 'ओह, अब तो बम्बई चलना चाहिए क्योंकि यहाँ तो सर्दियाँ आ गई हैं,' और तुरन्त हमारी दोस्ती हो गई।

वह अठारह साल का था, और लन्दन स्कूल ऑफ़ इकोनॉमिक्स में दाख़िला लेने के इरादे से फ़िलहाल किसी पॉलिटेक्निक में पढ़ाई कर रहा था। उस दिनों, लन्दन में ज़्यादातर हिन्दुस्तानी विद्यार्थी ही थे, यहाँ आबाद होने के लिए आनेवालों की रेलमपेल का समय अभी दूर था, और नस्ली द्वेष भी एशियाई लोगों की तुलना में हाल ही में यहाँ आए वेस्टइंडीज़ वालों के प्रति ज़्यादा मुखर था।

प्रवीण मुझे अपने साथ लेकर कॉफ़ी बार के चक्कर लगाता, उसने मुझे दूसरे विद्यार्थियों से मिलाया, उनमें से एक वियतनामी था, जिसका नाम थान्ह था। बाद में वह और उसके दूर के रिश्ते की बहन वू भी मेरी कहानी के किरदार बने, और इन दोनों से मेरे रिश्ते कुछ मोहभंग की स्थिति तक जाकर ख़त्म हो गए, मगर इसके बारे में विस्तार से बाद में बताऊँगा।

प्रवीण को मवालियों की मारधाड़ वाली फ़िल्में पसन्द थीं और वह चाहता था कि मैं हर ऐसी फ़िल्म देखने के लिए उसके साथ जाऊँ, जिसमें हम्फ्री बोगार्ट, जेम्स कैग्नी, जॉर्ज राफ़्ट और दूसरे सख़्तजान अभिनेता हों। वह ख़ुद भी उन्हीं की तरह कठोर बनना चाहता था और अक्सर होंठों के किनारे दबी सिगरेट झुलाता हुआ बोगार्ट जैसी मुद्रा बनाता था। प्रवीण की शख़्सियत में कुछ भी सख़्त नहीं था, दरअसल वह काफ़ी नाज़ुक मिज़ाज था, लेकिन उसका भ्रातृभाव बहुत दिलकश और मज़ाक़िया था और उसके साथ होना मज़ेदार तजुर्बा था।

~

लन्दन में मेरे दूसरे घर, हैवरस्टॉक हिल के कमरे से, शहर का बड़ा पार्क हैम्पस्टेड हीथ थोड़ी ही दूरी पर था, जहाँ काफ़ी पुराने पेड़ और ढेर सारे तालाब थे, और एक बार प्रिमरोज़ हिल से रीजेंट्स पार्क तक मैं पैदल गया था। लन्दन में हरियाली

और पार्कों की कोई कमी नहीं थी, 'द ग्रीन सिटी' शीर्षक से मैंने एक कहानी लिखी थी, जो कभी नहीं छपी, बल्कि एक भावी प्रकाशक ने वह कहानी खो दी।

मेरा लिखा हुआ बहुत कुछ छप नहीं रहा था, यहाँ तक कि उन 'छोटी' पत्रिकाओं में भी नहीं, जिन्हें मैं अपनी फुटकर कविताएँ भेजता रहता था। इससे मुझे यह कविता लिखने की प्रेरणा मिली :

हू विल बाय माय पोएम्स?
आय सैंग आउट टु द साइलेंट स्टोन्स।
एंड केम द ड्रेड रेप्लाई
इन डीप सपलक्रूल टोन्स :
वी विल बाय योर आईज़
वी विल बाय योर हार्ट एंड बोन्स
वी विल बाय योर रैग्ज़
एंड सेटिल ऑल योर लोन्स
बट प्लीज़ डोंट सेंड अस एनी पोएम्स,
वी विल नॉट बाय योर रॉटेन पोएम्स!

(मेरी कविताओं का मोल कौन देगा?
ख़ामोश पत्थरों से मैंने पूछा।
और ख़ौफ़नाक जवाब आया
कहीं क़ब्र की गहराइयों से :

हम तुम्हारी आँखें ख़रीद लेंगे
तुम्हारा दिल और हड्डियाँ
हम तुम्हारे चीथड़े भी ख़रीद लेंगे
और उतार देंगे तुम्हारे सारे क़र्ज़

पर रहम करो, न भेजो हमें कोई कविता,
तुम्हारी बेहूदा कविताओं का हम कोई मोल न देंगे!)

यह बताने की ज़रूरत नहीं कि इसे किसी ने नहीं छापा। यहाँ तक कि 'पंच' को भी इसका 'पंच' पल्ले नहीं पड़ा।

लेकिन, रेडियो के मामले में मेरी क़िस्मत अच्छी थी।

बीबीसी, मेरा प्रिय और पुराने दिनों का संगी रहा था। आईटीएमए, मच-बाइंडिंग-इन-द-मार्श और वॉटरलॉग्ड स्पा के साथ ही अन्तहीन क्रिकेट कमेंट्री सुनने की मेरी वर्षों की वफ़ादारी का इनाम आख़िरकार मुझे मिल ही गया। बीबीसी थर्ड प्रोग्राम में प्रसारित करने के लिए मेरी एक कहानी मंजूर हो गई थी। यह प्रोग्राम विद्वानों और अति-बुद्धिजीवियों को ध्यान में रखकर बनाया जाता था, और ज़ाहिर है कि मेरा शुमार इस बिरादरी में तो नहीं था, मगर प्रूडेंस स्मिथ नाम की उस भली महिला ने, जो प्रोग्राम की निर्माता थीं, मुझे भरोसा दिलाया कि मैं वाक़ई उनके प्रोग्राम में शामिल होने के लायक़ हूँ। उस कहानी का नाम 'द रेनबो' था, और सीधे प्रसारण में इसे पढ़ने के लिए मुझे बुलाया गया था। यह ख़ासा चुनौती भरा काम था; मगर निर्माता के साथ थोड़े रिहर्सल के बाद मैंने इसे पूरे आत्मविश्वास से अंजाम दिया!

उस कहानी की पांडुलिपि तो अब मेरे पास नहीं है; लेकिन यह 'द रूम ऑन द रूफ़' के शुरुआती अध्यायों में से एक में शामिल हुई—वह प्रसंग जिसमें रस्टी स्थानीय लड़कों के साथ होली खेलता है और भारत के बारे में अपनी खोज शुरू करता है।

फ़ोटैक्स के मालिक लोग मेरी इस उपलब्धि से ख़ासे प्रभावित हुए (यों प्रभावित होने के लिए वहाँ और कोई था भी नहीं) और उन्होंने दो और रेडियो वार्ताओं में शरीक होने के लिए मुझे छुट्टी दे दी, ये बातचीत ज़्यादा लोकप्रिय और हल्के प्रोग्राम के लिए थी—इनमें से एक भारत में बड़े होने के बारे में थी (जिसे 'माई टू कंट्रीज' कहा गया), और दूसरी बातचीत एक भारतीय शहर के बाज़ारों में ज़िन्दगी का ख़ाका थी। इस कार्यक्रम के निर्माता मशहूर उपन्यासकार और सफ़रनामों के लेखक, पी.एच. न्यूबी नाम के एक भले इनसान थे। इतने वर्षों तक, यहाँ तक कि मेरे भारत लौट आने के बाद भी, बीबीसी पर मेरी अनेक कहानियों को जगह मिलती रही।

यहाँ एक छोटा-सा वाक़या बताने के लिए थोड़ा विषयान्तर करूँगा, कि टेलीविज़न और इंटरनेट के उद्भव से पहले यानी पचास-साठ साल पहले की दुनिया में लेखक की ज़िन्दगी किस तरह की हुआ करती थी, उस समय जब केवल फ़िल्म या खेल के सितारे, मशहूर गायक, या कभी-कभार फ़ैशन मॉडल्स ही पहचाने जाते थे। यहाँ तक कि अख़बारों में भी उनके बारे में उतना नहीं लिखा जाता था, जितना कि उनकी किताबों के बारे में (तब लेखकों के मुक़ाबले उनकी किताबों की तसवीरें ज़्यादा खींची जाती थीं)।

बीबीसी में एक स्टूडियो के बाहर खड़ा मैं अपनी वार्ता रिकॉर्ड कराने के लिए

इन्तज़ार कर रहा था, तभी स्टूडियो से एक शख़्स बाहर आया, मेरे कार्यक्रम निर्माता से उसकी दुआ-सलाम हुई, फिर उनसे और मुझसे कुछ दोस्ताना बातें करके वह चला गया। मुझे याद नहीं कि हमने किस बारे में बात की थी—हो सकता है कि मौसम जैसे मामूली मौज़ूँ पर बात की हो। ख़ैर, उनके जाने के बाद, निर्माता ने मुझसे पूछा, 'आपको नहीं मालूम कि वह कौन थे?' और जवाब में मैंने इनकार किया। 'वह ग्राहम ग्रीन हैं,' उन्होंने बताया।

ग्रीन उस समय शोहरत की बुलन्दियों पर थे। हाल ही में उन्होंने फ़िल्म 'द थर्ड मैन' की पटकथा भी लिखी थी, जो वेस्ट एंड में चल रही थी। वह सौम्य और भले दिखनेवाले शख़्स थे, वह इतने शालीन थे कि जल्दी पहचान में नहीं आते थे। वह कोई सार्वजनिक शख़्सियत नहीं थे। और यही बात उस दौर के अधिकांश लेखकों पर लागू होती थी। लोक में प्रसिद्धि की चाह रखनेवाले कुछ लोग ज़रूर इसका अपवाद थे—लोगों की नज़रों में बने रहने और अख़बारों की सुर्ख़ियों में आने के लिए हेमिंग्वे जैसा शख़्स अफ़्रीका में कहीं अपना विमान क्रैश करने जैसा कारनामा अंजाम देता था।

फ़िलहाल मैं बीबीसी की अपनी कहानियों पर लौट आता हूँ। आंद्रे ड्यूश की डायना एटहिल भी मेरी इस छोटी-सी उपलब्धि से प्रभावित हुई थीं, 'द रूम ऑन द रूफ़' के बारे में वह मुझसे ख़तो-किताबत कर रही थीं, जिसे पहली बार उन्होंने एक रोज़नामचे के तौर पर पढ़ा था और सुझाव दिया था कि उपन्यास की शक्ल देने के लिए मुझे इस पर फिर से काम करना चाहिए। अब तक इसका दूसरा या तीसरा मसौदा लिखा जा चुका था—रोज़नामचे की तरह शुरू होकर पहले यह उत्तम-पुरुष का काल्पनिक आख्यान बना, और अन्ततः उत्तर-पुरुष पर जाकर पूरा हुआ। अपनी और फ़र्म के 'पाठकों' की प्रतिक्रियाएँ डायना मुझे लिखकर भेजती रहतीं, जो कभी-कभी तो काम की होती थीं मगर कभी-कभी परस्पर विरोधी और भ्रमित करनेवाली होतीं। लेकिन इससे मुझको फ़ायदा ही हुआ, ख़ासकर डायना के सुझावों से जो कहानी के बारे में होते थे; उन्होंने मेरी भाषा या शैली में कोई दख़ल नहीं दिया।

पाठकों को यह बताने के लिए कि उपन्यास कैसे धीरे-धीरे विकसित हुआ, और किसी नौजवान लेखक की कृति के साथ किसी शानदार सम्पादक का लगाव कैसा हो सकता है, मैं डायना के ख़तों में से एक आपको पढ़ाना चाहता हूँ। ('द रूम ऑन द रूफ़' के उस मसौदे में, जिसका जवाब डायना ने इस ख़त में दिया था, किशन कामिनी बन गया था—विशुद्ध रूप से साहित्यिक लिंग परिवर्तन—हालाँकि आख़िरी मसौदे में किशन की वापसी हो गई थी।)

मार्च 6, 1954
रस्किन बॉन्ड, इस्क्वायर,
124 हैवरस्टॉक हिल
लन्दन एन.डब्ल्यू.आई.

प्रिय रस्किन,

मैंने 'द रूम' पढ़ा (और यह 'द रूम' ही होना चाहिए—यही इसके लिए सबसे उपयुक्त शीर्षक है), और मुझे यह पसन्द आया। कल मैंने इसे किसी और को पढ़ने के लिए दिया, और उन्होंने इसे यह कहते हुए मुझे वापस किया कि 'मुझे लगता है कि यह बढ़िया कहानी है'। आंद्रे ने हालाँकि इसे अभी तक नहीं पढ़ा है, फिर भी आपको इतना काम तो फ़िलहाल कर ही लेना चाहिए।

ऐसा नहीं है कि मुझे इसमें कमियाँ नहीं लगती हैं, और दो कमियाँ तो मैं तुरन्त ही बता सकती हूँ। 1. इसका अन्त कुछ ज़्यादा ही परी-कथा जैसा लगता है। नदी के किनारे कामिनी से आपकी मुलाक़ात का इत्तेफ़ाक़ उस मुक़ाम पर विश्वसनीयता में लचक पैदा कर देता है, जहाँ इस विश्वसनीयता को बनाए रखना बेहद अहम है। मुझे लगता है कि अगर आप कुछ ऐसा कर लें तो इससे बड़ी आसानी से बचा जा सकता है। शायद हरिद्वार के उस घर की कोई पड़ोसन, जहाँ वह अपनी माँ के साथ रहती थी, बीच में आकर कह सकती है कि उसे पता है कि लड़की कहाँ मिलेगी—वह उसके लिए दुखी थी, उसने उसकी मदद करने की कोशिश भी की थी, मगर कामिनी ने उसकी मदद लेने से मना कर दिया था। (सिवाय इसके कि, शायद, उसने एक या दो बार उसका दिया हुआ खाना ले लिया था) और फिर भागकर वह शहर चली गई थी : लेकिन वह उसे कभी-कभार देखती रहती थी, और उसे लगता है कि वह अक्सर घाट पर घूमती रहती है...उसकी तलाश में आप अब भी बहुत ना-उम्मीद हो सकते हैं, और इस तरह पेज 121 की निराशा की भावना जायज़ ठहरती है, लेकिन जब वह आपको मिल जाएगी तो पढ़नेवालों को असहज ढंग से 'ओहो, कितना आसान!' जैसा महसूस नहीं होगा।

दूसरी बात यह है कि ग़ैर-ज़रूरी चीज़ों की काट-छाँट आपने बहुत बेरहमी से की है। दरअसल आपने जो किया है, वह इस तरह लिखना हुआ जैसे कि आप उपन्यास नहीं, बल्कि कहानी लिख रहे हैं। वक़्त को गुज़रने के लिए आप वक़्त ही नहीं देते! (मैं निश्चित नहीं कि यह टिप्पणी

निरर्थक नहीं है!) मेरे कहने का मतलब यह है कि कुछ घटनाओं और लोगों को, शायद, थोड़ा बड़ा किया जा सकता है, ताकि पाठक को उनसे तालमेल बनाने का मौक़ा मिल सके। ख़ासतौर से, यह बात वहाँ लागू होती है, जहाँ आप पहली बार सोमी के साथ रहने जाते हैं। यह बहुत अहम् मुक़ाम है, नई ज़िन्दगी की शुरुआत हो रही है, और आपने उस हफ़्ते भर को एक या दो पन्नों में ही निपटा दिया है। मुझे लगता है कि यहाँ आप क़ायदे से विस्तार कर सकते हैं, यह अच्छा रहेगा। छोटी-छोटी चीज़ों को अलग तरह का पाकर अजनबीपन और उत्साह के अहसास का बयान कर सकते हैं, वह खाना, सोना और नहाना-धोना भी हो सकता है...आप अपने पाठक को और साथ ही ख़ुद अपने आप को भी एक दुनिया (सतही तौर पर) से दूसरी दुनिया में ले जा रहे हैं, और आपको उन्हें थोड़ा ज़्यादा वक़्त देना होगा ताकि वे ढंग से इसे महसूस कर सकें।

मैं नहीं जानती कि ये सारी बातें आपको कैसी लगेंगी। क्या आपको यह मुनासिब लगता है?

मैं पूरी कोशिश करूँगी कि इस बाबत आख़िरी फ़ैसले के बारे में आपको जल्दी से जल्दी बताऊँ, और बेशक किताब के बारे में जल्दी ही हम और बातें भी करेंगे। और हाँ, मुझे लगता है कि आपने अद्भुत काम किया है।

आपकी,
डायना

पुनश्च : एक बात और, जो मैं आपको बताना भूल गई वह असली कपूर ख़ानदान के बारे में है। आपको लगता होगा कि मैं ख़ुद ही बैठकर किताब क्यों नहीं लिख डालती; लेकिन क्या सोमी के परिवार के कुछ ऐसे पड़ोसी नहीं थे, जिन्हें उस अध्याय में शामिल किया जा सके? किशन अब भी उनका बिगड़ैल बेटा हो सकता है। और जैसा कि अभी है कि आपको अप्रत्याशित ढंग से शागिर्द मिल जाते हैं, यह बात तब ज़्यादा बेहतर ढंग से समझ में आएगी, जब दो ऐसे परिवार होंगे जो शिक्षक के तौर पर आपकी क़ाबिलियत के क़ायल हों और लोगों को आपके बारे में बताते हों। और वह बूढ़ा शराबी बाप, माहौल और पृष्ठभूमि के लिहाज़ से नायाब पूरक है, बढ़िया ठोस किरदार।

मुझे यह तो कह ही देना चाहिए है कि मैंने जितना भी लिखा है, उसके मुक़ाबले इस किताब पर मैंने सबसे ज़्यादा मेहनत की; और एक समय ऐसा भी आया जब मुझे लगा कि मेरी सारी मेहनत बेकार चली गई। क्योंकि ड्यूश इसे छापने के बारे में अभी तक कुछ तय नहीं कर पाया था। उनके पाठकों (मशहूर आलोचक वाल्टर एलन और लेखिका लॉरी ली) का कहना था कि यह उम्मीदों से भरपूर उपन्यास है मगर किसी ऐसे काम को छापना जल्दबाज़ी होगी, जो कई मायनों में अभी अधूरा और अनगढ़ है। शायद वे सही थे; लेकिन मुझे लगता है कि यह 'अनगढ़पन' ही किताब में कशिश पैदा करनेवाली चीज़ों में से एक था, आख़िरकार, यह एक किशोर की लिखी हुई किशोर वय की कहानी थी।

बहरहाल, इसकी वजह से डायना एटहिल से कई मुलाक़ातें हुईं, जो हमारी पक्की दोस्ती की बुनियाद बनीं। वह मुझसे सोलह साल बड़ी थीं, सचमुच मेरा उनसे कोई मेल नहीं था, फिर मैं किशोर उम्र वाले प्रेम की हद से आगे निकल आया था, इसलिए रूमानी या शारीरिक सम्बन्ध का कोई सवाल ही नहीं था। मैं उनको एक अदबी शख़्सियत मानता था, और अपना उस्ताद भी, जो कि वह थीं भी, और ऐसी हाज़िरजवाब और भावुक दोस्त, जिनकी सोहबत में सुख मिलता था। वह मुझसे स्नेह रखती थीं, और जानती थीं कि मैं ख़ुद की तरफ़ से ग़ाफ़िल हूँ, अपना ख़याल नहीं रखता, इसलिए कभी-कभी वह मुझे अपने फ़्लैट पर बुला लेतीं और साथ बैठाकर खाना खिलातीं—बढ़िया-पौष्टिक अंग्रेज़ी खाना, जो वह ख़ुद पकाती थीं। ठंड जब बहुत बढ़ गई तो उन्होंने मुझे एक ओवरकोट भी दिया था।

सालों बाद, एटहिल ने ख़ुद लिखना शुरू किया, और उनके नायाब संस्मरणों की एक शृंखला छपी (इनमें से आख़िरी किताब उन्होंने 98 साल की उम्र में लिखी)। इनमें से कुछ में उन्होंने अपने तमाम प्रेमियों के साथ ज़िन्दगी के तजुर्बों का ब्योरा दर्ज किया है, दूसरों की ज़िन्दगी में अक्सर 'दूसरी औरत' होने और फिर पचहत्तर साल की उम्र में सेक्स से किनारा कर लेने के बारे में भी लिखा है। मगर जिन दिनों मैं उनको जानता था, उनकी शख़्सियत का यह पहलू मुझे तो कभी दिखाई नहीं दिया। यॉर्क टेरेस के फ़्लैट में वह अपनी चचेरी बहन बारबरा के साथ रहती थीं, जो 'द इकोनॉमिस्ट' में काम करती थी। बारबरा का एंथनी स्मिथ नाम के एक लेखक के साथ ज़रूर इश्क़ चल रहा था—जो ख़ुद गर्म हवा वाले गुब्बारों से इश्क़ करता था। एक बार अपने गुब्बारे में बैठकर वह उड़ गया और ईरान या अफ़गानिस्तान में कहीं जाकर उतरा। हालाँकि, अपने इस अनुभव के बारे में एक किताब लिखने और बारबरा से ब्याह करने के लिए वह लौट आया था।

दो-चार बार, डायना को मैं हिन्दुस्तानी रेस्तराँ में खाना खिलाने ले गया था—1950 के दिनों में लन्दन में बमुश्किल आधा दर्जन हिन्दुस्तानी रेस्तराँ थे—और कभी-कभी हम साथ में सिनेमा देखने भी चले जाया करते थे। आम तौर पर हम फ्रेंच फ़िल्में देखने जाते, जिनके सब-टाइटिल अंग्रेज़ी में होते थे। और एक बार जब मैं उन्हें ख़ासतौर पर एक अहमक़ाना फ़िल्म 'आन'—जो लन्दन में दिखाई जानेवाली पहली भारतीय फ़ीचर फ़िल्म थी—दिखाने ले गया, उसके बाद से फ़िल्मों की मेरी पसन्द के बारे में वह थोड़ी चौकन्नी हो गईं, हालाँकि बाद में उन्होंने मुझे आइज़ेंस्टाइन की 'बैटलशिप पटेमकिन' और अधूरी फ़िल्म 'क्यू विवा मेक्सिको' दिखाकर मुझसे अपना बदला निकाल लिया। 'क्यू विवा मेक्सिको' का सम्पादन मैरी सेटन ने किया था, जिनसे मुझे कई सालों बाद दिल्ली और दार्जिलिंग में मिलना था, जब वह सत्यजीत रे की जीवनी पर काम कर रही थीं।

फ़िल्मों का चस्का तो मुझे उन दिनों ही लग गया था, जब अपने पिता के साथ मैं दिल्ली में रहता था तो मैंने लन्दन के उपनगरों के ऐसे सिनेमाघरों में ख़ूब फ़िल्में देखीं, जहाँ लीक से हटकर वे फ़िल्में दिखाई जातीं, जिन्हें वेस्ट एंड में दिखाना कोई फ़ायदे का सौदा नहीं रहा होगा। मेरे पास जब भी थोड़े पैसे बचे होते, मैं थिएटर चला जाता। मैंने 'पोर्गी एंड बेस' की एक शानदार प्रस्तुति देखी, दो महान अश्वेत गायकों लिअन्टाइन प्राइस (जो 'समरटाइम' गाते) और विलियम वारफ़ील्ड ('बेस, यू इज़ माय वुमन नाउ') और फ़िल्मी दुनिया के पुराने चहेते, कैब कैलावे ने 'ऐंट नेसेसरली सो' की अपनी अदायगी से जिसे अद्‌भुत अनुभव बना दिया।

शर्लेट स्ट्रीट पर पुराना स्काला थिएटर फ़ोटैक्स के दफ़्तर के क़रीब ही था। मैं क्रिसमस के आसपास पीटर पैन की सालाना प्रस्तुति देखने वहाँ गया था। इसके नाटककारों में बैरी भी एक थे। स्कूल के दिनों में उनके नाटक मैं बड़े चाव से देखता था। पीटर की भूमिका मार्गरेट लॉकवुड कर रही थीं, जो 1940 के दशक की ब्रिटिश फ़िल्मों की मशहूर अदाकाराओं में से एक थीं; हालाँकि अब वह उतनी युवा नहीं रह गई थीं, फिर भी सुन्दर और बहुत ख़ुश-अदा थीं। मेरे दफ़्तर के सहकर्मियों को मुझसे रश्क होता था। उनमें से ज़्यादातर उपनगरों में रहते थे और काम ख़त्म करने के बाद सीधे घर चले जाते थे। इसके अलावा, वे अपने पैसे बचाते थे, जबकि मैं अपना पैसा ख़र्च कर देता था।

दफ़्तर में काम के घंटे तक़रीबन अन्तहीन लगते और ऊपर से नीरस दिनचर्या, जिसमें फटाफट सैंडविच या बीन्स-टोस्ट का डिनर करके घर भागना और फिर टाइपराइटर लेकर बैठ जाना, उस पर ढेर सारा काम करना, और मसौदे को फिर

से लिखना भी शामिल था। ऐसी एकरसता वाली ज़िन्दगी में फ़िल्में और संगीत मुझे थोड़ी-बहुत राहत देते। साल-भर की कड़ी मेहनत और आँकड़ों की बाज़ीगरी (तब तक कैलकुलेटर और दशमलव प्रणाली चलन में नहीं थी) के बाद, अलग तरह की ज़िन्दगी की तलाश में मैं उस दफ़्तर को छोड़ आया और वक़्त आने पर मैंने उस ज़िन्दगी को तलाश भी लिया।

वू के साथ क्यू को और इंग्लैंड को अलविदा

आज, जब मैं अपनी खिड़की के बाहर घाटी से उठती पहाड़ी धुंध को देखता हूँ तो मुझे एक अलग क़िस्म की धुंध याद हो आती है—1953 के लन्दन का कुहासा नहीं, बल्कि वह धुंध जो धीरे-धीरे मेरी दाहिनी आँख की बीनाई को धुँधला किये जा रही थी।

इसकी शुरुआत काले धब्बों से हुई जो मेरी आँखों के सामने नाचते रहते, जैसे कि अपनी ऊँची टोपी में फ्रेड एस्टेअर। ख़ैर, समय-समय पर हम सभी को ऐसे धब्बे दिखाई देते हैं। मगर मुझे तो ये हरदम दिखाई देते। जब तक मैं जागता रहता ये मेरी आँख के सामने रहते—दफ़्तर में, सड़क पर, सिनेमाघर में, रेस्तराँ में और मेरे छोटे-से कमरे में भी। उनकी मौजूदगी से ख़ासा चिड़चिड़ापन महसूस होता।

'ऐसा शायद कुपोषण की वजह से होगा,' मैंने ख़ुद को समझाया, और विटामिन की ख़ुराक लेनी शुरू कर दी।

लेकिन धब्बे धीरे-धीरे बड़े होते गए, और फिर इकट्ठे होकर किसी तैरते हुए बादल की शक्ल अख़्तियार कर ली, और तब ऐसा हो गया कि दाहिनी आँख से मुझे कुछ भी सूझना बन्द हो गया।

ख़ुशक़िस्मती यह थी कि बाईं आँख पर कोई असर नहीं पड़ा था और उसी के सहारे चलकर मैं आँख के डॉक्टर के पास जा पहुँचा। तमाम तरह की जाँचें हुईं, मुआयना हुआ और इसके लिए मुझे कई बार डॉक्टर के पास जाना पड़ा। फिर उन्होंने मुझे बताया कि मेरी तकलीफ़ की वजह 'ईल्स डिज़ीज़' है, जो रेटिना में बदलाव की दुर्लभ स्थिति होती है, और फिर निगरानी और इलाज के लिए मुझे हैम्पस्टेड जनरल हॉस्पिटल में भर्ती करा दिया गया।

राष्ट्रीय स्वास्थ्य बीमा की बदौलत, महारानी की सरकार के मेहमान के तौर पर महीने-भर तक मैं अस्पताल के जनरल वार्ड में रहा, जिसका मतलब यह था कि मुझे अपने रहने और इलाज के लिए एक पैसा भी नहीं देना पड़ा। इलाज यानी कि आँखों में कॉर्टिसोन इंजेक्शन और संक्रमण के ख़िलाफ़ मेरी प्रतिरोधक क्षमता बढ़ाने के लिए बढ़िया ख़ुराक—यानी मेरा यह सोचना ठीक था कि कुपोषण ही मेरी तकलीफ़ की जड़ है। पिछले क़रीब एक साल से मैं मार्स बार, टोस्ट और बीन्स, पनीर सैंडविच और कभी-कभार 'गोश्त और दो सब्ज़ी' वाले खाने पर ही रह रहा था। इतना दुबला तो मैं अपनी ज़िन्दगी में कभी नहीं हुआ था। और अब, यहाँ वार्ड के दूसरे मरीज़ों के लिए मैं ईर्ष्या का कारण बना हुआ था, क्योंकि दोपहर में भरपूर भोजन के साथ मुझे एक बोतल गिनेस (हल्की बीयर) भी दी जाती थी। मुमकिन है कि मेरा हौसला बढ़ाने के इरादे से—और ऐसा हुआ भी! गिनेस के घूँट भरते हुए मैं दुआ करता, 'ख़ुदा महारानी को सलामत रखे,' हालाँकि मुझे तो दरअसल लेबर पार्टी की सरकार को दुआएँ देनी चाहिए थी, जो हाल ही में सत्ता से बाहर हुई थी।

हैम्पस्टेड जनरल हॉस्पिटल में स्वास्थ्य लाभ के दौरान, मैंने एक कहानी लिखी और कई किताबें पढ़ीं, जो हर सुबह एक ट्रॉली पर रखकर मेरे लिए लाई जाती थीं। इन्हीं से मैंने जोसेफ़िन टे के जासूसी उपन्यासों को जाना, और बुद्ध पर (रॉबर्ट पेन की लिखी हुई) एक किताब पढ़ी, जिसने मुझे अपने हालात के बारे में दार्शनिक दृष्टिकोण अपनाने में मदद की। डायना एटहिल (फूलों के साथ), मेरी नई मकान मालकिन (केक के साथ), और मेरे दफ़्तर के मैनेजर (मेरी तनख़्वाह के पैकेट के साथ) मुझसे मिलने अस्पताल आए। चूँकि उस महीने मेरा कोई ख़र्च नहीं था, इसलिए अपनी तनख़्वाह के वह बीस पाउंड मैंने बचा लिये थे।

मेरी नज़र में थोड़ा सुधार हुआ था। आँख के सामने बना रहनेवाला वह बादल ग़ायब हो गया था। लेकिन पूरी तरह से वह कभी दूर नहीं हुआ, और आज भी अपनी दाहिनी आँख से मैं ज़्यादा कुछ नहीं देख पाता। ख़ैर, जब तक मेरी बाईं आँख और लिखनेवाला हाथ मेरा साथ देता रहेगा, मैं ख़ुद को ख़ुशक़िस्मत मानूँगा, या यूँ कहें कि विधाता की रहमत मानूँगा।

और जल्दी ही, लन्दन में दूसरी तरह के और भटकाव मिलनेवाले थे।

हैम्पस्टेड जनरल हॉस्पिटल के मेरे वार्ड में जॉर्ज नाम का एक मरीज़ था। क़रीब तीस साल का वह शख़्स त्रिनिदाद से इंग्लैंड आया था और शहर के भूमिगत स्टेशनों में से एक पर टिकट-कलेक्टर के तौर पर काम करता था। वह बुख़ार और गर्दन में अकड़न से पीड़ित था और डॉक्टरों को अन्देशा था कि उसे

दिमाग़ी बुख़ार (मेनिनजाइटिस) हुआ था। वह ऊँचा और हट्टा-कट्टा आदमी था, जिसके चेहरे पर सौम्यता और हमदर्दी का भाव रहता। वह हमेशा मुस्कुराता रहता था—सिवाय उस मौक़े के, जब उसकी रीढ़ की हड्डी में सूराख़ करने का दर्दनाक अमल होता। तब वह काफ़ी हंगामा खड़ा कर देता और मैं उसके पास जाकर उसके बिस्तर पर बैठ जाता और उसे तसल्ली देने की कोशिश करता। अस्पताल छोड़ते समय मैंने जॉर्ज को अपने घर का पता दे दिया था, हालाँकि मुझे उससे दोबारा मुलाक़ात की उम्मीद नहीं थी।

कुछ महीनों बाद, मैंने उसे अपने दरवाज़े पर खड़ा पाया, वह पूरी तरह दुरुस्त था और मुस्कुरा रहा था। हम पास के एक पब में गए और रम पी। उसने मुझे कैमडेन टाउन की एक पार्टी में आने का न्योता दिया, और जब मैं वहाँ पहुँचा तो देखा कि ख़ूबसूरत अश्वेत महिलाओं-पुरुषों की उस महफ़िल में मैं अकेला 'गोरा' था, और वे सब के सब बेहतरीन वक़्त गुज़ारने के इरादे से वहाँ जुटे थे। भोर होने तक हम शराब पीते और नाचते रहे, फिर मैं वहीं एक सोफ़े पर ढहकर सो गया, फिर कोई और आकर मेरे ऊपर सो गया।

ऐसी दो या तीन कैलीप्सो (त्रिनिदाद का संगीत) पार्टियों में मैं और गया—दरअसल वहाँ नियमित जाने लायक़ मेरा बूता नहीं था—और जॉर्ज और उसके दोस्तों ने मेरी नीरसता में ज़िन्दगी की खिलखिलाहट भर दी।

और फिर, वू भी चली आई।

या यों कहें कि उसका चचेरा भाई थान्ह, जिसने मुझे उससे मिलवाया।

थान्ह मेरी उम्र का एक वियतनामी लड़का था, लेकिन कम उम्र और आकर्षक दिखनेवाला वह नौजवान नाज़ुक और उभयलिंगी था। उसका परिवार सम्पन्न था और फ़्रांस में रहता था (वियतनाम फ़्रांस का उपनिवेश था और कई वियतनामी फ़्रांस में बस गए थे)। वह लन्दन चला आया था क्योंकि वह पियानोवादक बनना चाहता था और धाराप्रवाह अंग्रेज़ी बोलना सीखना चाहता था। पियानो बजाने का उसका हुनर और अंग्रेज़ी बोलने का अभ्यास दोनों ही अभी बुनियादी अवस्था में थे। उसकी कहीं प्रवीण से मुलाक़ात हो गई थी, और प्रवीण ने जब उसे बताया कि मैं लेखक हूँ तो अंग्रेज़ी सीखने में मदद के लिए वह मेरे पास चला आया।

थान्ह एक पेचीदा इनसान था, मगर यह बात मैं पहले नहीं समझ पाया था। मैं उसके मोहक रूप और उसकी गढ़ी हुई नफ़ीस उदासीनता की वजह से उसकी ओर आकर्षित हुआ। एशियाई लोगों को वह बहुत पसन्द नहीं करता था, हालाँकि वह ख़ुद भी एशियाई ही था, और जब मैंने उसे बताया कि मैं भारतीय हूँ—एकदम

एशियाई—तो उसे मायूसी हुई लेकिन ऐसा लगता था कि जल्दी ही वह इससे उबर गया। उसने कहा कि वह मुझे पसन्द करता है तो न चाहते हुए भी मैं ख़ुश हुआ। हमारा लगाव गहराया और हम क़रीब आते गए; मैं उसके साथ उसके कमरों में रहा और उसके पकाये खाने का मज़ा लिया—पियानोवादक के मुक़ाबले वह बावर्ची कहीं ज़्यादा बेहतर था। हम अंग्रेज़ी में बातें करते।

कभी-कभी वह शिकायत करता कि मैं अच्छा दोस्त नहीं था, कि मैं उसकी इज़्ज़त नहीं करता, और ख़ुद को बड़ा तीसमार ख़ाँ समझता हूँ, जबकि मुझे बहुत कुछ आता-जाता नहीं है, और अंग्रेज़ी भी मैं किसी वेल्शमैन की तरह बोलता हूँ, न कि खांटी अंग्रेज़ की तरह। मगर जल्दी ही वह लाड़ दिखाने लगता और मेरे लिए सूअर का लज़ीज़ गोश्त और चावल पकाता।

कभी-कभी वह उदास हो जाता और मुझसे कहता कि वह लम्बे समय तक जीनेवाला नहीं है।

'मेरे सीने में कुछ गड़बड़ है। यह हमेशा कुछ टिक-टिक करता रहता है,' यह कहते हुए वह मुझे दिखाने के लिए अपनी उभरी हुई हड्डियों वाली कमज़ोर पीली छाती खोल देता। मैं उसके सीने पर कान धर देता मगर वहाँ कुछ सुनाई नहीं देता। मैं उससे कहता कि अस्पताल जाकर एक बार एक्स-रे करा ले, मगर वह झुँझलाकर टाल देता।

और फिर एक दिन, जब उसे मालूम हुआ कि मेरा लहज़ा वेल्श भी नहीं था, हमारा रिश्ता अचानक ख़त्म हो गया। जैसा कि बाद में मुझे पता चला कि प्रवीण ने उसे बताया था कि मेरा लहज़ा तो भारतीय है। उसे लगा कि एक तरह से मैंने उसे धोखा दिया है। उसने कहा, भारतीय तो भरोसे के क़ाबिल नहीं होते हैं।

'कोई ऐसा आदमी खोजकर लाओ जो असली अंग्रेज़ी बोल सकता हो,' उसने ख़्वाहिश जताई, 'वरना तुम मेरे दोस्त नहीं हो।'

तो फिर मैंने उसे एक ऐसे लड़के से मिलवाया जो 'असली अंग्रेज़ी' बोलता था—वह एक कॉकनी युवक था, जो ब्रिटिश रेलवे में काम करता था। उन दोनों की पटरी भी ख़ूब बैठी, और कुछ महीनों बाद मेरा प्यारा थान्ह ख़ालिस कॉकनी बोलने लग गया था। मुझे लगा कि मैंने अपना बदला ले लिया।

हमारी दोस्ती ख़त्म करने के पहले थान्ह ने मुझे वू फ़ुआँग से मिलवाया—जो उन्नीस या बीस साल की सुन्दर, दुबली-पतली मगर आकर्षक, शीरीं और ज़हीन लड़की थी। वह लन्दन में अकेली रहती थी और कोई न कोई पढ़ाई करती रहती थी—मैं समझ नहीं पाता था कि कुछ नौजवान आख़िर पढ़ क्या रहे होते थे, ऐसा लगता था कि उनके पास जाने कितना इफ़रात समय है। बहरहाल, वू ने कम से

कम मुझसे अंग्रेज़ी सिखाने के लिए नहीं कहा। उसे इतना हुनर हासिल था कि वह जिससे भी मिले, उसे मोह लेती थी। और मैं ख़ुद को उसके साथ बहुत सहज महसूस करता था। यह ग़ैरमामूली बात थी, क्योंकि आमतौर पर हमउम्र लड़कियों के साथ मैं शर्मीला और संकोची रहता था।

वू को पार्क और बग़ीचे ख़ूब भाते थे, और ऐसी तफ़रीह में उसके साथ जाने में मुझे भी अच्छा लगता था—रीजेंट पार्क में टहलना; हेम्पस्टेड हीथ के तालाब में बतख़ों को खिलाना; प्रिमरोज़ हिल की घास पर लेटना; क्यू में पौधों के काँच-घर की छानबीन।

क्यू का वनस्पति उद्यान मुझे हमेशा आकर्षित करता, क्योंकि वहाँ के भाप से भरे उन काँच-घरों में दाख़िल होते ही, मुझे किसी गर्म प्रदेश में पहुँच जाने का अहसास होता, जहाँ उष्णकटिबन्धीय पौधे बहुतायत में उगाए गए थे। हालाँकि गंगा के मैदान के बजाय वहाँ अमेज़ॅन बेसिन की पुनर्रचना की गई थी, मगर मेरे लिए वह भी बहुत था; लन्दन की बूँदाबाँदी और अटलांटिक से आनेवाले कोहरे से बचने के लिए कुछ भी ठीक था।

एक पुराने गाने की पंक्ति थी, 'वी विल गो डाउन टु क्यू इन लाइलेक टाइम,' यानी बकाइन के फूलने के मौसम में हम क्यू जाएँगे, मगर मैं तो किसी भी मौसम में क्यू जाकर ख़ुश हो जाता।

प्रिमरोज़ हिल पर, वू ने मेरा हाथ थामा तो मुझे ऐसा लगा कि उसने हमेशा के लिए मेरा हाथ थाम लिया है, और सहज ही मुझे उससे प्यार हो गया। किसी लड़की ने पहली बार मुझसे इतने खुले तौर पर मुहब्बत जताई और मेरे साथ रहने की ख़्वाहिश की थी। वापसी में, उसे मैं अपने उस उदास कमरे पर नहीं ले गया (मेरी मकान मालकिन की तरफ़ से मेहमान लाने की मनाही थी), बल्कि वह मुझे अपने कमरे पर ले गई (वहाँ ख़ौफ़नाक मकान मालकिन से डरने का कोई लक्षण नहीं था) और वहाँ हमने घंटों साथ बिताए, चाय पी और ताश खेलते रहे। मुझे उससे बेपनाह प्रेम रहा होगा, तभी तो मैं उसके साथ ताश खेलता रहा; वरना ताश से मुझे नफ़रत थी—मिस केल्नर के साथ वक़्त बिताने के लिए पत्ते खेलना इसका अकेला अपवाद था। मगर सुकून से भरे उन कुछ हफ़्तों में तो वू को ख़ुश करने के लिए मैं कुछ भी करने को तैयार था।

इस दौरान हमने जाने कितने कप गुलदाउदी की चाय पी डाली, और चाय की पत्तियों से एक दूसरे का भविष्य बाँचा। इसके लिए आपको टी-बैग नहीं, बाक़ायदा चाय की पत्ती की ज़रूरत होती है। चाय की पत्तियाँ जब प्याले की तली में बैठ जाती हैं तो वे ग़ैर-मामूली शक्ल और सूरत अख़्तियार कर लेती हैं, और जो लोग

उनके इस रूप और विन्यास की व्याख्या कर सकते हैं, वे उनसे भविष्यवाणी करते हैं। वू को इसमें महारत हासिल थी, और मेरे बारे में उसने अनेक दिलचस्प क़िस्म की भविष्यवाणियाँ की थीं—कि एक दिन मैं कामयाब लेखक बनूँगा (मगर निकट भविष्य में नहीं), कि मैं दूर देशों की यात्रा करूँगा (हो सकता है कि भारत या शायद अफ्रीका), और यह कि मेरे कई प्रेम सम्बन्ध बनेंगे।

'प्रेम सम्बन्धों को छोड़ो,' मैंने कहा। 'हमारे बारे में बात करो—क्या तुम मुझसे शादी करोगी?'

अपने प्याले में झाँककर कुछ देर तक वह चाय की पत्तियों का मुआयना करती रही और फिर कहा, 'मुझे बहुत अफ़सोस है, मगर इस बारे में चाय की ये पत्तियाँ कुछ नहीं बता रही हैं।'

'फिर से कोशिश करो। इस बार मेरी वाली चाय की पत्तियाँ पढ़कर देखो।'

तो उसने मेरे ख़ाली प्याले में पड़ी गुलदाउदी की ख़ूबसूरत पत्तियों को पढ़ा, और वही जुमला दोहरा दिया : 'मुझे माफ़ करना, रस्किन। चाय की पत्तियों में तुम्हारे इस सवाल का जवाब नहीं है।'

उसके बाद तो मैंने चाय की पत्तियों की तरफ़ देखना ही छोड़ दिया।

वह सचमुच प्यारी लड़की थी और मैं उसे बहुत प्यार करता था। लेकिन ऐसा अक्सर होता है कि मैं अति कर देता हूँ, अपनी दीवानगी या भावावेश में बह जाता हूँ और इस चक्कर में सब गुड़-गोबर हो जाता है। आख़िरकार मैंने चीज़ों को सहजता से लेना और भावनाओं को क़ाबू में रखना सीख लिया, ताकि मेरी भावनाओं के ज्वार से डरकर लोग दूर न चले जाएँ, मैंने दूसरों से कोई उम्मीद नहीं रखना भी सीख लिया, लेकिन यह सब सीखने में मुझे बहुत-बहुत साल लग गए।

वू ने जब मुझे यह बताया कि विद्यार्थियों के किसी दल के साथ वह स्ट्रॉबेरी तोड़ने के लिए कहीं देहात में जा रही है, और इस काम में कुछ हफ़्ते लग जाएँगे तो मुझे यह स्वीकार कर लेना चाहिए था। विदेशी विद्यार्थियों के लिए यह सालाना रस्म जैसा था, वे देहात के इलाक़ों में अंग्रेज़ों के फ़ार्म पर जाकर स्ट्रॉबेरी चुनते थे और इससे उनकी थोड़ी कमाई हो जाती थी। मगर वू के बग़ैर एक हफ़्ता भी मेरे लिए बहुत लम्बा समय था। मुझे मालूम था कि वे लोग कहाँ गए थे—बर्कशायर में किंटबरी नाम का एक गाँव था, जो लन्दन से सिर्फ़ एक या दो घंटे की दूरी पर था—तो हफ़्ते के आख़िर में एक तन्हा दिन मैंने रेल टिकट ख़रीदा और किंटबरी जा पहुँचा।

यह बहुत छोटी-सी प्यारी जगह थी, पुराने ढब का असली अंग्रेज़ी गाँव। वहाँ

एक मामूली पब था, जिसे शिकार के दृश्यों वाले प्रिंट से सजाया गया था। मैंने वहीं बैठकर थोड़ा-बहुत खाना खाया, और फिर उस फ़ार्म के लिए रवाना हो गया, जहाँ मुझे बताया गया कि लड़कियाँ ठहरी हुई हैं।

मैंने देखा कि वे सब ठीक-ठाक हैं, और सब मिलकर स्ट्रॉबेरी इकट्ठा कर रही है—गुलाबी गालों वाली अंग्रेज़ लड़कियाँ, लम्बी और दुबली स्कॅन्डिनेवियन लड़कियाँ, सुन्दर मुस्कान बिखेरती अफ्रीकी लड़कियाँ—और उनके बीच में वू, अपनी ज़िन्दगी का मज़ा लेती हुई।

मुझे लगा नहीं कि मुझे वहाँ देखकर वह ख़ुश हुई थी—उसे अपनी उन सखियों को मेरे अचानक वहाँ पहुँच जाने के बारे में सफ़ाई देनी पड़ेगी—मगर निष्ठुर तो वह हरिगज़ नहीं थी तो हमेशा की तरह मृदुलता से उसने मेरा स्वागत किया और पूछा कि मैं वहाँ क्यों आया हूँ।

'बस तुम्हें देखने चला आया,' मैंने जवाब दिया।

'ठीक है, अब तो हमने एक-दूसरे को देख लिया! मुझे लड़कियों के साथ रहना है। अब तुम लन्दन लौट जाओ। मैं अगले हफ़्ते तुमसे मिलती हूँ।'

ख़ुद को बेवक़ूफ़-सा महसूस करते हुए मैं वापस लौट आया। अगले हफ़्ते मैंने फ़ोन किया तो उसकी मकान मालकिन ने बताया कि वह अभी वापस नहीं लौटी है। तीन दिन बाद जब मैंने फ़ोन किया तो मुझे बताया गया कि उसने अपना ठिकाना बदल लिया है, और रहने के लिए कहीं और चली गई है। मकान मालकिन को ठीक-ठीक पता नहीं था कि वह कहाँ गई है। दक्षिण लन्दन में कहीं—टूटिंग या क्लाफ़ाम—इसके बारे में वह यक़ीन से कुछ नहीं बता पाई। मैंने कई बार अपना डेरा बदला था, मगर ज़्यादातर मैं उत्तरी लन्दन में ही रहा था। क्यू गार्डन को छोड़कर, दक्षिण लन्दन मेरे लिए एकदम अनजान इलाक़ा था।

मैं निराश और हताश था, फिर भी मैंने उम्मीद नहीं छोड़ी थी, किसी तरह की ग़लतफ़हमी दूर करने और ख़ुद को फिर से वू का स्नेह पात्र बनाने के लिए मैं व्याकुल था तो मैंने उसका पता लगाने की गम्भीर कोशिश की। एक मेहरबान थाई छात्र ने मुझे एक पता दिया, और मैं उस पते की तलाश में निकल पड़ा। उस साल मेरे पास एक पखवाड़े की छुट्टियाँ थीं, और इन छुट्टियों का ज़्यादातर समय मैंने वू फ़ुआँग को खोजने की नाकाम कोशिश में बिताया, जिसे मैं अपना दिल दे चुका था।

अब यह तो साफ़ था कि अगर उसने कभी मेरा दिल लिया भी होगा तो अब उसे इसकी ज़रूरत नहीं रह गई थी, मगर मैं एकदम आमादा था। क्या मैं 'स्टाकर' हो चला था—लड़कियों का पीछा करनेवाला एक शोहदा। उन दिनों

मुझे यह ख़याल नहीं आया, मगर पीछे मुड़कर देखने पर अब मुझे लगता है कि उस हद तक मैं पहुँच ही गया था।

नये पते पर पहुँचकर मुझे मालूम हुआ कि वू और उसके विद्यार्थी दोस्त पेरिस चले गए हैं। मैं जानता था कि उसकी बहन वहाँ एक रेस्तराँ चलाती थी। मैं वहीं सड़क पर टहलता रहा, कुछ देर तक फ़ुटपाथ पर यों ही चक्कर लगाता रहा। जाने क्यों मुझे लगता था कि वू घर में ही है। और सड़क पार करते हुए जब मैंने उस इमारत की ओर निगाह डाली तो एक खिड़की में मुझे उसका चेहरा दिखाई दिया, नीचे की तरफ़ वह मुझे ताक रही थी। अभिवादन के लिए मैं अपना हाथ उठा पाता कि उसके पहले ही वह झटके से पीछे हट गई।

मैं आगे बढ़ गया, और लन्दन वापस जाने के लिए ट्रेन पकड़ ली। स्विस कॉटेज़ स्टेशन से अपने ख़ाली कमरे की ओर लौटते हुए, मैं एक पब में रुका और थोड़ी ब्रांडी पी, मगर उसका कोई फ़ायदा नहीं हुआ।

कुछ दिनों बाद, मुझे वू का एक पोस्टकार्ड मिला, जिसमें लिखा था कि वह अपनी बहन के पास पेरिस में है, और शायद वे दोनों वापस जाएँगी। ज़ाहिर था कि उसकी योजनाओं में मेरी कोई जगह नहीं थी। उसके देश में मेरा कोई भविष्य नहीं था, और मुझे लगता है कि मेरे साथ उसे अपना कोई भविष्य नहीं दिखता था। मैंने उसे भूलने की कोशिश की। मगर यह आसान नहीं था।

शी हैल्ड माय हैंड ऑन प्रिमरोज़ हिल,
आय लव्ड हर देन एंड लव हर स्टिल।
ऑलदो शी हैड स्वोर्न वी नेवर वुड पार्ट
शी वेंट अवे विद द श्रेड्स ऑफ़ माय हार्ट।
बट आय लव्ड हर देन एंड लव हर स्टिल।
एंड आय सी हर स्टिल क्लाइंबिंग अप प्रिमरोज़ हिल।

(प्रिमरोज़ हिल पर उसने थामा था मेरा हाथ,
मुझे तब भी मुहब्बत थी और अब भी मुहब्बत है उससे।
उसने खाई थी क़सम कि कभी जुदा नहीं होंगे हम,
मेरे दिल के टुकड़े करके अब दूर हो गई है वह।
मुझे मगर तब भी मुहब्बत थी और अब भी मुहब्बत है उससे,
और मैं अब भी देखता हूँ उसे प्रिमरोज़ हिल पर चढ़ते हुए।)

~

यह मायूसियों का साल था, और 'द रूम ऑन द रूफ़' के बारे में आंद्रे ड्यूश की ओर से अब तक कुछ तय नहीं हो पाने की वजह से इसमें इज़ाफ़ा ही हुआ। किताब का अधिकार हासिल करने के एवज़ में उन्होंने मुझे पच्चीस पाउंड दिये थे, और रॉयल्टी की पेशगी के तौर पर पचास पाउंड मुझे और मिलने थे। मगर किताब छापने का फ़ैसला करने में वह झिझक रहे थे—उन्हें लगता था कि इस किताब पर ख़र्च होनेवाली उनकी रक़म डूब जाएगी (आख़िरकार, यह एक नामालूम लेखक का पहला उपन्यास था), उन्हें यह भी लगता था कि पेशेवर लेखक बनने के लिए मुझे एक या दो साल और इन्तज़ार करना चाहिए।

मैं अकेला ऐसा लेखक नहीं था, जिसके बारे में फ़ैसला लेने में आंद्रे को मुश्किल पेश आ रही थी। ऑर्सन वेल्ज़ के साथ भी ऐसा ही हुआ, वही महान फ़िल्म निर्देशक वेल्ज़, जिन्होंने 'सिटिज़न केन' बनाकर सिनेमा की दुनिया ही बदल डाली। उन्होंने 'मिस्टर अर्काडिन' नाम का एक उपन्यास लिख भेजा था, और ऐसा लगता था कि ड्यूश में वह किसी को पसन्द नहीं आया! ऑर्सन वेल्ज़ भले ही महान फ़िल्म निर्माता रहे हों (हालाँकि हमेशा नहीं), मगर लेखक के तौर पर काफ़ी हद तक वह नाक़ाम ही रहे। मगर यह बात उनसे कहे कौन! वह बड़े आदमी थे, ग़ुस्सैल और तुनकमिज़ाज भी। और ज़्यादातर अभिनेताओं की तरह, बेहद घमंडी भी। उन्हें अस्वीकृति का एक विनम्र पत्र भेज दिया गया। इसके जवाब में उन्होंने आंद्रे के थेयर स्ट्रीट दफ़्तर में तूफ़ान खड़ा कर दिया, दो कौड़ी के प्रकाशकों और उनके मुलाज़िमों को धमकाया, उनकी जमकर लानत-मलामत की। कुर्सियाँ उलट दीं, पांडुलिपियाँ उठाकर खिड़कियों के बाहर फेंक दीं, और बेचारे आंद्रे ड्यूश (जो तक़रीबन साढ़े पाँच फ़ीट के थे) अपने छिपने के लिए जगह ढूँढ़ते फिरे। (कुछ दिनों बाद डायना ने मुझे इस बारे में विस्तार से बताया था।) आख़िर में आंद्रे वह वाहियात किताब छापने के लिए राज़ी हो गए।

लगता है कि किसी बदनसीब प्रकाशक को डराना-धमकाना भी अपना शाहकार छपाने का एक तरीक़ा है।

आंद्रे और डायना ठीक ही सोचते थे कि 'मिस्टर अर्काडिन' में उपन्यास लायक़ ख़ूबियाँ कम ही थीं। सचमुच वह किताब चल नहीं पाई, और जब अपनी ज़िद में वेल्ज़ ने उस पर फ़िल्म बनाई (इस चक्कर में उन्होंने माइकल रेडग्रेव समेत कुछ बेहतरीन अभिनेताओं की प्रतिभा का सत्यानाश कर दिया) तो वह भी बहुत चली नहीं; साफ़ था कि उस्ताद का जादू जाता रहा।

एक प्रकाशक के तौर पर, ड्यूश लगातार मज़बूत होता जा रहा था, उसने जैक केरुआक, वुल्फ़ मैंकोविट्ज़, मोर्डेकाई रिचलर जैसे लेखकों को जोड़ा,

और कुछ समय बाद वी.एस. नायपॉल और उनके होनहार मगर अल्पजीवी भाई शिवा जैसे लेखकों को भी। मगर मेरी छोटी-सी किताब का कोई अता-पता नहीं था—हालाँकि पचास पाउंड की पेशगी रक़म आख़िरकार मुझे मिल गई थी—और साल-दर-साल बढ़ते जाते फ़ोटैक्स लिमिटेड की बिक्री के आँकड़ों में मैंने अपना भविष्य देखना शुरू कर दिया, हालाँकि वे अच्छे लोग थे। यह तो तय था कि ज़्यादा नहीं भी हो मगर इतना तो मैं भारत में भी कमा सकता हूँ, वहाँ कम से कम मेरे दोस्त होंगे, जिनके साथ मैं साइकिल पर घूम सकता था, वहाँ आम आदमी की तरह उस विशाल धूसर भीड़ का हिस्सा बनकर जीने की आज़ादी थी, जिससे मिलकर देश बनता है।

कुछ अरसे तक मैंने क्लर्की की ग़ुलाम ज़िन्दगी में ख़ुद को झोंक दिया—वह ग़ुलामी भी बर्दाश्त कर लेता अगर वू फ़ुआँग जैसा कोई संगी होता, जो कभी-कभार मेरा हाथ थाम लेता—लेकिन अब, एक बार फिर से, भारत लौटने के बारे में मैं गम्भीरता से सोचने लगा; हालाँकि, जब भी मैंने किसी से इसका ज़िक्र किया—भारतीय छात्रों या अपनी माँ, या भारत में अपने दोस्तों से तो उन सबने मेरे इस ख़याल पर चिन्ता जताई और मुझे रोकने की भरपूर कोशिश की। अगर घर लौटना ही था तो फिर इतनी दूर इंग्लैंड आने का औचित्य ही क्या था, और लौटना भी सिर्फ़ इसलिए कि मुझे अकेलापन महसूस होता था और मुझे लगता था कि मैं नाकामयाब हो गया हूँ?

'घर'—इस एक लफ़्ज़ में चुम्बकीय आकर्षण था। मेरी माँ और सौतेले पिता का 'घर' नहीं, बल्कि वह विशाल घर जिसका नाम भारत है, जहाँ मुझे नाकाम होने की भी आज़ादी थी। भारत को किसी ने 'लैंड ऑफ़ रिग्रेट्स' (पछतावों की धरती) कहा था; लेकिन मेरे लिए यह स्वीकार्यता की धरती थी। इतिहास के हादसे के चलते, औपनिवेशिक भावनात्मक मुश्किलों के मारे, मुझ जैसे ख़ारिज इनसान को क्या देहरा की सड़कों, चाय की दुकानों और सड़क किनारे के ठिकानों ने स्वीकार नहीं किया था? मुझे किसी महल या पहाड़ी की ऊँचाइयों पर एकान्तवास की ख़्वाहिश नहीं थी। मैं तो दरअसल अपना वही छोटा-सा कमरा वापस चाहता था।

~

मैंने एक झटके में फ़ैसला कर लिया; और बिना किसी योजना के लन्दन छोड़ दिया। अपने दफ़्तर को मैंने एक हफ़्ते का नोटिस दे दिया, उन लोगों ने मेरे लिए एक छोटी-सी पार्टी रखी, यादगार के तौर पर एक सफ़री झोला मुझे तोहफ़े में

दिया, और दफ़्तर के मुखिया ने कहा कि अगर अपना इरादा बदलकर मैं लन्दन लौट आऊँ तो अपनी नौकरी पर वापस आ सकता हूँ।

डायना एटहिल को नहीं मालूम था कि मैं इंग्लैंड छोड़कर जा रहा हूँ। उन्हें तब पता चला जब देहरादून से चिट्ठी लिखकर मैंने उन्हें बताया, 'तो मैं भारत लौट आया हूँ। क्या आप लोग मेरी किताब छापेंगे?' सोचता हूँ कि मुझ पर उनकी जो मेहरबानियाँ रहीं, उनका ख़याल करते हुए मुझे उनके साथ बेहतर सुलूक करना चाहिए था, और हमेशा के लिए लन्दन छोड़ने से पहले उनसे जाकर मिलना ज़रूर चाहिए था। लेकिन कुछ महीनों के बाद मुझे उनका जवाब मिला, उन्होंने 'द रूम ऑन द रूफ़' की प्रतियाँ मुझे भेजी थीं। हर आठ या दस साल में हम अब भी एक-दूसरे को ख़त लिखते रहते हैं (इन सर्दियों में डायना सौ साल की हो जाएँगी; 2017)।

वू से मेरा कोई सम्पर्क नहीं रहा। लगता था कि उसकी ज़िन्दगी को किसी और दिशा में जाना था—जंग से तबाह वियतनाम में, जहाँ उसके माँ-बाप अब भी कम्युनिस्टों के गढ़ हनोई में रह रहे थे। या वह पेरिस में ही आबाद हो गई; हो सकता है कि फिर से लन्दन लौट आई हो। मुझे कभी पता नहीं चल पाया।

थान्ह मेरे भारत लौट आने के कुछ समय बाद ही चल बसा। हमारे एक साझा मित्र के ख़त से मालूम हुआ कि उसकी मौत दिल की बीमारी की वजह हुई। आख़िर, उसके सीने में एक विराम-घड़ी टिक-टिक करती रहती थी। आख़िरी दिनों में वह पेरिस में अपनी बहन के पास था, वही उसकी तीमारदारी कर रही थी।

इंग्लैंड से वापसी का सफ़र, यहाँ आते वक़्त के सफ़र के मुक़ाबले एक सस्ते जहाज़ से था। यह 'बेटरी' नाम का एक पोलिश जहाज़ था, जो कुछ हफ़्ते पहले ही सुर्ख़ियों में था क्योंकि इसके कर्मचारियों में से अधिकांश ने इंग्लैंड में राजनीतिक शरण ली थी।

मेरे केबिन का साझीदार एक भारतीय छात्र रघुवीर नारायण था, जो छुट्टियों में घर लौट रहा था। हमने जहाज़ के बार में एक सस्ती मगर बढ़िया पोलिश वोदका खोज ली थी, और अक्सर शाम को आपस में पैसे इकट्ठे करके दो-एक गिलास पीने के लिए वहाँ चले जाते थे। जहाज़ जब जिब्राल्टर में ठहरा तो हम दोनों साथ ही बाहर निकले और थोड़ी देर इधर-उधर घूमते रहे। वहाँ बहुत सारी दुकानें थीं और तक़रीबन सभी के मालिक हिन्दुस्तानी थे—उस समय भी, यानी कि 1956 में। पोर्ट सईद में हम फिर जहाज़ से उतरकर किनारे पर गए, और इस बार ठग

लिये गए—हालाँकि हमने काम ही ठगे जाने लायक़ किया था—कुछ मिस्री लोगों ने वायदा किया कि वे हमें ऐसी जगह ले जाएँगे, जहाँ एक औरत और दो गधे आपस में अन्तरंग क़िस्म की हरकतें करते हैं। हम ख़ासे ग़रीब होकर जहाज़ पर लौटे, क्योंकि अपने उल्लू बनने का अहसास होने के पहले हम उनके लिए कई चक्कर शराब ख़रीद चुके थे।

'बेटरी' अभिशप्त जहाज़ था। हम जब स्वेज़ नहर से गुज़र रहे थे तो चालक दल का एक सदस्य पानी में कूद गया और उसे फिर कभी नहीं देखा गया—यह एक कम्युनिस्ट जहाज़ था और वह शख़्स शायद छुटकारा पाने के लिए बेताब था। कुछ दिनों बाद, जब हम अरब सागर में थे तो आधी रात में जहाज़ की ख़तरे वाली घंटियाँ बजने लगीं और सारे लोग ख़ौफ़ज़दा हो उठे; कोई नहीं जानता था कि क्या चल रहा था; और शायद ही किसी को पता था कि लाइफ़ जैकेट कैसे पहनी जानी चाहिए, क्योंकि मुसाफ़िरों और कर्मचारियों के लिए ज़रूरी जीवन-रक्षा अभ्यास कराया ही नहीं गया था। शोर उठा कि 'जहाज़ छोड़ दो!' और फिर 'अरे, वह पानी में गिर गया!,' चीख़-पुकार से सहमे कुछ बच्चों ने बिलख-बिलख कर रोना शुरू कर दिया। किसी ने कहा कि जहाज़ के इंजन ने काम करना बन्द कर दिया है, और ऐसा लगता था कि अथाह अन्धकार और समुद्र में हम यों ही बहते जा रहे थे। आख़िरकार, हमें बताया गया कि अलार्म ग़लती से बज गया था और हम अपने केबिन में वापस जा सकते हैं। बाद में हमने सुना कि एक मुसाफ़िर पानी में गिर गया था। वह कौन था, या थी और समुद्र में कैसे गिर पड़ा, यह सब हमें कभी पता नहीं चला।

बम्बई से पहले हमारा आख़िरी पड़ाव कराची था, जहाँ फिर मैं उतरकर तट पर गया, और वहाँ मैंने घर लौट आने जैसा सुकून और राहत महसूस की। यह देखने के लिए मैंने कराची के कुछ अख़बार ख़रीदे कि क्या कुछ ऐसे अख़बार भी हैं, जिन्हें मैं अपनी कहानियाँ छापने के लिए भेज सकता हूँ, लेकिन जो अख़बार मैंने लिये थे, उनमें कहानियों या निबन्धों के लिए कोई गुंजाइश दिखाई नहीं देती थी। मेरा लिखा हुआ कुछ भी पाकिस्तान के किसी अख़बार में कभी नहीं छप सका।

फिर हम बम्बई में बैलार्ड पियर आ पहुँचे। और अभी हम लोग उतर ही रहे थे कि जहाज़ में आग लग गई। बम्बई फ़ायर ब्रिगेड के ट्रक घंटियाँ बजाते हुए जब गोदी में दाख़िल हुए तो लोग तेज़ी से बाहर निकल रहे थे। उस जहाज़ से उतरकर मैं बेहद ख़ुश था!

इस बार मैं बम्बई में रुका नहीं। सीधे बॉम्बे सेंट्रल स्टेशन गया और पैसेंजर ट्रेन पकड़कर दिल्ली चला आया।

मुझे बहुत भला लगा कि मिस्टर एच मुझे दिल्ली स्टेशन पर ही मिल गए। वक़्त ने सचमुच हम सबको बेहतर इनसान बना दिया था—उन्हें पहले से कहीं ज़्यादा ज़िम्मेदार, हालाँकि मैं पहले से कहीं ज़्यादा उतावला हो रहा था। उन्हें क्या मेरी माँ ने वहाँ भेजा था? आख़िर, वह तो ऐसे सौजन्य में भरोसा नहीं करतीं, या हो सकता है कि उस वक़्त दूसरों के मुक़ाबले वह मुझे ज़्यादा बेहतर समझती थीं। यह भी हो सकता है कि मिस्टर एच किसी और काम से दिल्ली आए हुए हों। अगर ऐसा था तब भी, उनको मुझे लेने के लिए स्टेशन आने की ज़रूरत नहीं थी। ख़ैर, वह स्टेशन पर थे, और ट्रेन से हम साथ ही दिल्ली से देहरादून तक आए।

जैसे ही हम देहरादून के क़रीब पहुँचे, ट्रेन जानी-पहचानी हरियाली वाले जंगल में दाख़िल हो गई। पटरियों की खटर-पटर के साथ मैं उन सारी चीज़ों के क़रीब होता जा रहा था, जिनकी कमी मुझे खलती रही थी और उन पर फिर से अपना हक़ जताने के लिए अब मैं वापस लौट रहा था। मेरी असली जगह तो वहीं है, जहाँ तेज़ धूप और कीचड़ से भरी नहरें हैं, बरगद के पेड़ और आम के बाग़ हैं। गर्मियों की बारिश के बाद गीली धरती से उठती गन्ध, मानसून के तूफ़ान और घन गरज के बीच राहतों की बारिश, साँवले चेहरों की मुस्कुराहटें मेरी अपनी थीं। और इनसानी रिश्तों की घनिष्ठता और बेतक़ल्लुफ़ी—इंग्लैंड में जिसकी सबसे ज़्यादा कमी मैं महसूस करता रहा। व्यवस्थित जीवन, बढ़िया समझ और शिष्टाचार, यह सब तारीफ़ के क़ाबिल है, मगर आत्मा की ख़ातिर उन लोगों ने कुछ नहीं किया है। वहाँ ऐसी आज़ादी नहीं थी कि ग़लत समझे जाने का जोखिम उठाए बग़ैर मैं किसी को छू भी पाता; वासना के बजाय सिर्फ़ प्रेमवश किसी का हाथ थाम लेने की आज़ादी से ही नहीं, बल्कि बिना किसी हिचकिचाहट के कामना करने और पा लेने की सन्तुष्टि से भी मैं महरूम ही रहा। अजनबी लोगों की भीड़ में बाहरी होने का अहसास किये बिना जीने का मौक़ा भी नहीं मिला; मैंने उन तमाम चीज़ों की कमी महसूस की, जिनकी वजह से भावुक और भावनात्मक होना मुनासिब था।

देहरा में, सोमी का चचेरा भाई दीपी अपनी साइकिल के साथ स्टेशन पर ही मिल गया। मैंने अपना सूटकेस और सफ़री झोला मिस्टर एच की पुरानी मोटरकार में रख दिया और ख़ुद दीपी की साइकिल के डंडे पर बैठ गया। हम उस शहर की सड़कों से होकर गुज़र रहे थे, जिसने मेरी ज़िन्दगी को मायने दिये थे, और जो मुझे वापस घर खींच लाया था।

नये सिरे से शुरुआत

लन्दन छोड़ते समय मैं कुछ अवसाद में था, लेकिन जैसे ही हम लाल सागर में दाख़िल हुए, तापमान के साथ ही मेरा उत्साह बढ़ता गया। सफ़र पूरा होने पर, बम्बई में जहाज़ से उतरने के उस सँकरे गलियारे से होकर बाहर निकलते हुए, मैं एक ख़ुशहाल नौजवान था, फिर दिल्ली और उसके बाद देहरा तक रास्ते भर ख़ुद को भरा-पूरा और गद्गद महसूस करता आया। घर तक पहुँचने के सफ़र में क़रीब चालीस पाउंड ख़र्च हुए और इतनी ही रक़म मेरे पास और बची थी। इससे अगले कुछ महीने, शायद दो महीने, तक मेरा काम चल जाएगा और इससे आगे सोचने की ताब मुझमें नहीं थी।

कभी-कभी मुझे लगता है कि मेरी ज़िन्दगी नई शुरुआतों का ही आख्यान रही है। तमाम मुश्किलों के झटके, नाकामियाँ और फिर छोटी-छोटी कामयाबियाँ जो मुझे दूसरी नाकामियों के लिए उकसाती रहीं। शुरुआत में, मुझे अपने पिता को खोने के ग़म और उनकी ग़ैरमौजूदगी के अहसास के साथ जीना सीखना पड़ा, फिर अपने सौतेले पिता के घर में अपनी जगह और पहचान बनानी पड़ी। फिर एक तरह से नये सिरे से ज़िन्दगी शुरू करने के लिए जर्सी चला गया, जो मेरे लिए एकदम अनजान और अलग दुनिया थी। लन्दन में एक और शुरुआत; छोटी-छोटी ऐसी उपलब्धियाँ, जिनका बहुत मतलब नहीं था। और अब भारत वापस आ गया हूँ, और नये सिरे से फिर शुरू कर रहा हूँ।

और वैसे भी, मैं क्या था? अपने पिता की तरह अंग्रेज़? या अपनी माँ की तरह एंग्लो-इंडियन? या अपने सौतेले पिता और सौतेले भाइयों की तरह हिन्दुस्तानी पंजाबी? या अपने उन तमाम दोस्तों की तरह, लन्दन वाला हिन्दुस्तानी, जो तन और मन से वहीं के होकर रह गए थे?

ख़ैर, मैं भारत लौट आया था, कहीं और जाने का मेरा कोई इरादा नहीं था, और चूँकि यह विविध जातियों-नस्लों, धर्म-संस्कृतियों वाले लोगों का देश है तो मैंने फ़ैसला कर लिया कि मैं वही होकर रहूँगा जो मैं हूँ, ख़ालिस हिन्दुस्तानी, चाहे इसका मतलब अल्पसंख्यक होना ही हो।

और हमेशा से आशावादी होने के नाते मुझे यक़ीन था कि मैं लिखकर ही अपनी आजीविका चला सकता हूँ, भले ही कोई और ऐसा करते हुए मुझे दिखाई नहीं देता था।

मेरे पास अपना छोटा टाइपराइटर था, जर्सी में जिसे ख़रीदने में मिस्टर ब्रॉमली ने मेरी मदद की थी, और जल्दी ही मैं इसका बेहतर इस्तेमाल करने लगा था।

हालाँकि किताब छापनेवालों की तो कमी थी, फिर भी अंग्रेज़ी भाषा की पत्रिकाओं और अख़बारों की एक कारगर फ़ेहरिस्त बनाने में मैं कामयाब हो गया, अपना लिखा हुआ जिनको मैं बेच सकता था, और यह फ़ेहरिस्त कुछ इस तरह थी :

द इलस्ट्रेटेड वीकली ऑफ़ इंडिया (पहली पसन्द)
द संडे स्टेट्समैन (दूसरी पसन्द)
स्पोर्ट्स एंड पास्टाइम
सैनिक समाचार (सशस्त्र बलों का साप्ताहिक)
द डेक्कन हेराल्ड
द ट्रिब्यून (अम्बाला)
शंकर्स वीकली
माय मैगज़ीन ऑफ़ इंडिया (अगर अब भी छपती हो)

इनमें से ज़्यादातर अपने परिशिष्टों और पत्रिकाओं में कथा-साहित्य को जगह देते थे, इस तरह मेरी कहानियों के लिए बाज़ार पहले से मौजूद था। मैंने मालूम कर लिया था कि 'द इलस्ट्रेटेड वीकली', अब भी एक कहानी या लेख के 50 रुपये देता था; सैनिक समाचार 30 रुपये; और दूसरे प्रकाशन 25 रुपये देते थे।

लन्दन छोड़ने से पहले मैंने बड़े बच्चों के लिए छपनेवाली ब्रिटिश साहित्यिक पत्रिका 'यंग एलिजाबेथन' को एक कहानी बेची थी, मैंने तय किया कि उन्हें और कहानियाँ भेजूँगा। और यक़ीनन बीबीसी को, जो पन्द्रह मिनट की कहानी के लिए पन्द्रह पाउंड और पन्द्रह शिलिंग का मेहनताना देता है। रुपया उन दिनों मज़बूत हुआ करता था और एक कहानी के लिए 180 या 190 रुपये के पारिश्रमिक में महीने भर बहुत आराम से भले न रहा जा सके मगर काफ़ी राहत तो रहती ही।

'द इलस्ट्रेटेड वीकली' के आयरिश सम्पादक सी.आर. मैंडी ख़ासे नेकदिल निकले और उन्होंने मेरी हौसला-अफ़ज़ाई की। मेरा कुछ शुरुआती काम उन्होंने पहले छापा था, और अब उन्होंने मेरी भेजी हुई पहली दो कहानियाँ स्वीकार कर लीं। जल्दी ही मैं उन पर अपने लिखे की बौछार कर देनेवाला था।

मगर मैं रहूँगा कहाँ?

हालाँकि मेरी माँ और सौतेले पिता ने लौटने पर मुझे हाथों-हाथ लिया था, लेकिन वे लोग पहले से ही दिल्ली जाने के लिए अपना सामान बाँध रहे थे। मिस्टर एच का कारोबार एक बार फिर से गड़बड़ा गया था। वह अब दिवालिया हो चुके थे; उनकी वर्कशॉप बन्द हो चुकी थी, उन पर तमाम लोगों का क़र्ज़ चढ़

गया था और आयकर भरने के लिए दफ़्तर से उन पर भारी दबाव था। नई दिल्ली में कारों का व्यवसाय करनेवाले उनके एक पुराने दोस्त ने उन्हें वर्कशॉप मैनेजर के तौर पर नौकरी की पेशकश की थी, और समझदारी दिखाते हुए उन्होंने इसे ख़ुशी-ख़ुशी मंजूर कर लिया था। चूँकि वह और मेरी माँ दोनों ही आर्थिक दिक़्क़तों से जूझ रहे थे, इसलिए उनसे मैं ज़्यादा मदद की उम्मीद नहीं कर सकता था; न ही मैं उनके लिए बहुत कुछ करने की स्थिति में था। उन्होंने सलाह दी कि मैं उनके साथ दिल्ली चलूँ, मगर मैं दिल्ली में रहने के लिए वापस नहीं आया था। फ़िलहाल तो मैं थोड़े समय तक देहरा में ही रहना चाहता था। मैं पुराने दोस्तों के साथ रहना चाहता था; मुझे नये दोस्तों की ज़रूरत थी। मैं पहाड़ों और नदियों की सोहबत चाहता था। और इन सबसे बढ़कर, मैं ख़ुद अपने साथ रहने की आज़ादी चाहता था।

यही वह समय था, जब बीबीजी आगे आईं।

~

बेशक, बीबीजी का एक नाम भी था, मगर सब उन्हें बीबीजी ही कहते थे। वह मेरे सौतेले पिता की पहली पत्नी थीं, वही औरत, जिसे मेरी माँ की ख़ातिर उन्होंने छोड़ दिया था। देहरा के उन ढाई सालों के दौरान जब स्वतंत्र लेखक के तौर पर मैं अपनी आजीविका के लिए संघर्ष कर रहा था, मेरी हिफ़ाज़त करनेवाली किसी देवदूत की तरह वह मेरी ज़िन्दगी में चली आईं। यह रिश्ता अगर पेचीदा लगता हो तो मान लीजिए कि यह ऐसा ही था। यह कुछ ऐसी बात है, जो सिर्फ़ हिन्दुस्तान में ही मुमकिन हो सकती है या कम से कम उस समय तो सम्भव थी ही, जब मैं इक्कीस साल का था।

इस हिम्मती और मेहनती महिला से मेरी ख़ूब पटी, उनकी दुर्दशा पर मुझे अफ़सोस और हमदर्दी थी। मिस्टर एच के छोड़ देने के बाद, अपने और अपने दो छोटे बच्चों के गुज़ारे के लिए उन्होंने एस्टली हॉल शॉपिंग ऑर्केड के एक कोने में किराने की एक छोटी-सी दुकान खोल ली थी, और इस तरह वह देहरा की पहली महिला दुकानदार बनीं। वह गुब्बारे जैसी क़द-काठी वाली अच्छी-ख़ासी तगड़ी महिला थीं, उनके बाज़ुओं में इतनी ताक़त थी कि आटे की बोरियों को उठाकर इधर-उधर ऐसे उछालती थीं कि जैसे वे शटलकॉक हों। मेरी माँ के साथ मिस्टर एच के प्रेम के शुरुआती दिनों में, एक बार, वह कुल्हाड़ी लेकर उन दोनों को खोजने निकली थीं। मैं देख पा रहा था कि नाटे क़द के मेरे सौतेले पिता के मुक़ाबले वे कुछ भारी थीं ही।

किराने की दुकान के ऊपर बने कुछ कमरे बीबीजी ने किराए पर ले रखे थे और चूँकि वह अकेली रहती थीं, इसलिए इनमें से एक कमरा उन्होंने मामूली किराए पर मुझे देने की पेशकश की। मैं झट से राज़ी हो गया, क्योंकि शहर के बीचोबीच ऐसी कोई रिहाइश ढूँढ़ पाना नामुमकिन था, जिसका किराया इससे कम से कम दोगुना न हो। दुकान से बीबीजी की आमदनी बहुत मामूली थी, और इस लिहाज़ से दरअसल उन्हें मुझसे ज़्यादा किराया लेना चाहिए था, पर मुझे ऐसा लगता है कि दिल्ली में अपनी माँ या सौतेले पिता के साथ रहने के बजाय, मेरे देहरा में उनके घर में रहने को एक तरह से वह अपनी जीत मानती थीं।

मेरा कमरा उजला और हवादार था, सामने एक छज्जा था और पीछे की ओर छोटा-सा बरामदा। इमारत के सामने नीम का एक पेड़ उग आया था, बारिश के दिनों में, निमकौड़ियाँ पेड़ से झड़कर नीचे गिर जातीं और राहगीरों के पैरों से कुचल जाने की वजह से, उनसे ख़ास तरह की ऐसी तीख़ी गन्ध आती थी, जिसे मैं कभी नहीं भूल सकता। मेरे कमरे के दोनों ओर फ़्लैट थे, जहाँ रहनेवालों के लिए एक साझा सीढ़ी थी। सीढ़ी तक पहुँचने का रास्ता रात को बन्द हो जाता क्योंकि एक गाय वहाँ आकर सो जाती थी, सीढ़ियाँ चढ़ने-उतरने के लिए गाय को फलाँग कर ही जाना पड़ता, वह ख़ुद किसी तरह टस से मस नहीं होती थी। शाम को अगर मुझे पढ़ना या लिखना होता तो मैं मिट्टी के तेल वाला लैम्प जला लेता, क्योंकि वहाँ बिजली नहीं थी—कई सालों से बिजली का बिल ही नहीं भरा गया था। और बिल की बक़ाया रक़म बढ़ते-बढ़ते अब तक इतनी हो चुकी थी कि उसे चुकाना किसी के वश का नहीं था, इसलिए मुझे बत्ती या पंखे या रेडियो के बिना ही रहना पड़ता था। मेरा ज़्यादातर लेखन सबेरे अपनी डेस्क पर बैठकर ही होता था, ख़ासतौर पर गर्मी के दिनों में, जब दोपहर को मैं सो जाता था।

मेरी 'डेस्क' खाने की एक बड़ी मेज़ थी, जिस पर मैं अपनी नोटबुक, काग़ज़ात और टाइपराइटर फैलाए रखता था। रिस्पना नदी के किनारे से बटोरे हुए कुछ चिकने गोल पत्थर भी मेज़ पर रखे होते, जो पेपरवेट का काम देते। इसके अलावा वहाँ फ्रेम की हुई दो तसवीरें थीं, एक डैडी की और दूसरी वू फुआँग की। डैडी की तसवीर अब भी मेरी मेज़ पर है। वू की तसवीर, कुछ महीनों बाद अपने फ्रेम से निकलकर मेरी एलबम में चली गई, और किसी पुरानी याद की तरह वह अब भी वहीं बनी हुई है।

अपनी कहानियों के लिए मैंने अपनी तमाम यादों की पड़ताल की, उन्हें फिर से व्यवस्थित किया, सम्पादन किया या कई बार उन्हें जस का तस ही पेश कर दिया। ऐसा करने के लिए मैं ख़ूब मेहनत भी करता, मगर लेखक के तौर

पर जीविका चलाने के लिए आधी रात तक जागकर लैम्प का तेल जलाने की मशक़्क़त नि:सन्देह मैंने कभी नहीं की। दिन-भर में अगर मैं एक हज़ार शब्द भी लिख पाता तो मुझे संतुष्टि होती। और यह काम तो कुछ घंटों में ही पूरा किया जा सकता था। इसके बाद, एक कप कॉफ़ी पीने के लिए मैं किसी कैफ़े में चला जाता, शाम को टिक्की या कबाब खाने के लिए बाज़ार जाता, वहाँ अजनबी लोगों को देखता और उनके साथ ज़बरदस्त जिस्मानी और गुप्त रिश्ते बनाने के बारे में कल्पनाएँ किया करता। फिर घर लौटकर, अकेले ही बिस्तर में पड़ जाने से पहले, घंटे-भर के लिए मैं मिट्टी के तेल का अपना लैम्प जलाता और आवारा भटकते ख़यालों और विचारों को दर्ज कर लेता या फिर ख़त लिखने बैठ जाता।

सुबह का नाश्ता मैं नीचे, दुकान के पीछे एक छोटी-सी कोठरी में, बीबीजी के साथ ही करता था। नाश्ते में आलू या मूली के पराँठों (जितने मैं खा सकता था) के साथ सब्ज़ी और अचार होता—सब तरह के अचार। जल्दी ही मैं उनके बनाए अचारों का मुरीद हो गया, मेरे पसन्दीदा अचारों में शलगम, जो पंजाबी ढंग का ख़ास अचार है; या भरवाँ लाल मिर्च; या कटहल का अचार था। यह नाश्ता इतना पर्याप्त होता था कि आमतौर पर शाम तक मुझे फिर खाने की ज़रूरत नहीं पड़ती थी। शाम को मैं सड़क पर निकल जाता और किसी छोटे-से रेस्तराँ या ढाबे में रात का खाना खाता। खाना बनाने का शऊर मुझे कभी नहीं आया, और खाने के ये ठिकाने काफ़ी सस्ते थे—पाँच रुपये में मैं बढ़िया मांसाहारी भोजन कर सकता था, और अगर सादा भोजन यानी दाल, भात और सब्ज़ी खाता तो मुझे तीन रुपये ही ख़र्च करने पड़ते।

दिन में बीबीजी के पास खाना बनाने का वक़्त ही नहीं होता था, क्योंकि उन्हें अपनी दुकान चलानी होती थी, और वह भी बिना किसी की मदद के। मैं जब उनके पास जाता तो बिल और बही-खाते और बेतरतीब हिसाब-किताब दुरुस्त करने में उनकी मदद करता। वह पढ़ी-लिखी नहीं थीं, लेकिन दुकानदारी में दक्ष थीं। अपने सहज-ज्ञान से वह समझ जाती थीं कि कौन उधार के क़ाबिल है और किसे सिर्फ़ नक़द पर सौदा बेचना है, और चावल, आलू या दाल तौलते हुए वज़न का हिसाब वह बाज़ार के किसी भी दूसरे दुकानदार की तरह एकदम पेशेवर तरीक़े से करती थीं। उनकी दुकान में रखी अलग-अलग तरह की, अलग-अलग रंगों वाली दालों के नाम मुझे जल्दी ही मालूम हो गए—मूँग, अरहर, मसूर, मलका, वग़ैरह (लेकिन अफ़सोस कि अब मैं यह नहीं बता सकता कि आपस में उनमें क्या फ़र्क़ है)। उनकी दुकान का राजमा बहुत पसन्द किया जाता था, और दिल्ली वाले तक उनके यहाँ से ढेर सारा ख़रीदकर ले जाते थे। देहरा अपने बासमती चावल के

लिए भी मशहूर था, जो पूरी दून घाटी में पैदा होता था। अब तो धान के खेत बहुत कम दिखाई देते हैं, गाँव के ज़्यादातर इलाक़ों में अब बिल्डरों की बादशाहत है।

हफ़्ते में एक या दो बार, दुकान का सामान जुटाने के लिए बीबीजी भोर में ही थोक बाज़ार के लिए निकल जाती थीं। आमतौर पर, सुबह उतने जल्दी तो मैं बिस्तर नहीं छोड़ता था, मगर कई बार ख़ास जतन करके मैं उठ जाता और कपड़े पहनकर उनके साथ थोक मंडी चला जाता, जो पलटन बाज़ार में काफ़ी अन्दर की तरफ़ थी। वहाँ तक पहुँचने के लिए सुनसान सड़कों से गुज़रते हुए चालीस मिनट तक पैदल चलना पड़ता। आसपास के गाँवों से अपना सौदा बेचने आए लोगों से मोलभाव करने में घंटा-भर लग जाता। वे लोग हरी मटर या पत्तागोभी या फूलगोभी, या चावल, आटा और दाल, या प्याज़ और आलू के ढेर लगाए बैठे होते और इन सारी चीज़ों के दाम चढ़ते-उतरते रहते थे। बेशक, बीबीजी उन लोगों से मोल-भाव करना अच्छी तरह से जानती थीं, और फिर ठेला मँगाकर सारा सामान जल्दी से उस पर लदवा लेतीं। इसके बाद उनका पसन्दीदा कुली, मुमताज़, ठेला-गाड़ी धकेलते हुए एस्टली हॉल तक आता, और सारा सामान किराने की दुकान में रखवाकर लौट जाता।

एस्टली कौन थे और इस शॉपिंग सेंटर का यह नाम क्यों पड़ गया? एक ज़माने से सड़कों और जगहों के विदेशी नाम आते और जाते रहे, लेकिन एस्टली हॉल अब भी (अभी जबकि मैं लिख रहा हूँ) एस्टली हॉल है, वैसे ही जैसे कि नई दिल्ली में कनॉट प्लेस, कनॉट प्लेस ही है। कोई नहीं जानता कि एस्टली कौन था; मुझे भी नहीं पता। जो लोग जानते होंगे, वे बहुत पहले ही गुज़र चुके हैं। मैं अनुमान भर लगा सकता हूँ कि एस्टली उस जायदाद के मालिकों में से किसी का लाड़ला बेटा रहा होगा, जिस पर 1900 के दशक की शुरुआत में कारोबार का यह ठिकाना बना था।

बेशक, 'एस्टली' ऐसा नाम है, जिसे लोग अक्सर ग़लत बोलते हैं, बीबीजी हमेशा इसे 'असली' हॉल कहती थीं—'असली' यानी 'सच्ची चीज़।' मेरे पिता को भी वह ऐसे ही याद करती थीं, जिनसे वह सिर्फ़ एक बार मिली थीं। बीबीजी बतातीं कि मिस्टर एच के फ़ोटो स्टूडियो बेच देने के पहले मेरे पिता वहाँ आए थे।

'तुम्हारे पिता असली अंग्रेज़ थे,' वह कहती थीं। मेरी समझ से उनका आशय यह था कि वह एक सम्मानित और नेकचलन इनसान थे। मेरी माँ के बारे में कहने के लिए उनके पास कोई भला शब्द नहीं था, और यह स्वाभाविक ही था। मेरे पिता को जब वह 'जेंटलमैन' कहतीं तो दरअसल वह मेरी माँ और अपने (बीबीजी) पूर्व पति के बारे में अपना फ़ैसला सुना रही होती थीं।

बीबीजी के बोलने का लहज़ा खांटी पंजाबी था। उनके लिए मैं हमेशा 'रकसन' रहा, रस्किन नहीं।

'रकसन,' वह कहती थीं, 'तुझे एक दिन मेरी ज़िन्दगी की कहानी लिखनी है।'

और मैं उनसे वादा करता कि ज़रूर लिखूँगा।

~

मैंने जो किताब लिखी थी, उसके बारे में कोई ख़बर नहीं थी, और सच तो यह है कि पत्रिकाओं को अपनी कहानियाँ बेचने और आजीविका कमाने के फेर में मैं इतना मसरूफ़ हो गया था कि उसे भूल ही गया था। अंग्रेज़ी भाषा की पत्र-पत्रिकाएँ देहरा में मिल जाती थीं और उन सबको पढ़ना मैंने अपना फ़र्ज़ मान लिया था, ताकि जान सकूँ कि उनमें से कौन-कौन कहानियाँ छापते हैं। हैरानी की बात थी कि उनमें से पत्र-पत्रिकाएँ, कहानियाँ छापती थीं; मुश्किल यह थी कि वे ज़्यादा मेहनताना नहीं देते थे, औसतन क़रीब पच्चीस रुपये प्रति कहानी। यानी हर महीने अगर दस कहानियाँ छपें तो मुझे ढाई सौ रुपये मिल जाएँगे—और मेरे गुज़ारे के लिए इतना काफ़ी था।

जैसा कि मैं पहले बता चुका हूँ, 'द इलस्ट्रेटेड वीकली' ही एक कहानी के पचास रुपये देता था और ख़ुशक़िस्मती से मेरी कुछ कहानियाँ वहाँ छपीं भी। एक दिन, मुझे सी.आर.मैंडी का ख़त मिला, जिसमें उन्होंने लिखा था कि 'द रूम ऑन द रूफ़' को वह वीकली में धारावाहिक छापने जा रहे हैं—और इस तरह मुझे मालूम हुआ कि मेरा उपन्यास छप चुका है। डायना एटहिल ने भी इस बारे में मुझे बताने की ज़रूरत नहीं समझी थी। बाद में, उपन्यास की प्रतियाँ तो ख़ैर मुझे मिल गईं, मगर पहली बार इसे मैंने वीकली में ही देखा, जब वह वहाँ मशहूर कार्टूनिस्ट और चित्रकार मारियो मिरांडा की शानदार तसवीरों के साथ छपना शुरू हुआ था। यह 1956 की बात है, और वह सुबह मुझे अच्छी तरह याद है, क्योंकि थोड़ी देर बाद ही मैंने इसे दर्ज कर लिया था। तब मैं बाईस साल का था और अब बयासी साल का हूँ; इस दौरान कितना कुछ बीत चुका है, और अगर मैं अपनी सारी सुबहों की फ़ेहरिस्त बनाने बैठूँ तो सम्भवतः कहीं ज़्यादा दिलचस्प और मानीख़ेज़ सुबहें याद कर सकता हूँ। लेकिन चूँकि यह मेरी पहली किताब थी तो मुझे लगता है कि इसकी याद का जश्न ज़रूरी है, इसलिए उस रोज़ सुबह के बारे में मैंने जो लिखा था, वह ज्यों का त्यों इस तरह है :

रोज़ के मुक़ाबले मैं थोड़ा जल्दी उठ गया था, सूरज निकलने से काफ़ी

पहले, यानी मेरी ख़ुशमिज़ाज—गोलमटोल मकान मालकिन, बीबीजी, के नीचे आकर चाय और पराँठे का नाश्ता कर लेने की आवाज़ लगाने से भी पहले मैं जाग गया था। आज का दिन ख़ास होनेवाला था और मैं दुनिया को यह बता देना चाहता था। मगर जब आप इक्कीस साल के होते हैं तो दुनिया दरअसल आपकी बात पर कान ही नहीं देती।

मैं नल पर नहाया और एक साफ़ (मगर बिना प्रेस की हुई) क़मीज़ और धुलने लायक़ हो चुकी पतलून पहनी, जूते पहने जिन्हें पॉलिश की बहुत ज़रूरत थी। सजीला दिखने की मैंने कभी ज़्यादा परवाह नहीं की और न ही जतन। लेकिन मेरे पास चमड़े की एक बढ़िया पेटी थी, जिसमें कीलें जड़ी थीं! मैंने इसे आख़िरी सिरे तक कसकर कमर पर बाँध लिया। मैं, कुछ हद तक कुपोषित, एक दुबला-पतला लड़का था।

अपनी साइकिलों पर सवार दूधिये सड़कों पर निकल आए थे, जिन्हें देखकर मुझे विलियम सोरायाँ की याद आ गई। अपनी जवानी के दिनों में वह अख़बार बेचा करते थे और अपने उन दिनों के अनुभवों को उन्होंने 'द बाइसाइकिल राइडर इन बेवर्ली हिल्स' में याद किया था। आवारा कुत्ते और गायें कूड़ेदानों में मुँह मार रहे थे। केले से लदा एक ट्रक धीरे-धीरे मंडी की ओर चला जा रहा था। कहीं दूर से आती हुई रेलगाड़ी की सीटी सुनाई दे रही थी।

चाय की इक्का-दुक्का दुकानें अभी खुली ही थीं। चाय पीने के लिए एक जगह मैं रुक गया। चूँकि आज का दिन ख़ास था, इसलिए मैंने ऑमलेट भी बनाने को कह दिया। दुकानदार ने बिजली वाले अपने नये रिकॉर्ड प्लेयर पर एक रिकॉर्ड लगा दिया, और एक लोकप्रिय फ़िल्मी धुन हवा में गूँजने लगी, जिसने सारे पड़ोसियों की नींद भगाने और उन्हें जगाने का काम किया—यह गाना हवा के तेज़ झोंकों से उड़ गए एक लड़की के लाल दुपट्टे के बारे में था, जिसे एक बाँके मगर बेरोज़गार नौजवान ने पकड़कर लौटा दिया। मैंने अपना ऑमलेट ख़त्म किया और बाज़ार की तरफ़ बढ़ गया।

ज़्यादातर दुकानें इतनी सुबह नहीं खुलती थीं, लेकिन अख़बारों का ठिकाना तो सबसे पहले खुल जाता था और मैं वहीं जा रहा था।

और वह खुला हुआ मिला : नेशनल न्यूज़ एजेंसी, जिसके बाहर ताज़े अख़बारों के बंडल रखे हुए थे। इनमें इलाहाबाद का 'लीडर', लखनऊ का पायनियर, अम्बाला का 'ट्रिब्यून' और तमाम बड़े राष्ट्रीय

दैनिक अख़बार शामिल थे। लेकिन 'इलस्ट्रेटेड वीकली ऑफ़ इंडिया' का नया अंक कहाँ था? इस हफ़्ते आने में कहीं देर तो नहीं हो गई? वीकली ख़रीदने के लिए मैं हमेशा सुबह छह बजे नहीं उठता था, लेकिन इस हफ़्ते का अंक ख़ास था। यह मेरा अंक था, हिन्दुस्तान और इस सारे सुन्दर और अद्‌भुत संसार के पढ़नेवालों की ख़िदमत में मेरा ख़ास सलाम और विनीत प्रयास था। मेरा उपन्यास इंग्लैंड में छपना था, लेकिन उसके पहले वह भारत में धारावाहिक छपनेवाला था!

दुकान के आधे खुले दरवाज़े से गुप्ता जी ने अपना सिर बाहर निकाला और मेरी ओर देखकर मुस्कुराए।

'आज सुबह इतनी जल्दी कैसे आ गए?'

'क्या वीकली आ गया है?'

'अन्दर आ जाओ। यहाँ रखा है। इसे मैं फ़ुटपाथ पर नहीं छोड़ सकता।'

मैंने उन्हें एक रुपया दिया। 'दो प्रतियाँ दे दीजिए।'

'इसमें कुछ ख़ास है क्या? क्या क्रॉसवर्ड प्रतियोगिता में पहला इनाम जीत लिया है?'

पत्रिका खोलते हुए तो मेरे हाथ नहीं काँपे, मगर उस प्रतिष्ठित पत्रिका के पन्ने पलटते समय मेरा कलेजा मुँह को आ रहा था—वह 1950 के दशक की अकेली पारिवारिक पत्रिका थी, जिसमें छपने का मतलब साहित्य की दुनिया में पहला क़दम रखने जैसा था—जिसके सम्पादक शॉन मैंडी नाम के एक विलक्षण शख़्स थे।

और यह रहा मेरा उपन्यास : 'द रूम ऑन द रूफ़' की पहली किस्त, वह अनुभवहीन, युवा उपन्यास जिस पर कुछ वर्षों तक मैंने बहुत मेहनत की थी। इसके साथ मारियो की बनाई हुई जीवन्त और अर्थपूर्ण तसवीरें भी थीं, मारियो उम्र में मुझसे ज़्यादा बड़े नहीं थे। और युवा लेखक की भी एक तसवीर थी, बेढब और कृशकाय, जो कहीं से इंटेलेक्चुअल नहीं लगता था।

मैंने पत्रिका गुप्ता जी के सामने लहराई। 'मेरा उपन्यास!' मैंने उनसे कहा। 'इसमें और अगले पाँच अंकों में!'

वह बहुत प्रभावित नहीं हुए। 'अच्छा, उम्मीद है कि वीकली की बिक्री कम तो नहीं होगी,' वह हँसे। 'और तुमको उन्हें अपनी कोई बढ़िया तसवीर भेजनी चाहिए थी।'

मैंने उनसे पत्रिका की एक और प्रति ख़रीद ली।

'बिक्री तो बढ़ रही है!' गुप्ता जी ने कहा।

बाज़ार धीरे-धीरे खुलने लगा था। वासंती बयार बह रही थी, और सड़क पर चलते हुए वसंत का असर मेरी चाल में भी था। फ़तह का अपना यह उल्लास मैं दुनिया के साथ बाँटना चाहता था, लेकिन क्या दुनिया को इसमें कोई दिलचस्पी थी? हमारे इस छोटे-से शहर में मेरा कोई उस्ताद नहीं था। ऐसा कोई नहीं था, जिसके पास जाकर मैं कह सकूँ : 'देखो, मैंने क्या कर दिखाया है। और यह सब आपकी हौसलाअफ़ज़ाई से ही मुमकिन हुआ, शुक्रिया!' क्योंकि मेरा हौसला बढ़ाने या मदद करनेवाला कोई नहीं था, न तो तब था, और न ही बाद में हुआ। स्थानीय क्रिकेट टीम के लोग, जिनमें मेरे दोस्त भी थे, ज़रूर इसमें दिलचस्पी लेंगे, और उनमें से एकाध चिल्लाकर शायद कहे : 'शाबाश! अब तुम हमारे लिए कुछ नये पैड ख़रीद सकते हो!' और कुछ दोस्त ऐसे भी थे, जो चाट की दुकान पर पार्टी माँगेंगे, यह सब तो ठीक था, लेकिन क्या उनमें से कोई मेरी किताब पढ़ेगा?

लेकिन हो सकता है कि ख़ैरख़्वाही जताने के लिए दो-एक लोग पढ़ भी लें।

सड़क के बीचोबीच एक गाय मेरा रास्ता रोककर खड़ी हो गई।

'यह देखो, गाय मेरी दोस्त,' मैंने जुगाली करती गाय को पत्रिका दिखाते हुए कहा, 'यह मेरे उपन्यास की पहली किस्त है। इसके बारे में तुम क्या सोचती हो?'

गाय ने हसरत और दिलचस्पी से पत्रिका को देखा। ताज़ा-कुरकुरा काग़ज़ चबाने के लिहाज़ से उसे भला मालूम हुआ। वह आगे बढ़ी मानो नाश्ते की मेरी पेशकश क़बूल कर रही हो, लेकिन झटके से मैंने पत्रिका पीछे कर ली।

मैंने उससे कहा, 'अच्छा चलो, यह किसी और रोज़ तुम्हें दे दूँगा,' और आगे बढ़ गया।

अगले साल, मैंडी ने इसकी उत्तर-कथा 'वेग्रेंट्स इन द वैली' को भी धारावाहिक रूप में छापा, जो बीबीजी के फ़्लैट में रहते हुए लिखी गई मेरी दूसरी रचनाओं में से एक थी। 'द रूम' लिखे जाने के मूल में भारत की मेरी यादें और हसरतें थीं। 'वेग्रेंट्स' मेरे भारत लौट आने के बाद देहरा में लिखा गया था मेरे पहले

उपन्यास की तरह युवा आशावाद की झलक इसमें कम ही मिलती थी; लेकिन मेरे ऐन्द्रिय-बोध की अभिव्यक्ति इसमें भरपूर थी, क्योंकि देहरा मौज़-मस्ती करने की जगह थी, जहाँ की गर्मियाँ इंद्रियों की संवेदना जगाए रखती थीं। आंद्रे ड्यूश ने इस दूसरे उपन्यास में कोई दिलचस्पी नहीं दिखाई, और भारत के बाहर यह कभी नहीं छप सका।

एक और कहानी, ड्यूश ने जिसे छापने से इनकार कर दिया (और पांडुलिपि भी खो दी), एक छोटा-सा उपन्यास 'लेपर्ड इन द लाउंज' था। ड्यूश का तर्क था कि किताब के लिहाज़ से वह कहानी बहुत छोटी है। संयोग से, कहानी टाइप करते हुए मैंने उसकी एक कार्बन कॉपी बना ली थी (उन दिनों फ़ोटोकॉपी मशीन नहीं हुआ करती थी), और चूँकि इतवारी पत्रिकाओं के लिहाज़ से यह बहुत लम्बी थी, इसलिए मैंने इसे पी. लाल को भेज दिया, जो कलकत्ता में राइटर्स वर्कशॉप के नाम से एक छोटा-सा साहित्यिक प्रकाशन-गृह चलाते थे। बीस सालों तक वह इसे दबाए बैठे रहे। मैंने मान लिया कि 'द ग्रीन सिटी' की तरह यह भी हमेशा के लिए खो गई। प्रकाशकों के दफ़्तरों में पांडुलिपियों के ऐसे नुक़सान के बारे में मैं किसी तत्त्वज्ञानी की तरह सोचता था। फिर 1970 के दशक की शुरुआत में एक रोज़, मुझे पी. लाल का भेजा हुआ पैकेट मिला, जिसमें अस्वीकृति की पर्ची लगाकर उन्होंने मेरी कहानी लौटा दी थी! मैंने वह पैकेट उठाकर अलग रख दिया, जहाँ वह अगले दस साल तक पड़ा रहा। फिर 1980 के दशक में, पेंगुइन इंडिया जब मेरी कहानियों का संग्रह छाप रहा था, तब इस कहानी को थोड़ा संशोधित और सम्पादित करके मैंने इसे नाम दिया—'टाइम स्टॉप्स ऐट शामली'। नये संग्रह का नाम भी इसी कहानी के नाम पर तय हुआ, और आज तक यह मेरे तमाम पाठकों की पसन्दीदा कहानी बनी हुई है।

क़िस्मत आपको देती है, छीन लेती है, और फिर लौटा भी देती है!

अब बीबीजी की कहानी पर वापस लौटते हैं।

किराने की उस छोटी-सी दुकान की बदौलत कुछ हद तक उन्होंने ख़ुद-मुख़्तारी हासिल कर ली थी और अपने पति की कमी उन्हें वास्तव में ही महसूस नहीं होती थी। उनकी उम्र अब चालीस साल के आसपास थी; उनकी बेटी की शादी अमृतसर में कहीं हुई थी, और उनका बेटा एक बोर्डिंग स्कूल में था। मिसेज़ सिंह उनकी सबसे क़रीबी दोस्त थीं, जो बग़ल के फ़्लैट में रहती थीं और उनसे दस-बारह साल छोटी थीं। बीबीजी और मिसेज़ सिंह के बीच गहरी छनती थी। आप कह सकते हैं कि वे एक-दूसरे के लिए ही बनी थीं। मिसेज़ सिंह के पति

पुलिस इंस्पेक्टर थे, जो अपनी तैनाती वाली जगह से कभी-कभी ही घर आते थे। बारह साल का उनका एक बेटा था—अजय, लॉलीपॉप का आदी वह लड़का लाड़-प्यार के मारे पूरी तरह से बिगड़ गया था।

दिन के वक़्त मिसेज़ सिंह आकर दुकान में बैठ जातीं, वहीं बैठकर वह अपना हुक्का गुड़गुड़ातीं, और दुकान पर आने-जानेवाले ग्राहकों को ताड़ती रहतीं। वो जिस जगह की रहनेवाली थीं, वहाँ देहात में हुक्का पीने का रिवाज़ बहुत आम था। बाद में, सबसे झक्की या ऊटपटाँग क़िस्म के ग्राहकों की सटीक नक़ल उतारकर वह हमारा मनोरंजन करती थीं। शाम को खाना बनाने में वह बीबीजी की मदद करतीं। ढाबे से खाना खाकर लौटने के बाद कभी-कभार कोई क़िस्सा सुनने या गपशप के इरादे से मैं भी उन लोगों के पास रुक जाता। फिर दोनों सहेलियाँ एक ही दीवान पर आराम से पसर जातीं, रज़ाई या कम्बल ओढ़ लेतीं और मुझे अपने बग़ल की चारपाई पर बिठा लेतीं जहाँ मैं या तो उनकी बातें और चुटकुले सुनता या फिर उन्हें अपने क़िस्से सुनाता।

मैं ऊपर अपने कमरे में चला आता, तब भी वे दोनों देर रात तक बतियाती रहतीं, और उसके बाद उस दीवान पर काफ़ी हलचल मच जाती। छुट्टियों में उनके पति जब घर आए हुए होते थे, मिसेज़ सिंह तब भी बीबीजी के साथ ही बनी रहती थीं। बीबीजी के साथ अपनी पत्नी के अन्तरंग सम्बन्धों में उन्हें कुछ भी अटपटा नहीं लगता था। ज़ाहिर है कि उनका दिमाग़ दूसरी चीज़ों में उलझा रहता था, या वह बहुत नेक इनसान थे, और प्रेम के बारे में थोड़ा-बहुत समझते थे।

मिसेज़ सिंह आकर्षक महिला थीं, बढ़िया क़िस्सागो थीं, और आगरा के पास अपने गाँव की ज़िन्दगी के बारे में तमाम क़िस्से मुझे सुनाती रहती थीं, जिनमें से ज़्यादातर कहानियाँ अलौकिक अनुभवों के बारे में होती थीं। गोधूलि के समय, अपनी चारपाई पर बैठकर, हुक्का पीते हुए, वह ऐसे तमाम तरह के भूतों के क़िस्से सुनातीं, जिनसे किसी का साबका पड़ सकता है : प्रेत (शरारती क़िस्म के भूत), चुड़ैल (अनैतिक महिलाओं के भूत, जिनके पैर पीछे की ओर मुड़े होते), और दूसरी तरह के भूतों-पिशाचों, और उन लोगों के बारे में जिनकी आत्मा ने भैंस या साँप या सारस की शक्ल में फिर से जन्म लिया था। एक बार उन्होंने मुझे उस रात का क़िस्सा सुनाया, जब उन्होंने अपने पति की पहली पत्नी का भूत देखा था। अजय उस समय कुछ ही महीने का था। उस भूत ने अजय को उसके पालने में से उठा लिया, थोड़ी देर तक अपनी बाँहों में उसे झुलाने के बाद भूत ने कहा कि यह देखकर वह ख़ुश है कि बच्चा लड़का है और बहुत

प्यारा भी—हालाँकि उस शरारती बच्चे को जाननेवाले लोग इस बात से कभी इत्तेफ़ाक़ नहीं करेंगे।

भूतों पर मेरी कुछ शुरुआती कहानियों के आधारतत्त्व मुझे मिसेज़ सिंह से ही मिले थे—'द हॉन्टेड बाइसाइकिल' (भैंस के वे बच्चे), 'हैव यू एवर बीन इन लव विद अ घोस्ट?' (अफ़सोस कि यह कहानी मुझसे कहीं खो गई), 'अ फ़ेस इन द डार्क' (बिना चेहरे वाला वह स्कूली लड़का), 'द बेंट-डबल बेगर', और कुछ अन्य। मुझे नहीं लगता कि वह कभी स्कूल गई होंगी, और बात भी वह अपने ग्राम्य अंचल की अनोखी बोली में ही करती थीं, मगर मुझे उनकी बात समझने में कभी कोई मुश्किल नहीं हुई; उनकी भाव-भंगिमा और अभिव्यक्ति का तरीक़ा कथा-सूत्र पकड़े रहने में हमेशा मदद करता।

मेरी घुमक्कड़ी की आदत की वजह से वह हमेशा मुझे 'रोड इंस्पेक्टर' कहकर बुलाती थीं—बाज़ारों में, रेलवे स्टेशन पर, चाय के बाग़ानों में...क्या ढूँढ़ते फिरते हो, वह पूछती थीं। मैं उन्हें क्या बताता? यह कि मैं कहानियाँ, रोमांच, रोमांस की तलाश में गया था? लेकिन ये सब चीज़ें आमतौर पर मुझे तब मिलतीं, जब मैं उन्हें तलाश नहीं रहा होता था। उन्हें बताने के लिए तो मैं एक ही वजह सोच पाता था : मैं घुमक्कड़ी का चैम्पियन हूँ! मिसेज़ सिंह को यह जवाब मंजूर नहीं था और बीबीजी के साथ मिलकर वह मेरी शादी कराने की योजना बनातीं। और जब मैं यह कहकर उनका विरोध करता कि अभी तो मैं केवल तेईस वर्ष का हूँ तो वे कहतीं कि ब्याह के लिए इतनी उम्र काफ़ी है। बीबीजी की नज़र एक एंग्लो-इंडियन स्कूल टीचर पर थी, जो कभी-कभी उनकी दुकान पर आती थी, लेकिन मिसेज़ सिंह ने उसे यह कहकर ख़ारिज कर दिया कि वह बहुत दुबली-पतली है और बच्चे पैदा करने में उसे मुश्किल पेश आएगी। इसके बजाय, वह स्थानीय पादरी की बेटी के पक्ष में थीं, जो साँवले रंग की मोहक दिखनेवाली युवती थी, लेकिन बीबीजी ने यह कहते हुए उनके प्रस्ताव को वीटो कर दिया कि वह बहुत ज़्यादा बनाव-सिंगार करती है। आख़िरकार, दोनों इस बात पर रज़ामन्द हुईं कि मुझे साधारण दिखनेवाली ऐसी लड़की से शादी करनी चाहिए, जो खाना बना सकती हो, सिलाई मशीन चला सकती हो और थोड़ी-बहुत अंग्रेज़ी बोल लेती हो।

वे दोनों नहीं जानती थीं, मगर मैं उस पहाड़ी लड़की कमला पर फ़िदा हो गया था, जो हमारे कमरों के पीछे वाले क्वार्टर में अपने माँ-बाप के साथ रहती थी। उधर से गुज़रते हुए जब भी वह सामने पड़ जाती थी, हम आपस में दिल्लगी और दोस्ताना मज़ाक़ कर लिया करते थे; ऐसा लगता जैसे कि हम एक-दूसरे को

बरसों से जानते हों। मगर उसकी मँगनी पहले ही हो चुकी थी, उसका होनेवाला दूल्हा बड़ी उम्र का एक विधुर था, शहर के बाहर की तरफ़ उसके पास कुछ ज़मीन भी थी। कमला का परिवार ग़रीब था और उसका ब्याह एक तरह से सहूलियतों का सौदा था। मैं इसमें बहुत कुछ कर भी नहीं सकता था—एक तो मैं भूमिहीन था और दूसरे मेरे भविष्य का भी कुछ पता नहीं था—मगर ब्याह करके जब वह अपने नये घर चली गई तो मैंने उसके छोटे भाई से दोस्ती कर ली और उसी की मार्फ़त समय-समय पर उसको अपनी शुभकामनाएँ भेजता रहा। उसकी याद अब गुज़रे ज़माने की बात हुई, लेकिन स्मृति में वह अब भी चटख़ है, किसी नंगी चट्टान पर खिले हुए नीले फ़ारगेट-मी-नॉट की तरह।

मिसेज़ सिंह ने कुछ साल के बाद देहरा छोड़ दिया। बीबीजी कई वर्षों तक अपनी दुकान चलाती रहीं, फिर ख़राब सेहत के चलते उन्हें दुकान बन्द कर देनी पड़ी। उन्होंने अपनी दुकान-सामान बेच दिया और अपनी बेटी के साथ रहने चली गईं, जो उस समय तक नई दिल्ली में आबाद हो चुकी थी। अपनी रक्तचाप और मधुमेह की बीमारी के बावजूद, उन्होंने अस्सी साल की उम्र पाई।

~

देहरा के मेरे पुराने दोस्तों में से ज़्यादातर ने अपनी स्कूली पढ़ाई पूरी कर ली थी और देश के दूसरे हिस्सों के कॉलेजों में पढ़ने चले गए थे। सिवाय कृष्ण के, और जल्दी ही वह भी जानेवाला था।

लेकिन उनकी जगह लेने के लिए और लोग भी थे—मैट्रिक या इंटरमीडिएट करने के लिए जूझ रहे किशोर, या कॉलेज के नौजवान, जो कला या विज्ञान की डिग्री के हसरतमन्द थे। कॉलेज की पढ़ाई कुछ हद तक बन्द गली में सफ़र जैसी थी। मगर देहरा में स्कूल की पढ़ाई ख़त्म करके बाहर निकल गए लोगों ने आमतौर पर बढ़िया मुक़ाम हासिल किया।

मसलन, दिलाराम बाज़ार के लड़के, गुरबचन, नरिंदर और साहिब। गुरबचन पढ़ने में औसत था, लेकिन इंटरमीडिएट करने के बाद अपने किसी चाचा के साथ रहने वह हांगकांग चला गया। दस साल बाद, वह आयकर विभाग में अधीक्षक हो गया। नरिंदर को इम्तिहान में पास होने के लिए हमेशा ट्यूशन लेनी पड़ती थी। लेकिन अंग्रेज़ी वह बढ़िया बोलता था और कारोबार में उसकी ख़ास दिलचस्पी थी। आज, वह इंग्लैंड में शराब का सबसे बड़ा थोक व्यवसायी है (और चूँकि वह ख़ुद नहीं पीता, इसलिए हर तरह से मुनाफ़े में है)। साहिब इंग्लैंड चला गया और कुछ सालों तक किसी दफ़्तर में क्लर्क रहा मगर नौकरी उसे बहुत रास नहीं

आई। फिर उसने समोसे बनाकर तमाम कैफ़े और रेस्तराँ में पहुँचाना शुरू कर दिया और जल्दी ही लन्दन का समोसा किंग बन गया।

ये, और इनके जैसे ही तमाम दूसरे लड़के, मध्यवर्गीय परिवारों से आते थे। तब, यह अन्दाज़ लगाना असम्भव था कि उनका भविष्य कैसा होगा, ज़िन्दगी में वे क्या कर पाएँगे। और वैसे भी, हमेशा सब-कुछ अच्छा ही नहीं होता था। सुधीर, देखने-भालने में ठीक-ठाक मगर लापरवाह लड़का था, जलपाईगुड़ी के एक चाय बाग़ान में सहायक प्रबन्धक हो गया था जहाँ बाग़ान के मजदूरों ने ही पीट-पीट कर उसकी जान ले ली थी।

ख़ुद मेरे बारे में भविष्यवाणी करना थोड़ा आसान था। अपने लिए मैंने जो सोचा था, एक तरह से वह हासिल कर चुका था। बाईस साल की उम्र में मैं बाक़ायदा एक प्रकाशित लेखक बन चुका था, मैंने अख़बारों और पत्रिकाओं के लिए कई कहानियाँ लिखी थीं, हालाँकि बहुतेरे लोगों ने मेरे बारे में सुना नहीं था। बेशक, तब मैं ज़्यादा पैसे नहीं कमा रहा था, और शायद कभी कमा भी नहीं पाऊँगा, लेकिन मेरे सारे दोस्तों की राय यही थी कि मैं अव्यावहारिक क़िस्म का इनसान हूँ तो अक्लमन्दी के तक़ाज़े से यही बेहतर होगा कि मैं वही काम करता रहूँ जो मुझे ढंग से करना आता है, और वह काम था काग़ज़ काले करना।

उस समय तो पैसे कमानेवाला मैं अकेला ही था, इसलिए घंटाघर के पास चाट और टिक्की की हमारी दावतों का बिल मैं ही चुकाता। साहिब और मेरे बीच टिक्की खाने के मुक़ाबले होते, जिनमें अक्सर मैं ही जीतता था, मगर इसके तुरन्त बाद जब बिल भरना पड़ता तो अपनी बहादुरी पर मुझे पछतावा भी होता। लेकिन मौज-मस्ती करना अच्छा लगता था, और जल्दी ही मैं अपने दोस्तों के साथ थोड़ी और आवारगी और कुछ खाने-पीने के लिए मसूरी निकल जाता। राजपुर से मसूरी तक हम हमेशा ही घोड़े वालों के पुराने रास्ते से चलकर जाते थे। इस पगडंडी से होकर मसूरी की दूरी सिर्फ़ सात मील थी। ढाई घंटे में हम मॉल पर होते, वहाँ की सड़कों पर घूमते फिरते, सिंधी स्वीट शॉप पर सस्ते में पूरी-छोले खाकर पेट भरते, और फिर शाम को राजपुर लौटकर देहरादून की बस पकड़ लेते।

इस दौरान मैंने कुछ और दिलचस्प दोस्त भी बनाए—बड़ी उम्र के, जो बढ़िया नौकरियों और महँगे शौक़ वाले लोग थे, मगर वे अक्सर कंगाल होते थे और उन्हें पैसे की ज़रूरत रहती थी, मगर पैसे वे शायद ही कभी लौटाते थे।

देहरा में काम-काज की सम्भावनाएँ कम ही थीं। वहाँ उन दिनों सिर्फ़ वकील ही फल-फूल रहे थे, सम्भवतः इसलिए कि वे ज़मीन-जायदाद की ख़रीद-फ़रोख़्त

में भी लगे हुए थे। मेरे एक पड़ोसी आयकर के वकील थे, उनका ज़्यादा वक़्त सम्पत्तियों की बिक्री या जायदाद के झगड़े निपटाने में ही बीतता था, यों आयकर का दफ़्तर क़रीब ही था मगर वहाँ वह कम ही जाते थे। उनका अपना दफ़्तर मेरे कमरे के ठीक बग़ल में था, पर आमतौर पर वह रॉयल कैफ़े में ही पाए जाते थे, जहाँ अपने मुवक्किलों या साथियों के साथ बैठकर वह व्हिस्की और सोडे के बेहिसाब गिलास ख़ाली करते रहते थे। इतनी शराब तो रोज़मर्रा का उनका शग़ल थी। अगर कहीं से मोटी फ़ीस हाथ लग जाती तो फिर छककर पीने का असली जश्न मनाने के लिए वह ग़ायब हो जाते और कई दिनों तक दिखाई नहीं देते थे।

उन्होंने एक नेपाली लड़के सीताराम को अपने दफ़्तर में हरकारे के तौर पर रखा था, जिसके पास हमारे साझा छज्जे पर कुर्सी डालकर बैठे रहने के अलावा कोई काम नहीं था—गर्मी के दिनों में उसकी कुर्सी छाया में पड़ी होती, अगर सर्दियाँ होतीं तो धूप में, और मानसून के दिनों में दरवाज़े के अन्दर। कभी-कभी मैं अपने उबले हुए अंडे उसे भी दे दिया करता था (अंडे उबालने में मुझे महारत हासिल थी) और इस तरह हमारी दोस्ती हो गई, फिर तो वकील साहब के काम से कहीं ज़्यादा वह मेरे काम करने लगा था।

वकील का नाम सुरेश माथुर था और वह पी.जी.वोडहाउस के मज़ाहिया उपन्यासों के प्रशंसक थे। मुझसे बात करते समय वह मुझे 'डियर ओल्ड चैप' कहकर सम्बोधित करते या 'गुड एग!' या 'टैली—हो!' पिछले जन्म में ज़रूर वह अंग्रेज़ रहे होंगे। वह बर्टी वूस्टर की तरह थे, मगर बदक़िस्मती यह कि झंझटों से बचानेवाला जीव्स उनके पास नहीं था। सुबह की ख़ुमारी की हालत में लड़खड़ाते हुए जब वह अपने दफ़्तर में दाख़िल होते तो कभी-कभी बेमेल मोज़े पहने हुए होते—एक पाँव में बैंगनी तो दूसरे में पीला मोज़ा। जीव्स होता तो ऐसे रंग-संयोजन के साथ, वूस्टर को कभी बाहर नहीं जाने देता।

सुरेश को टाई पहनना पसन्द था, लेकिन आमतौर पर वह एक ही टाई बाँधे दिखाई देते थे—कपड़े के उस टुकड़े को देखकर लगता था कि जैसे उससे कुत्ते के कॉलर का काम भी लिया जाता हो। सालों पहले उनसे प्रेम करनेवाली एक महिला ने उन्हें वह टाई दी थी, और सुरेश भावनात्मक कारणों से उसे पहनना पसन्द करते थे, हालाँकि उस महिला ने किसी और से शादी कर ली थी।

'व्हॉट हो! व्हॉट!' सुरेश एकदम वूस्टर वाले अन्दाज़ में मेरा स्वागत करते, अगर कभी सचमुच सुबूत की ज़रूरत पड़ जाए तो वह इस बात की नज़ीर भी थे, कि आख़िरी अंग्रेज़ हिन्दुस्तान में ही पाए जाते थे। वह दोपहर को अपने दफ़्तर आते, अपनी सारी डाक खोले और बिना पढ़े ही रद्दी की टोकरी में डाल दिया

करते, और फिर मुझे रॉयल कैफ़े चलने और अपने साथ मयनोशी में शरीक होने की दावत देते। जिन और टॉनिक के कुछ दौर चलने के बाद वह 1890 के दशक के अंग्रेज़ी कवियों (जिनको उन्होंने कॉलेज में पढ़ा था), ब्रह्मांड की स्थिति और अपने पसन्दीदा मौज़ूँ, 'चौथे आयाम' की व्याख्या शुरू कर देते। मैं आज तक नहीं समझ पाया कि चौथे आयाम से उनका आशय क्या था, मगर वह इसी विषय पर घंटे-दो घंटे तक लगातार बोलते रहते, और आख़िर में उदास निगाहों से अपने ख़ाली गिलास में झाँकते हुए ख़ामोश हो जाते, जहाँ, सम्भवतः, चौथा आयाम ख़ुद को उन पर ज़ाहिर कर रहा होता था।

लेकिन सुरेश में ग़ज़ब की जिजीविषा थी। राजपुर में उनका एक पुराना घर था, जो अपने पिता से उन्हें विरासत में मिला था। देहरा छोड़ने के एक या दो साल बाद मैंने सुना कि उन्होंने अच्छी-ख़ासी रक़म लेकर अपनी जायदाद एक समृद्ध विधवा को बेच दी, जो गुज़रे ज़माने की राजकुमारी थी और पास में ही रहती थी। कुछ ही समय बाद, उन्होंने उम्र में अपने से बड़ी उस विधवा से ब्याह कर लिया, और इस तरह बिना कुछ भी ख़र्च किये अपनी जायदाद वापस पा गए। कुछ सालों के बाद जब रॉयल कैफ़े में हमारी मुलाक़ात हुई तो मैंने उनसे कहा कि आपने तो बड़ी चालाकी से काम लिया, मेरी इस टिप्पणी से उन्हें ठेस पहुँची : उन्होंने मुझे यक़ीन दिलाया कि वह सचमुच राजकुमारी से बहुत मुहब्बत करते हैं। उस रोज़ शराब का बिल उन्होंने चुकाया—जो ख़ासी दुर्लभ घटना थी—और मुझे बताया कि उनका मकान फिर से बिकाऊ है! और इसकी वजह उन्होंने यह बताई कि वे दिल्ली में बसने की सोच रहे थे। वह प्यारा बूढ़ा सुरेश। मुझे नहीं लगता कि उन्होंने अपनी ज़िन्दगी में कभी कोई काम किया होगा।

अगर एक वकील की जेब ख़ाली रह सकती है तो फिर एक पत्रकार से तो क्या उम्मीद करें? विलियम मैथेसन, तीस से ऊपर के थे, और जब वह कुछ जर्मन अख़बारों के संवाददाता वॉन हेसेलटाइन के सहायक के तौर पर काम करने के लिए भारत आए तो उनके पास सब कुछ था। वॉन हेसेलटाइन अपनी कुछ रिपोर्ट्स लिखने का काम विलियम को दे दिया करते थे, इस इन्तज़ाम की बदौलत कुछ समय तक सब कुछ ठीक चलता रहा। विलियम वॉन हेसेलटाइन और उसके परिवार के साथ ही रहता था, और उसकी दोस्ती सुरेश से भी थी, रॉयल कैफ़े में शराब का बिल वह अक्सर भर दिया करता था। फिर विलियम ने अपने बॉस की बीवी के साथ सोने की बेवक़ूफ़ी कर डाली। अपनी इस मूर्खता को जायज़ ठहराते हुए उसने हमें बताया कि वॉन हेसेलटाइन भी बीस साल के एक हट्टे-कट्टे नौजवान

के साथ सोता था, बाज़ार के क़रीब जिसके पिता की एक डेयरी थी। ज़ाहिर है कि विलियम को लगा होगा कि बॉस अगर अपनी बीवी को छोड़कर किसी लड़के पर लट्टू हो गया है तो उसकी बीवी के साथ बुरा हो रहा था, और इस इन्तज़ाम से सब ख़ुश रहेंगे। लेकिन वॉन हेसेलटाइन इतने समझदार नहीं निकले। उन्होंने विलियम को घर से निकाल दिया और काम देना बन्द कर दिया।

विलियम ने एक पुराना टाइपराइटर किराए पर ले लिया और संवाददाता के तौर पर अपनी अलग पहचान बनाने की कोशिश में दून गेस्ट हाउस के एक कमरे में रहकर काम करने लगा। उसने स्विस और जर्मन अख़बारों को दनादन अपने लेख भेजने शुरू कर दिये, लेकिन उनके बहुत ख़रीदार नहीं मिले। भारत की पंचवर्षीय योजनाओं, या भाखड़ा-नंगल बाँध के बारे में उन दिनों सचमुच किसी की दिलचस्पी नहीं थी। विलियम फ्रेंच फ़ॉरेन लीजन के अपने अनुभवों के बारे में एक किताब लिखना चाहता था, जिसके बारे में उसे भरोसा था कि यह किताब गुण-दोष की कसौटी और व्यावसायिक तौर पर भी कामयाब होगी, लेकिन किताब कभी लिखी नहीं गई। रॉयल कैफ़े में दो या तीन गिलास ख़ाली कर लेने के बाद वह हमें वियतनाम में डिएन-बिएन-फ़ू की घेराबन्दी से पहले और बाद में लीजन में अपने कारनामों के क़िस्से सुना-सुनाकर निहाल करता। उसकी कुछ कहानियों में सच्चाई झलकती थी, मगर दूसरे (ख़ास तौर पर सेक्स के उसके कारनामे) क़िस्से सुनते हुए साफ़ पता चलता कि बेपर की उड़ा रहा है; फिर भी, क़िस्सों में लज़्ज़त बुनकर सुनाने के उसके हुनर के एवज़ में बीयर का बिल भरने में मुझे ख़ुशी होती।

विलियम की शराब का बिल चुकाने में मुझे कोई एतराज़ नहीं था तो इसकी एक वजह और भी थी—उसकी बढ़िया साहित्यिक सूझबूझ। 50 के दशक में देहरा में, साहित्य के क़द्रदान बहुत थोड़े थे, अगर थे भी तो, और अदबी माहौल तो बिलकुल नहीं था। विलियम मेरी कहानियों का ऐसा आलोचक था, जो उनकी धज्जियाँ उड़ाकर रख देता था, और इसका मेरे लेखन पर अच्छा ही असर पड़ा। तारीफ़ करने में वह बेहद कंजूस था और जब कभी किसी कहानी को वह अच्छा कह देता तो मैं समझ जाता कि वह सचमुच अच्छी है।

कुछ समय के बाद विलियम मेरठ चला गया। एक काफ़ी सम्पन्न एंग्लो-इंडियन घराने की लड़की उस पर मुग्ध हो गई थी, विलियम ने उससे शादी कर ली और उसी के घर में रहने लगा। तब मैं दिल्ली में रह रहा था, हफ़्ते के आख़िर में जब मैं ख़ाली रहता, वह मुझे अपनी ससुराल वाले घर में बुला लेता, बस से मेरठ और दिल्ली की दूरी कुल दो घंटे की थी।

विलियम अपनी पत्नी और ससुर के साथ मेरठ छावनी के एक बड़े बँगले में रहता था, जिसमें पीछे की तरफ़ अस्तबल भी था। उसके ससुर, कैप्टन सुआलेज़, फ़ौज से सेवानिवृत्त थे, और रेस के घोड़ों के मालिक और प्रशिक्षक के तौर पर मशहूर थे—मेरठ रेसकोर्स तब दिल्ली रेसकोर्स से कहीं ज़्यादा लोकप्रिय था, क्योंकि उसे सेना की सरपरस्ती हासिल थी। बूढ़ा कैप्टन ख़ब्ती था, वह टट्टू लिये शहर भर में घूमता फिरता, और इनसानों के मुक़ाबले घोड़ों को ज़्यादा पसन्द करता था। उसकी बेटी ज़रूर इसका अपवाद थी, साँवले रंग की वह सुन्दर लड़की, जिसे वह बहुत प्यार करता था। उसने एक हिन्दुस्तानी औरत से शादी की थी, जो आया का काम करती थी, मगर काफ़ी पहले ही वह ख़ुदा को प्यारी हो गई तो बेटी की परवरिश उसने अकेले ही की थी। विलियम को वह बिलकुल पसन्द नहीं करता था, पर चूँकि वह अपनी बेटी से बहुत प्रेम करता था, इसलिए उसने विलियम को अपने घर में रहने दिया।

मगर मेरे उनके घर जाने पर इन बातों का कोई असर नहीं पड़ा; मेरे आ जाने से कैप्टन ख़ुश लगते, हो सकता है इसलिए कि विलियम को मैं उनके घर से बाहर रखता!

कैप्टन सुआलेज़ की मृत्यु के बाद उनकी बेटी को विरासत में काफ़ी रक़म और जायदाद मिली, और ख़ुशक़िस्मत विलियम उसे अपने साथ स्विट्ज़रलैंड ले गया, जहाँ वे दोनों ख़ुशी-ख़ुशी आबाद हो गए।

कुछ लोगों को मोहिनी सिद्ध होती है, वे अपने वाक्-चातुर्य से सफल हो जाते हैं।

मेरे पास ये दोनों ही कम हैं तो मुझे अपने टाइपराइटर की कुंजियाँ पीटते हुए हर महीने चार या पाँच कहानियाँ या लेख लिखने पड़ते ताकि अपने कमरे का किराया भर सकूँ; तन पर कपड़े बने रहें; कोई किताब ख़रीद सकूँ और कोई फ़िल्म देख आऊँ (कभी-कभी सीताराम के साथ रात वाला शो); जब-तब बीबीजी को छोटा-मोटा क़र्ज़ देने के साथ ही कभी-कभार बीयर या हैम सैंडविच का सुख ले सकूँ; ताकि बीबीसी या वीकली या किसी को भी, जो भी छाप सके, अपनी पांडुलिपियाँ भेजने के लिए डाक ख़र्च लायक़ पैसे मेरी जेब में हों; और अपने लिए एक चश्मा ख़रीद लाऊँ, क्योंकि मेरी नज़र दिन-ब-दिन कमज़ोर होती जा रही थी।

छज्जे में अपनी कुर्सी डालकर बैठा सीताराम मुझसे पूछता, 'सर, आप सड़क पर जा रही उन सुन्दर लड़कियों को देख रहे हैं?' मगर सुन्दर की तो बात ही छोड़िए, मैं तो बड़ी मुश्किल से पहचान पाया कि वे लड़कियाँ थीं, इसलिए मैं आँख

वाले डॉक्टर के पास गया और चश्मा लेकर पहनना शुरू कर दिया। लड़कियाँ अब एकदम साफ़ दिखाई देने लगी थीं, और निस्सन्देह वे सभी सुन्दर थीं।

अख़बारों और पत्रिकाओं में लगातार लेख और कहानियाँ छपते रहने के बावजूद, अपने मामूली ख़र्चे पूरे करने लायक़ ज़रूरी कमाई करना मेरे लिए मुश्किल होता जा रहा था। 'द रूम' की रॉयल्टी के तौर पर बहुत थोड़ी रक़म मिली थी, हालाँकि इसके जर्मन अनुवाद (डी स्ट्रासेचुल बाज़ार) के लिए ठीक-ठाक पेशगी मिली, और इसके जॉन लेवेलिन रीस पुरस्कार जीतने के बाद पचास पाउंड और आ गए थे तो अगले कुछ महीनों के लिए थोड़ी आसानी हो गई। लेकिन वीकली से मिलनेवाला 50 रुपये का मुआवज़ा भारत में मेरी कहानी के लिए मिलनेवाली सबसे अच्छी रक़म थी। धारावाहिक के रूप में छपे 'द रूम' के लिए मुझे 750 रुपये मिले, और इसकी उत्तर-कथा, 'वेग्रेंट्स इन द वैली' के लिए भी लगभग इतने ही पैसे मिले, लेकिन वह सारे पैसे मैंने जल्दी ही ख़र्च कर डाले।

मेरी माँ बराबर मुझे दिल्ली आने के लिए कहती रहतीं, जहाँ ऐसा लगता था कि अंग्रेज़ी लिखने और बोलनेवाले किसी भी शख़्स को नौकरी मिल ही जानी थीं। आज, लाखों लड़के-लड़कियाँ अंग्रेज़ी माध्यम के स्कूलों से पढ़कर निकलते हैं, मगर 1959 में दिल्ली में बमुश्किल आधा दर्जन ऐसे स्कूल थे; और अगर आप किसी सम्पन्न परिवार के हों तो आपको पहाड़ों के किसी स्कूल (जैसे मेरा पुराना स्कूल) या देहरा के दून स्कूल या अजमेर के मेयो कॉलेज में पढ़ने भेज दिया जाता था।

देहरा में, मैंने कैम्ब्रियन हॉल के बच्चों को ट्यूशन देकर अपनी कमाई में इज़ाफ़ा किया। यह एक नया स्कूल था, जिसे मेनवरिंग दम्पती चलाते थे। ये वही एंग्लो-इंडियन दम्पती थे, जिन्होंने माँ से झगड़ा करके मेरे घर छोड़कर भाग आने के बाद मुझे समझदारी से काम लेने और घर लौट जाने की सलाह दी थी। रोज़ सवेरे बच्चों को घंटा-भर पढ़ाने के लिए मुझे हर महीने 50 रुपये मिलते थे। उन लोगों ने हालाँकि मुझसे कुछ भी नहीं सीखा, लेकिन मैं तीन या चार महीने तक उनके साथ डटा रहा, फिर मिसेज़ मेनवरिंग को मुझ पर दया आ गई और उन्होंने मेरी छुट्टी कर दी।

इसके अलावा मिस्टर दत्ता थे, जो 'द फ्रंटियर मेल' (मुझे लगता है कि पहले यह क्वेटा से छपता था) नाम का एक छोटा-सा साप्ताहिक अख़बार निकालते थे। हफ़्ते में एक रोज़ मैं उनके छापाख़ाने पर चला जाता था, जो पलटन बाज़ार की एक गली थी। वहाँ मैं ख़बरों के सम्पादन और प्रूफ़ पढ़ने में उनकी मदद करता था। उनके अख़बार में कोई ताज़ा या मौलिक चीज़ नहीं छपती थी; वह राष्ट्रीय

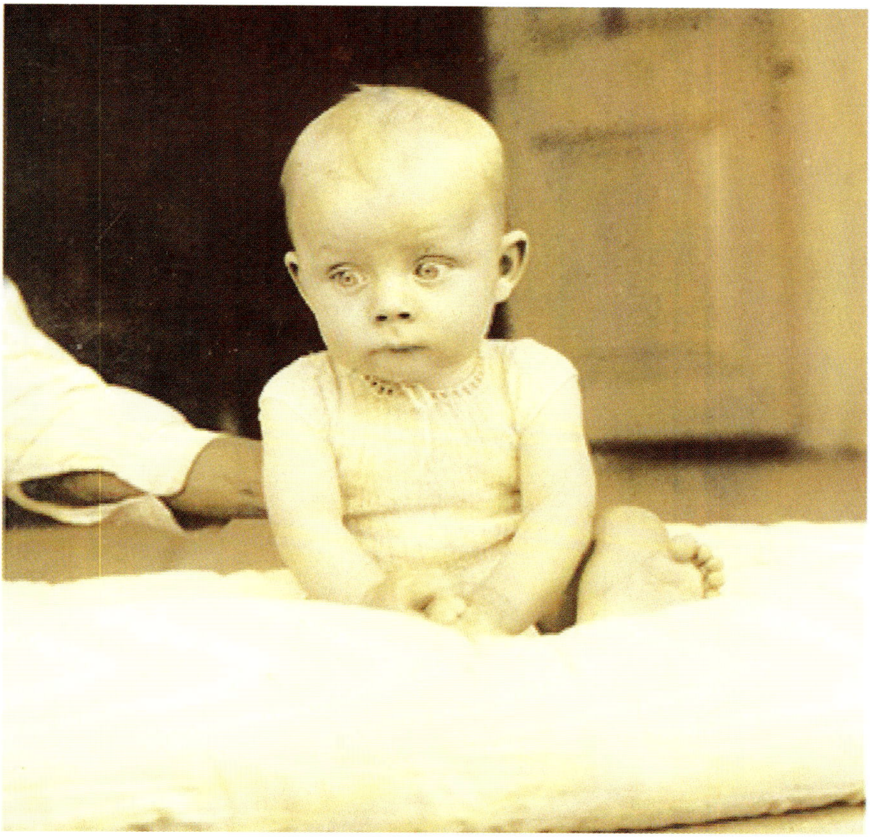

अपनी ही धुन में मगन : कसौली में शिशु रस्किन ओवेन बॉन्ड, 1934

जामनगर में समुद्र के किनारे

कसौली में माँ की गोद में

डैडी

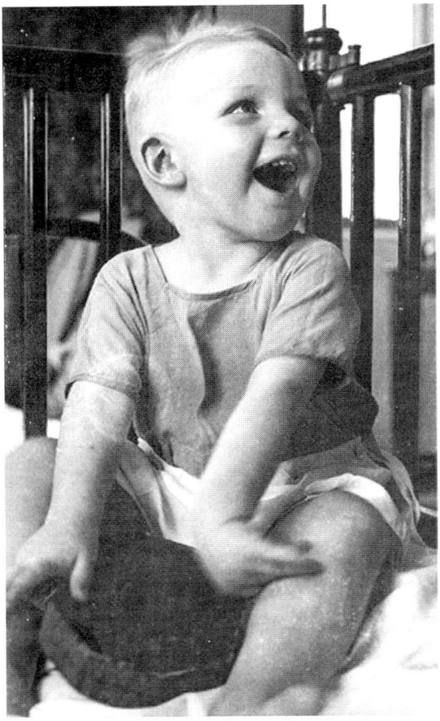

नन्हा शैतान जामनगर में

अपनी बहन ऐलेन के साथ; बग़ीचे में तिपहिया साइकिल पर उसे घुमाने के बाद थोड़ी फ़ुर्सत में

जामनगर का महल। दाईं तरफ़ वह पुराना महल दिखाई दे रहा है, जहाँ मेरे डैडी रियासत के शाही ख़ानदान के बच्चों के लिए स्कूल चलाते थे।

जामनगर की राजकुमारियाँ : मन्हा, झनक, रत्ना और हाथी, जो मेरे डैडी की शागिर्द थीं।

जामनगर हवाई अड्डे पर मेरी माँ, पड़ोस की एक रियासत के राजकुमार के साथ टाइगर मॉथ जहाज में उड़ान भरने से पहले की तस्वीर

देहरा वाली नानी के साथ मेरी माँ (यह तस्वीर उन दिनों की है, जब वह स्कूल में पढ़ती रही होंगी।)

1941 में मेरे पिता का भेजा हुआ एक पोस्टकार्ड, जब मैं मसूरी के स्कूल में पढ़ता था।

दिल्ली में हुमायूँ रोड वाली रिहाइश के बाहर डैडी की रॉयल एयरफ़ोर्स की कैप लगाए हुए

अतुल ग्रोव रोड वाले अपने कमरे में, ग्रामोफ़ोन (बाईं तरफ़ रखा हुआ काला बॉक्स), बैगाटेल और डार्ट बोर्ड के साथ

बिशप कॉटन स्कूल में मेरे दोस्तों की एक दुर्लभ तस्वीर, जो 1940 और '50 के दशक के मशहूर 'बेबी ब्राउनी' कैमरे से उतारी गई थी। सिख लड़के के सामने बैठा मैं, बेंच पर खड़ा हुआ अज़हर है।

सीनियर स्कूल में स्पोर्ट्स डे पर ट्रॉफ़ी लेते हुए

मेरे पिता की यह आख़िरी तस्वीर उन दिनों उतारी गई थी, जब वह कराची में तैनात थे।

1940 के दशक के मध्य देहरा में पिकनिक के मौक़े पर मेरी माँ और मौसी एनिड

देहरा के बाहरी इलाक़े में जमुना नदी के क़रीब अपने कुछ दोस्तों के साथ ऐलेन और मैं

स्कूल का मेरा इबेट्सन हाउस। यह तस्वीर देश के बँटवारे के ऐन पहले की है। इनमें से बहुतेरे लड़कों को जल्दी ही नए बने हुए देश पाकिस्तान चले जाना था।

बिशप कॉटन स्कूल की 1950 की फ़ुटबॉल टीम। मैं बीच में बैठा हूँ, जर्मन मूल का मेरा जिगरी दोस्त कैस्पर मेरे पीछे खड़ा है। इसके अलावा एक ईरानी लड़का बोगा है, नेपाल का लामा, एंग्लो-इंडियन प्लनकेट, सिख लड़का जोगी और उसका भाई नेपिंदर, तिब्बती शाकब्पा, पटियाला के महाराजा मरहूम के बेटों में से एक हेमेंदर, ऑस्ट्रेलियाई क्रुशचंडेल और अंग्रेज़ हिल्टन

देहरा में छत वाले मेरे कमरे के बाहर 'नेशनल जिओग्राफ़िक' पत्रिका पढ़ता हुआ हरिपाल, 1951

सोमी

राजपुर से मसूरी के हमारे सैर-सपाटे के दौरान सोमी, दिपी और दलजीत के साथ

जर्सी में मौसी एमिली और उनके बेटे के साथ

लंदन में शायद यह मेरी इकलौती तस्वीर है।

मेरी पहली एडिटर
डायना एटहिल

1955 में इंग्लैंड से लौटने के बाद देहरा में अपने सिख दोस्तों के साथ

सिख के बाने में ख़ुद मैं

ऐलेन, विलियम और मेरे सौतेले भाईयों हेरॉल्ड और हंसेल के साथ मेरे सौतेले पिता

गंगा में बीबीजी और मैं—उनके मुक़ाबले मैं नदी में थोड़ी और दूर तक चला गया था।

दिल्ली के राजौरी गार्डन में कमल (बीच में) और उसके एक भाई के साथ खेतों में।
यह तस्वीर 1950 के दशक के आख़िर की है, और जहाँ यह फ़ोटो उतारी गई थी,
वहाँ अब शॉपिंग मॉल और फ़्लाईओवर खड़े हो गए हैं।

पटेलनगर में दिल्ली का शायर (ग़ालिब होते तो इस बात की ताईद करते।)

दिल्ली के तुग़लकाबाद में एक पिकनिक

पिंडारी ग्लेशियर का दुर्गम सफ़र पूरा कर लेने के बाद, 1960

दिल्ली के कनॉट प्लेस इलाक़े की पुरानी थिएटर कम्युनिकेशंस बिल्डिंग में 'केयर' के दफ़्तर के बाहर एक दोस्त के साथ

'नीली आँखों' वाली भैंस; 'केयर' में अपनी नौकरी के दौरान रोपड़ के नौजवान किसानों के लिए मैं यही भैंस ख़रीद लाया था।

दलाई लामा की बहन के साथ, 'केयर' के नुमाइंदे के तौर पर जिनसे 1960 या '61 में धर्मशाला में मेरी मुलाक़ात हुई थी।

पिता और पुत्र—दार्जिलिंग में तिब्बती शरणार्थी

मसूरी में लिखने की मेज़ पर

मसूरी में पढ़ाई

रेडियो सुनने में मग्न सूज़ी

मेपलवुड में फ़ोन पर, 1970—शायद 'इम्प्रिंट' पत्रिका के मालिक आर.वी. पंडित से बात करते हुए, उनकी बदौलत ही मेरा शुमार भी मसूरी के उन थोड़े-से लोगों में हो सका, जिनके पास फ़ोन कनेक्शन था।

हेटी पिम, सुरेखा सीकरी और दूसरे दोस्तों के साथ मेपलवुड लॉज के नीचे पिकनिक की तैयारियाँ

सुरेखा सीकरी और उनकी छोटी बहन फूलमनी

प्रेम और चंद्रा; मेरे कुनबे की शुरुआत

अपने बच्चों—राकेश, मुकेश और डॉली के साथ प्रेम

राकेश और उसके भाई सुरेश के साथ सैर पर, सुरेश बमुश्किल दो बरस का रहा होगा, जब हमने उसे खो दिया।

हमारे आईवी कॉटेज में चले आने के कुछ ही दिनों बाद राकेश के साथ

आख़िरी दिनों में मेरी माँ—
ऐलेन के साथ (ऊपर) और
अपने ऑपरेशन के तुरन्त पहले।

अपने परिवार के साथ—राकेश और बीना, और उनके बच्चे सिद्धार्थ, सृष्टि और गौतम

मेरी खिड़की से बाहर की दुनिया

अख़बारों में छप चुकी सामग्री के घालमेल से तैयार किया जाता था। मेरी मदद के एवज़ में, मिस्टर दत्ता हर महीने मुझे 100 रुपये दिया करते थे।

मैं ज़्यादा तो नहीं कमा रहा था, मगर मुझे अनुभव ज़रूर मिल रहा था!

मिस्टर दत्ता का पन्द्रह साल का एक बेटा था—बाप अक्सर उसकी धुनाई कर देते, मगर माँ उतना ही ज़्यादा लाड़-दुलार करतीं। इस चक्कर में एकदम बिगड़ चुके सुधीर के मसखरेपन के तौर-तरीक़े अजीब और दुष्टता-भरे होते थे। उसने एक छोटा-सा बन्दर पाल रखा था और उसे हस्तमैथुन करना सिखा दिया था। सुधीर अपनी साइकिल लेकर जब शहर में चक्कर लगाता तो हैंडिल से बंधा हुआ बन्दर साइकिल में आगे की तरफ़ लगी टोकरी में बैठा रहता। सुधीर किसी दुकान के बाहर या किसी गली के नुक्कड़ पर रुकता तो बन्दर की हरकतों की वजह से जल्दी ही वहाँ छोटी-मोटी भीड़ इकट्ठा हो जाती। शरारत से खीसें निपोरते हुए लोगों के बीच अपने हुनर का प्रदर्शन शुरू कर देता, जिसे बाइबल में 'बर्बाद करना' कहा गया है।

कुछ ग़ुस्साए दुकानदारों ने एक रोज़ सुधीर को सड़क पर दौड़ा लिया। अपनी साइकिल बीबीजी की दुकान के बाहर खड़ी करके, उसने सीढ़ियों पर दौड़ लगा दी और बन्दर को मेरे ग़ुसलख़ाने में छिपाकर ख़ुद पीछे वाले रास्ते से भाग निकला। मैं उस समय बाहर था, लेकिन बीबीजी ने सुधीर को आते और जाते हुए देख लिया था, इसलिए यह देखने वह ऊपर चली गईं कि सब ख़ैरियत तो है। इस बीच बन्दर ग़ुसलख़ाने से निकल आया और सुरेश माथुर के दफ़्तर में घुस गया, जहाँ कुछ हद तक मदहोश वूस्टर ने कुछ चहकते हुए बन्दर से पूछा, 'व्हॉट हो! क्या हालचाल है, ओल्ड बॉय?' सीताराम ने बन्दर को भगाने की कोशिश की, मगर बन्दर खौखियाता हुआ उस पर झपट पड़ा। तभी झाड़ू लिये बीबीजी अन्दर दाख़िल हुईं और उसकी पीठ पर ज़ोर से झाड़ू दे मारी। बन्दर ने छज्जे से छलाँग लगाई और एक टैक्सी की छत पर जा बैठा। वह टैक्सी शायद मसूरी की तरफ़ जा रही थी। सुधीर का वह बन्दर देहरा में फिर कभी नहीं देखा गया।

सुधीर के कितने ही कारनामे थे, कम से कम दो स्कूलों से तो उसे निकाला ही गया था। लेकिन यह मेरी कहानी है, उसकी नहीं, उसकी कहानी बाद में फिर कभी।

तो मैं अपनी कहानी पर लौट आता हूँ—एक बार फिर देहरा छोड़ने और आगे बढ़ने का समय आ गया था, क्योंकि मेरी कमाई धीरे-धीरे ज़्यादा डाँवाँडोल होती जा रही थी। दिल्ली जाने और वहाँ की सम्भावनाओं के बारे में मैं नाख़ुश हरगिज़ नहीं था, लेकिन पूरी तरह ख़ुश भी नहीं था। तो क्या मेरी फ़्रीलांसिंग के

दिन पूरे हो गए? दिल्ली मेरा क्या हस्र करेगी, और मैं ही दिल्ली का क्या करूँगा, वह ऐसा शहर था, जिसे मैंने पन्द्रह सालों से नहीं देखा था, और बड़ा हो जाने के बाद तो एक बार भी नहीं...

लेकिन मेरे देहरा छोड़कर जाने से पहले एक दिलचस्प 'साहित्यिक' मुठभेड़ हुई। जी.वी. देसानी नाम के एक जाने-माने सज्जन देहरा आए हुए थे, 1940 के दशक के आख़िर में उन्होंने एक बेहद विलक्षण उपन्यास, 'ऑल अबाउट एच. हैटरर' लिखा था, जो ख़ूब चर्चा में रहा था। हिन्दी के एक लेखक ब्रह्म देव थे, जो बीबीजी की दुकान के पड़ोस में एक फ़ोटो स्टूडियो चलाते थे, और ब्रह्म देव के यहाँ ही देसानी से मेरी भेंट हुई थी। वह ख़ुद को साहित्य के नोबेल पुरस्कार के लिए नामित कराने की याचिका लिये घूम रहे थे। ब्रह्म देव और नर्गिस दलाल (नर्गिस राजपुर में रहती थीं, तब तक उनकी कुछ कहानियाँ छप चुकी थीं, और जल्दी ही एक उपन्यास छपनेवाला था) से वह पहले ही दस्तख़त करा चुके थे। फिर किसी ने उनको इलाक़े के एक और लेखक के बारे में बता दिया, इसलिए ब्रह्म देव को कहकर उन्होंने मुझे बुला भेजा। मुझे नहीं लगता कि देसानी को ब्रह्म देव या मेरे बारे में कुछ भी पता था, मगर अपनी याचिका पर दस्तख़त कराने के लिए वे सारे ही लेखकों की तलाश में थे। हर कोई इतना हैरतज़दा था कि किसी ने भी दस्तख़त करने से मना नहीं किया!

देसानी बहुत ही अजीब क़िस्म के शख़्स थे। उन्होंने अपने लिए एक ताबूत बनवा रखा था और अपने बेहतरीन कपड़े पहनकर वह उसी में सोते थे। हालाँकि, मैंने उन्हें ऐसा करते हुए कभी नहीं देखा। दरअसल, उस रोज़ के बाद मैंने उन्हें फिर कभी देखा ही नहीं। वह अमेरिका के किसी विश्वविद्यालय में पढ़ाने चले गए और कुछ अरसे तक बौद्ध मठों में भी रहे। वह जब अस्सी या पचासी साल के हो चुके थे, तब उनकी दूसरी किताब छपी, जो कहानियों का संग्रह था, और बस।

ख़ैर, विशिष्ट विश्वविद्यालयों में पढ़ाने की न तो मुझमें लियाक़त थी और न ही कोई हसरत। डेढ़ किताबें लिखकर नब्बे साल तक उनकी प्रतिष्ठा का मज़ा उठा सकूँ, ऐसा सुख भी मेरे हिस्से में नहीं आया था।

एक नामवर संत ने कहा था, 'दिल्ली अभी दूर है,' लेकिन वह चार सौ साल पहले की बात है। देहरादून से दिल्ली अब सिर्फ़ साढ़े छह घंटे की दूरी पर थी और मैं दिल्ली चला गया।

एक संकोची दिल्लीवाला

लेकिन दिल्ली में, शुरुआत के कुछ महीनों के दौरान, मैं परेशान नहीं रहा।

शब्द सूझते ही नहीं थे। मैं कुछ भी नहीं लिख सका। बार-बार होनेवाले पेट दर्द ने और हालत ख़राब कर रखी थी। और जिस नौकरी का वादा था, वह मिली नहीं, और मेरी जमा-पूँजी भी ख़त्म हो गई थी; ऐसा नहीं कि मुझे कुछ बचाकर रखना ही था, मगर पहले कम से कम कभी-कभार कोई चेक तो चला आता था, अब तो वे भी आने बन्द हो गए थे। इसके अलावा, हम (मेरी माँ और सौतेले पिता, भाई और बहन) उस दौर की नई दिल्ली के दूसरे छोर यानी शहर की हद, नजफ़गढ़ रोड पर राजौरी गार्डन नाम की एक शरणार्थी बस्ती में रह रहे थे।

यह 1959 की बात है, राजौरी गार्डन तब हिन्दू और सिख शरणार्थियों के बिखरे हुए छोटे-छोटे घरों का समूह भर था। ये लोग पंजाब के उन हिस्सों से यहाँ चले आए थे, जो अब पाकिस्तान में थे। यह बताने की ज़रूरत नहीं है कि वहाँ कोई बाग़-बग़ीचा नहीं था। बिना हरियाली वाली उस बस्ती को हरियाणा और राजस्थान की ओर से आनेवाली गर्म और धूल-भरी हवाओं के थपेड़ों से जूझना पड़ता था। वहाँ के बाशिंदे भारत में नये सिरे से ज़िन्दगी शुरू करने की जद्दोजहद में थे, वे अपने लिए कोई काम जुटाने या छोटा-मोटा कारोबार जमाने की मुश्किलों से गुज़र रहे थे, ऐसे में उनके पास फूल-पत्तियों के लिए समय बहुत कम था, और बाहरी लोगों के लिए तो इससे भी कम समय था। लेकिन उनमें से कुछ लोगों ने अपने घरों का थोड़ा हिस्सा किराए पर उठा रखा था, और चूँकि किराया अपेक्षाकृत कम था तो मेरे सौतेले पिता ने तीन कमरों का एक हिस्सा किराए पर ले लिया था, जिसमें एक छोटा आँगन और एक हैंडपम्प भी था।

उस हैंडपम्प के होने से बड़ी सहूलियत थी, क्योंकि दिल्ली में हमेशा से पानी की दिक़्क़त थी (और आज भी बनी हुई है)। हैंडपम्प का पानी साफ़ था और खाना पकाने, कपड़े धोने, नहाने, और यहाँ तक कि पीने के काम भी आ सकता था, बशर्ते उसे उबालकर पिया जाए। मेरी पेट की तकलीफ़ इस पानी या खाने की वजह से नहीं थी (घर में किसी और को ऐसी समस्या नहीं थी), यह सिर्फ़ और सिर्फ़ मेरे असन्तोष और कुंठा का नतीजा था।

किसी किताब की दुकान या सिनेमा देखने के लिए मुझे कनॉट प्लेस जाना पड़ता था और बस से इस सफ़र में क़रीब घंटा-भर लग जाता था। लेकिन बसें बहुत कम थीं और उनके आने-जाने का कोई तय समय नहीं था; मुसाफ़िरों की भीड़ के साथ लम्बे समय तक सड़क के किनारे खड़े होकर बस का इन्तज़ार

करना पड़ता था, और फिर बस में चढ़ने के लिए भी ख़ासी मशक़्क़त करनी पड़ती क्योंकि आमतौर पर वह पहले से भरी हुई होती थी। अधिकांश सफ़र में आप लटककर या खड़े-खड़े ही जाते थे।

कुछ साल पहले मोटर स्कूटर की ईजाद हुई थी, जिसके नतीजे में ऑटो-रिक्शा चलने लगे थे, जिसमें कुछ लोग साथ बैठकर जा सकते थे। जब कभी ऑटो-रिक्शा मुझे मिल जाता, मैं उसी में बैठकर जाता मगर राजौरी गार्डन में वे मिलते ही बहुत कम थे। कई बार ऐसा भी हुआ कि कनॉट प्लेस के किसी सिनेमाघर में फ़िल्म देखने के बाद, राजौरी तक मुझे पैदल ही जाना पड़ा, क्योंकि आख़िरी बस डिपो लौट चुकी होती थी। पाँच या छह मील का वह रास्ता धूल से अँटा रहता था।

यह मेरे बचपन की दिल्ली नहीं थी—अतुल ग्रोव, हुमायूँ का मक़बरा और कनॉट प्लेस का वह दिलकश फेरा, जहाँ सारी नायाब चीज़ें आसानी से पहुँच में हुआ करती थीं। अब तो कोई भी चीज़ जुटाना बेहद थकाऊ काम हो गया था! और वे सारे पेड़ कहाँ चले गए? यहाँ आकर मैं देहरा के उस छोटे-से रॉयल कैफ़े में बेफ़िक्र वक़्त गुज़ारने के लिए कितना तरसा। मुझे दिलाराम बाज़ार के अपने साइकिल वाले दोस्तों की कितनी याद आती थी। और देहरा की किताबों की छोटी-छोटी दुकानें, और लीची के पेड़, और बीबीजी की प्रणय-कंदरा और किराना स्टोर के ऊपर लैम्प की रोशनी में नहाया हुआ मेरा कमरा।

मैं वापस लौट जाना चाहता था, लेकिन मुझे लगा कि लौटने का इरादा अभी कुछ सालों के लिए टालना होगा, बढ़िया तनख़्वाह वाली कोई नौकरी ढूँढ़नी होगी, ताकि आज़ादी की ज़िन्दगी पर फिर दाँव लगाने से पहले थोड़े पैसे जुटा लूँ, मेरे लिए आज़ादी का मतलब फ़्रीलांस लेखक के तौर पर सफल होना ही था।

मैंने दिल्ली से आख़िरकार समझौता कर लिया—यहाँ तक कि वहाँ की भीषण गर्मी के साथ भी, जब उमस-भरी रातें कुछ ही देर में ख़त्म हो जातीं और भोर का उजास फैल जाता, फिर सूरज दनदनाता हुआ छतों पर आ जाता। धीरे-धीरे, गर्मी की ख़ुशबू मुझे रास आने लगी : तपती हुई छत पर शाम को पानी के छिड़काव के बाद वह भीनी गन्ध, जो खुले आसमान के नीचे चारपाई बिछाकर लेटने के पहले उठा करती थी। ताज़ा कटे हुए खीरे, ख़स और गुलाब के शर्बत की महक। शाम की हवाओं में रात की रानी की मादक मगर क्षणिक ख़ुशबू, और उसके साथ ही आम के बौर और उपलों के धुएँ की तेज़ महक—वह एलपीजी सिलेंडरों के चलन से बहुत पहले का ज़माना था, और मिट्टी के तेल के स्टोव का इस्तेमाल भी कभी-कभी ही होता था। मिट्टी के चूल्हे लकड़ी और उपलों से ही जलते थे, यही आम चलन था और किफ़ायती भी।

दिल्ली का तिलिस्मी सौन्दर्य खोजने के लिए अन्ततः मैंने अपनी पुरानी तरकीब का आसरा लिया और पैदल घूमने लगा। गर्मियों और सर्दियों में, धूल-धक्कड़ और भीड़भाड़ की परवाह किये बग़ैर मैं पूरी दिल्ली में घूमता रहा—राजौरी गार्डन से कनॉट प्लेस तक जाता, और दरियागंज से चाँदनी चौक तक भी, और अजमेरी गेट से इंडिया गेट तक—ऐतिहासिक सड़कों और इमारतों की पड़ताल करता घूमता रहता, या फिर इंडिया गेट नहर के पास घास पर बैठकर थोड़े से नमक के साथ खट्टे-बैगनी जामुन खाता।

कश्मीरी गेट पर, रिट्ज़ सिनेमा हॉल के क़रीब, ख़स्ताहाल हो चुका एक ख़ामोश रेस्तराँ था, मैं वहाँ अक्सर जाने लगा। कोई फ़िल्म देखने के बाद या बढ़िया कबाब और तन्दूरी रोटी खा लेने के बाद, मैं मेडेंस होटल चला जाता था, जो किसी समय दिल्ली का सबसे मशहूर होटल हुआ करता था। मुझे लगता है कि यह होटल दिल्ली दरबार के समय बना था और इसका नाम किसी ख़ूबसूरत दूधवाली के नाम पर नहीं, बल्कि इसके मालिक और संस्थापक, जॉन मेडेन के नाम पर रखा गया था। इसका वास्तुशिल्प बहुत प्रभावशाली था, और इसकी आलीशान इमारत को मैं जब-तब बाहर से देखने जाता—उसके अन्दर कभी इस डर से क़दम नहीं रखा कि ढेर सारे पैसे न गँवाने पड़ें।

उन्हीं दिनों मेडेन को, दूसरे विश्वयुद्ध की कहानी वाली एक ब्रिटिश फ़िल्म के सेट के तौर पर इस्तेमाल किया जा रहा था, जिसका नाम 'द विंड कैन नॉट रीड' था, और जिसमें डर्क बोगाड और ख़ूबसूरत योको तानी ने अभिनय किया था। कहानी की ज़रूरत के मुताबिक़ होटल के ज़्यादातर हिस्से को युद्धकाल के अस्पताल में बदल दिया गया था। फ़िल्म में लाल क़िले का भी एक दृश्य था जिसे मैंने देखा था। इसमें दीवान-ए-ख़ास दिखाया गया था, वह मंडप जहाँ शहंशाह शाहजहाँ रात को सोने जाने से पहले हर शाम कुछ घंटे बिताते थे। मंडप के मेहराबों के ऊपर उर्दू में खुदे हुए कवि अमीर ख़ुसरो के अल्फ़ाज़, जिन्हें अपने बचपन में डैडी के साथ घूमते हुए मैंने देखा था, आज भी वैसे ही, वहीं थे (जैसे कि आज हैं) : 'गर फ़िरदौस बर-रू-ए-ज़मीं अस्त, हमीं अस्त ओ, हमीं अस्त ओ, हमीं अस्त।'

छह सौ साल पहले वहाँ से घुमावदार जमुना का नज़ारा बहुत शानदार रहा होगा; लेकिन 1950 के दशक के आख़िर तक जमुना ख़ासी प्रदूषित नदी में बदल चुकी थी, और इसके पार आबाद शाहदरा जैसी बस्तियाँ धूसर और उदास लगती थीं।

राजौरी गार्डन के आसपास मैंने इससे कहीं बेहतर नज़ारे खोज निकाले थे। नजफ़गढ़ रोड पर घर एक तरफ़ ही बने हुए थे। दूसरी तरफ़, बस्ती अभी तक

बसी नहीं थी और पश्चिम और उत्तर में दूर तक गेहूँ और दूसरी फ़सलों के खेतों का विस्तार था। मुख्य सड़क पार करके मैं खेतों की ओर चला जाता था, जहाँ पुराने कुएँ थे, सिंचाई के लिए नालियाँ थीं और कहीं-कहीं खेतों में खड़े बिजूका भी मिल जाते। मैं परिंदों को निहारता, वहाँ ऐसे छोटे जीव-जन्तु भी मिल जाते जो अब शहर में कहीं दिखाई नहीं देते।

नजफ़गढ़ रोड से थोड़ा नीचे की ओर जाने पर गाँव का एक बड़ा तालाब और उसके किनारे बरगद का एक आलीशान पेड़ था—ऐसा भारी-भरकम पेड़ आज आपको किसी भी शहर में नहीं मिलेगा, क्योंकि तन्दुरुस्त बरगद को अपनी शाख़ें फैलाने और इत्मीनान से खड़े रहने के लिए ढेर सारी जगह की ज़रूरत पड़ती है। उतना विशाल बरगद मैंने आज तक नहीं देखा, चूँकि मैं वहाँ अक्सर चला जाता था इसलिए उसे ढंग से देखने-समझने का मौक़ा भी मुझे मिला। उसकी शाख़ों को सहारा देनेवाले तक़रीबन सौ खम्भे थे, और उनके ऊपर पत्तों का शानदार मुकुट था, ख़ूब बड़ी और घनी छतरी। कहते हैं कि उस बूढ़े बरगद की छाँव पूरी फ़ौज को पनाह दे सकती थी, शायद किसी समय सेनाएँ वहाँ डेरा डालती भी रही होंगी। लेकिन मैंने दूसरी तरह की सेना देखी : मैना, गौरैया, गुलाबी मैना, बिना कलगी वाली सिपाही बुलबुल, पेंगिया मैना, बड़ा बसंता, कठफोड़वा और तमाम तरह की चिड़ियों का झुंड पेड़ पर जमा रहता, जो शोर मचाती हुई बड़ के लाल फलों की दावत उड़ाने के लिए। पेड़ की छाल पर गिलहरियाँ ऊपर-नीचे दौड़ती रहतीं, और बीच-बीच में रुककर वहाँ आया करती थीं। हवा में कुछ सूँघती। भड़कीले रंगों वाले तोते चक्कर लगाते हुए आते और पत्तों के बीच बैठकर कर्कश आवाज़ में टें-टें करते रहते, वे हरदम चीख़ते रहते थे सिर्फ़ इसलिए कि वे चीख़ना चाहते थे।

इससे थोड़ा आगे बढ़ने पर एक बड़ी झील थी। वहाँ बबूल या कीकर के पेड़ की छाया में बैठकर आराम करते हुए आप नीलकंठ को पानी के ऊपर चक्कर लगाते देख सकते थे, वे जैसे ही गोता लगाते, पानी के हल्के छींटे हवा में उड़ते दिखाई देते और चमकती हुई मछली अपनी चोंच में दबाए हुए वह झट से ऊपर निकल आते। मैं वहाँ लटकती हुई झाड़ियों या किसी पत्थर पर बैठे मैं इन ख़ूबसूरत परिंदों को देखता, वे तीर की तरह पानी के अन्दर जाते और बाहर निकलकर किसी भुक्खड़ की तरह अपना शिकार निगलते, और उनका यह करतब देखने के लिए मैं इत्मीनान से इन्तज़ार करता रहता। पानी के ऊपर उनका चमकीला नीला रंग कौंधता और तीख़ी 'टिट-टिट-टिट' की आवाज़ हवा में गूँज उठती।

एक रोज़ सुबह, गेहूँ के पौधों के लहराते समुद्र के बीच, मैंने एक ऊँट को एक कुएँ के चारों ओर चक्कर लगाते हुए देखा, वह पानी की बाल्टियाँ खींचने के

लिए घूम रहा था। मेरे वहाँ पहुँचते ही कबूतर कुएँ से निकलकर उड़ गए, और पास के बरगद पर जमा तोतों के एक झुंड का कोलाहल शुरू हो गया, यह पेड़ थोड़ा छोटा था, मगर पक्षियों और गिलहरियों के लिए वैसा ही उदार मेहमाननवाज़ था। गाँव का एक लड़का पेड़ की छाया में सो रहा था, पट्टेवाला उसका पाजामा उसकी जाँघों तक चढ़ा हुआ था। उसके बग़ल में एक बाँसुरी रखी थी। और अचानक लगा कि मैं भारत के एक ऐसे कोने में पहुँच गया हूँ, जो सैकड़ों सालों से जस-का-तस था। हालाँकि बहुत जल्दी इसे भी बदल जाना था, मगर उस समय तो वह सदियों पुराने वक़्त की कोई तसवीर मालूम देता था : पुराना कुआँ, ऊँट, कबूतर, तोते, बरगद का पेड़, एक लड़का और बाँसुरी। और इस तसवीर के इर्द-गिर्द मैंने एक छोटी-सी कहानी लिखी, जिसका नाम था 'द फ़्लूट प्लेयर'।

वह लड़का जब नींद से जागा तो हमारी बातचीत हुई, वह काफ़ी मिलनसार था और उसने मुझे अपने ऊँट से मिलवाया। उस ऊबे हुए अभिमानी ऊँट ने उसी तरह धीरे-धीरे कुएँ के चक्कर लगाते हुए मेरी मौजूदगी क़बूल कर ली। तोते गपशप करने के लिए फिर पेड़ पर लौट आए, कबूतर अपनी साधना के लिए वापस कुएँ के अँधेरे कोटरों में चले गए। उस लड़के ने मेरे लिए बाँसुरी भी बजाई। मैंने ग़ौर किया कि उसके दो अँगूठे थे; एक बड़ा और एक छोटा। इन पर उसे काफ़ी अभिमान था। दो अँगूठे वाले लोग भाग्यशाली माने जाते हैं।

'तुम स्कूल नहीं जाते?' मैंने पूछा।

उसने थोड़ी दूरी पर अपने गाँव की ओर इशारा किया। 'वहाँ स्कूल में पढ़ाई का वक़्त हो जाएगा तो जाऊँगा।' तब तक वह ऊँट की निगरानी कर सकता था और बरगद के पेड़ के नीचे झपकी ले सकता था।

'ख़ुश रहो,' मैंने कहा। बाद में, समय-समय पर मैं उससे मिलता रहा।

~

उन दिनों लोगों में ट्रांजिस्टर रेडियो का चस्का बहुत ज़ोरों पर था। इस अपेक्षाकृत नये आविष्कार ने लोगों को सचमुच बावला बना रखा था। जैसे आज हर नौजवान के पास मोबाइल फ़ोन है, उसी तरह 1950 के दशक के आख़िर और 60 के दशक की शुरुआत में, हर किसी के पास अपना छोटा-सा ट्रांजिस्टर रेडियो हुआ करता था। आप बस में हों या दफ़्तर में या सड़क के किनारे कैफ़े में, क्रिकेट की ताज़ा कमेंट्री सुनना आपकी मजबूरी होती थी, हालाँकि देखा जाए तो क्रिकेट में भारत की जीत कम ही होती थी।

उस दौर में क्रिकेट के सितारे और नायक ये लोग थे : महान ऑलराउंडर वीनू

मांकड; विजय मांजरेकर और चन्दू बोर्डे, दोनों नये ढंग के बल्लेबाज़ थे; विजय मर्चेंट, बढ़िया सलामी बल्लेबाज़ थे; पॉली उमरीगर, एक बार जम जाने के बाद धुआँधार खेलते; और सुभाष गुप्ते, चालाक स्पिनर थे। हमारे तेज़ गेंदबाज़ ख़ाली धड़धड़ाकर गेंद फेंकनेवाले थे। वेस्टइंडीज की मज़बूत टीम जब दिल्ली आई थी और उस शृंखला में 3-0 से आगे चल रही थी, तब मैं शहर में आया ही था और आख़िरी टेस्ट देखने के लिए फ़िरोज़शाह कोटला मैदान पर जमा भीड़ में शामिल हुआ था। सारे टिकट बिक चुके थे, मगर मैं किसी तरह कोटला की दीवार पर चढ़ने में कामयाब हो गया, और वहाँ संतरों से लैस हुल्लड़बाज़ युवाओं की भीड़ में जा मिला। ख़ुदा-न-ख़्वास्ता अगर कहीं भारत हार गया, जिसकी सम्भावना लग भी रही थी। हम जहाँ थे, उस जगह से (मुफ़्त में) आप पिच का केवल एक छोर देख सकते थे, यानी गेंदबाज़ दिखाई देता मगर बल्लेबाज़ नहीं, और ओवर ख़त्म हो जाने के बाद इसका उलटा हो जाता; फिर भी हम यह तो देख ही सकते थे कि मैच किस तरह आगे बढ़ रहा था। चन्दू बोर्डे को शतक बनाते हुए (या शायद 98 रन?) देखकर मुझे सन्तोष हुआ और विंडीज के जे.के. होल्ट ने भी ऐसा ही कारनामा अंजाम दिया, मगर मेरे हीरो वीनू मांकड शून्य पर आउट हो गए। (जिन दिनों मैं इंग्लैंड में रह रहा था, उन्होंने लॉर्ड्स के मैदान पर शतक जमाया था)। ख़ैर, भारत यह आख़िरी टेस्ट मैच ड्रा कराने में कामयाब रहा और दर्शक ख़ुशी-ख़ुशी मैदान से चले गए। संतरे खा लिये गए, या अगले हफ़्ते होनेवाले फुटबॉल टूर्नामेंट के लिए बचाकर रख लिये गए।

फुटबॉल मैंने ज़्यादा नहीं देखा, अलबत्ता मद्रास होटल के पीछे, कनॉट सर्कस से ज़रा-सा बाहर एक छोटे-से स्टेडियम में कुछ बेहतरीन हॉकी मैच ज़रूर देखे। जहाँ, इंडियन एयरलाइंस के लिए खेलते हुए युवा अशोक कुमार, अपने पिता, महान खिलाड़ी ध्यानचन्द की जादूगरी की झलक दिखाते।

राजौरी गार्डन से निकल भागने के लिए मैं हमेशा व्याकुल रहता तो कनॉट प्लेस मेरी ज़िन्दगी की धुरी बन गया था—इसके सिनेमाघर, किताबों की दुकानें, कैफ़े। अपने पुराने दोस्त कृष्ण (अगर आप अभी तक अन्दाज़ न लगा सके हों तो 'द रूम ऑन द रूफ़' का किशन) से फिर से मेरी मुलाक़ात यहीं हुई। कभी बतख़ के बच्चे की तरह मामूली शक्ल वाला कृष्ण बड़ा होकर हंस जैसा हो गया था; अब वह उन्नीस साल का ख़ूबसूरत और आकर्षक दिखनेवाला नौजवान था। वह कलकत्ता में इंजीनियरिंग का छात्र था और अब आगे की पढ़ाई के लिए इंग्लैंड जाने की सोच रहा था : उसकी संगत बढ़िया रही और कई शामें हमने साथ बिताईं, फ़िल्में देखीं और अक्सर यूनाइटेड कॉफ़ी हाउस के चक्कर लगाए।

फिर वह चला गया। वह हमेशा एक महत्त्वपूर्ण मोड़ पर मेरी ज़िन्दगी में आता और फिर ग़ायब हो जाता था।

कमल, इन दिनों मेरा नया दोस्त बना था, क़रीब अठारह साल का वह युवक अगले कुछ वर्षों तक मेरा सहयात्री बननेवाला था। राजौरी गार्डन में उसका परिवार हमारी वाली सड़क पर नीचे की तरफ़ एक फ़्लैट में रहता था—भाभीजी का घर, जो दिल्ली में मेरा दूसरा घर बन गया, लेकिन उसके बारे में मैं आपको आगे बताऊँगा।

राजौरी गार्डन में तक़रीबन छह महीने रहने के बाद, हम पटेल नगर चले गए। मेरे सौतेले पिता का दफ़्तर यहाँ से थोड़ा क़रीब पड़ता था। जनपथ पर सिकन्द एंड कम्पनी में वह सेल्स मैनेजर के तौर पर काम कर रहे थे। बाद में, वह कारों का कारोबार करनेवाली एक दूसरी फ़र्म, प्यारे लाल एंड संस में वर्क्स मैनेजर हो गए थे।

और आख़िरकार मुझे भी रोज़गार मिल ही गया।

मुझे 'केयर' (कोऑपरेटिव फ़ॉर अमेरिकन रिलीफ़ एवरीव्हेयर—CARE) में नौकरी की पेशकश की गई थी, जिसने कुछ ही वर्षों पहले भारत में काम करना शुरू किया था। कनॉट प्लेस इलाक़े की पुरानी युद्धकालीन थिएटर कम्युनिकेशंस बिल्डिंग में उनका छोटा-सा दफ़्तर था जहाँ क़रीब दर्जन-भर लोग वहाँ काम करते थे। केयर के मुखिया ओडेन मीकर नाम के एक सज्जन थे, जिन्होंने हांगकांग, लाओस और दूसरे कई दक्षिण-पूर्व एशियाई देशों में दफ़्तर खोले थे और 'द लिटिल वर्ल्ड ऑफ़ लाओस' नाम की एक किताब भी लिखी थी। उनकी सचिव, हर्मी माइकल नाम की एक एंग्लो-इंडियन महिला थीं, जिन्होंने 'द रूम ऑन द रूफ़' की एक प्रति अपने बॉस को दी थी। उपन्यास उन्हें पसन्द आया और उन्होंने मुझसे मिलने के लिए कहा। इसलिए मैं केयर के दफ़्तर गया, ओडेन मीकर से बातचीत की और 500 रुपये महीने की तनख़्वाह पर मुझे प्रशासनिक सहायक या फ़ील्ड अधिकारी के तौर पर नौकरी मिल गई। दो महीने के बाद मुझे केयर का तिब्बती राहत कार्यक्रम देखने की ज़िम्मेदारी मिल गई और मेरी तनख़्वाह बढ़ाकर 800 रुपये कर दी गई, जो उन दिनों ख़ासी बड़ी रक़म थी।

यह 1959 की बात थी। तिब्बत पर चीन के क़ब्ज़ा कर लेने के बाद दलाई लामा और उनके अनुयायियों ने भारत में शरण माँगी थी। कई हज़ार औरतें, मर्द और बच्चे तिब्बत छोड़कर भागे थे और पैदल ही लम्बी दूरी तय करके भारत पहुँचे थे। उन लोगों को मसूरी, शिमला, डलहौजी और दार्जिलिंग जैसे पहाड़ी शहरों के साथ-साथ दक्षिण में मैसूर के पास बायलाकुप्पे के बेहद गर्म जंगलों

में बसाया गया था। उन लोगों को खाद्यान्न के साथ-साथ, बसने के लिए ज़रूरी साजो-सामान मुहैया करानेवाली तमाम विदेशी संस्थाओं में केयर भी एक थी, और मेरी ज़िम्मेदारी इन जगहों का दौरा करने, उन लोगों की ज़रूरतों का आकलन करने, और रिपोर्ट बनाने की तो थी ही, ज़रूरत पड़ने पर उन लोगों तक सामान पहुँचाने की भी थी।

मुझे काफ़ी सफ़र करना पड़ता था; इस नौकरी ने सचमुच मुझे बहुत व्यस्त रखा, क्योंकि ओडेन मीकर के आवेग का कोई ठिकाना नहीं रहता था, कभी-कभी सर्दियों के बीच में वह मुझे पहाड़ों पर भेज दिया करते थे क्योंकि वहाँ ऐसे बच्चे थे, जिन्हें बाथटब की ज़रूरत थी, या कालीन बुनकर जिन्हें करघे की दरकार थी, या ऐसे बुज़ुर्ग जिन्हें बिस्तर और कम्बल की अपेक्षा थी और लकड़हारे जिन्हें कुल्हाड़ियों का इन्तज़ार था।

केयर ने मुझे चार साल तक मसरूफ़ रखा। इस दौरान लिखने के लिए वक़्त निकाल पाना बहुत मुश्किल रहा। मैंने कोशिश की कि हर दिन कम से कम कुछ सौ शब्द लिखता रहूँ, मगर सच्चाई उनमें कम ही झलकती थी।

शुरुआत में दलाई लामा ख़ुद मसूरी की हैप्पी वैली में रहे। मगर वह जगह बहुत आम थी। सरकार नहीं चाहती थी कि लोगों से उनका बहुत मेल-जोल बढ़े, फिर उनकी सुरक्षा का मसला भी था, इसलिए उन्हें धर्मशाला भेज दिया गया, जो काँगड़ा घाटी में एक सुन्दर छोटा-सा छावनी शहर था। उन दिनों धर्मशाला देश के नक़्शे पर बमुश्किल दिखाई देता था, लेकिन बाद में वह तिब्बत की निर्वासित सरकार का मुख्यालय बन गया। मैं सिर्फ़ एक बार धर्मशाला गया, और केयर के लिए यह मेरा पहला दौरा भी नहीं था। सबसे पहले दौरे में, मैं कर्नाटक के बायलाकुप्पे गया था, फिर हिमाचल प्रदेश के डलहौजी और शिमला गया।

बायलाकुप्पे में भारत सरकार ने बड़ी तादाद में तिब्बती शरणार्थियों को बसाया था। उसके पहले तक वहाँ सिर्फ़ जंगल थे। शरणार्थियों को इसे ख़ुद ही साफ़ करना था और ऐन कूर्ग जंगल के अन्दर अपने रहने के लिए झोंपड़ियाँ बनानी थीं, खेती-बाड़ी शुरू करनी थी। सफ़ाई का काम मुख्यत: लड़ाकू खम्पा जनजाति के मज़बूत तिब्बतियों को करना था, और उन्होंने ख़ुशी-ख़ुशी और कुशलतापूर्वक अपने काम को अंजाम दिया। वहाँ की गर्मी से तालमेल बिठाने में शरणार्थियों को सबसे ज़्यादा मुश्किल हो रही थी और काफ़ी लोग बीमार हो रहे थे। सरकार और केयर जैसी राहत एजेंसियाँ उनकी मदद के लिए भरसक कोशिश कर रही थीं और हालाँकि इस मामले में मेरी अपनी भूमिका बहुत सीमित थी, मगर उन कोशिशों का हिस्सा बनकर मुझे बहुत सन्तोष हुआ। केयर के काम में और ज़्यादा शिरकत

से कुछ लिख नहीं पाने की मेरी हताशा काफ़ी हद तक कम हो गई। और तिब्बती लोग ख़ूबसूरत थे, इतनी मुश्किलों से जूझने के बावजूद वे मुस्कुराते रहते थे, मैं जहाँ भी जाता, लोग मेरा स्वागत करते थे।

एक और भारतीय संस्था, जो शरणार्थियों की मदद में जुटी हुई थी, वह 'द काउंसिल फ़ॉर तिब्बती रिलीफ़'। यह संस्था प्रमुख स्वतंत्रता सेनानी आचार्य कृपलानी की पत्नी सुचेता कृपलानी की देखरेख में चलती थी। आचार्य कृपलानी आज़ादी के समय भारतीय राष्ट्रीय कांग्रेस के अध्यक्ष थे, लेकिन आज़ादी के तुरन्त बाद उन्होंने पार्टी से इस्तीफ़ा दे दिया था। उस साल बायलाकुप्पे से लौटते हुए, बंगलौर से दिल्ली जानेवाली ट्रेन के उसी डिब्बे में आचार्य कृपलानी मुझे मिल गए थे जिसमें मैं था। हमारे साथ एक युवा अमेरिकी शख़्स भी था, जो किसी दूसरी राहत एजेंसी के लिए काम कर रहा था। वह अमेरिकी आचार्य कृपलानी से बहस में उलझ गया। वे गांधीवादी समाजवादी थे, और स्वदेशी तथा ग्रामीण अर्थव्यवस्था और कुटीर उद्योगों को सच्चे विकास की धुरी मानते थे। अमेरिकी ने उनसे असहमति जताते हुए कहा कि भारत आगे नहीं, बल्कि पीछे की ओर जा रहा है और आध्यात्मिकता और समाजवाद से कोई विकास नहीं होनेवाला है। भारत को लेकर वह बहुत भावुक था और बहुत सारे लोगों और चीज़ों से बहुत ख़फ़ा था। लेकिन आचार्य कृपलानी बहुत शान्त और समझदार इनसान थे। वह ज़रा भी उत्तेजित नहीं हुए, उस युवक की बात पूरी दिलचस्पी से सुनते रहे, फिर धैर्य के साथ विस्तार से उसकी बातों के जवाब दिये, बताया कि उन्हें क्यों लगता है कि विकास का पश्चिमी मॉडल—जिसे नेहरू अपना रहे थे—भारत के लिए अच्छा नहीं था। उनकी बहस देर रात तक चलती रही, और चूँकि ऐसी भिड़ंत और बहसों के मामले में मैं कभी अच्छा नहीं रहा तो मैं सिर्फ़ श्रोता बना रहा। कृपलानी ने आख़िरकार युवा अमेरिकी को मना लिया—या शायद वह ख़ुद ही बहुत थक गया था! बहरहाल, अमेरिकी अन्ततः सो गया, और मैंने खिड़की पर निगाह जमा दी, बाहर रात का अँधियारा फैला हुआ था, जहाँ विशाल और कालातीत भारत नींद ले रहा था।

बायलाकुप्पे के विपरीत, डलहौजी ठंडी जगह थी और तिब्बती शरणार्थियों के लिए यहाँ सामंजस्य बैठाना आसान था। इस ख़ूबसूरत मगर निर्जन पहाड़ी ठिकाने में उनकी तादाद क़रीब 2,500 थी। बँटवारे से पहले, यहाँ ज़्यादातर सैलानी लाहौर से आते थे; अब तो गर्मियों के दिनों में भी होटल ख़ाली पड़े रहते थे। तिब्बतियों ने इस जगह को थोड़े रंग और नई ज़िन्दगी दी। सर्दियाँ शुरू होने के बाद वे अपने करघों पर कालीन और ग़लीचे बुनने में जुट गए थे।

केयर के काम से मैं तीन बार डलहौजी गया और वहाँ एक बार मुझे जासूस मान लिया गया। डलहौजी जाने के लिए पठानकोट से बस या टैक्सी लेनी पड़ती थी, पर डलहौजी रवाना होने से पहले, केयर के कुछ काम के सिलसिले में मुझे पठानकोट में पीडब्ल्यूडी के लोगों से मिलने के लिए कहा गया था। पीडब्ल्यूडी के दफ़्तर उस नहर के किनारे थे, जो आगे पाकिस्तान की सीमा के साथ-साथ बहती थी। मुझे नहीं मालूम था कि वह संवेदनशील इलाक़ा है तो मैंने उस सुन्दर नहर के किनारे टहलने और अपने कैमरे से कुछ तसवीरें लेने का फ़ैसला किया (उन दिनों मैंने फ़ोटोग्राफ़ी में गम्भीर दिलचस्पी लेनी शुरू कर दी थी)। पर इससे वहाँ कुछ बखेड़ा खड़ा हो गया, मुझे बुलवाया गया और पीडब्ल्यूडी इंजीनियर बहुत नाराज़ हुए। मेरी समझ में नहीं आया कि हंगामा किस बात पर था, वहाँ कुछ भी तो गोपनीय या महत्त्वपूर्ण नहीं था। इंजीनियर को अपनी बात बताकर मैं अपने रास्ते चला गया। लेकिन मुझ पर अमेरिकी जासूस होने का शक करते हुए स्थानीय ख़ुफ़िया विभाग को मेरे बारे में ख़बर कर दी गई और जब मैं डलहौजी पहुँचा तो मैंने ग़ौर किया कि जिस होटल में मैं ठहरा हुआ था, कुछ लोग छिपकर उसकी निगरानी कर रहे थे। मुझे उनकी निगरानी का ज़रा भी अन्दाज़ न होने पाता, अगर उन्होंने ख़ुद को छुपाने का इतना घटिया तरीक़ा अख़्तियार न किया होता। दो-तीन दिनों तक मैं जहाँ भी गया, हर जगह वे मेरा पीछा करते रहे। या हो सकता है कि उनका इरादा ही यह रहा हो कि मुझे मालूम हो जाए कि मुझ पर नज़र रखी जा रही है।

आख़िरकार, एक रोज़ शाम को मैंने उन लोगों को होटल के शराबख़ाने में अपने साथ पीने के लिए बुला लिया। साथ बैठकर हमने रोज़ा रम की एक बोतल ख़त्म की, और मैं उन्हें यह समझाने में सफल रहा कि मैं हिन्दुस्तानी हूँ और एक विदेशी राहत एजेंसी के लिए काम करता हूँ। यह देखना भी अद्‌भुत है कि एक बोतल रम क्या कुछ कर सकती है!

शिमला में, तिब्बती बच्चों को बीसीएस प्रेप के पुराने स्कूल परिसर में रहते और पढ़ते हुए देखकर मुझे हैरानी हुई थी। 1947 के उपद्रव के दौरान ये इमारतें वीरान हो गई थीं। तब यह सोचा गया था कि प्रेप स्कूल के बच्चे यहाँ के मुक़ाबले मुख्य स्कूल में ज़्यादा सुरक्षित रहेंगे, जो वहाँ से थोड़ी ही दूरी पर था। और अभी, जब मैं खेल मैदान से ऊपर उस ऊँची जगह पर खड़ा था, पुराने दिनों की यादों की बाढ़-सी आ गई। यही वह जगह है, जहाँ '43 की गर्मियों में मैं अपने पिता के साथ खड़ा था, और धूल-भरे इस सपाट हिस्से में ढेरों छोटे लड़कों को शोर मचाते और दौड़-भाग करते हुए देख रहा था। अभी तमाम छोटे तिब्बती बच्चे भी

वैसा ही कर रहे थे। पन्द्रह साल पहले, दूसरे लड़कों के साथ मैंने यहीं झगड़े किये थे, कुश्ती लड़ी थीं, इत्ती-बित्ती खेलती थी, या किसी ख़ामोश कोने में बैठकर कोई किताब या कॉमिक पढ़ता रहता था...

और वे नाम, जिनके बारे में मुझे लगता था कि मैं भूल गया हूँ, कक्षा में हाज़िरी की तरह मेरे दिमाग़ में गूँजने लगे : एबॉट, ब्लेक, ब्लैंड, चौहाल, केल्नर, मीरचन्दानी। और मेरा प्यारा दोस्त अज़हर। मैं भारी मन से वहाँ से लौट आया।

लेकिन पुराने मैदान में नये बच्चों को देखकर मुझे तसल्ली मिली। अच्छा है कि ज़िन्दगी इसी तरह चलती रहती है। बच्चों से लेकर किशोरों तक, जो लोग हमारी जगह यहाँ आए थे, वे अपने माँ-बाप के साथ बर्फ़ और ऊँचे पहाड़ी दर्रों को पार करके पैदल चले आए थे, और अपने पूजनीय लामा के पीछे-पीछे चलकर ऐसे देश में आ पहुँचे थे, जिसकी अपनी बेशुमार मुश्किलें थीं लेकिन फिर भी उसने उन्हें पनाह दी, भोजन और सिर छिपाने का ठिकाना दिया। उन्होंने केयर से जो भी अपेक्षा की, मैंने उन सब चीज़ों की मंजूरी दे दी—लेखन सामग्री, टब और बिस्तर—और अपने पुराने स्कूल को देखे बिना ही मैं वापस अपने होटल लौट आया, शायद इसलिए कि सीनियर स्कूल जाकर मैं गुज़रे ज़माने के खोए हुए चेहरों और वहाँ बिताये गए दिनों की और ज़्यादा यादों का सामना नहीं करना चाहता था।

दार्जिलिंग के एक ऐसे ही सफ़र में, शाम को मैं मॉल पर टहल रहा था कि तभी मुझको एक पहचानी हुई आवाज़ सुनाई दी : 'मेरा हेनरी ग्रीन क्या तुम्हारे पास है?'

हेनरी ग्रीन एक उपन्यासकार थे, जिन्हें अब भुला दिया गया है, लेकिन उस वक़्त के दानिशवरों के बीच वे काफ़ी लोकप्रिय थे। और जिस शख़्स ने मुझे आवाज़ दी थी, वह कोई और नहीं बल्कि मैरी सेटन थीं, जो फ़िल्मों से और फ़िल्मी दुनिया के लोगों से क़रीबी तौर पर जुड़ी हुई थीं। जब मैं लन्दन में था तो मैंने आइज़ेंस्टाइन की अधूरी फ़िल्म, 'क्यू वीवा मैक्सिको' का उनका सम्पादित किया हुआ संस्करण देखा था, जो उस महान रूसी निर्देशक की अर्द्ध-वृत्तचित्र कृति थी। क्लासिक मूक फ़िल्म 'बैटलशिप पटेमकिन' बनाई थी। मैरी सेटन अब भारत में थीं और सत्यजीत रे की फ़िल्मों पर एक किताब लिख रही थीं, अपनी अपु त्रयी की बदौलत उन्हें दुनिया-भर में शोहरत और पहचान मिल चुकी थी।

उनसे मेरी मुलाक़ात दिल्ली में हुई थी—वह अधेड़ उम्र पार कर चुकीं, ख़ूब पुरजोश (और आलोचनाओं से भरी) महिला थीं, जिन्हें बातें करना पसन्द था। किसी ने, शायद ओडेन मीकर ने, 'द रूम' की एक प्रति उनको दी थी; और

उससे वह बहुत मुतास्सिर हुई थीं (या उन्होंने ऐसा कहा भर था) और मुझसे मिलने की ख़्वाहिश की थी। हम लोग कई बार मिले, आमतौर पर शाम को कनॉट प्लेस के होटल इंडिया में—जो बाद में निरूलाज़ हो गया। यह केयर के दफ़्तर से थोड़ी ही दूरी पर था। वह घंटों बोलती रह सकती थीं, इसलिए अपने आराम का ख़याल करके उनके सामने बैठना ही मुनासिब होता। पहली बार, मैं उनकी बग़ल में बैठ गया था, और आधे घंटे के बाद मेरी गर्दन अकड़ गई थी। वह दुनिया की हर चीज़ के बारे में बातें करतीं—फ़िल्में, फ़िल्मी लोग, ब्रिटेन के शाही ख़ानदान और ख़ानदान के लोगों के किरदार की छोटी-मोटी कमज़ोरियाँ, अकादमी पुरस्कारों के इर्द-गिर्द रची जानेवाली साज़िशें, शराबी ब्रिटिश अभिनेता, समलैंगिक अमेरिकी अभिनेता, सेक्स को लेकर उन्मत्त इतालवी निर्देशकों के बारे में—और मैं मुग्ध होकर उन्हें सुनता रहता, क्योंकि उनका उत्साह कभी मद्धिम नहीं होता था। ऐसा लगता कि पोप से लेकर पंडित नेहरू तक वह हर उस शख़्स को जानती थीं, जिसकी कोई हैसियत थी, और बहुत कुछ ऐसा जानती थीं, जिसके बारे में दूसरे लोग नहीं जानते थे। कभी-कभी वह हॉलीवुड के कास्टिंग रूम और अंग्रेज़ी राजघराने के शयनकक्षों के अन्दर के ऐसे ब्योरे बतातीं कि मैं शरमा जाता था—जबकि मैं आसानी से शरमानेवालों में से नहीं हूँ।

मगर वह दार्जिलिंग में मॉल पर क्या कर रही थीं, और मुझसे वह किताब वापस क्यों माँग रही थीं, जो मैंने उनसे कभी ली ही नहीं थी?

पता चला कि वह सत्यजीत रे को काम करते हुए देखने के लिए आई हैं—वाटसन के शब्दों में कहें तो 'उनके तरीक़ों का अध्ययन करने'। रे कंचनजंगा नाम से एक फ़िल्म बना रहे थे। फ़िल्म का नाम दार्जिलिंग के कुछ हिस्सों से दिखाई देनेवाली शानदार चोटी के नाम पर रखा गया था, और मैं जहाँ खड़े होकर मैरी सेटन से बात कर रहा था, उससे पास ही नुक्कड़ पर वे और उनका दल मॉल पर कोई दृश्य फ़िल्मा रहे थे। शॉट पूरा होने के बाद उन्होंने साथ ले जाकर उस महान शख़्सियत से मेरा परिचय कराया। नि:सन्देह उन्होंने मेरे बारे में कभी सुना नहीं था—उस समय मैं किसी नाकाम लेखक से थोड़ा ही बेहतर था, लेकिन वे बहुत विनम्र और मिलनसार थे, उन्होंने मुझे शूटिंग देखने का न्योता दिया। मैं थोड़ी देर रुककर शूटिंग देखता भी रहा, मगर चूँकि मुझे तिब्बती केन्द्र जाना था, इसलिए मिस्टर रे को मैरी सेटन की अनुकम्पा पर छोड़कर मैं अपना काम करने चला गया। मैरी ने अन्तत: उन पर एक किताब लिखी।

मज़ेदार बात यह थी कि हम लोग एक ही होटल में ठहरे हुए थे। एवरेस्ट नाम का यह होटल काफ़ी बड़ा और बिखरा हुआ था—न सिर्फ़ रे और उनका दल,

बल्कि बम्बई से आई एक और फ़िल्म यूनिट भी वहाँ ठहरी हुई थी, जिसमें शम्मी कपूर और कल्पना नाम की एक अभिनेत्री शामिल थे, और वे लोग 'प्रोफ़ेसर' नाम की एक चलताऊ फ़िल्म बना रहे थे। जिस समय रे मॉल पर एक यथार्थवादी दृश्य फ़िल्मा रहे थे, शम्मी एंड कम्पनी उसी समय दार्जिलिंग की टॉय ट्रेन वाली पटरियों पर नाच-गाने का कोई ख़ुशनुमा दृश्य फ़िल्माने में व्यस्त थी। काम के तरीक़ों में विरोधाभास का इससे सटीक नमूना कुछ और नहीं हो सकता था।

मिस्टर कपूर से तो मैं नहीं मिला, लेकिन उनकी मोहक पत्नी गीता बाली से मैंने बात की। वह फ़िल्म में काम नहीं कर रही थीं, अपनी ख़राब सेहत की वजह से अभिनय करना उन्होंने छोड़ दिया था, लेकिन मुझे याद है कि इंग्लैंड जाने से पहले 1949-50 में मैंने कुछ फ़िल्मों में उन्हें देखा था, और वह बढ़िया अभिनेत्री थीं, बहुत जीवन्त और सहज। होटल के लॉन में, धूप में बैठी हुई वह बहुत प्यारी लग रही थीं (बाक़ी लोग फ़िल्म की शूटिंग के लिए निकल गए थे), वह मुस्कुराईं और मेरी तारीफ़ को उन्होंने बहुत शालीनता से लिया। कुछ महीने बाद उनकी मृत्यु हो गई थी।

~

मेरे दौरे तिब्बती राहत केन्द्रों तक ही सीमित नहीं थे। अमेरिका में रहनेवाले केयर के दानदाता भारत में शिक्षा, स्वास्थ्य और स्वयं-सहायता कार्यक्रमों में मदद करना चाहते थे। मुझे स्वयं-सहायता कार्यक्रम की अतिरिक्त ज़िम्मेदारी दे दी गई थी, और इसके तहत मेरा काम ग्राम्य समुदायों के लोगों से मुलाक़ात करना था। इस काम में इतनी विविधता थी कि रोपड़ में नौजवान किसानों के लिए भैंसें ख़रीदने से लेकर लकड़ी वाले परम्परागत हल के बजाय इस्पात के हल के इस्तेमाल को बढ़ावा देने के लिए उसकी ख़ूबियों के बारे में बताने (केयर को उन्हें इस्पात वाले हल देने थे), या अपने परिवार की माली हालत बेहतर बनाने में शिरकत का इरादा रखनेवाली युवा महिला समूहों को सिलाई मशीनें मुहैया कराने तक, सब इसमें शामिल था। तमाम चीज़ों से अपरिचित होते हुए भी मुझे जानकार होने का दिखावा करना पड़ता। रोपड़ के पशु मेले में जब एक बुज़ुर्ग किसान ने मुझसे कहा कि नीली आँखों वाली भैंसें भूरी आँखों वाली भैंसों के मुक़ाबले ज़्यादा और बढ़िया दूध देती हैं तो मैंने उनकी बात पर यक़ीन कर लिया। मैंने नीली आँखों वाली भैंस ख़रीद ली और उन युवा किसानों को दे दी, जिन्होंने गाँव के लड़कों को साथ लेकर अपनी सहकारी समिति बनाई थी। उन लोगों ने मुझसे कहा कि मुझे बेवक़ूफ़ बनाया गया है, मगर वे अच्छे लड़के थे तो अपनी बात में उन्होंने

यह भी जोड़ दिया कि आँखों की गहराई में डूबने के लिए एक जोड़ी नीली आँखें भी बढ़िया थीं!

स्वयं-सहायता कार्यक्रम की ख़ातिर मुझे पंजाब और उत्तर प्रदेश में कई जगहों पर जाना पड़ा, और इन यात्राओं में अक्सर मैं ऐतिहासिक महत्त्व वाली जगहों का चक्कर लगा लेता था। मैंने लखनऊ का सफ़र कई बार सड़क के रास्ते किया और शाहजहाँपुर में रुका। यह शहर मेरे पिता की जन्मस्थली, और 1857 के विद्रोह के दौरान छावनी चर्च में हुए नरसंहार का गवाह भी था। मिश्रित नस्ल की एक लड़की उस क़त्ल-ए-आम से बच गई थी और उसने अपने वहाँ से भागने और स्थानीय लोगों, जिनमें हिन्दू और मुस्लिम दोनों ही थे, द्वारा उसे पनाह देने का कुछ ब्योरा लिख छोड़ा था। मैं उस लड़की की कहानी को लेकर एक उपन्यास लिखने की सोच रहा था। इसलिए मैंने उन जगहों को जाकर देखने का मौक़ा निकाल लिया, जहाँ ये नाटकीय घटनाएँ हुई थीं—चर्च, परेड ग्राउंड, और पड़ोस का आम का बाग़। इस पुराने और उनींदे शहर में बहुत कुछ नहीं बदला था। इस घटना में मारे गए लोगों की याद में एक स्मारक (लोगों ने बताया कि अब उसे हटा दिया गया था) चर्च के क़रीब ही बना था। छोटी नदी खन्नौत पर बना पीपा-पुल अब भी था। इस यात्रा ने मुझे कहानी के ब्योरे जुटाने और उसे आगे बढ़ाने में मदद की, और कुछ साल बाद यह 'अ फ़्लाइट ऑफ़ पिज़न्स' नाम के छोटे उपन्यास के रूप में छपी।

जहाँ तक मेरे लेखन का सवाल है, मैं अपने 'ऐतिहासिक' दौर से गुज़र रहा था। हफ़्ते के आख़िर में मिलनेवाली छुट्टियों में मैं ख़ाली होता तो दिल्ली के आसपास की उन जगहों की छोटी-छोटी यात्राएँ कर लेता, जहाँ दिन-भर में बस से आया-जाया जा सकता था : आगरा, जहाँ मुझे जॉन मिल्डेनहॉल की क़ब्र मिली, जो अकबर के शासनकाल के दौरान उस शहर में थोड़ा वक़्त बितानेवाले पहले अंग्रेज़ थे; सरधना, जहाँ कभी नर्तकी रहीं और बाद में ग़ैरमामूली शासक बनीं बेगम समरू ने अठारहवीं शताब्दी में भाड़े की अपनी फ़ौज के साथ शासन किया और अकूत दौलत जुटाई; हाँसी, जहाँ कभी दिलेर आयरिश जॉर्ज थॉमस का दबदबा रहा था। और, यक़ीनन, पवित्र मथुरा और वृन्दावन भी, जो युवा भगवान कृष्ण से बहुत क़रीब से जुड़ी हुई जगहें हैं। मथुरा के आसपास के खेत और झीलें अब भी पक्षियों की मौजूदगी से जीवन्त थीं—कलाबाज़ नीलकंठ, शोर मचाते तोतों के झुंड, अपने ख़ूबसूरत पंखों की नुमाइश करते मोर, भैंसों की पीठ पर जमे बैठे बगुले। आमतौर पर जोड़ों में मिलनेवाले सारस छिछले पानी में घूमते दिखाई देते, और पुराने पेड़ों पर बैठे सुनहरे पीलक और लाल सहेली ऐसे लगते

मानो हरी छतरी में जड़े हुए नगीने। पक्षी-विशेषज्ञों के लिए यह सचमुच नायाब जगह थी, मगर मेरे पास तो सीमित समय ही होता था तो पक्षियों को निहारने के इस सुख का मैं मुख़्तसर मज़ा ही उठा सकता था। मैं ख़ुद से कहता कि किसी रोज़ शायद मैं भी क़ुदरती ख़ूबसूरती के क़रीब रह सकूँगा।

इस बीच, मेरे कुछ ऐतिहासिक निबन्ध 'द इलस्ट्रेटेड वीकली' में छपते रहे। उस शानदार पत्रिका को मेरे लिखे से निजात न थी, कम से कम 1970 के दशक तक तो नहीं। भले आदमी मिस्टर मैंडी तब तक वहाँ से अवकाश ले चुके थे और हिन्द महासागर में ख़रीदे हुए एक छोटे-से निर्जन द्वीप में अकेले रहने चले गए थे। तेज़ ज्वार की स्थिति में वहाँ सिर्फ़ नाव से ही पहुँचा जा सकता था। कुछ सालों बाद वह वहाँ से भाग निकले थे, ख़ुद के साथ रहते हुए शायद वह भर पाए थे।

और मैं हमेशा दिल्ली से भागता रहता था—उस अराजक शहर और अपने अराजक परिवार को मैं बहुत लम्बे समय तक बर्दाश्त नहीं कर पाता था। सप्ताहान्त पर, मैं आसपास के छोटे शहर घूमने निकल जाता, और लम्बी छुट्टियों में, दूर की जगहों पर चला जाता—एक बार तो कुमाऊँ में पिंडारी ग्लेशियर तक गया। वह दुर्गम यात्रा मैंने कॉलेज के कुछ ऐसे छात्रों के साथ की, जिन्हें मैं ठीक से जानता भी नहीं था। चार दिनों के इस साहसिक अभियान का समापन ग्लेशियर पर नंग-धड़ंग धूप सेंकने के साथ हुआ, और इस आनन्द की क़ीमत मुझे अपनी घड़ी बेचकर चुकानी पड़ी ताकि वापसी में बस का किराया दे सकूँ। इस ख़ुशनुमा सफ़र ने बच्चों के लिए मेरी पहली किताब, 'द हिडन पूल' का आधार तैयार किया था।

ज़ाहिर है कि इन सारी यात्राओं की वजह से लिखना तो बहुत कम हो सका—यहाँ तक कि उनमें से ज़्यादातर ऐतिहासिक लेख कुछ साल बाद तक न तो मैं लिख सका और न ही वे कहीं छपे। पत्रिकाओं में जो थोड़ी-बहुत जगह बनाने में मैं कामयाब हुआ, उसकी तारीफ़ों से मुझे हौसला मिलता रहा। जम्मू-कश्मीर के पूर्व महाराजा के बेटे और विद्वान डॉ.कर्ण सिंह ने मेरा एक निबन्ध पढ़ने के बाद मुझे एक बढ़िया-सा ख़त लिखा। और ख़ुशवन्त सिंह, जिन्होंने 'योजना' में मेरे निबन्ध छापे थे, और जो उन दिनों उस पत्रिका के सम्पादक थे, उन्होंने मुझे अपने घर आने का आमंत्रण दिया।

सुजानसिंह पार्क में ख़ुशवन्त सिंह का घर—1940 के दशक में उनके ठेकेदार पिता ने यह आलीशान कॉलोनी बनाई थी—अभी उतना मशहूर नहीं हुआ था, जितना कि जल्दी ही उसे हो जाना था, जब ख़ुशवन्त के दोस्त और प्रशंसक और पाकिस्तान और दूसरे देशों से आनेवाले लेखक और कलाकार हर शाम थोड़ी स्कॉच व्हिस्की और जानदार बातचीत के लिए उनके घर जुटने लगे। सिर्फ़ मैं

ही था, जो उनसे दिन में मिलने गया था। मुझे एक छोटी-सी लंच पार्टी की याद है। उसमें स्कॉच तो नहीं थी, मगर बीयर थी। ख़ुशवन्त के पास एक बड़ा-सा अल्सेशियन था, जिसे वह बहुत प्यार करते थे। वह उनकी कुर्सी के पास ही बैठा था, ख़ुशवन्त ने उसके कटोरे में आधी बोतल बीयर उड़ेली, अल्सेशियन झट से उसे पी गया और फिर सो गया।

ख़ुशवन्त सिंह की पत्नी तेज़ दिमाग़ और दृढ़ विचारों वाली विलक्षण महिला थीं। एक रोज़ उन्होंने मुझसे कहा, 'किसी लेखक को अपने लेखन से पैसा कमाने के लिए नहीं लिखना चाहिए। उसे सिर्फ़ इसलिए लिखना चाहिए कि लिखना उसे पसन्द है।' इस मुद्दे पर मैंने उनसे बहस नहीं की। उन लोगों के पास ढेर सारी बेहतरीन जायदाद थी, और उस वक़्त उन्हीं में से एक में मैं बैठा हुआ था, उन्होंने मुझे बढ़िया खाना खिलाया था, और वे हमेशा ही मेरे साथ बहुत अच्छे से पेश आते थे। वहाँ से लौटकर मुझे एक छोटी-सी कहानी लिखनी थी, उसे योजना को भेजना था, और उसके लिए मुझे जो भी मामूली मेहनताना मिलता, उसे कृतज्ञतापूर्वक स्वीकार कर लेना था।

~

मैं दिल्ली में ख़ुद की किराए की कोई जगह लेना चाहता था, मगर उन दिनों किसी कुँवारे के लिए रिहाइश ढूँढ़ पाना बेहद मुश्किल काम था। चलो मान लिया कि मकान मालिक की बेटियाँ थीं, और ऐसे में वे किसी नौजवान किरायेदार पर भरोसा नहीं कर सकते थे, मगर इसका मतलब यह भी तो था कि उन्हें अपनी बेटियों पर भी भरोसा नहीं था।

इसलिए मैं अपनी माँ और सौतेले पिता के साथ ही बना रहा, पहले राजौरी गार्डन में, फिर दक्षिण और पश्चिम पटेल नगर में। मेरे पास अपने लिए अलग कमरा था, और मैं किराए और घरेलू ख़र्चे भी साझा करता था, फिर भी, हम लोग कुछ सिकुड़े हुए-से रहते। हम कुल सात इनसानों के साथ अब शोर मचानेवाले कई कुत्ते भी वहाँ रहने लगे थे, क्योंकि मेरी माँ ने कुछ पोमेरेनियन पाल लिये थे। वह उनकी नस्ल बढ़ाने और कभी-कभी उन्हें बेचने के काम में लग गई थीं। दिल्ली में उन दिनों कुत्तों की यह विक्षिप्त-सी नस्ल बड़ी लोकप्रिय थी। इसलिए समय-समय पर दौरे पर निकल जाने से मुझे ख़ुशी मिलती थी तो इसमें कोई हैरानी की बात नहीं थी।

और जब दौरे पर नहीं होता था तो मैं राजौरी गार्डन में अपने दोस्त कमल के घरवालों के साथ कई-कई घंटे बिताता, कभी-कभी रात में भी वहीं रुक जाता

था। यह एक बड़ा मध्यवर्गीय पंजाबी परिवार था—एक 'संयुक्त परिवार,' जिसमें से अब कुछ ही लोग बचे थे। बारह लोगों के कुनबे वाला वह घर मेरे परिवार के घर की तुलना में कहीं ज़्यादा तंग था, फिर भी मुझे कभी हताशा या उलझन महसूस नहीं हुई—मैं वहाँ हमेशा मेहमान ही होता था; जो अपने मन से आता-जाता था। उस छोटे-से घर में इतने सारे लोगों का समा जाना एक तरह से चमत्कार ही था, ख़ासकर रात के समय—हर जगह चारपाई लगी होती थी, और कुछ बच्चे फ़र्श पर बिछे गद्दों पर सो रहे होते थे। और कहीं अगर आप ख़ुद को सुबह तक रोक पाने में नाकाम हुए और रात में ही उठकर पेशाब करने के लिए जाना पड़ा तो नींद में डूबी उन कायाओं के बीच बड़ी एहतियात और ख़ामोश क़दमों से रास्ता बनाते हुए गुज़रना पड़ता था। सुबह की बात और थी, जब एक को छोड़कर सारी चारपाइयाँ उठाकर बाहर ले जाई जाती थीं और बग़ीचे में बने एक छोटे-से शेड में रख दी जाती थीं।

कमल के कुनबे की निर्विवाद मुखिया उसकी माँ, यानी भाभीजी थीं—उनके सारे बच्चे और बहुएँ उन्हें यही कहकर बुलाते थे। हाल ही में उन्होंने अपने पति को खो दिया था, उनकी उम्र क़रीब पचास साल थी और वह एक उदार (और कभी-कभी थोड़ा अनुदार भी) तानाशाह की तरह घर चलाती थीं। सवेरे घर में सबसे पहले वही उठती थीं, उनके आँगन में लगे अमरूद के पेड़ पर गौरैयों की चाँव-चाँव शुरू होने से भी पहले। वह ख़ासतौर पर अपनी दोनों बहुओं को जताने के लिए ऐसा किया करती थीं। बहुएँ सुबह जल्दी उठकर रसोई में जाने के चाहे जितने भी जतन कर लें, भाभीजी हमेशा उनसे पहले रसोई में मौजूद होती थीं। इससे उन्हें यह उलाहना देने का सन्तोष मिलता, 'अगर चिड़िया बोलने से भी पहले उठकर मुझे ही इनके पतियों के लिए खाना पकाना है तो ऐसी बहुओं के होने का क्या फ़ायदा!' इस तरह बहुओं को सबेरे-सबेरे की कवायद से छुट्टी मिल गई थी, और देखा जाए तो नाश्ता बनाने की ज़िम्मेदारी से मुक्ति मिलने पर वे ख़ुश ही थीं—यह बात दीगर है कि उनके पतियों के घर से निकलने के बाद भाभीजी उनको इतनी तरह के काम बता देतीं कि उन्हें पूरे दिन दम मारने की फ़ुरसत न मिलती।

मैं उन सबका हमराज़ बन गया था—भाभीजी अपनी बहुओं के बारे में शिकायत करतीं, और बहुएँ उनके बारे में। छोटी बहू को अपने पति से भी शिकायत थी क्योंकि उसके बचाव में वह कभी अपनी माँ के ख़िलाफ़ खड़ा नहीं होता था। 'मुझे नहीं लगता कि वह मुझसे प्यार करता है,' वह सिसकती, और मैं उसे दिलासा देता कि ऐसी बात नहीं, वह प्यार करता है। मैं तीनों औरतों का लाड़ला था—जब वहाँ रुकता तो सुबह नाश्ते में आलू के पराँठे, ऑमलेट और अचार मिलता और

उसके पहले पीतल के गिलास में चाय, क्योंकि कमल ने उन्हें बता रखा था, 'मेरा दोस्त अंग्रेज़ है। उसे बेड-टी पसन्द है।'

कमल ने हाल ही में एक कला महाविद्यालय में दाख़िला लिया था, और यह बात उसके परिवार में किसी के पल्ले नहीं पड़ी। और मुझे लगता है कि हमारी दोस्ती इसी वजह से हो गई थी कि आस-पड़ोस में भी किसी और को इसका मतलब समझ में नहीं आया। मेरी हिमायत उसके लिए मायने रखती थी; और मुझे एक बढ़िया सोहबत मिल गई थी, ख़ासकर दिल्ली के बाहर छोटे शहरों के सफ़र के दौरान, जहाँ मैं अपनी कहानियों और निबन्धों के लिए सामग्री तलाश करता था। आप कह सकते हैं कि हम दो ऐसे कलाकार थे, जो एक-दूसरे को थोड़ा-बहुत नैतिक सहारा दे रहे थे।

कमल लगातार तसवीरें बनाता रहता था, मगर कभी-कभी उसे उलझन होने लगती थी कि उसने सही रास्ता चुना है या नहीं। तबीयत से वह बेताब क़िस्म का इनसान था और ख़ुद अपने बारे में बे-यक़ीनी का मारा हुआ—आख़िर पैसे कमाना वह कब शुरू करेगा? क्या वह सचमुच कभी कुछ हासिल भी कर पाएगा? मैंने उसकी तसवीरों की दो प्रदर्शनियाँ आयोजित कराईं, एक रफ़ी मार्ग पर संसद भवन के क़रीब आईफ़ैक्स गैलरी में, और दूसरी शंकर मार्केट की एक छोटी गैलरी में। जब हम साथ यात्रा करते थे तो मैं उसे हमारी देखी हुई जगहों और लोगों के रेखाचित्र बनाने के लिए उकसाता रहता था। मगर एक हम हारी हुई लड़ाई लड़ रहे थे, क्योंकि वह हमेशा ही अपने परिवार की अपेक्षाओं और अपनी इच्छाओं के द्वंद्व के बीच झूलता रहता था।

कमल और मैं अगले कुछ सालों तक ख़ूब मिलते-जुलते रहे। जब मैं मसूरी रहने चला गया तो वहाँ आकर वह मेरे साथ रहता और आधे-अधूरे मन से तसवीरें बनाता रहता। इसके बाद हमारे रास्ते अलग हो गए।

और इसकी वजह यह थी कि मुझे प्यार हो गया था। वह लड़की कमल की चचेरी बहन थी—हम उसका नाम सुशीला मान लेते हैं—और जब मैं राजौरी गार्डन में रहता था, वह कमल के घर आया-जाया करती थी। यह कोई पहली नज़र का प्यार नहीं था, क्योंकि तब वह बहुत छोटी थी, और स्कूल में पढ़ती थी। और बच्चों की तरह मेरे लिए वह सिर्फ़ एक बच्ची थी, जो मुझसे बारह या तेरह साल छोटी थी। मगर सिर्फ़ दो सालों में, सब कुछ बदल गया, और मैं भावनाओं के तूफ़ान में फँस गया।

जुनून की वह आँधी—शुक्र है कि मुख़्तसर ही थी—अभी आगे भी मेरी ज़िन्दगी

में आनी थी। और आगे भी कितना, जैसा कि बाद में मालूम हुआ, भविष्य के वे दिन भी बहुत दूर नहीं थे।

भारत में तीन साल काम करने के बाद, ओडेन मीकर केयर हांगकांग, या शायद केयर मनीला के लिए रवाना हो गए, और यहाँ उनकी जगह डॉ. क्लाइन काम करने आए, जो एकदम अलग तरह के इनसान थे। मदद से कहीं ज़्यादा उनकी दिलचस्पी 'कैरियर डिप्लोमेसी' में थी। केयर का दफ़्तर कनॉट प्लेस से उठाकर वह फ्रेंड्स कॉलोनी के अपने घर में ले गए, जहाँ वह दिल्ली के सामाजिक और राजनीतिक हलक़े के अभिजात लोगों को बुलाते और उनके लिए दावतें करते। वह शोहरत के दीवाने थे, और जब उन्हें पता चला कि मैं लेखक हूँ तो उन्होंने मुझे स्वयं-सहायता और दान वाले सारे कार्यक्रमों से हटा दिया और उनके नेतृत्व में हो रहे नायाब काम का बखान करनेवाली बेशुमार प्रेस विज्ञप्तियाँ लिखने और भेजने के काम पर लगा दिया। यह रवैया आत्मघाती था क्योंकि ये विज्ञप्तियाँ अतिशयोक्ति से भरी हुई होती थीं, और अमेरिकी सूचना सेवा (यूएसआईएस) के प्रकाशन 'द अमेरिकन रिपोर्टर' के सिवाय इन्हें कोई और नहीं छापता था।

अपनी पीठ ख़ुद ठोंकनेवाले ऐसी विज्ञप्तियों के लिए अगर मैं काग़ज़ के दस्ते-दर-दस्ते लिख डालता था तो अपना लेखन करने में ही क्या हर्ज़ था, भले ही इसका मतलब मेरी आमदनी में कमी हो। मैं केयर की नौकरी छोड़ने के बारे में सोचने लगा। मेरी माँ और बाक़ी सारे लोग, बेशक़ इस फ़ैसले के ख़िलाफ़ थे। एक विदेशी राहत एजेंसी की इतनी बढ़िया नौकरी छोड़ देने का क्या तुक है, और वह भी बिना किसी वजह के। उन लोगों के लिए यह बात कोई ख़ास मायने नहीं रखती थी कि दफ़्तर में मिली नई ज़िम्मेदारी से मैं ऊब गया था। ऐसे में, मैंने हालात से समझौते के लिए ख़ुद को तैयार कर लिया और क़रीब साल-भर तक केयर के साथ बना रहा, जब तक कि मसूरी की एक यात्रा ने मेरे भविष्य की दिशा तय नहीं कर दी।

एक और प्रचार-सामग्री के लिए, मुझे मसूरी जाने और वहाँ केयर के तिब्बती राहत कार्यक्रम, ख़ासतौर पर शरणार्थी बच्चों, के बारे में लिखने के लिए कहा गया, और मेरे लिए यह बेहद ख़ुशी की बात थी। केयर की मदद से कई बच्चे विनबर्ग एलन स्कूल में पढ़ रहे थे। वहाँ जाकर मुझे प्रिंसिपल से मिलना था, जो मिस्टर किड नाम के एक ऑस्ट्रेलियाई सज्जन थे। उन्होंने मुझे दोपहर को साथ खाने का न्योता दिया। मिस बीन नाम की एक बुज़ुर्ग महिला को भी उन्होंने खाने पर बुला रखा था। मिस्टर किड ने उनसे मेरा परिचय कराया। वह स्कूल के नीचे की तरफ़ एक कॉटेज में रहती थीं। स्कूल के सारे शिक्षक उनके प्रति ख़ासे उदार

थे क्योंकि उनके पास पैसे बहुत थोड़े होते थे। उनके आने के पहले प्रिंसिपल मुझे यह बता चुके थे कि उन्होंने अपनी सारी जायदाद गँवा दी थी और उनका कोई रिश्तेदार भी नहीं था।

मिस बीन के बारे में कुछ बातें ऐसी थीं जिसने मुझे मिस केल्नर की याद दिला दी, जो मेरी बहुत पुरानी दोस्त थीं—मिस बीन में कोई शारीरिक अक्षमता नहीं थी, पर मिस केल्नर की तरह, वह भी दुबली-पतली और नाज़ुक थीं, फिर भी ज़िन्दादिल और ख़ूब फ़ुर्तीली दिखती थीं। उन्होंने मुझे बताया कि बड़े होने के बाद पूरी उम्र वह मसूरी में ही रहती रही थीं, और हालाँकि अपना घर उन्हें बेचना पड़ा, मगर वह ख़ुशक़िस्मत थीं कि उनके दोस्तों के पास मसूरी में कुछ घर थे, और उन्होंने इन्हीं में से एक कॉटेज रहने के लिए उन्हें दे दिया। मिस बीन को कॉटेज का किराया नहीं देना पड़ता था, बस उसकी देखभाल उनके ज़िम्मे थी। जब मैंने उन्हें बताया कि मैं केयर की नौकरी छोड़ने और देहरादून या आसपास कहीं बसने के बारे में सोच रहा हूँ तो उन्होंने कहा कि उनका कॉटेज ख़ाली है, सिवाय उस छोटे-से हिस्से के, जहाँ वह रहती थीं। उन्होंने पूछा कि क्या मैं कॉटेज देखना चाहूँगा। मैंने हामी भर दी, और खाना खाने के बाद हम उनके घर की ओर निकल गए।

वह कॉटेज एक सुनसान जगह पर थी, जो बलूत और चिनार के पेड़ों से घिरी हुई थी, और घोड़े वालों के उस पुराने रास्ते से थोड़ी ही दूरी पर थी, जिस रास्ते से होकर सोमी, कृष्ण और साहिब के साथ मैं देहरा से मसूरी तक आता था। वसंत ऋतु आ चुकी थी, बलूत और चिनार पर नये पत्ते आ गए थे—बलूत पर हल्के हरे, और चिनार के पेड़ों पर लाल, सुनहरे और ताँबई रंग के पत्ते चमक रहे थे, धीरे-धीरे उन्हें हरा हो जाना था। चिनार की छाल पर लगातार ठक-ठक करता हुआ एक कठफोड़वा किसी कीड़े की तलाश कर रहा था।

ख़ाली कमरे पहली मंज़िल पर थे। मैंने उन बुज़ुर्ग महिला को सीढ़ियों से ऊपर चढ़ने में मदद की और उन्होंने मेरे लिए कमरे का दरवाज़ा खोल दिया। वह अंग्रेज़ी के एल अक्षर के आकार का कमरा था जिसमें दो बड़ी खिड़कियाँ थीं, और उनमें से पहली खिड़की को धक्का देकर जब मैंने खोला तो एकबारगी लगा कि बाहर से उठकर जंगल कमरे के अन्दर चला आया। चिनार, बलूत, रोडोडेंड्रोन के साथ ही अखरोट का एक पुराना पेड़, जो शायद जिज्ञासावश आगे की ओर झुक आया था। उसकी एक शाख़ खिड़की के शीशों से टकराई, ठीक उसी समय, किसी मधुर रहस्य की तरह, नीचे खोह की गहराई से, सीटी बजाते कस्तूरा का सुन्दर अकथ गीत गूँज उठा।

‘मैं इसे ले लूँगा, मिस बीन।’

मुझे इसमें कोई सन्देह नहीं था, लेकिन अगर होता भी तो उनकी आँखों में ख़ुशी की जो चमक मैंने देखी, उसने उसे मिटा दिया होता।

मिस बीन को मैंने साल-भर का किराया पेशगी दे दिया कि वह अपने दोस्तों को भिजवा दें—400 रुपये की यह रक़म उन दिनों के लिहाज़ से भी मामूली थी—फिर केयर को एक महीने का नोटिस देने और अपनी माँ को बताने के लिए मैं दिल्ली लौट आया। वह राज़ी नहीं होंगी, लेकिन वह यह भी जानती थीं कि एक बार अगर मैंने कुछ ठान लिया तो मेरा फ़ैसला बदलना बहुत मुश्किल था—और ख़ुद उनके मामले में तो बहुत हद तक नामुमकिन।

मेरा भविष्य क्या होगा, इसे लेकर मुझे कोई भ्रम नहीं था। मगर उम्र-भर की मेरी असुरक्षा की भावना मेरे सपने के आगे आ खड़ी हुई थी—केवल अपने लेखन के भरोसे जीने का एक पुराना सपना; आज़ादी का सपना। इस सपने को साकार करने में पैसे की किल्लत ही आड़े आती रही थी। मगर मैं यह भी जानता था कि अगर पैसे आने का इन्तज़ार ही करता रहा तो मुझे तब तक इन्तज़ार करना पड़ सकता है, जब तक मेरे बाल सफ़ेद नहीं हो जाते, मैं बूढ़ा और क्लान्त नहीं हो जाता। मैं क़रीब तीस साल का था—और थोड़ा जोखिम उठाने लायक़ यही उम्र थी। सपने को अगर हक़ीक़त में बदलना है तो इस बारे में कुछ करने का सही समय यही था।

खंड IV

तनहा लोमड़ी का नाच

मेपलवुड लॉज, मसूरी।
1963 की गर्मियाँ।

जंगल अब भी ख़ामोश है; यह सन्नाटा तब तक तारी रहेगा, जब तक कि रइयाँ (सिकाडा) अपना तराना छेड़ने की तैयारी में जुट न जाएँ। मोरिंडा के पेड़ की डालियों में कहीं ऊँचाई पर बैठे बसंता को जैसे बैंड-मास्टर का इशारा हुआ हो और उसने आलाप लेना शुरू कर दिया : 'उन्नीओ-उन्नीओ-उन्नीओउ!'

जंगल अब रइयाँ की जादुई गुनगुन से धड़कने लगा है।

पहाड़ी ढलानों पर गुलबहार के बड़े और सफ़ेद फूल खिल गए हैं। अल्मोड़ा घास लाल हो गई है। बग़ीचे में अपना पुराना ओलंपिया टाइपराइटर लेकर बैठा हुआ मैं सोच रहा हूँ। मैं अब भी कहानियाँ लिखता हूँ, अब भी उन्हें बेचने की कोशिश करता हूँ।

लड़कपन के दिनों में तनहा। और अब उम्रदराज़ शख़्स के तौर पर एकान्तवासी।

तनहाई मेरी चाहत नहीं थी। मेरी तलाश एकान्त की ख़ुशी थी। और वह मुझे मिल गई।

इस कॉटेज में मुझे कितनी ही गर्मियाँ, बरसातें और सर्दियाँ गुज़ारनी हैं। सुबहें बाहर की धूप में और शामें छत के साये में।

कई बार सवेरे मैं अपनी छोटी मेज़, कुर्सी और टाइपराइटर लेकर बांज के पेड़ों के नीचे एक छोटे-से टीले पर जाकर बैठ जाता हूँ, बसंता और बुलबुल सरीखे परिंदों से थोड़ी मदद लेता हूँ, जो उड़ते हुए कभी पत्तों के झुरमुट के अन्दर चले जाते और कभी वहाँ से निकलकर उड़ जाते। सफ़ेद टोपी वाली चरख़ी और ज़र्द बुलबुल तो कभी एक पल के लिए भी निश्चल नहीं रहते तो विराम चिह्न तय करने में वे मेरी मदद करते हैं।

संवाद के लिए मैं झींगुरों, रइयों और टिड्डों के भरोसे ज़्यादा रहता हूँ, जो मौजूदा हालात के बारे में लगातार बातचीत करते रहते हैं। लेकिन गहन चिन्तन

और ब्योरे की क़वायद के लिए मैं दूर निगाह दौड़ाता हूँ, जहाँ सुरमई पहाड़ियाँ नीले आसमान में विलीन होती दिखाई देती हैं; या पेड़ से टूटकर चक्कर खाते हुए नीचे गिरती किसी पत्ती पर ग़ौर करने लगता हूँ, जो टाइपराइटर की कुंजियों पर आकर ठहर जाती है।

सारा माहौल सूरज की साफ़ और गुनगुनी रौशनी में नहाया हुआ है। ऊपर पहाड़ी पर कहीं गायें चर रही हैं। वे मुझको दिखाई नही देतीं, लेकिन उनके गले में बँधी घंटियों की रुनझुन मुझे सुनाई देती है।

मैं फ़ुरसत से लिखता हूँ; कोई हड़बड़ी या जल्दबाज़ी नहीं।

मैंने 'पैंथर्स मून' और 'एंग्री रिवर' लिखीं। पहाड़ी पर मेरी मुलाक़ात नीली छतरी घुमाती हुई एक प्यारी, मुस्कुराती लड़की से हुई, और वह 'द ब्ल्यू अम्ब्रेला' की बिन्या बन गई।

एक कौआ अक्सर मुझसे मिलने आता रहता है, और मुझे अपनी कहानी सुनाता है। मैंने इसे 'अ क्रो फ़ॉर ऑल सीज़न्स' कहा।

पहाड़ी के नीचे मुझे एक छोटी-सी जलधारा मिली। इसके किनारे की छायादार जगहों पर, गहरे हरे और धानी रंगों के फ़र्न की बहुतायत है, घास वहाँ नम रहती है, और उसमें छोटे सफ़ेद फूलों के धब्बे जहाँ-तहाँ दिखाई देते हैं।

एक से दूसरे पत्थर पर फुदकती चित्तीदार दुम वाली फोर्कटेल का धीमा मधुर आह्वान सुनाई देता है, जैसे कि वह ख़ुद से बातें करती हो।

पानी की धार के किनारे चितरौल का एक जोड़ा अपनी प्यास बुझाता मिला। वे मुझे देखते हैं और फिर खड्ड से होते हुए उस पार पेड़ों में जाकर गुम हो जाते हैं।

मैं धार के साथ-साथ चलता जाता हूँ, और फिर एक दिन मुझे एक छोटा-सा झरना मिलता है। लटकती हुई एक चट्टान की ओट से सूरज की किरणें झरने के बहते पानी पर पड़तीं तो वहाँ एक छोटा-सा इन्द्रधनुष बन जाता। इन्द्रधनुष के नीचे नहाने के बाद मैं घास पर लेट गया, मेरे ऊपर ड्रैगनफ़्लाई का एक जोड़ा मँडरा रहा है, वे प्रेम में लीन थे। मुझे भी प्रेम की तलाश थी। लेकिन ढूँढ़ने से प्रेम कहाँ मिलता है।

धारा के उस पार घास से ढका हुआ एक टीला है, जहाँ देवदार का एक पेड़ है—बांज, मोरिंडा और मेपल के पेड़ों के बीच किसी अजनबी की तरह तनहा खड़ा हुआ। पीछे की ओर की पहाड़ी की चोटी पर देवदार के बेशुमार पेड़ फैले

हुए हैं, लेकिन अपनी आज़ादी की ख़ातिर यह पेड़ अपनी बिरादरी से छिटककर यहाँ उग आया है, वैसे ही जैसा कि मैंने किया है; तो मैंने इसे अपना लिया है, और अक्सर यहाँ चला आता हूँ, इसकी नीली-हरी शाख़ों के नीचे बैठकर कोई कविता लिखता हूँ या फिर यों ही बैठा कुछ सोचता रहता हूँ। यह जगह मेरी ऊर्जा का केन्द्र बन गई है—मेरा 'प्लेस ऑफ़ पावर'। मैं गरजीफ़ को पढ़ रहा हूँ।

मैंने इस देवदार वाले टीले पर एक रात बिताई, और चेरी के एक पेड़ के नीचे लेटा रहा। घंटों तक मैं जागता रहा, पानी बहने की कल-कल ध्वनि और कभी-कभार किसी छपका की टाँक-टाँक सुनते हुए, और सिर के ऊपर फैली डालियों के बीच झाँकते आसमान पर घूमते सितारों को ताकते हुए।

जिस खिड़की के क़रीब बैठकर मैं काम करता हूँ, उसके सामने की तरफ़ बाला हिसार पहाड़ी की ढलान है, जहाँ अपने देश से निष्कासित एक अफ़गान राजा रहता था। चीड़ और देवदार के पेड़ों के बीच बहती हवा गुनगुना रही है। एक छोटी, झबरी गिलहरी खिड़की की चौखट पर चढ़ आती है, इतनी ऊँचाई पर चढ़ने की कोशिश में उसकी साँसें थोड़ी उखड़ी हुई हैं।

वह हर रोज़ यहाँ आती है। उसने मेरे हाथ से खाना सीख लिया है। मैं उसे मूँगफली, डबलरोटी के टुकड़े और मटर खिलाता हूँ।

आज मूँगफली नहीं है। वह मेरी हथेली और कलाई सूँघती है, और जब उसे यक़ीन हो जाता है कि मूँगफली आज नहीं मिलनेवाली तो मटर खाने के लिए राज़ी हो जाती है। वह कुछ बैरागी क़िस्म की जीव है, शिकायत नहीं करती।

कल शाम को ज़ोरदार तूफ़ान आया। बादलों का रंग गहराता गया और फिर काला हो गया, आसमान में रह-रहकर बिजली कड़कती तो सारे पहाड़ उसकी रौशनी में चमक उठते। तूफ़ान जब तक एकदम ऊपर था तो बिजली लगातार कौंधती रही; रौशनी की यह चमक कुछ ऐसी थी मानो सेकेंड भर की देरी किये बिना कोई बिजली का स्विच ऑन-ऑफ़ कर रहा हो। बादलों की गड़गड़ाहट और बारिश सारी रात जारी रही।

मगर सुबह बहुत प्रफुल्लित करनेवाली और ताज़गी से भरी है। तेज़ हवा बादलों को उड़ाए ले जा रही है, और उनके बीच से सूरज जब-तब झाँक लेता है। मैना ख़ूब शोर मचा रही हैं, वे बहुत व्यस्त हैं, और छत में घोंसला बनाने के लिए जगह की तलाश कर रही हैं। पेड़ से गिरे पत्तों के ढेर में फुदकती चरख़ियों की नज़र अन्यमनस्क टिड्डों पर है, रह-रहकर वे उन पर लपक पड़ती हैं।

बग़ीचे की टूटी बाड़ पर बैठा एक कस्तूरा अपने पंख सुखा रहा है। वह गहरे और चमकदार बैंगनी रंग का है, उसके कन्धे पर सफ़ेद धब्बे हैं। कुछ देर तक वह चुपचाप बैठा रहता, फिर उड़कर छत पर जा बैठता है, और वहीं से संगीत की अपनी जादुई प्रस्तुति देता है। प्रदर्शन की शुरुआत वह एक झिझक-भरी सीटी से करता है, मानो सुर साध रहा हो; फिर, उस धुन से आश्वस्त होकर, अपना राग छेड़ देता है, पूरा गीत गाता है, मन में बस जानेवाली उसकी मीठी आवाज़ के आरोह-अवरोह से पहाड़ियों के पार की फ़ज़ा तक गूँज उठती है।

ख़तरे का संकेत देनेवाली पुकार से जंगल में खलबली मच गई है। डरकर भागा एक काकड़ हिरण बग़ीचे में घुस आता है। कुछ देर तक असमंजस में वह इधर-उधर भागता रहा, आख़िरकार उसे जंगल में वापस लौट जाने का रास्ता मिल गया।

सूर्यास्त के समय, मैं पेड़ में अपने कोटरों से निकलते हुए उल्लुओं को देखता हूँ। बाहर निकलने से पहले, कोटर से उनके छोटे गोल सिर, और घूरती हुई बड़ी-बड़ी आँखें झाँकती हैं। बाहर चले आने के बाद थोड़े समय तक वे बेहद शान्त बैठे रहते हैं, जैसे कि नींद से अभी पूरी तरह जागे न हों। फिर, अचानक, वे कुड़कुड़ाना शुरू कर देते हैं, और अन्ततः तेज़ आवाज़ में लगातार किटकिटाते हैं, फिर अपने छोटे, गोल पंख फैलाकर रात के शिकार के लिए रवाना हो जाते हैं।

इसके बाद सन्नाटा छा जाता है। सिर्फ़ साही की बेचैन खिच-खिच, और खिड़की के शीशों से टकरानेवाले पतंगों की मद्धम धप-धप का स्वर बचा रह जाता है।

बिजली चली जाती है। पहाड़ी के ऊपर पीला चाँद खिला दिखाई देता है।

~

मैं जब यहाँ रहने आया था, उसके सत्तर साल पहले से मेपलवुड लॉज इन पुराने पेड़ों के बीच आबाद था और जंगल का ही एक हिस्सा बन चुका था। इसकी ओलती में चिड़ियों का बसेरा था; इमारत में लगी लकड़ियों में गुबरैलों के भी घर थे; अटारी में एक जंगली बिल्ली रहती थी। यहाँ के इन नागरिकों में से कुछ तो मेरी रिहाइश के दौरान भी यहीं बने रहे।

जैसा कि मैंने लिखा है, पहली बार जब मैंने इस कॉटेज को देखा था, वह वसंत का मौसम था। आसपास का जंगल पूरे सबाब पर था—बांज और मेपल नई हरी पोशाकों में सजे हुए थे; लाल चोंच वाली चमकीली लम्बपूँछियों की क़तार आपस में फ़ॉलो-द-लीडर सरीखा कोई खेल खेलती हुई दिखाई देतीं। कॉटेज के ऊपर एक बहुत ऊँचा, बहुत पुराना मेपल था, और शायद इस पेड़ की वजह से

ही उस घर को अपना नाम मिला था। इस पेड़ का एक हिस्सा बिजली गिरने से झुलसकर काला हो गया था, लेकिन इसका बाक़ी हिस्सा सलामत बचा रह गया था, और कठफोड़वों का यह पसन्दीदा ठिकाना था—पेड़ की पुरानी छाल के नीचे सैकड़ों, या शायद हज़ारों, छोटे कीड़े-मकोड़ों का बसेरा था। बेशक, यह हिमालयी मेपल (किरमोली) था, जो उत्तरी अमेरिका के मेपल से काफ़ी अलग होता है; अलबत्ता पंखों वाली बीज-फलियाँ दोनों में एक तरह की होती हैं, ज़मीन पर गिरते हुए जो हवा में घूमती और लहराती हैं, और इसी वजह से गढ़वाली इसे 'तितली वृक्ष' कहते हैं।

वाइनबर्ग एलन स्कूल के पीछे जानेवाले मुख्य रास्ते से तेज़ ढलान वाला एक सँकरा रास्ता कॉटेज तक जाता था। तेज़ बारिश के दौरान, यह रास्ता जलधारा में तब्दील हो जाता तो सारी मिट्टी बह जाती, जिससे यह बेहद पथरीला और ऊबड़-खाबड़ हो जाता। दरअसल, एक खुली जगह को पार करता हुआ यह रास्ता सीधे पहली मंज़िल के सामनेवाले दरवाज़े तक जाता था, जहाँ मैं रहता था। कॉटेज का भू-तल वाला हिस्सा बाला हिसार पहाड़ी के साये में छिपा हुआ था; नीचे की तरफ़ जानेवाली छोटी-छोटी सीढ़ियों से होकर वहाँ पहुँचा जा सकता था, और जब रास्ता पानी में डूबा हुआ होता था तो पानी का तेज़ बहाव इन सीढ़ियों पर भी होता था। अस्सी से ऊपर की मिस बीन भू-तल पर बने दो छोटे कमरों में रहती थीं।

मेपलवुड वह पहली जगह थी, जिसे मैंने देखा था, फिर और दूसरी जगहों को देखने की ज़हमत मैंने नहीं उठाई। वास्तव में यह कोई आदर्श जगह नहीं थी। कॉटेज का सामनेवाला हिस्सा पूरब की ओर था, और चूँकि इसे पहाड़ी की छाया में बनाया गया था, इसलिए सुबह के सूरज की रौशनी तो यहाँ पहुँचती थी मगर ढलता हुआ सूरज हमेशा ही गुम रहता था। दोपहर के तीन बजते-बजते पहाड़ी का साया कॉटेज के ऊपर सरक आता था। गर्मी के दिनों में तो कोई हर्ज़ नहीं था (हालाँकि मसूरी की गर्मियाँ कभी गर्म नहीं होती थीं), लेकिन सर्दियों में तो दोपहर के बाद ही घर ठंडा और अँधेरा हो जाता था। घर के अन्दर से न तो बर्फ़ का नज़ारा दिखता और न ही मैदानों का। लेकिन कॉटेज के नीचे की ओर फैला जंगल सम्भावनाओं से भरा हुआ लगता था, और उस तरफ़ खुलनेवाली खिड़कियों ने ही शायद मुझे फ़ैसला लेने में मदद की थी। और सीटी बजाते हुए उस कस्तूरा ने भी, जिसने उस दोपहर को ऐन वक़्त पर अपना गीत छेड़कर न सिर्फ़ घाटी को गुँजा दिया था, बल्कि मेरा मन भी मोह लिया था।

खिड़की के पास ही मैंने अपने बैठने का इन्तज़ाम किया और बदलते मौसमों के बीच, मैं लगातार लिखता गया। लेखक के तौर पर अपनी ज़िन्दगी में किसी और

समय के मुक़ाबले मैंने इसी समय ज़्यादा लिखा—और मुझे लगता है कि बढ़िया भी लिखा। अपनी ज़्यादातर कहानियाँ मैंने मेपलवुड में रहते हुए ही लिखीं—वे सारी कहानियाँ जो 'ऑवर ट्रीज़ स्टिल ग्रो इन देहरा', 'द नाइट ट्रेन टू देवली' और 'टाइम स्टॉप्स एट शामली' नाम के संग्रहों में शामिल हुईं। उन दिनों में लिखे गए रोज़नामचे ने मुझे कथेतर किताबें लिखने की सामग्री मुहैया की, और बाद में लघु उपन्यासों और कहानी-संग्रहों के लिए भी। वह पुराना कॉटेज एक संघर्षशील नौजवान लेखक पर बहुत ज़्यादा मेहरबान था।

वहाँ ध्यान बँटाने के बहाने बहुत कम थे। शुरू के कुछ सालों में मैं ज़्यादातर अकेला ही रहा—गर्मियों को छोड़कर, जब घूमने-फिरने के इरादे से कुछ मेहमान चले आते थे—वैसे भी, मसूरी ख़ुद ही बहुत शान्त जगह थी, ख़ासकर बारिश और सर्दियों के दिनों में। अंग्रेज़ों के बसाए दूसरे पहाड़ी शहरों की तरह, मसूरी का आकर्षण भी 1950 और 60 के दशक में उतार पर था; मॉल पर आज जितनी भीड़ दिखाई देती है, उन दिनों इसके आधे लोग भी वहाँ नहीं दिखते थे, और जाड़े के दिनों तो सारे होटल और अधिकांश दुकानें बन्द हो जाती थीं। यहीं के बाशिन्दों के लिए कुछ रेस्तराँ ज़रूर खुले रहते थे। उन दिनों का मसूरी सैलानियों की भीड़ पर आश्रित नहीं था; बोर्डिंग स्कूल यहाँ की अर्थव्यवस्था की रीढ़ थे, और जब सर्दियों की छुट्टियों के लिए स्कूल भी बन्द हो जाते तो यह छोटा-सा शहर वीरान हो जाता था।

शहर के बाहरी हिस्से में तमाम उजाड़ घर थे। मसूरी के ज़्यादातर पुराने कॉटेज यहाँ के अंग्रेज़ बाशिन्दों के बनाए हुए थे, और कुछ को छोड़कर, 1947 के बाद वे सारे लोग बेहद हड़बड़ी में या तो घर यों ही छोड़कर या फिर औने-पौने दामों में बेचकर यहाँ से चले गए थे। जायदाद की क़ीमतों में तेज़ी से गिरावट आई थी, जिसके चलते उन घरों का मोल बहुत कम रह गया था, और चूँकि उन्हें किराएदार लेनेवाले भी बहुत कम लोग थे, इसलिए नये मालिकों में से कई ने ख़ाली घर कबाड़ियों को बेच दिये थे। और कबाड़ी भी उन घरों में रहना थोड़े ही चाहते थे; उन्होंने उन घरों को गिरा दिया, और दरवाज़े-खिड़कियाँ, लोहा-लक्कड़, लकड़ी के फ़र्श, छतों की टिन, बाथरूम की फ़िटिंग, और वह सारा सामान जो कहीं और इस्तेमाल के लायक़ था या जिसे कबाड़ में बेचा जा सकता था, निकाल लिया। अब ये ख़ाली ढाँचे—सिर्फ़ पत्थर की दीवारें और छत का थोड़ा-बहुत हिस्सा—मसूरी के बाहरी इलाक़े में फैले हुए थे, जहाँ जंगली बिल्लियाँ, डाकू, उल्लू और बकरियों का बसेरा रहता, कभी-कभार कोयला जलानेवाले या ख़च्चरों के साईस, या फिर निराले ख़ानाबदोश आकर ठहर जाते।

इन्हीं खँडहरों के बीच, मिस बीन जैसे कुछ पुराने अंग्रेज़ों और एंग्लो-इंडियन बाशिन्दों ने अपनी ज़िन्दगी के आख़िरी दिन बिताए।

'मैं हिन्दुस्तान की आख़िरी बीन हूँ,' वह कहतीं। 'और जल्दी ही मैं भी चली जाऊँगी।'

वह छियासी साल की थीं, मगर उन्हें देखकर आप उनकी उम्र का अन्दाज़ा नहीं लगा सकते थे—वह चुस्त और फुर्तीली थीं और ठीक-ठाक दिखाई देने के लिए कुछ जतन भी करती थीं। उन पाँच सालों में जो हमने साथ बिताए, मैंने एक बार भी उन्हें अव्यवस्थित या मैला-कुचैला नहीं पाया। गुज़रे ज़माने के फ़ैशन वाली जो पोशाकें वह पहनती थीं, वे साफ़ और अच्छी तरह से इस्त्री की हुई होती थीं, कभी-कभी वह टोप भी लगा लेती थीं। उनकी याददाश्त बहुत बढ़िया थी, और इलाक़े के फूलों, पेड़ों, परिंदों और वन्य-जीवन के बारे में उन्हें ढेर सारी जानकारी भी थी—इन चीज़ों के बारे में उन्होंने बाक़ायदा पढ़ाई नहीं की थी, मगर इतने लम्बे समय तक यहाँ रहते हुए, अपने आसपास फलने-फूलनेवाली हर चीज़ से अपनेपन का रिश्ता बनाकर उन्होंने यह समझ विकसित की थी। इंग्लैंड का कोई ट्रस्ट उन्हें चालीस या पचास रुपये की पेंशन भेजता था, अपना घर बेचने के बाद मिली मामूली रक़म चुक जाने के बाद अब यह पेंशन ही उनका अकेला आसरा थी।

उन्होंने मुझे बताया था कि उनका घर ख़ासा बड़ा था, जो उनके माता-पिता के गुज़र जाने के बाद विरासत में उनको मिला था। उनकी एक बीमार बहन भी थी। वह कई सालों तक उसकी सेवा-टहल करती रहीं, फिर वह भी चल बसी। चूँकि उनके पास आमदनी का कोई ज़रिया नहीं था, इसलिए उन्होंने बोर्डिंग-स्कूल के छात्रों को घर में रखा, मगर चूँकि कारोबारी समझ उनमें नहीं थी तो इस इन्तज़ाम में उन्हें नुकसान होने लगा। आख़िरकार, वह घर उन्होंने किसी स्थानीय व्यापारी को बहुत सस्ते में बेच दिया और मेपलवुड लॉज के भू-तल पर दो छोटे कमरों में रहने आ गईं। यह उनकी दोस्तों की रहमदिली की वजह से मुमकिन हो सका, जिसके लिए गॉर्डन बहनों की वह हमेशा एहसानमन्द रहीं।

पहाड़ी की छाया में रहनेवाली मिस बीन को अकेलापन ज़रूर महसूस होता रहा होगा, तभी तो मैं जब ऊपर की मंज़िल पर रहने के लिए आया तो वह उत्साहित हो गई थीं। जैसे-जैसे उम्र बढ़ती जा रही थी, अपने कमरे और छोटे-से बग़ीचे से वह उतना बाहर नहीं निकल पाती थीं, जितना कि वह चाहती रही होंगी, और उनके पास आनेवाले भी गिने-चुने लोग ही थे—कभी-कभी वाइनबर्ग एलन स्कूल के शिक्षक, शहर के चर्च के पादरी, हफ़्ते में दो बार दूधवाला और महीने में एक बार डाकिया। उनके पास एक बूढ़ा बैरा भी था, जो कई वर्षों से उनके

साथ था। मुझे नहीं लगता कि वह उसे ज़्यादा दिनों तक रख सकेंगी, लेकिन वह किसी तरह उसे थोड़े-बहुत पैसे दे दिया करतीं, और वफ़ादारी के चलते उसका आना भी जारी रहा, शायद इसलिए भी कि वह ख़ुद बूढ़ा हो गया था; और दूसरी किसी जगह काम करने के बहुत मौक़े उसके पास भी नहीं रहे होंगे। सबेरे वह देर से आता था और अँधेरा होने से पहले ही चला जाता था। तब वह अकेली रह जाती थीं, और अकेलापन बाँटने के लिए उनके पास कोई पालतू जानवर भी नहीं था। बहुत पहले उनके पास एक छोटा कुत्ता हुआ करता था, लेकिन उसे भी एक तेंदुआ उठा ले गया।

यह वाक़या एक रोज़ दोपहर बाद का है। अपनी एक दोस्त के घर चाय पार्टी में जाने के लिए वह रिक्शा में बैठी कैमल्स बैक रोड से गुज़र रही थीं, कुत्ता उनकी गोद में बैठा हुआ था। तभी अचानक, पहाड़ी से उतरे एक तेंदुए ने रिक्शे के ऊपर छलाँग लगाई, उनके हाथ से कुत्ते को झपटकर वह दूसरी तरफ़ कूदा और जंगल में खो गया। गहरे सदमे की हालत में, ख़ाली हाथ, वह वहीं बैठी रह गईं, हालाँकि उन्हें खरोंच तक नहीं आई थी। दोनों रिक्शा वालों ने कहा कि अपने पीछे उन्हें सिर्फ़ ज़ोर का झटका महसूस हुआ और जब तक उन्होंने मुड़कर देखा, तेंदुआ जा चुका था।

यह सारा ब्योरा मैंने उन कई शामों में इकट्ठा किया, जो मैंने कॉटेज में उनके साथ बैठकर बतियाते हुए बिताई थीं। मेपलवुड में पहले कुछ वर्षों तक मेरे लिए खाना बनानेवाला कोई नहीं था। बहुत बार शाम को मैं डिब्बा बन्द खाना खाता था, और कभी-कभी सार्डिन मछली का अपना डिब्बा या सॉसेज़ मिस बीन के साथ साझा करने के लिए नीचे चला जाता था। खाने के मामले में वह बहुत किफ़ायतपसन्द थीं—शायद हमेशा से ही उन्हें भूख कम लगती थी, या इतने वर्षों तक कम खाते रहने की वजह से उनकी काया इसकी अभ्यस्त हो चुकी थी—इसलिए सचमुच मैं ख़ुद को खाने से ज़्यादा महरूम नहीं कर रहा होता था। और इस अनुग्रह के बदले में वह बेहतरीन चाय और कॉफ़ी पिलातीं।

हम देर तक बातचीत किया करते थे। मिस बीन मसूरी के क़िस्से सुनाती थीं, जहाँ वह अपनी किशोर उम्र से ही रहती आई थीं, और अपने बारे में भी कहानियाँ सुनातीं (जिनमें से बहुतेरी मेरी अपनी कहानियों में शामिल हो गई हैं)। उन्हें वह ज़माना याद था, जब मसूरी में बिजली आई थी—1912 में। भारत के ज़्यादातर हिस्सों में पहुँचने से बहुत पहले बिजली यहाँ आ गई थी। देहरा आनेवाली पहली रेलगाड़ी और मसूरी तक आनेवाली पहली मोटर रोड की यादें भी इनमें शामिल थीं। जब तक मोटर रोड नहीं बनी थी, सब लोग राजपुर से घोड़े वालों के पुराने

रास्ते से होकर पैदल आते, या घोड़े की सवारी करते, या फिर डैंडी में बैठकर मसूरी पहुँचते, जिसे पसीने से तरबतर चार कुली उठाकर चलते थे।

मिस बीन को वह गुज़रा हुआ ज़माना बेतरह याद आता, जब इस पहाड़ी ठिकाने पर ख़ूब हलचल रहा करती थी—पिकनिक और चाय पार्टियाँ होती थीं और चटख़ारेदार कलंक-वार्ताएँ हवाओं में तैरा करतीं। यह शरारतों और जुनून की जगह थी और दोनों ही में उन्हें मज़ा आता था। उनकी जवानी के दिनों में, कई नौजवान उनसे ब्याह के इच्छुक थे, फिर भी उन्होंने शादी नहीं की तो इसकी वजह उनकी अनदेखी नहीं बल्कि ख़ुद उनकी अनिच्छा और टालमटोल थी। ऐसे में जबकि चारों तरफ़ प्रेम करनेवालों के घर से भाग जाने और शादियाँ टूटने के क़िस्से ज़िन्दगी में सनसनी पैदा कर रहे थे, अकेले ही रहने का अपना संकल्प निभा ले जाने में वह कामयाब रहीं, यहाँ तक कि मसूरी में फलने-फूलनेवाले स्कूलों में से एक, जहाँ वह वाग्मिता का विषय पढ़ाती थीं, वह भी गोपन सम्बन्धों की खान था, और यह बात सर्वविदित थी।

वह मार्च की एक शाम थी। उनके कमरे की इकलौती कुर्सी पर मैं खिड़की के क़रीब बैठा हुआ था। मैंने उनसे पूछा, 'आपको कभी लगता नहीं कि काश आपने भी कुछ किया होता।'

'मुझे क्या लगता है, क्या किया होता मैंने?' उन्होंने अपने बिस्तर में से ही सवाल किया, जहाँ उन्होंने गर्म पानी की तीन बोतलें अपने आसपास दबा रखी थीं।

'ब्याह। या फिर प्रेम।'

उनकी दबी हुई हँसी सुनाई दी।

'प्रेम तो मुझे हुआ था। लेकिन मेरे पिता नायाब निशानेबाज़ थे, पिस्तौल हो या राइफ़ल दोनों से उनका निशाना अचूक था तो उन नौजवान लड़कों की हिफ़ाज़त की ख़ातिर मुझे बहुत एहतियात बरतनी पड़ती थी। जहाँ तक शादी की बात है तो अगर मैं शादी कर भी लेती तो शायद मुझे पछताना पड़ता।'

बाहर हवा तेज़ हो गई थी, दरवाज़े और खिड़कियाँ ज़ोर-ज़ोर से भड़भड़ा रहे थे, हवा अन्दर आने के लिए बेताब थी। चिमनी में दाख़िल होकर भीतर आने की कोशिश में हवा बीच में ही कहीं फँस गई थी, उसका दम घुट रहा था और मारे खीज के वह घरघरा रही थी।

'आपकी चिमनी में कोई भूत है और वह बाहर नहीं निकल पा रहा है,' मैंने कहा।

'तो फिर उसे वहीं रहने दो,' मिस बीन ने जवाब दिया।

हमारे घर से ऊपर की तरफ़ एक निर्जन पहाड़ था, जिसे परी टिब्बा कहा

जाता था। गाँव वाले कहते थे कि वहाँ केवल आकाशीय आत्माएँ ही रहती हैं। मिस बीन उसे जली पहाड़ी या चुड़ैलों की पहाड़ी कहती थीं। जली पहाड़ी, इसलिए कि उस पर बार-बार बिजली गिरती थी; चुड़ैलों की पहाड़ी, क्योंकि माना जाता था कि वह प्रेतबाधित जगह थी।

'तुम्हें परी टिब्बा के बारे में तो मालूम है न?' उन्होंने पूछा।

मैंने इनकार किया तो उन्होंने मुझे बताया।

शुरुआती दिनों में, जब मसूरी को बसाया जा रहा था, परी टिब्बा पर कुछ घर आबाद हुए थे लेकिन उन पर बार-बार बिजली गिरती और वे जल जाते थे तो लोगों ने वहाँ रहना छोड़ दिया। उन्हीं दिनों की बात है, प्रेम करनेवाला एक नौजवान जोड़ा ब्याह करके घर बसाना चाहता था, मगर चूँकि वे अलग-अलग धर्मों के थे और उनके घरवालों को उनकी शादी पर एतराज़ था; तो वे दोनों घर से भाग आए और रात बिताने के लिए परी टिब्बा के खँडहर हो चुके घरों में से एक घर में ठहर गए, जहाँ उन दोनों को एक होने से कोई नहीं रोक सकता था।

'तभी ज़ोर का तूफ़ान आया—जैसा कि वहाँ अक्सर होता है—उसी घर पर फिर से बिजली गिर गई, और एक-दूसरे की बाँहों में समाया वह प्रेमी जोड़ा ख़ाक हो गया। कई दिनों के बाद किसी चरवाहे को उनकी जली हुई लाशें मिलीं।'

'यह तो बड़ी रूमानी कहानी है,' मैंने कहा।

'लेकिन यह कहानी नहीं है,' उन्होंने दृढ़ता से कहा।

कहा जाता था कि उन नाख़ुश प्रेमियों की आत्मा पहाड़ी पर भटकती है। मिस बीन ख़ुद भूतों में यक़ीन नहीं करती थीं, लेकिन कुछ भूत उन्होंने देखे थे। उनके परिवार पर एक दुष्ट प्रेतात्मा का साया मँडराता रहा था, जो उनके किसी रिश्तेदार की मृत्यु से पहले हमेशा दिखाई देता था। उन्होंने बताया कि उनकी माँ की मौत से ऐन एक रात पहले उनके भाई ने उस बद-रूह को देखा था, और ख़ुद उन्हें और उनकी बहन को वह उनके पिता की मृत्यु से पहले दिखाई दिया था। दोनों बहनें एक ही कमरे में सोती थीं, और एक रात उनके बिस्तर के सामनेवाली अलमारी में एक अजीब-सी आवाज़ हुई जिससे वे दोनों जाग गईं। उनमें से एक यह देखने के लिए बिस्तर से बाहर निकलने लगी कि कहीं उनकी बिल्ली तो कमरे में नहीं घुस आई है, तभी अलमारी का दरवाज़ा अचानक खुला और एक चमकता हुआ सिर दिखाई दिया। उलझे हुए बालों से ढका हुआ वह चेहरा काफ़ी हद तक गल चुका था। और जैसे ही उन दोनों ने अपने सीने पर क्रॉस बनाया, वह ग़ायब हो गया।

अगले रोज़ उन्हें मालूम हुआ कि लखनऊ में उनके पिता की अचानक मृत्यु हो गई, उनकी मौत तक़रीबन उसी वक़्त हुई, जब उन्हें वह सिर दिखाई दिया था।

~

उन दिनों मसूरी में सिर्फ़ तीन कारें थीं, और सभी डॉक्टरों की थीं, एक या दो टैक्सी भी रही होंगी। वहाँ तब हत्थू रिक्शा ही अकेला साधन हुआ करते थे, और कभी-कभी, खड़ी चढ़ाई पर, किसी एक सवारी को ढकेलने के लिए तीन-तीन लोगों की ज़रूरत पड़ती थी। रिक्शा खींचनेवाले ये ग़रीब लोग टिहरी गढ़वाल के गाँवों के थे, जो तब तक इसी पेशे की अनिश्चित आमदनी से अपनी ज़िन्दगी की गाड़ी खींचते रहे। फिर 1970 के दशक में हत्थू रिक्शों का चलन ख़त्म हो गया, और उन लोगों को साइकिल-रिक्शे दे दिये गए।

मगर रिक्शे का इस्तेमाल आप सिर्फ़ उसी सूरत में करते थे, जब आपको कहीं पहुँचने की जल्दी या अस्पताल जाने जैसी कोई गम्भीर स्थिति होती, या अगर थोड़ा ज़्यादा दूर तक जाना हो, या कि आपके पास इतना भारी सामान हो कि उसे लेकर चलना दुश्वार लगता। वरना ज़्यादातर तो आप पैदल ही चलते थे।

हफ़्ते में दो या तीन बार मैं पैदल ही शहर तक जाता था। मुझे इलाहाबाद बैंक, डाकख़ाने और किताबों की दुकान पर जाना होता था, कॉफ़ी पीने या हल्का-फुल्का कुछ खाने के इरादे से जब-तब क्वालिटीज़ पर भी रुक जाता था। नवम्बर के दूसरे हफ़्ते तक शहर का मुख्य इलाक़ा वीरान हो जाता। अगर कहीं बर्फ़बारी हो गई तो नौजवान लोग ज़रूर बर्फ़ का मज़ा लेने और थोड़ा गुलगपाड़ा करने के लिए राजपुर से मॉल तक चले आते थे, मगर रात तक कोई नहीं रुकता था। ऐसे कुछ लोग जिन्हें कहीं नहीं जाना होता था, मुझसे पूछते कि सर्दियों में मैं कहीं जाता क्यों नहीं हूँ। यहाँ तक कि मिस बीन भी महीने-भर के लिए वाइडब्ल्यूसीए (यंग विमेन क्रिश्चियन एसोसिएशन) के देहरादून हॉस्टल में चली जाती थीं।

जाड़ा हो, गर्मी या बरसात, मुझे अपने कमरों में रहकर लिखने या फिर आराम करने में ख़ुशी मिलती, या घर के बाहर निकलकर और कोई एक रास्ता पकड़ लेता, कोई भी रास्ता, और उस पर तब तक चलता जाता, जब तक कि वह मुझे किसी जंगल के मुहाने, किसी नदी के किनारे या किसी पहाड़ी की चोटी तक नहीं पहुँचा देता। रात में पैदल घूमना मुझे अच्छा लगता था। उस पहर में रास्तों पर कोई नहीं और मिलता था, कभी-कभार कोई भटका हुआ शराबी अलबत्ता मिल जाता, आमतौर पर जिसे अपने घर के रास्ते की तलाश होती थी और चूँकि मेरे पास इफ़रात समय होता था तो रास्ता ढूँढ़ने में मैं उसकी मदद कर देता। ऐसे मामलों को छोड़ दें तो मेरी सैर नितान्त एकाकी, ख़ासी सुकून भरी और सुखद होती। मुझे कभी किसी ने तंग नहीं किया, न तो इनसान और न ही जानवर ने।

अपने आसपास के पेड़ों और झाड़ियों के बीच ख़ामोश ज़िन्दगी की मौजूदगी को लेकर मैं हर वक़्त सचेत रहता था, सड़क पर चलते समय भी। दो-एक बार मैंने तेंदुए की गन्ध महसूस की, लेकिन वह कभी दिखा नहीं। किसी देह की गरमाहट को मैं अपने पीछे बहुत क़रीब महसूस करता, लेकिन जब मुड़कर देखता तो वहाँ कोई नहीं होता था।

कभी-कभी यह सन्नाटा टूट जाता था : दूर कहीं पर सियार बोल उठते, उनकी हुआँ-हुआँ सुनाई देती; झँझरी-सी तुर्श आवाज़ में कोई छपका अपने होने का पता देता, ऐसा लगता कि किसी ने हवा में ज़ोर से चाबुक फटकारा हो। सिर्फ़ एकाक्षर में बात करनेवाले एक नन्हे उल्लू ने मद्धिम स्वर में मगर बहुत सोच-विचार के बाद कहा, 'वाओ'। फिर तो वह हर एकाध मिनट के बाद 'वाओ' कहता और रात-भर घंटों तक लगातार यही मंत्र जपता रहता।

या फिर सिर के ऊपर कोई सरसराहट सुनकर निगाह उठाता तो उड़न गिलहरी को देवदार के एक पेड़ के शिखर से दूसरे की तरफ़ तैरता हुआ पाता। (चाँदनी रात में, यह बहुत सुन्दर नज़ारा होता था।)

और कभी-कभी मैं कहीं खड़ा होकर यूँ ही देखता रहता। पेड़ों से बहुत ऊँचाई पर, दूर आसमान में तारों की धाराएँ एक दूसरे के ऊपर बहती दिखाई देतीं। और अगर ख़ुशक़िस्मत हुआ तो आकाशगंगा के सितारों की मौज और उनकी चमकती आभा भी देखने को मिल जाती।

मैं एकाकी इनसान ठहरा तो एकाकी लोगों से ही मिला किया। मुलाक़ातें भी क्षणिक।

एक शाम टिहरी रोड पर टहलता हुआ मैं काफ़ी दूर तक निकल गया, जितनी दूर जाने की सोची थी उससे कहीं ज़्यादा आगे तक और जब मैं लौटने लगा, तब तक बहुत देर हो चुकी थी। पहाड़ियों पर कहीं-कहीं रौशनी अब भी झिलमिला रही थी, लेकिन पुराने लंढौर बाज़ार की दुकानें बन्द हो चुकी थीं और वहाँ सन्नाटा छा गया था। उस सँकरी सड़क के दोनों तरफ़ रहनेवाले लोगों को मेरे क़दमों की आहट सुनाई देती होगी, या शायद वे सो चुके होंगे, क्योंकि वह सर्द रात थी; घरों के दरवाज़े और खिड़कियाँ बन्द थे। कुबड़ा चाँद निकल आया था, और बाज़ार में दुकानों की ओस में भीगी हुई टिन की छतें चाँदनी में चमक रही थीं। सड़क पर हालाँकि रौशनी नहीं थी, फिर भी मुझे टॉर्च की ज़रूरत नहीं थी।

रिक्शा स्टैंड सुनसान पड़ा था। एक सियार मिला, जो किसी चोर या व्यभिचारी इनसान की तरह, दबे पाँव सड़क पार कर रहा था। दुकान के बाहर लकड़ी के गल चुके पटरे के छेद से कुलबुलाता हुआ एक चूहा बाहर निकला, यह वक़्त

उसके अनाज और दालों के बोरों पर हमला बोलने का था।

उस सुनसान सड़क से गुज़रते हुए, घंटाघर के साये में मैंने एक लड़के को देखा, वह एक कोने में गठरी बना बैठा था, एक पतली-सी शॉल उसके कन्धों पर लिपटी हुई थी। वह जाग रहा था और काँप रहा था। उसे मेरी मौजूदगी का पता चल गया था, मगर उसने मेरी ओर नहीं देखा; वह काँपता रहा, और मैं उसके पास से गुज़र गया, मैं पहले ही अपनी कॉटेज की गरमाहट के ख़यालों में गुम था। फिर अचानक किसी चीज़ ने मुझे रोक लिया—नहीं, इसकी वजह यह नहीं थी कि मैंने उसके चेहरे पर कुछ देख लिया था, उतना देख पाने लायक़ उजाला ही वहाँ नहीं था। मुझे लगता है कि इसकी वजह यह थी कि उसने चेहरा उठाकर ऊपर देखा नहीं था—उसने ख़ामोशी से अपनी नियति को स्वीकार कर लिया था; उसे इस दुनिया से कोई उम्मीद नहीं रह गई थी।

मैं वापस उस साये की ओर लौटा, जहाँ वह लड़का दुबका हुआ था। जब मैं जाकर उसके पास बैठ गया तब भी वह कुछ नहीं बोला, लेकिन इस बार उसने सिर उठाकर ऊपर देखा, उसके चेहरे पर हैरानी और थोड़ी आशंका का मिला-जुला भाव उभर आया, वह जैसे ख़ुद को और सिकोड़ लेने या फिर किसी ऐसी ग़लती के लिए माफ़ी माँगने के लिए तैयार लगता था, जो उसने की ही नहीं थी। उसके नैन-नक्श देखकर मैं बता सकता था कि वह टिहरी के पार के पहाड़ों से आया था। वह काम की तलाश में यहाँ आया था और अभी तक उसे कोई काम नहीं मिला था।

'तुम्हारे पास रहने की कोई जगह है?' मैंने पूछा। उसने सिर हिलाकर मना कर दिया; लेकिन मेरे पूछने के लहज़े में कुछ ऐसा था, जिससे उसकी हिम्मत बँधी, क्योंकि अब उसकी आँखों में उम्मीद टिमटिमाने लगी थी, उनमें एक दोस्ताना झलक थी।

'तुम अगर थोड़ी दूर चल सको,' मैंने पेशकश की, 'तो मैं तुम्हें एक बिस्तर और कम्बल दे सकता हूँ।'

वह झट से उठ खड़ा हुआ—दुबली-पतली काया वाले उस लड़के के बदन पर सिर्फ़ एक क़मीज़ और पायजामा था। उसने अपनी पतली शॉल कसकर लपेट ली और बेझिझक मेरे पीछे चल पड़ा।

उसने मुझ पर भरोसा किया था। अब मैं उस पर भरोसा करने से पीछे नहीं हट सकता था।

तो अब चाँदनी में नहाए उस सोये हुए बाज़ार में हम दो लोग थे। मैंने उन ऊँचे और बन्द, बेतरतीब घरों पर निगाह डाली। ऊष्मा और साहचर्य पाने के लिए

वे एक-दूसरे की ओर झुके हुए मालूम पड़े।

लड़का चुपचाप मेरे साथ चल रहा था। वह ख़ामोश तबीयत का इनसान था। जल्दी ही हम बाज़ार से बाहर निकलकर फ़ुटपाथ पर आ गए। हमारे ऊपर की तरफ़ पहाड़ धुँधले और डरावने दिख रहे थे। और हालाँकि जंगल के किसी जीव ने मुझे कभी नुक़सान नहीं पहुँचाया, फिर भी उस वक़्त मुझे ख़ुशी हो रही थी कि मैं अकेला नहीं था, कोई मेरे साथ चल रहा था।

सुबह मैंने उसे नहाने के लिए गर्म पानी दिया। उसने हमारे लिए चाय बनाई, मैं कुछ बासी पावरोटी निकाल लाया और उनसे हमने अपना नाश्ता तैयार किया। फिर वह चला गया। उसके जाने के बाद ही मुझे ख़याल आया कि मैं उसे अपने यहाँ रसोइये या बैरे के तौर पर काम करने की पेशकश कर सकता था। उसे बढ़िया तनख़्वाह देने लायक़ मेरी आमदनी नहीं थी, मगर कम से कम वह भूखा नहीं रहता और फिर उसके पास रहने का ठिकाना भी होता, यहाँ रहते हुए वह अपने लिए कोई बेहतर काम तलाश कर सकता था।

लेकिन हमारी मुलाक़ात के हालात और ख़ुद उसके बारे में भी कुछ ऐसा था, जिसने मुझे ऐसा करने से रोक दिया। मुझे लगा कि परोपकार करने, या किसी भी तरह के लेन-देन के चक्कर में पड़कर हम उस भावना का सत्यानाश कर बैठते, जो थोड़े समय के लिए हमें क़रीब ले आई थी। शायद उसे भी ऐसा ही महसूस हुआ होगा, क्योंकि मैंने उसे फिर कभी नहीं देखा।

~

मैं एकान्त में रहनेवाला आदमी था, मगर नाख़ुश हरगिज़ नहीं था। अपने अकेलेपन का भी मैंने ख़ूब आनन्द लिया। लेकिन कितने ही विलक्षण नज़ारे हैं, जो मैंने देखे; कितने ही दिलचस्प लोग हैं जिन्हें देखकर मैं चकित हुआ। समाज से ख़ारिज लोग। मसलन, डीन स्प्रेड, तीसेक बरस के उस शख़्स को बचपन में ही छोड़ दिया गया था। कमज़ोर-दिमाग़ होने की वजह से वह लगकर कोई काम नहीं कर पाया था। फिर उसने कबाड़ियों सरीखा काम शुरू किया, वह पुराने अख़बार, बोतलें और बेकार घरेलू सामान इकट्ठा करता फिरता। बेढब कपड़ों में, जो ज़ाहिर है कि लोगों के छोड़े हुए पुराने कपड़े होते थे, कन्धे पर एक बोरा लादे घूमनेवाला वह विचित्र इनसान बस्ती में एक पहचाना हुआ चेहरा था। घर-घर जाकर वह ऐसा सामान इकट्ठा करता, जो बिकने के क़ाबिल हो। जब उसका बोरा भर जाता तो सात मील नीचे राजपुर तक वह पैदल जाता और जुटाया हुआ अपना सारा सामान शहर के किसी कबाड़ी की दुकान पर दे देता। इन्हीं कबाड़ियों में से किसी की

बेतरतीब दुकान के पिछवाड़े की तंग जगह या गोदाम के फ़र्श पर ही वह सो जाता। वह चाय और डबलरोटी पर जीता था।

चूँकि उसका रंग गोरा और आँखें नीली थीं, इसलिए अपनी ही तरह से आजीविका कमानेवाले दरिद्रों की जमात में भी वह अलग दिखाई देता था। एक अंग्रेज़ कबाड़ी? विचित्र प्रजाति का जीव। थका-माँदा वह जब भारी क़दमों से मसूरी के आसपास के रास्तों से गुज़र रहा होता तो बच्चे अक्सर उसका पीछा करते और उसे परेशान करते थे। लड़के उसे चिढ़ाते थे और वह पलटकर उन पर चिल्लाने की ग़लती कर बैठता तो फिर वे उस पर पत्थर चलाने लगते थे।

'मिस्टर बॉन्ड,' वह मुझसे शिकायत करता, 'ये लड़के मुझे गालियाँ दे रहे हैं, मुझे पत्थर मार रहे हैं। क्या आप कुछ नहीं कर सकते?'

'जब तक वे चले न जाएँ, तुम यहीं बैठे रहो,' मैं उससे कहता। 'और उनकी गालियों का जवाब मत देना। अँधेरा होने तक इन्तज़ार करो।'

कुछ सालों बाद डीन ग़ायब हो गया। मुझे पता चला कि किसी कबाड़ी की दुकान के पीछे वाले कमरे में ख़ून की उल्टी करने के बाद उसने दम तोड़ दिया। स्थानीय पादरी ने कंगालों की तरह ही अन्तिम संस्कार करके उसे दफ़ना दिया।

ऐसे ही एक आर्थर फ़िशर था, भारत छोड़कर जाते समय फ़िशर परिवार ने उसे भी छोड़ दिया था। अपनी नाजायज़ औलाद के बारे में वे अंग्रेज़ कभी ज़्यादा फ़िक्रमन्द नहीं रहे।

आर्थर की अपंगता डीन के मुक़ाबले कम गम्भीर थी, और वह क़िस्मत वाला भी था—शायद इसी वजह से—गार्ला बहनों ने उसे आसरा दे दिया था। ये बुज़ुर्ग बहनें कुँवारी एंग्लो-इंडियन थीं, जो एक छोटा-सा बोर्डिंग हाउस चलाती थीं। आर्थर आउटहाउस में सोता था और यहाँ-वहाँ भागने-दौड़ने, ख़रीदारी जैसे उनके काम करता था। अपने नाम से ज़्यादा वह कुछ लिख नहीं सकता था, मगर उसके हाथ में हुनर था। ज़रूरत पड़ने पर वह स्थानीय क़ब्रिस्तान में अन्त्येष्टि का इन्तज़ाम देखनेवाले की मदद कर देता और बहुत कम समय में सस्ते प्लाईवुड का ताबूत बना डालता।

एक साल क्रिसमस से एक या दो हफ़्ते पहले, होली के पौधों से लदा-फँदा आर्थर मेरे घर आया। उन पौधों में लगी चमकीली बेरियों की वजह से वह ऊपर से नीचे तक लाल दिखाई दे रहा था। उसने किसी से सुन लिया था कि अपने कमरों में होली की सजावट करना मुझे अच्छा लगता है। मुझे भला लगा और मैंने उसे दिल खोलकर इनाम दिया, उस वक़्त उसके चेहरे पर मैंने जो चमक देखी, उसने मेरी शाम रौशन कर दी।

फ़िशर और स्प्रेड। देश-भर में उनके जैसे 'पीछे छूट गए' तमाम लोग थे। कमोबेश, मैं ख़ुद भी लगभग उन्हीं लोगों में से एक था।

~

मेरे पास कोई रसोइया नहीं था, ख़ुद खाना बनाना सीखने के लिए मैं तैयार नहीं था, और डिब्बाबन्द सार्डिन और सॉसेज़ खा-खाकर ऊब गया था तो शाम को मैं शहर चला जाता, क्वालिटी रेस्तराँ में बैठकर थोड़ी शराब पीता, खाना खाता और क़रीब दस बजे तक घर लौट आता। मैं कभी टॉर्च साथ लेकर नहीं चलता था; वाइनबर्ग एलन स्कूल तक सड़क बढ़िया थी ही, वहाँ गेट पर अकेला स्ट्रीट लैम्प था, जो कभी काम करता और कभी नहीं भी करता था। इस लैम्प से नीचे कॉटेज की तरफ़ जानेवाले रास्ते का एक छोटा-सा हिस्सा रौशन रहता था। मगर उसके आगे काफ़ी अँधेरा होता था, चूँकि थोड़ा-सा रास्ता जंगल से भी होकर गुज़रता था तो घर की सीढ़ियों तक पहुँचने के लिए आप अपनी स्मृति और अभ्यास के भरोसे चलते जाते थे।

एक रात जब मैं लौटा, स्कूल के गेट पर लैम्प जल रहा था, और उससे थोड़ी दूरी पर, तीन या चार लाल लोमड़ियाँ एक छोटी-सी जगह में इधर-उधर इठलाती हुई नाच रही थीं। मैं उनके आनन्द में बाधा नहीं डालना चाहता था, इसलिए चुपचाप नीचे वाले रास्ते पर बढ़ गया। कुछ देर चलते रहने के बाद जब मैं क़रीब आधा रास्ता तय कर चुका था तो अँधेरे में मुड़कर मैंने पीछे देखा, लैम्प के मद्धिम उजाले में एक अकेली लोमड़ी अब भी नाच रही थी। उसने मुझे एक छोटी-सी कविता की प्रेरणा दी :

ऐज़ आय वॉक्ड होम लास्ट नाइट
आय सॉ अ लोन फ़ॉक्स डांसिंग
इन द ब्राइट मूनलाइट।
आय स्टुड एंड वॉच्ड,
देन टुक द लो रोड, नोइंग
द नाइट वॉज़ हिज़ बाय राइट।
समटाइम्स, व्हेन वर्ड्स रिंग ट्रू,
आय एम लाइक अ लोन फ़ॉक्स डांसिंग
इन द मॉर्निंग ड्यू।

(घर के रास्ते पर कल रात, मैंने
देखा रक़्स एक तनहा लोमड़ी का
चाँदनी के शोख़ उजाले में।
मैं ठिठका, तकता रहा,
फिर पकड़ी घर की राह,
मन में लिये ख़याल, कि रातों
पर तो है उसका ही अधिकार।
कभी-कभी, जब सच्चा लगता है सुख़न
सर्द सुबह की शबनम में भीगा
ख़ुद को मैं, रक़्स करती किसी
तनहा लोमड़ी-सा पाता हूँ।)

कविता लिखने के लिए सर्दियों का मौसम बढ़िया होता है।

चीड़ के पेड़ के नीचे वाले टीले पर तेज़ हवा चलती थी; बग़ीचा बहुत ठंडा रहता था; सूरज उस जलधारा तक लम्बे समय तक नहीं पहुँचता था। काग़ज़ और क़लम लेकर कोयले की अँगीठी के पास बैठना सबसे अच्छा होता था—ठीक वैसे ही जैसे कि मैं आज बैठा हूँ, पचास सालों के बाद, फ़र्क़ सिर्फ़ इतना आया है कि अँगीठी की जगह अब लकड़ी जलानेवाली बड़ी-सी बोरसी है, और मेरे गोद लिये हुए बच्चे साथ हैं, जो भाग-भागकर मेरे लिए कभी कोको का प्याला तो कभी मेरा पसन्दीदा प्याज़ का सूप ले आते हैं। आधी जनवरी बीत चुकी है, और हम बर्फ़ गिरने की उम्मीद लगाए हुए हैं; मगर पिछले दो सालों में ढंग से बर्फ़ गिरी ही नहीं है।

मुझे याद है, जब मेपलवुड में पहली बार बर्फ़ गिरी थी। खिड़कियों के पार, ऊपर पहाड़ी की चोटी पर, सफ़ेद लबादा ओढ़े देवदार के पेड़ दिखाई देते थे। वह किसी परी लोक जैसा नज़ारा था : सब कुछ एकदम शान्त और मौन। ऐसे में पेड़ों के ऊपर चक्कर काटती एक चील ही कायनात की अकेली हरकत जान पड़ती थी। लेकिन ठंड बहुत थी और ज़्यादातर समय मैं बिस्तर में ही घुसा रहता था। पास की बेकरी से एक लड़का कभी-कभार डबलरोटी या पावरोटी या बिस्कुट लेकर आता था। कभी-कभी उसके बजाय उसकी बहन आ जाती थी। वह ज़िन्दादिल और तेज़ दिमाग़ लड़की थी, और हमेशा ही बैठकर बात करने के लिए तैयार रहती, थोड़ी-बहुत छेड़छाड़ से भी वह बाज़ नहीं आती थी। मैं उसे मिस बन कहता था।

एक रोज़ सुबह, मैंने दरवाज़ा खोला तो देखा कि ज़मीन पर कई इंच मोटी बर्फ़ की चादर बिछी थी; ताज़ा बर्फ़, रास्ते के साथ-साथ और ऊपर सामनेवाले दरवाज़े तक तेंदुए के पंजों के निशान बने हुए थे। रास्ते के ऊपर स्कूल सर्दियों के लिए बन्द था, और उसके चौकीदार का कुत्ता ग़ायब हो गया था। तेंदुए के लिए मेरे पास कोई कुत्ता तो था नहीं, लेकिन मैंने तय किया कि अब कुछ दिनों तक शाम को मैं घर के अन्दर ही रहूँगा। तेंदुए क्या लोमड़ियों का शिकार करते हैं? शायद नहीं। पर अगर कुछ और न मिले तो एक लेखक का शिकार तो वे कर ही सकते हैं।

मेपलवुड में हमजोली और महबूब

पाठकों के सामने अगर मैं ख़ुद को दूसरे थोरो के रूप में पेश करने की कोशिश करता हूँ तो यह सरासर ग़लतबयानी होगी। थोरो तो 'वाल्डेन पौंड' के किनारे सिर्फ़ पशु-पक्षियों की सोहबत में अकेले रहते थे। मैं अक्सर अकेले तो होता था, ख़ासकर मेपलवुड के शुरुआती दिनों में, लेकिन मेरे संगी-सहचर इनसान भी थे।

मेपलवुड लॉज थोड़ा अलग-थलग ज़रूर था, मगर यह छोटा-सा कोना मेल-जोल का ठिकाना था। नीचे की तरफ़ घंटाघर से लेकर वाइनबर्ग एलन स्कूल तक के इलाक़े में फैले सारे घर आबाद थे। कई में स्कूल शिक्षक रहते थे, और कुछ में एंग्लो-इंडियन परिवार या लम्बे समय से यहीं रहनेवाले अंग्रेज़ थे। उनमें से तमाम लोग काफ़ी बूढ़े हो चुके थे और अकेले रहते थे। वे बहुत मिलनसार लोग थे, और मुझसे मिलने मेपलवुड चले आते थे, या फिर छोटी-मोटी पार्टियों में मुझे ही बुला लेते। थोड़ी दूर पर गुज़रे ज़माने के राजघराने के कुछ लोग रहते थे, आमतौर पर वे प्रवासी पंछियों की तरह थे और कभी-कभार ही यहाँ आया करते मगर उनमें कम से कम एक शख़्स को मैं अच्छी तरह से जानता था।

स्थानीय परिवारों में भी मेरे कई दोस्त थे, और आसपास के गाँवों के लोग जो दूध बेचने के लिए आते, या वे छात्र जो पास के सरकारी स्कूल में पढ़ने आते थे, उनमें भी। मसूरी के प्राइवेट स्कूलों में पढ़नेवाले बाहरी लड़के भी थे, जो समय-समय पर अपने लिखे निबन्ध मुझे दिखाने या भूख लगने पर मेरे खाद्य-भंडार

पर छापा मारने के लिए चले आते थे। उनके साथ वक़्त बिताते हुए—और, बाद में, मेरे अपनाए हुए परिवार के छोटे बच्चों के साथ—मैंने बच्चों के लिए कहानियाँ लिखना शुरू किया। और ख़ुद भी बच्चा बन गया!

लेकिन मेरी दोस्ती सबसे पहले बूढ़े लोगों से हुई। मिस बीन तो थीं; फिर, छियासी साल के कुँवारे सर एडमंड गिब्सन आए, जिनसे देहरादून के दिनों में मेरी कुछ मुलाक़ातें हुई थीं। अंग्रेज़ी हुक़ूमत के दौर में वे काठियावाड़ के सूबों में ब्रिटिश रेज़िडेंट रह चुके थे, वहाँ वह मेरे माता-पिता को जानते थे, हालाँकि उन दिनों की अपनी स्मृतियों में मैं उन्हें ढूँढ़ नहीं पाता हूँ। आज़ादी के बाद, वह देहरादून आकर बस गए। वहाँ पर उनका एक बड़ा फार्म था, हालाँकि यह उनके लिए घाटे का ही सौदा था, मगर मुनाफ़े की उम्मीद से कहीं ज़्यादा वे इसे अपने शौक़ की ख़ातिर करते थे। वह इंग्लैंड लौटना नहीं चाहते थे, और देहरादून के फार्म और मेपलवुड लॉज के क़रीब एक विशाल बँगले में रहते हुए अपना वक़्त बिताते थे। अठारहवीं सदी के किसी नवाब की तरह उनके बँगले में नौकरों और नौकरों के घरवालों-रिश्तेदारों की एक बड़ी फ़ौज रहती थी।

'मैं तो अपने मुलाज़िमों की मेहरबानी का मोहताज हूँ,' वह शिकायत करते, हालाँकि उन्होंने बहुत पहले ही ख़ुद को अपने नौकरों की मेहरबानी के हवाले कर दिया था। उनमें से एक या दो थे, जो सचमुच उन्हें दिल से चाहते थे, जैसे कि उनका गोरखा नौकर, त्रिलोक; बाक़ियों ने उनके फ़ार्म में थोड़ा-बहुत हिस्सा मिलने की उम्मीद लगा रखी थी और उन लोगों की कामना यही होती कि उनकी इहलीला जल्दी पूरी हो।

मगर अपनी पुरानी हिलमैन कार की तरह, जिसे उन्होंने देहरादून में रख छोड़ा था क्योंकि वह पहाड़ पर नहीं चढ़ सकती थी, सर एडमंड ठोस और मज़बूत काया वाले इनसान थे; तमाम तरह की बीमारियों के बावजूद, लगता यही था कि वह अपने बलिष्ठ नौकरों से भी ज़्यादा लम्बा जिएँगे। 1910 में वह हिन्दुस्तान आए थे और हैजा, टायफाइड, पेचिश और मलेरिया जैसी महामारियों से बचकर अब तक बने हुए थे। और फेफड़ों की जकड़न, दिल की तकलीफ़ों, गठिया, कमज़ोर आँखों, घिस चुके दाँतों और उद्दंड आँतों के बावजूद, अब भी वह जीने का कुछ मज़ा ले ही रहे थे। कई बार सुबह मैं उनको बांज के एक पेड़ के नीचे बैठा हुआ पाता—जो शायद उनके जितना ही बूढ़ा था—और लगता कि वह शाश्वत है। एक दिन उन्होंने मुझसे कहा, 'मरने में मुझे कोई दिक़्क़त नहीं है, रस्किन, यह ज़रूर है कि ज़िन्दगी बहुत याद आएगी।' ज़िन्दगी के प्रति उनके नज़रिये का यह एक प्रभावशाली सारांश था।

मुझे लगता है कि उनकी लम्बी उम्र का राज़ यह था कि तबीयत ख़राब होने पर भी वे बिस्तर नहीं पकड़ते थे। उन्हें उठने, तैयार होने, ख़त लिखने या फिर वोडहाउस या 'ब्लैकवुड' पत्रिका का ताज़ा अंक लेकर पढ़ने के लिए बैठने से कोई नहीं रोक सकता था। 'ब्लैकवुड' का चन्दा वह पिछले पचास सालों से भरते आ रहे थे और उन्हें यह जानकर ख़ुशी हुई कि मेरे लिखे कुछ निबन्ध उसमें छप रहे थे।

और कुछ भी हो जाए मगर दोपहर के बाद चाय पीने, या शाम को व्हिस्की और सोडा लेकर बैठने का उनका नियम भी कभी नहीं टूटता था। अपने शाम के शगल में कभी-कभी वह मुझे भी शामिल कर लेते थे।

जब वह काठियावाड़ में रेज़िडेंट थे, तब एक बार उनको काफ़ी क़रीब से गोली मारी गई थी। हमलावर ने चार गोलियाँ चलाईं और हर बार चूक गया। उसका निशाना बहुत ख़राब रहा होगा, या शायद पिस्तौल में ही कोई गड़बड़ी हो, क्योंकि सर एडमंड तो अच्छे डीलडौल वाले आदमी थे और इस लिहाज़ से वह अच्छा-ख़ासा बड़ा लक्ष्य थे। सर एडमंड अपने मिलनेवाले हर आदमी को यह क़िस्सा ज़रूर सुनाते थे। यह कि उनका क़त्ल करने की कोशिश की गई, और यह इस बात का सुबूत था कि वह एक पराक्रमी इनसान थे; और इस हमले में वह बच गए, इसने उन्हें और बलशाली बना दिया।

उन्होंने महात्मा गांधी के दो ख़त भी सहेज रखे थे—जो उन्होंने जेल से लिखे थे—हालाँकि राजकोट में उन्होंने एक बार ख़ुद गांधी को गिरफ़्तार किया था।

'गांधी मुझे पसन्द थे,' वह कहते। 'परिहास की प्रवृत्ति उनमें ज़बरदस्त थी। आज के दौर के नेताओं के मिज़ाज से तो हास्य सिरे से नदारद है। वे लोग ख़ुद को ज़रूरत से ज़्यादा गम्भीरता से लेते हैं। जब मैं जेल में गांधी से मिलने गया तो मैंने उनसे पूछा कि क्या आप आराम से हैं, और उन्होंने मुस्कुराते हुए जवाब दिया था, "अगर मैं आराम से होता तो भी यह बात स्वीकार नहीं करूँगा!"'

सर एडमंड ख़ुद भी बहुत मज़ाक़िया तबीयत के थे। रामगढ़ की उनकी जायदाद पर किसी ने उनसे चिड़िया मारने की इजाज़त माँगी तो उन्होंने इनकार कर दिया।

'जीवविज्ञान पढ़ाने के लिए मुझे इसकी ज़रूरत है। यह विज्ञान और मानवता की भलाई के लिए है,' उस आदमी ने एतराज़ जताते हुए तर्क किया। 'क्या आपको लगता है कि एक चिड़िया की जान इनसान से ज़्यादा क़ीमती है?'

'बिलकुल,' सर एडमंड ने कहा, 'बहुत ज़्यादा क़ीमती।'

जब वह ऊब जाते तो देहरा में अपने फ़ार्म और अपने प्यारी हिलमैन के पास चले जाते थे, मगर वहाँ से लौटने के लिए मुक़र्रर समय से पहले ही लौट भी आते थे। उनके वापस आने पर मुझे हमेशा ख़ुशी होती थी, वजह उनकी हाज़िरजवाबी

और वह व्हिस्की भी थी, जो बड़ी उदारता से वह मुझसे साझा करते थे, भले ही वह अजीब क़िस्म की स्थानीय शराब थी, जिससे भयानक ख़ुमार होता था।

आख़िरकार दिल का दौरा पड़ने से सर एडमंड चल बसे, और उनकी इच्छा का मान करते हुए, उन्हें उनके देहरा वाले फ़ार्म में ही दफ़्न किया गया।

कुछ साल बाद, मिस बीन की नींद में ही मृत्यु हो गई। उन लोगों जैसे बुज़ुर्ग दोस्त मुझे फिर कभी नहीं मिले।

~

1964 में किसी समय, अल्मोड़ा से एक दिलचस्प परिवार मेरे पड़ोस में रहने के लिए आया—ज़ोहरा वर्मा और उनके चार बच्चे। ज़ोहरा के पति की मृत्यु हो चुकी थी और वह उनके लिए एक कॉटेज छोड़ गए थे, जो मेपलवुड लॉज के ठीक ऊपर की तरफ़ थी, और ज़ोहरा उसे बेचना चाहती थीं। ढंग का ख़रीदार खोजने में उन्हें साल-भर से ज़्यादा समय लगा। इस दौरान उनके बच्चे भी उनके साथ रहे, जिनमें से दो ने मसूरी के स्कूल में पढ़ाई की।

ज़ोहरा अलीगढ़ विश्वविद्यालय में अंग्रेज़ी पढ़ाती थीं, और किताबों और लेखन के बारे में उनका नज़रिया काफ़ी हद तक दुराग्रह से प्रेरित था—दरअसल, दुनिया की हर चीज़ के बारे में उनके साथ ऐसा ही था—इसके बावजूद उनकी सोहबत मज़ेदार थी। हिन्दू-मुस्लिम माँ-बाप की औलाद, ज़ोहरा ने ख़ुद भी दो बार शादी की थी—पहली बार एक मुस्लिम से, जिससे उनकी एक बेटी हुई, और फिर वायु सेना में काम करनेवाले एक हिन्दू से, जिससे उनकी दो बेटियाँ और एक बेटा पैदा हुए थे। चारों बच्चे काफ़ी मेधावी और होनहार थे—थोड़े-से ख़ब्ती भी, जैसा कि मेधावी लोग अक्सर होते हैं—और मुझे लगता है कि इसके लिए उन्हें अपनी माँ का शुक्रगुज़ार होना चाहिए; उनके पिताओं का दरअसल उनकी माँ से कोई मुक़ाबला नहीं रहा होगा। वह छोटे क़द की सख़्त और साहसी महिला थीं—ऊर्जा की छोटी-सी पोटली, काफ़ी हद तक ताक़तवर भी। उन्हें देखकर आप अनुमान लगा सकते थे कि जवानी के दिनों में वह बहुत जुनूनी इनसान रही होंगी।

स्वभाव के लिहाज़ से सारी बेटियाँ ज़ोहरा पर गई थीं, लेकिन उनकी दूसरी बेटी सुरेखा को देखकर लगता था कि अपनी माँ के जुनूनी स्वभाव की विरासत उसने दूसरों की तुलना में कहीं ज़्यादा पाई है। उन्मुक्त क़िस्म की सुरेखा कुछ ऐन्द्रिय और कलात्मक स्वभाव की थी, मसूरी जैसे उनींदे शहर में उसे रोक पाने लायक़ कशिश नहीं थी, अच्छा ही हुआ कि जल्दी ही वह दिल्ली चली गई और वहाँ उसने राष्ट्रीय नाट्य विद्यालय में दाख़िला ले लिया। उसकी शादी के बाद

उससे मेरा सम्पर्क टूट गया, मगर उसके काम के बारे में मैं सुनता रहता था। आपातकाल के दिनों में उसने एक फ़िल्म में अभिनय किया, लेकिन वह फ़िल्म कभी रिलीज़ नहीं हुई क्योंकि उसमें इंदिरा गांधी पर व्यंग्य किया गया था और इंदिरा के छोटे और गुस्सैल बेटे, संजय गांधी की वजह से फ़िल्म खटाई में पड़ गई। फ़िल्म का नाम 'क़िस्सा कुर्सी का' था और सुरेखा ने उसमें श्रीमती गांधी का किरदार निभाया था। उसके बाद फ़िल्मों में उसे बहुत ज़्यादा काम नहीं मिला, लेकिन दिल्ली के रंगमंच की दुनिया में वह ख़ूब सक्रिय रही। बाद में, उसने फ़िल्मों में चरित्र अभिनेत्री की कई भूमिकाएँ कीं, जिनकी बदौलत उसे काफ़ी शोहरत और इनाम मिले, और अब मैं उसे टेलीविज़न पर देखता हूँ। टेलीविज़न पर आनेवाले अन्तहीन धारावाहिकों में से कुछ में वह मज़बूत बुज़ुर्ग महिला का किरदार निभाते हुए दिखाई देती है, और अगर उसके जैसे कुछ बेहतरीन अदाकार न हों तो उन धारावाहिकों को देखना दूभर हो जाता।

सुरेखा की छोटी बहन, फूलमणि, बहुत आकर्षक थी, और उस समय वह स्कूल में पढ़ती थी। मगर उन दोनों की बड़ी बहन से मेरी ख़ूब छनती थी। हम उसे पुन्नी कहते थे। वह तक़रीबन मेरी हमउम्र थी और हाल ही में लन्दन से डॉक्टरी की पढ़ाई करके लौटी थी। वह टॉमबॉय जैसी दिखती थी, शोख़ और चुलबुली। हमेशा पतलून और क़मीज़ पहने रहती और बेहिसाब सिगरेट फूँका करती। वह काफ़ी मज़बूत इरादों वाली थी, घर चलाने या किसी के साथ घर बसाने में उसकी कोई दिलचस्पी नहीं थी, इसलिए कुछ साल बाद जब मुझे यह मालूम हुआ कि उसने उम्र में कई साल छोटे आदमी से ब्याह कर लिया है तो मुझे हैरानी हुई। मैं उस शख़्स से मिल चुका था, जब वह ज़ोहरा के परिवार से मिलने के लिए मसूरी आया हुआ था। उसका नाम नसीरुद्दीन शाह था और मुझे लगता है कि जब मैं पहली बार उनसे मिला था, तब भी वह कॉलेज में पढ़ रहे थे। उनकी शादी ज़्यादा दिनों तक नहीं चल पाई और फिर पुन्नी ईरान चली गई। नसीर ने हिन्दी सिनेमा और थिएटर में काफ़ी नाम कमाया।

नसीर का मसूरी से भी नाता था—उनके पिता का एक घर यहाँ था। वह मेहरबान बुज़ुर्ग सज्जन थे, जिनसे मेरी मुलाक़ात सिर्फ़ एक बार हुई थी, जब मैं किराए की जगह तलाश रहा था। उनकी मृत्यु के बाद वह घर बिक गया और उसके बाद कई सालों तक मैंने नसीर को नहीं देखा।

लेकिन ज़ोहरा के सबसे छोटे बेटे के बारे में बताना तो मैं भूल ही गया। और इसमें हैरानी की कोई बात इसलिए नहीं है क्योंकि वह बेहद शान्त स्वभाव का लड़का था, और तीन दबंग बहनों और दबदबे वाली माँ की आभा के बीच वह

लगभग अदृश्य रहता था! सौभाग्य से, उसका कोई बहुत नुक़सान नहीं हुआ—वह सेना में भर्ती हो गया और जनरल के ओहदे तक पहुँचा।

ऐसा लगता है कि दबदबे वाली ताक़तवर महिलाएँ मुझे हमेशा खोज ही लेती हैं। एक रोज़ रॉबिन जींद ने मुझे एक पार्टी में शामिल होने का न्योता दिया। वह जींद के भूतपूर्व महाराजा के बेटों में से एक और 1960 के दशक में दूरदर्शन के मशहूर उद्घोषक थे। बेहतरीन शख़्सियत का मालिक होने के साथ ही वह एक प्रतिभाशाली चित्रकार भी थे। दिल्ली में उन्होंने अपने चित्रों की कुछ प्रदर्शनियाँ भी आयोजित की थीं। इन्हीं में से एक प्रदर्शनी में मेरी उनसे मुलाक़ात हुई थी।

मसूरी की अपनी एक यात्रा के दौरान, मॉल पर रॉबिन मुझसे टकरा गए और बोले, 'शाम को आना, मेरी माँ एक पार्टी दे रही हैं।' तभी पहली बार मैं जींद की महारानी के बँगले पर गया—महारानी पृथ्वी बीर कौर; उनके दोस्त उन्हें एचएच कहते थे। वह रॉबिन की सौतेली माँ थीं, महाराजा की दूसरी पत्नी (पहली पत्नी की रहस्यमय परिस्थितियों में मौत हो गई थी)।

यह काफ़ी हंगामाख़ेज़ पार्टी थी। वहाँ तमाम तरह के निराले लोग जुटे थे, और घंटे-भर की मौज-मस्ती के बाद, एचएच महँगी व्हिस्की की एक बोतल अपने सिर पर रखकर घूमती दिखाई दीं। उसके बाद हम लगातार मिलते रहे। वह बहुत ही दोस्तनवाज़ और मिलनसार इनसान थीं; लोगों से मिलना-जुलना उन्हें पसन्द था। मुझसे मिलने वह मेपलवुड चली आती थीं, लेकिन अक्सर मैं ही उनसे मिलने जाता था—या यूँ कहें कि हुक़्म देकर वह मुझे बुला लेती थीं। हम दोनों साथ बैठकर शराब पीते, हालाँकि मैं उनकी बराबरी कभी नहीं कर पाता था—अपने पति की तरह वह दिन में ही शराब पीना शुरू कर देती थीं। उनके पति की मौत बेहिसाब शराब पीने की वजह से ही हुई थी। कभी-कभी वह नाश्ते के बाद पीना शुरू करतीं, दोपहर का भोजन देर से, क़रीब चार बजे तक करतीं, और शाम को फिर से पीना शुरू कर देतीं। लेकिन इस दिनचर्या का उन पर किसी तरह का कोई असर नहीं पड़ा।

कुछ गिलास पीने तक एचएच की सोहबत बड़ा मज़ेदार तजुर्बा होती थी, ख़ासकर जब वह उन तबाहियों-आफ़तों के क़िस्से सुना रही होतीं, जिनमें उनके दोस्तों और परिचितों की जान चली गई : किसी को ट्रक ने कुचल दिया था; किसी को हवाई जहाज़ ने अपने पेटे में खींचकर सोख लिया; और एक पुराना प्यारा दोस्त, जो कभी पर्वतारोही हुआ करता था, और बाद में अल्ज़ाइमर से पीड़ित था, वह बेचारा, दिल्ली रिज पर अन्नपूर्णा के आधार शिविर की खोज करते हुए

मर गया था। इन त्रासदियों को वह गहरी हमदर्दी के साथ याद करतीं और इनके क़िस्से बहुत रस लेकर सुनातीं।

अभी तक उनकी मुलाक़ात बिल एटकिन से नहीं हुई थी, वह लेखक जो बाद में मेरा भी बहुत अच्छा दोस्त बना। वह तो अभी तक अल्मोड़ा के ऊपर पहाड़ों में बने एक आश्रम में संन्यासी का जीवन जी रहा था, और महारानी का पेरू के उपराजदूत से रोमांस चल रहा था, जो खांटी स्पेनी क़िस्म का आदमी था, और उसके पास जादुई आकर्षण के साथ ही ख़र्च करने के लिए काफ़ी दौलत भी थी। उनकी हंगामी दावतों के लिए सारी विलायती शराब का इन्तज़ाम वो ही करता था। उसने अपनी बीवी और बच्चों के लिए मसूरी में एक कॉटेज किराए पर ले रखा था, बच्चे मसूरी में ही पढ़ते थे, मगर वह शायद ही कभी उनसे मिलने जाता था। हालाँकि, वह एचएच से मिलने आता था, और फिर वे दोनों साथ-साथ तफ़रीह पर निकल जाते। उसके पेरू लौट जाने के बाद यह सिलसिला बन्द हो गया और फिर वह अल्मोड़ा के आश्रम में जाने लगीं, जहाँ उनकी मुलाक़ात बिल से हुई और वे जीवनसाथी बन गए।

बिल की सोहबत में एचएच को गहरा सन्तोष मिला, और मुझे लगता है कि एक लम्बे समय के बाद बिल के रूप में उन्हें अपना सच्चा साथी मिला था। मुझे नहीं लगता कि यूँ बँधकर रहना बिल के लिए आसान रहा होगा, क्योंकि वह ख़ुद ही बहुत लम्बे समय से ख़ानाबदोशों की तरह भटकता रहा था, मगर एक बार उसने क़ौल दे दिया तो फिर उनके साथ बना ही रहा।

एचएच के दो बेटे थे, जो उन्हें बहुत परेशान करते थे। इसमें थोड़ा-बहुत दोष तो ख़ैर उनका भी था—शुरू में तो वह ख़ुद ही बेटों को ख़ुश रखने में जुटी रहीं, फिर अचानक उनसे नाता तोड़ लिया। लेकिन यह बात उन्हें बताए कौन। आख़िरकार, वह महारानी थीं। मैंने कभी उनकी बात काटने की कोशिश नहीं की और यही वजह थी कि आख़िरी समय तक वह मुझे पसन्द करती रहीं।

बिल अब भी मसूरी के उनके घर में ही रहता है, हालाँकि हम दोनों की मुलाक़ात कम ही होती है, उम्र हम दोनों पर हावी हो गई है।

~

जब गर्मियाँ आती थीं और सैलानियों के झुंड के झुंड हिल स्टेशन की सैर को चले आते तो उनमें राजौरी गार्डन और पटेल नगर के मेरे दोस्त और उनके परिवार वाले भी होते थे, जो अक्सर बिना कोई ख़बर दिये ही आ धमकते और इस तरह मुझे निरे अकेलेपन से बचा लेते थे।

कमल जब-तब आ जाता था, और कई बार तो हफ़्तों तक रुका रहता था। इस लिहाज़ से वह मेहमान कम और रूममेट ज़्यादा लगता था। मुझे अपने घर में उसको देखने की आदत हो गई और जल्दी ही हम दोनों काफ़ी समय साथ बिताने लगे; जब मैं लिखता था, तब वह पेंटिंग करता था और फिर काम से थोड़ी मोहलत लेकर हम लम्बी सैर पर निकल जाते, या आसपास की पहाड़ियों और पर्वतों की पगडंडियाँ नापने चल पड़ते।

मेरे उस छोटे-से घर में गहमागहमी रहती क्योंकि हमारा कुनबा ज़रा बड़ा था। हम दोनों के अलावा, काले रंग के दो पॉमरेनियन थे, जो एक बार दिल्ली जाने पर मेरी माँ ने मुझे दिये थे, और एक सायमीज़ बिल्ली थी, और हम सारे मिल-जुलकर बड़े अच्छे से रहते थे। टॉफ़ी और पिकल नाम के दोनों पॉमरेनियन भाई-बहन थे, और हमारे सैर के लिए निकलते वक़्त वे दोनों भी साथ चलने के लिए मचलने लगते; बिल्ली होने के नाते, हमारी बिल्ली को आज़ादी रास आती थी तो अपने मन के काम करने के इरादे से वह घर पर ही रुक जाती थी।

वह बहुत प्यारी बिल्ली थी, और इस नाते उसके बारे में थोड़ा ढंग से बताना ज़रूरी होगा; मेरे घर में पली वह अकेली ऐसी जीव थी, जो मेरे इतने क़रीब आ गई थी कि मेरे बिस्तर में ही सोती थी। और अभी जब मैं उसे छोटी-सी श्रद्धांजलि देने के लिए अपने पुराने मेपलवुड जर्नल के पन्ने पलटने जा रहा हूँ, आप मेरे साथ बने रहें।

सूज़ी मेरी ज़िन्दगी में जब दाख़िल हुई, वह सिर्फ़ तीन हफ़्ते की थी। मुझे मेपलवुड आए हुए कुछ महीने गुज़र चुके थे और मैं थोड़ा अकेलापन महसूस करने लगा था तो मैंने अपने एक दोस्त से कहा कि मुझे एक पालतू जानवर की तलाश है। मुझे उम्मीद थी कि वह मेरे लिए कोई कुत्ता लाएँगे; मगर आ गया बिल्ली का बच्चा, और जब चॉकलेटी रंग की नोक वाले कानों के साथ उसने अपना नन्हा सिर उस दोस्त के कोट की जेब से बाहर निकालकर इधर-उधर देखना शुरू किया तो पहली नज़र में ही मैं उस पर मुग्ध हो गया। और, ख़ुद ही उसे मादा मानकर मैंने उस नन्ही बिल्ली का नाम सूज़ी रख दिया।

सूज़ी ने अपनी पहली रात टी-क़ाउज़ी ओढ़कर सोते हुए आराम से बिताई। सवेरे के अपने नित्यकर्म के लिए जेरेनियम फूलों का एक गहरा गमला चुनकर उसने शुरू से ही अपनी नस्ल की श्रेष्ठता साबित कर दी थी, और तब मुझे उससे और ज़्यादा प्यार हो गया, क्योंकि बिल्ली को प्रशिक्षित करने के तौर-तरीक़े मुझे नहीं आते थे।

लेकिन, ज़्यादातर सायमीज़ बिल्लियों की तरह, दूध पीना उसे भी पसन्द नहीं था; और उसके लिए नियमित मांस जुटाना मेरे लिए थोड़ा मुश्किल साबित हो रहा था। चूँकि कसाई की सबसे क़रीबी दुकान भी मेरे घर से दो मील दूर थी, इसलिए मैं हफ़्ते में केवल एक या दो बार ही मांस लाता था; मगर सूज़ी को शाकाहारी खाना सख़्त नापसन्द था। तो इस मुश्किल से बचने का तरीक़ा मैंने यह निकाला कि महीने-भर के हिसाब से डिब्बाबन्द सार्डिन एक बार ख़रीद लाता और उसे सिर्फ़ मछली ही खिलाता। उसे मक्खन भी पसन्द था और इसका इस्तेमाल वह अपने बालों को चमकाने के लिए करती थी। यह सारा इन्तज़ाम काफ़ी ख़र्चीला था, मगर मुझे उम्मीद थी कि जैसे-जैसे वह बड़ी होगी, अपने क़ुदरती स्वभाव के चलते खाने का इन्तज़ाम ख़ुद करने लगेगी।

मैं ग़लत नहीं था। अभी वह मुश्किल से महीने-भर की थी, जब सितम्बर की एक सुहानी रात में खुली खिड़कियों से उड़कर अन्दर आ गए एक बड़े पतंगे को उसने झपट्टा मारकर दबोच लिया। कुछ दिनों के बाद रसोई के फ़र्श पर मैंने एक चूहे का सिर और पूँछ पड़ी देखी। सूज़ी की चमकती आसमानी आँखों में झलकती मासूमियत देखकर मुझे समझ में आ गया कि चूहे का बाक़ी हिस्सा इस समय कहाँ है।

अपने नाम से पुकारे जाने पर बिल्लियाँ शायद ही कभी जवाब देती हैं; लेकिन सूज़ी अक्सर ऐसा करती थी। इसके अलावा, मैंने उसके गले में एक छोटी-सी घंटी बाँध दी थी, और इससे मुझे मालूम हो जाता था कि वह कहाँ है। वैसे चेरी का पेड़ उसका पसन्दीदा ठिकाना था। कस्तूरा पक्षियों का एक जोड़ा जब उस पेड़ पर घोंसला बना रहा था तो सूज़ी ने बड़ी ख़ूबसूरती से उस पेड़ पर चढ़ना सीख लिया—फिर वे पक्षी कहीं और चले गए।

बिल्ली और कुत्ते का एक-दूसरे से तआर्रुफ़ अगर ठीक से कराया जाए तो वे सबसे अच्छे दोस्त साबित होते हैं। सूज़ी को पड़ोसी के कुत्ते से, जो पेकिंगीज़ नस्ल का था, खिलंदड़ा और आत्मीय रिश्ता बनाने में ज़्यादा देर नहीं लगी। एक और कुत्ता था, थोड़ा उदास मगर बढ़िया स्वभाव का कॉकर स्पैनियल, उससे भी सूज़ी की ऐसी दोस्ती हुई कि जाड़े के दिनों में वह उसको अपने नीचे सोने देता था। सूज़ी में कशिश ही कुछ ऐसी थी कि जल्दी ही मेरे पड़ोसियों ने भी उसे खाना खिलाना शुरू कर दिया और उनकी इस उदारता से उसके खाने को लेकर मेरी मुश्किल ख़त्म हो गई। लोगों को हम पर दया आती थी। कुँवारे लोग और बिल्ली के बच्चे करुणा के मुनासिब हक़दार होते हैं।

सूज़ी क़रीब पाँच महीने की रही होगी, जब यह जानकर मुझे उलझन और

शर्मिंदगी दोनों हुई कि वह तो दरअसल नर है। फिर भी उसका नाम बदलने के सारे सुझावों को मैंने ख़ारिज कर दिया : बचपन से ही वह सूज़ी था, और आइंदा भी उसे लड़कियों वाले इस नाम के साथ ही रहना होगा। और इस वजह से अगर ज़माने को कोई भ्रम होता है तो हुआ करे, ज़माने को उसे ख़ुद ही सुलझाने की ज़रूरत थी; नाम के इस गड़बड़झाले के मामले में मैं एकदम सहज था। (कमल जब मेरे साथ रहने के लिए आया तो उसने सुझाया कि हम सूज़ी का नाम बदलकर सूज़ा रख दें। लेकिन डिसूज़ा नाम का मेरा एक दोस्त था, किसी पहलवान की तरह गठीला और लम्बा-चौड़ा, और डिसूज़ा का छलाँग लगाकर मेरी गोद में चढ़ जाना या मेरी छाती पर अपनी नाक रगड़ना कितना अटपटा और अजीब लगता!)

सूज़ी जैसे ही आठ महीने का हुआ, लोगों ने मुझे चेताया कि अपने मनमाफ़िक संगी की तलाश में अब वह रात को देर तक बाहर रहना शुरू कर देगा, या हो सकता है कि कई दिनों तक घर वापस ही न लौटे। मगर सूज़ी दूसरे मर्दों की तरह नहीं था। वह घर पर ही रहता, हसीनाएँ उससे मिलने ख़ुद चली आतीं। पीली आँखों वाली एक ख़ूबसूरत काली बिल्ली, जो लगता कि सीधे एडगर एलन पो की कहानियों से निकलकर आई है, उसके अलावा जंगलों से निकलकर आनेवाली एक सुन्दर जंगली बिल्ली और थी, हर दूसरे रोज़ रात को वे दोनों बारी-बारी से (एक साथ कभी नहीं) सामने के दरवाज़े पर आती थीं। सूज़ी बाहर निकल जाता, अपने क़द्रदानों से मिलता, और ओस से भीगी हुई लम्बी घास पर उनके साथ अठखेलियाँ करता, फिर घर के अन्दर लौट आता और मेरे बिस्तर के पायताने गहरी-मीठी नींद में सो जाता।

सूज़ी की तबीयत दोस्ताना थी। लोगों से मेल-जोल उसे पसन्द था और मुझे लगता है कि उनके साथ वह सहज रहता था। घर में अगर मेहमान आते तो वह हमेशा सबसे चौड़ी, और सबसे आरामदेह गोद वाले शख़्स को ही चुनता। रात में, आमतौर पर वह आकर मेरे पेट पर सो जाता था (साँस लेते वक़्त मेरी तोंद का उतार-चढ़ाव उसे भाता था) और अगर ठंड लगती तो वह मेरे घुटनों के पीछे ख़ाली जगह में दुबक जाता। एक सर्द सुबह, जब बाहर हल्का बर्फ़ीला तूफ़ान था, मैं सोकर उठा तो देखा कि ख़ासा जतन करते हुए वह मेरी क़मीज़ और ऊनी बनियान के बीच रेंगकर मेरे सीने पर पसरा हुआ था, और उसका सिर मेरी ठुड्डी के नीचे टिका हुआ था।

दिन के वक़्त, घर में वह धीर और विनयी बना रहता था। घर के बाहर, मौज-मस्ती और दिल बहलाव के उसके अपने तरीक़े थे, चाहे गिरगिटों के पीछे दौड़ लगाना हो या फिर बहुत जानी-पहचानी मैना और कौवों का पीछा करना

हो। कभी-कभी मैं उसे अपने टाइपराइटर पर सिकुड़कर बैठा हुआ पाता, जैसे मुझे याद दिला रहा हो कि कुछ अरसे से मैं अपना काम नहीं कर रहा हूँ। संगीत उसे पसन्द था और बचपन से ही उसकी पसन्दीदा जगह रेडियो के क़रीब थी। एक सुबह मैंने उसको वहीं बैठा हुआ पाया, और उसकी तसवीर बनाने के लिए जब तक मैं अपना कैमरा निकालकर लाया, तब तक वह वहीं जमा रहा। सूज़ी की वह फ़ोटो हमेशा मेरी पसन्दीदा तसवीर रहेगी।

तो हम सारे लोग ख़ुशी-ख़ुशी रहते थे, सूज़ी, पिकल, टॉफ़ी और मैं, और कमल भी, जब भी वह हमारे साथ वक़्त बिताने के लिए आता। लेकिन ख़राब चीज़ों की तरह ही अच्छी चीज़ों की भी मियाद होती है, वे भी हमेशा के लिए नहीं रहतीं, फिर एक-एक करके, अगले कुछ सालों में, हम सबने अपनी अलग राह पकड़ ली।

सबसे पहले जानेवालों में पिकल था। वह नवंबर की शाम थी, सूरज थोड़ी देर पहले डूब चुका था। रसोई का दरवाज़ा जंगल की तरफ़ खुलता था, और जिस नौजवान रसोइये को हाल ही हमने काम पर रखा था, उसने वह दरवाज़ा खुला छोड़ दिया था। अचानक, पिकल ने तेज़ी से भौंकना शुरू कर दिया, और फिर उसका भौंकना चीख़ में तब्दील हो गया—कमल और मैं, हम दोनों यह देखने के लिए बाहर भागे कि क्या हुआ है। वहाँ पिकल का कोई नामोनिशान नहीं था। रसोइया हमारे पीछे दौड़ता हुआ आया और बोला, 'बघेरा ले गया!' हमने अपनी टॉर्च निकाली और नीचे खड्ड के किनारे तक जाकर खोजा, लेकिन पिकल का कोई पता नहीं चला। अगली सुबह, जब हम फिर से उसकी तलाश में निकले तो नाले में हमें उसके पंजे मिले।

कुछ महीनों के बाद, सूज़ी ग़ायब हो गया। और उसके लापता होने की वजह तेंदुआ नहीं हो सकता, क्योंकि जहाँ तक मुझे मालूम है, तेंदुए बिल्लियों का शिकार नहीं करते। लेकिन मुझे यह कभी पता नहीं चल पाया कि वह कहाँ चला गया। मैंने यह सोचकर ख़ुद को तसल्ली दी कि हो सकता है कि किसी ने उसे सड़क पर देखा हो, और मेरी तरह ही उस पर मोहित होकर उसे अपने घर ले गया हो, और वह उसकी देखभाल मुझसे ज़्यादा बेहतर ढंग से करता होगा।

कमल चार ख़रगोश ले आया था—उसने सोचा होगा कि इससे हमें थोड़ी दिलासा मिलेगी। सवेरे हम उन्हें बग़ीचे में छोड़ देते, जहाँ दिन-भर वे घूमते-फुदकते रहते और रात को घर के अन्दर ले आते, मगर घर में वे बहुत गन्दगी फैलाते थे। एक रोज़ हम तार का एक पिंजरा ख़रीद लाए और उसमें रखकर हमने उन्हें बग़ीचे में छोड़ दिया। सवेरा होने तक वे जा चुके थे। किसी तेंदुए या सियारों ने,

शायद तारों के जाल में जगह बना ली थी। शिकारी दो ख़रगोश उठा ले गया था, और बाक़ी के दो मारे सदमे के मर गए थे।

सिर्फ़ टॉफ़ी ही थी, जिसने लम्बी उम्र पाई और बूढ़ा होने तक हमारे साथ रही। जब वह मरी तो हमने उसे बग़ीचे में दफ़्न किया।

~

1964 की गर्मियों के आख़िर में, सुशीला मेपलवुड आई। हाल ही में जब मैं दिल्ली गया था तो उससे मुलाक़ात हुई थी। हम दो बरस से ज़्यादा वक़्त के बाद मिले थे, और शायद इसलिए कि मैं तीस का हो चुका था—सपने देखनेवालों के लिए उम्र का यह पड़ाव ख़तरनाक होता है, जब जवानी विदा लेने की तैयारी में होती है—और शायद इसलिए भी कि महीनों से मैं किसी संन्यासी की तरह एकाकी रह रहा था, मैं उसे अपना दिल दे बैठा। वह सोलह साल की थी; गहरी रंगत और इकहरा बदन, बोलती हुई बड़ी-बड़ी आँखों वाली; और मैंने उसके प्रति ऐसा खिंचाव महसूस किया, जो कमल के परिवार के साथ रहते हुए पहले कभी महसूस नहीं किया था। शायद अवचेतन में मुझे हमेशा ही उससे लगाव रहा था, लेकिन कुछ हद तक वह लगाव घर के किसी बड़े की तरह था, क्योंकि तब वह अक्सर अपनी स्कूल यूनिफ़ॉर्म में होती थी। उसका स्कूल पूरा होने में अब भी तीन साल बाक़ी थे, मगर वह तो सिर्फ़ इसलिए कि इम्तिहान में वह फेल होती रही थी।

अपने माँ-बाप और भाइयों के साथ वह दिल्ली के किनारे कहीं धूल-धक्कड़ वाले, मक्खियों से अटे इलाक़े में रहती थी, जहाँ बँटवारे के बाद तमाम ग़रीब शरणार्थी आकर बस गए थे। ऐसे लोग मुझे हमेशा से ही आकर्षित करते हैं, जिनके हालात मेरी अपनी पृष्ठभूमि से एकदम अलग तरह के हों, और जो मेरी तरह ही दुनियावी तौर-तरीक़ों से थोड़ा हटकर जीते हैं; और दिल्ली में बिताये उन पन्द्रह दिनों में सुशीला ने मेरे ख़यालों में दस्तक देनी शुरू कर दी थी, अपने पुराने-धुराने कपड़ों में घूमनेवाली सुशीला जो एक दिन दुनिया घूमने का सपना देख रही थी और लड़कों के साथ मिलकर धमाचौकड़ी मचाने और शरारतें करने में ख़ुश थी।

मैं कमल के परिवार के साथ रह रहा था (अपने परिवार से मेरे रिश्ते ठीक-ठाक थे, मगर दूरी बनाए रखकर ही उन्हें ठीक-ठाक रख पाना मुमकिन था), और सुशीला भी वहीं रह रही थी—अपनी माँ के साथ वह लम्बे समय तक वहाँ रहने आई थी, उसकी माँ अपनी ससुराल की कठोर और उबाऊ ज़िन्दगी से निजात पाने के लिए अक्सर राजौरी गार्डन चली आती थीं। मैंने सुशीला के क़रीब आने और अकेले में उससे बात करने के तमाम जतन किये, मगर दिन-भर तरह-तरह के काम

करने में व्यस्त महिलाओं, उधम करते बच्चों और निठल्ले मर्दों की भीड़भाड़ वाले उस घर में ऐसा मौक़ा मिलना नामुमकिन था। इसलिए मैं उसे कमल और उसके दस साल के भाई सुन्दर के साथ कॉफ़ी पिलाने और कुछ खिलाने के लिए कनॉट प्लेस ले जाता। एक बार, मैं उन्हें फ़िल्म दिखाने ले गया, मैंने सोचा था कि वहाँ मैं उसका हाथ थाम सकूँगा, मगर सुन्दर आकर हमारे बीच बैठ गया। वह मुझसे बहुत हिल-मिल गया था, छोटे बच्चे हर उस शख़्स से ऐसा लगाव महसूस करते हैं, जो उनके लिए मिठाइयाँ ख़रीदता हो और उन्हें फ़िल्में दिखाने ले जाता हो।

उस बार जब मैं दिल्ली से पहाड़ों के लिए निकला तो सुशीला रो पड़ी। पहले तो मैंने सोचा कि ऐसा शायद मेरे जाने की वजह से है। बाद में मुझे अहसास हुआ कि ऐसा इसलिए था क्योंकि वह ख़ुद कहीं नहीं जा सकती थी। मुझे लगता है कि मेरी आज़ादी से उसे रश्क था और नाराज़गी भी। लेकिन विदाई के तोहफ़े के तौर पर उसने मुझे गेंदे के फूलों की माला दी, दूल्हे की तरह महसूस करते हुए जिसको मैंने पहन लिया, हालाँकि एक-दूसरे से हमने कुछ कहा नहीं था।

इसलिए, कुछ दिनों के बाद जब वह कमल और अपने छोटे भाई के साथ मेपलवुड आई तो मुझे ख़ुशी हुई। सुन्दर ने मेरे साथ सोने की ज़िद पकड़ ली, और रात में बहन को वह अपने से दूर जाने नहीं देता था तो हम तीनों मेरे बिस्तर पर ही सोए, कमल दूसरे कमरे में सोने चला गया, जिसे उसने अपने स्टूडियो में तब्दील कर लिया था। पहली रात हसरतों ने मुझे बेचैन किये रखा, मेरी हालत किसी कसी हुई चाबी वाली मशीन की तरह थी। मैं जागता रहा, सुन्दर के सीने पर रखा साँवली, लम्बी उँगलियों वाला उसका हाथ देखता रहा, और तब तक ताकता रहा जब तक कि भोर में मुझे नींद नहीं आ गई।

अगले रोज़ अपनी पहली पिकनिक के लिए हम नदी पर गए, मगर वहाँ भी हम लोगों से घिरे हुए थे—कमल, सुन्दर और मेपलवुड के हमारे कुछ पड़ोसी। मगर उस रात मैंने हमारे बीच सो रहे सुन्दर के ऊपर अपना हाथ रख दिया, और मेरी उँगलियाँ उसकी उँगलियों से टकरा गईं। उसने मेरा हाथ थाम लिया और खींचकर अपने नर्म-गर्म गाल पर रख लिया। मैंने आगे बढ़कर उसकी आँखों और गर्दन को चूम लिया। सुन्दर जाग गया और मैं पीछे हट गया। उसने अपना हाथ और एक पैर उठाकर मेरे ऊपर रख लिया, थोड़ी देर बाद सुशीला ने करवट लेकर पीठ हमारी ओर कर ली और जल्दी ही गहरी नींद में सो गई।

उसके बाद हम लोग लम्बी सैर पर जाने लगे, दिन में किसी भी वक़्त निकल जाते और परी कथाओं के नाम पर मैं उन्हें प्रेम कहानियाँ सुनाता—सुन्दर जिन्हें सुनकर चक्कर में पड़ जाता और उसकी बहन ख़ुश हो जाती। कमल को ये नीरस

लगतीं, क्योंकि वो यह कहकर सैर से किनारा करने लगा कि वह अपनी पेंटिंग पर ध्यान लगाना चाहता है। (हालाँकि कहानियों में वैसे भी उसे कोई दिलचस्पी नहीं थी। मैं उसे जब से जानता हूँ, आज तक उसने मेरी कोई कहानी नहीं पढ़ी, और न ही किसी और की।)

अगली बार जब हम नदी किनारे पिकनिक पर गए तो वह हमारे साथ नहीं था और न ही कोई पड़ोसी वहाँ था। सुन्दर और मैं तरोताज़ा कर देनेवाले नदी के ठंडे पानी में नहाए, और सुशीला अपने पाँव पानी में डाले एक चट्टान पर बैठी रही। मैंने पानी के छींटे उसके ऊपर उछाले और उसने एक छोटा-सा पत्थर मुझ पर फेंका। मैंने उससे माफ़ी माँगी तो उसने मुझसे अपने पैर चूमने को कहा, और मैंने ऐसा किया भी, हम सब हँस पड़े और फिर घर वापस लौट आए। घर पहुँचने पर कमल ने मुझे झिड़का कि लिखने को लेकर मैं लापरवाही करने लगा हूँ। उसने कहा कि मैं शायद ही कभी घर में ठहरता हूँ, और यह भी कि मुझे कुछ हो गया है। मैंने यह कहकर उसकी बात को हँसी में उड़ा दिया कि आराम और छुट्टी का हक़ मुझे भी है, लेकिन कुछ था, जो गुपचुप चल रहा था। उससे झूठ बोलना मुझे ठीक नहीं लगा, और अपना अपराध-बोध छुपाने के लिए मैंने पूछा कि उस पेंटिंग का क्या रहा, जिसे पूरा करने के लिए वह कई दिनों से जूझ रहा था। वह नाराज़ दिखाई दिया, लेकिन उसने कुछ कहा नहीं।

मैं लिख नहीं पा रहा था; यह बात सही थी कि मुझे कुछ हो गया था। हर वक़्त मैं सुशीला के साथ रहना चाहता था; अपने ख़यालों में मैं उसको नदी के बीच निर्वस्त्र खड़ा देखता, या हमारे बिस्तर पर नग्न लेटा हुआ, या फिर अपने बालों में फूल खोंसे हुए बग़ीचे में बे-लिबास घूमते हुए। एक लड़के की तसवीर दिखाकर जब उसने मुझे बताया कि वह उससे प्यार करता है और उसे ख़त लिखता है तो मुझे जलन हुई। मैंने कोशिश की कि अपनी यह भावना उस पर ज़ाहिर न होने दूँ, मगर हर क्षण मैं उदास होता चला गया, उसने मेरी मायूसी भाँप ली और बात सँभालने की कोशिश की। उसने मुझे भरोसा दिलाया कि यह ख़तो-किताबत एकतरफ़ा थी और अब उस लड़के में उसकी कोई दिलचस्पी नहीं थी। मेरा उत्साह वापस लौट आया। पल में तोला पल में माशा—भावनाओं की ऐसी उथल-पुथल से मैं पहले कभी वाक़िफ़ नहीं हुआ था।

एक दिन सुबह, कमल सुन्दर को मॉल का स्केटिंग रिंक दिखाने ले गया। उस रोज़ गर्मी थी।

'चलो हम लोग नदी पर चलते हैं,' सुशीला ने कहा और मेरे हाथ से वह किताब छीन ली, जो मैं पढ़ रहा था। 'मैं तुम्हें नहलाऊँगी।'

हम तीखी ढलान वाले रास्ते पर चल पड़े, मैं उसे झरने के पास ले गया, और पीछे की तरफ़ छोटी-सी गुफा उसे दिखाई। हम गीली चट्टान पर लेट गए और मैंने उसे चूम लिया। मैंने उसकी आँखों, होंठों और उसकी लम्बी, पतली गर्दन को चूमा, और तब तक चूमता रहा जब तक कि संकोच से भरी उसकी कुनमुनाहट सरगर्म जुनून में नहीं बदल गई। उसने मुझे ज़ोर से भींच लिया, और अचानक मुझे अपने आप से ही डर लगने लगा और मैंने ख़ुद को उसकी बाँहों के घेरे से आज़ाद कर लिया। मैंने उससे कहा कि बाहर यह सब सुरक्षित नहीं है।

उस रात, मैंने फुसफुसाते हुए, उससे कहा कि मैंने अपनी ज़िन्दगी में कभी किसी से इतना प्यार नहीं किया, जितना कि मैं उसे करता हूँ। मैं उसके साथ ज़िन्दगी बिताना चाहता हूँ और उसका ख़ूब ख़याल रखूँगा। उस वक़्त मानो मजनू या रोमियो की रूह मुझमें उतर आई थी। मैं और भी बहुत कुछ कहना चाहता था, मगर प्यार में इससे ज़्यादा कहने के लिए कुछ और होता नहीं, और मुझे लगता है कि सचमुच मुझे प्यार हो गया था। मेरे इज़हार के जवाब में जिस क़दर शाइस्तगी से वह पेश आई, किसी और महिला ने वैसा कभी नहीं किया था।

'क्या तुम मुझसे प्यार करती हो?' मैंने उससे पूछा, और जवाब की जगह ख़ामोशी सुनाई दी। मैंने फिर से पूछा, कहा कि मैं उससे शादी करना चाहता हूँ और अगर ज़रूरी हुआ तो मैं ज़िन्दगी भर उसका इन्तज़ार करूँगा, और फिर मैंने ख़ुद को यक़ीन दिलाया कि उसने हाँ में सिर हिलाया था और अँधेरे में मैंने यह देखा नहीं था।

एक दोपहर को हम बिस्तर में लेटे हुए थे, सुशीला का सिर मेरी बाँह पर था और सुन्दर हमारे बग़ल में सो रहा था, तभी यकायक कमल अन्दर आया। हम बेसाख़्ता चौंक गए। वह कुछ बोला नहीं, बस हमारे कमरे से होते हुए अपने स्टूडियो में चला गया। सुशीला छिटककर दूर हट गई, उसके चेहरे पर डर झलक रहा था। वह बोली, 'उसे मालूम है'। मैंने कहा, वह समझ जाएगा; मैं उसे बता दूँगा कि मैं सुशीला से शादी करना चाहता हूँ और उसकी माँ से बात करना चाहता हूँ।

मैंने कमल से बाहर सैर पर चलने के लिए कहा और जब हम दोनों घर से थोड़ी दूर निकल आए तो हमारे बीच झगड़ा हो गया। उसने कहा कि मैंने उसे धोखा दिया और उसे इस्तेमाल किया है। उसने मुझ पर यह आरोप भी लगाया कि मैंने एक मासूम लड़की को बहकाया है।

'वह कोई बच्ची नहीं है,' मैंने अपना बचाव करते हुए कहा। 'और मैं भी कोई बूढ़ा नहीं हूँ। मैं तीस का हूँ।'

'तब भी वह उम्र में तुमसे आधी है,' उसने कहा। 'क्या वह तुमसे प्यार करती है?'

'मुझे तो ऐसा ही लगता है।'

'तुमको ऐसा लगता है? तुम बेवक़ूफ़ हो। उसे देखो, और अपने आप को देखो। यह भारत है।'

'मैं उससे शादी करना चाहता हूँ,' कमल को रोकने के लिए मैंने कहा। 'क्या तुम मेरी मदद करोगे?'

मुझे नहीं मालूम कि मैं क्या कर रहा था; इसके बारे में मैंने सोचा ही नहीं था, लेकिन अगर शादी ही सुशीला के मेरे साथ रहने की शर्त थी तो मैं उससे शादी करूँगा।

दो दिन के बाद कमल उसे और सुन्दर को साथ लेकर दिल्ली लौट गया। और मेरे लिए फ़िक्रमन्द रहा पहाड़ और वह घर पीछे छोड़ गया, जो अब पहले से कहीं ज़्यादा ख़ाली लगता था। घर में मुझे ऐसी तमाम चीज़ें मिल जातीं, जो वह छोड़ गई थी—तकिये पर छूट गया उसका कोई बाल, टूटी हुई एक चूड़ी, काजल की छोटी-सी डिबिया। रात को मैं ब्रांडी पीता और बेमन से लिखता जाता और शहतीरों पर चूहे इधर-उधर दौड़ते फिरते।

मानसून आ गया था, लगातार बूँदाबाँदी होती रहती, बूँदें जब टिन की छत पर गिरतीं तो ढोल बजने जैसा आभास होता। दिन में रह-रहकर धुंध छा जाती, कभी भाप की हल्की परत तैरती दिखाई देती तो अगले ही क्षण घने बादल उड़ते आते। यह धुंध पेड़ों को ढाँक लेती और जंगल को अलौकिक रूप मिल जाता, मगर मैं इन ख़ूबसूरत नज़ारों से बेख़बर था।

फिर एक रोज़ कमल का ख़त आया। उसने लिखा था कि घर से अलग वह अकेले रहना चाहता है। चूँकि अकेले किराया भरना उसके बस की बात नहीं थी इसलिए वह चाहता था कि साल-भर तक दिल्ली में रहकर मैं उसका फ़्लैट साझा करूँ। उस दौरान वह सुशीला के परिवार को राज़ी करने और शादी का इन्तज़ाम करने में मेरी मदद करेगा। मैंने थोड़ा सामान बाँधा और दिल्ली की बस पकड़ ली।

हमें एक फ़्लैट मिल गया, मगर वहाँ सुशीला से मेरी भेंट बमुश्किल ही हो पाई। दरअसल, मैंने दिल्ली में जितने हफ़्ते गुज़ारे, उसे मैंने सिर्फ़ एक बार देखा। वह भी कमल के परिवार वाले घर में, जहाँ किसी जश्न की तैयारी में ख़ासी भीड़भाड़ थी। हमारी कोई बातचीत नहीं हुई, लेकिन मैंने उसके एक मामा से बात की। अपनी बहन के लिए वह काफ़ी ख़ुश लग रहे थे। उन्होंने कहा, लड़की का ब्याह तो जल्दी ही करना है, और उसकी शादी मुझसे भी हो सकती है; मैं तो एक

तरह से पहले ही उनके परिवार का हिस्सा हूँ। ऐसा होगा; मुझे धैर्य रखना चाहिए।

इसके बाद दिल्ली में रहने की मेरे पास कोई ख़ास वजह नहीं थी। मुझे तो अब इन्तज़ार ही करना था और इन्तज़ार तो मैं पहाड़ पर अपने ख़ामोश ठिकाने पर रहते हुए भी कर सकता था। कमल को भी मेरे साथ रहना अच्छा नहीं लग रहा था। वह मज़ाक़ में कहता कि मेरी ज़िन्दगी में किसी भी लड़की का नहीं होना कुछ अस्वाभाविक बात लगती है; और अब जब एक लड़की मुझे मिली भी तो ज़ाहिर है कि मैंने सब गुड़ गोबर ही किया है। लेकिन हम दोनों में से कोई भी अपनी नापसन्दगी ज़ाहिर करने की पहल नहीं करना चाहता था। वह तो भला हो मकान मालिक का, जिसने हमें हमारी तकलीफ़ों से निजात दिलाई। उन्होंने हमसे फ़्लैट ख़ाली कर देने के लिए कहा—कमल के भतीजे और चचेरे भाई, जो दिन-भर और कभी-कभी रात को भी हमारे साथ रहते थे, उन्होंने कहा कि वे बहुत गुलगपाड़ा करते हैं और टैंक का सारा पानी ख़त्म कर डालते हैं।

सुशीला के मामा का आधा-अधूरा आश्वासन लेकर मैं मसूरी लौट आया। लेकिन फिर कई महीने बीत जाने के बाद भी किसी का कोई जवाब नहीं आया। मेरे सब्र का पैमाना छलकने लगा तो मैंने फिर से दिल्ली जानेवाली बस पकड़ी, और जब मैं कमल के परिवार वालों के घर पहुँचा तो स्वागत की गर्मजोशी नदारद पाई। उसका एक भाई मुझे दरवाज़े के बाहर ही मिल गया। उसने कहा कि मुझे मसूरी लौट जाना चाहिए और कुछ दिनों तक उन लोगों से दूर ही रहना चाहिए। एक गड़बड़ हो गई थी; सुशीला की सगाई हो चुकी थी।

कुछ महीनों के बाद अपनी ही बिरादरी के, बेहतर सम्भावनाओं वाले लड़के से उसकी शादी हो गई। वह उत्तर भारत के विशाल इलाक़े में कहीं रहती है और अब भी शादीशुदा ज़िन्दगी जी रही है। (यही वजह है कि मुझे उसकी पहचान छिपानी पड़ी है)। मैं नहीं जानता कि वह अब भी चूड़ियाँ पहनती है या नहीं, या कि गेंदे के फूलों की मालाएँ बनाती है या नहीं। अब तक तो शायद वह दादी बन गई हो। पोते-पोतियाँ ही हमारी ज़िन्दगी में रंग भरते हैं!

कमल अपनी पेंटिंग का सिलसिला जारी नहीं रख पाया और शादी कर लेने के बाद वह कपड़ों और पोशाकों की डिज़ाइनिंग जैसे ज़्यादा व्यावसायिक क़िस्म के कामों में जुट गया। उस साल के बाद शायद ही कभी हमारी मुलाक़ात हुई हो, मगर उसके बारे में समय-समय पर मुझे पता चलता रहा क्योंकि उसका एक भतीजा, अनिल, अपनी पढ़ाई पूरी करने के लिए कुछ वर्षों तक मेरे साथ रहता था। अनिल के पिता ने अपने परिवार को छोड़ दिया था तो ख़ासे मुश्किल के दौर से गुज़र रहे उसके घरवालों ने, दिल्ली के जिस प्राइवेट स्कूल में वह पढ़ता था,

वहाँ से उसे निकाल लिया था। मैंने वाइनबर्ग एलन में उसका दाख़िला कराया। पढ़ाई में वह होशियार था। बाद में वह देहरादून के एक मेडिकल कॉलेज में पढ़ने चला गया। वह डॉक्टर बना और कुछ साल बाद अमेरिका जाकर आबाद हो गया।

~

इश्क़ में नाकामी के सदमे से उबरने का एक तरीक़ा तो यह है कि आदमी विवाह कर ले। और दूसरा यह कि ख़ूबसूरत और ख़ामोश जगहों की दुर्गम यात्रा पर निकल जाए।

सुशीला के रिश्तेदारों के मुँह फेर लेने के बाद जब मैं दिल्ली से लौटा तो उसके बाद के महीनों में अक्सर मसूरी की पहाड़ियों में ऊँचाई वाली निर्जन जगहों में भटका किया। एक पहाड़ी थी, जिसे क्लाउड्स एंड कहते थे। हरहराती हवाओं वाली उस बंजर पहाड़ी की चोटी के एक तरफ़ दूर तक फैले मैदान और दूसरी तरफ़ बर्फ़ीली चोटियों का फैलाव दिखाई देता था। चट्टानों के बीच जंगली साग उग आया था, और पहाड़ी की ढलानों पर तिपतिया, जंगली बेगोनिया, सिंहपर्णी जैसे कई तरह के फूल खिले मिलते।

पहाड़ी के किनारे एक पुरानी शराब फ़ैक्ट्री के खँडहर खड़े थे। कुछ उद्यमी अंग्रेज़ों ने मैदानी इलाक़ों में आबाद अपने प्यासे हमवतनों के लिए बीयर बनाने में यहाँ अपनी पूरी ज़िन्दगी बिता दी थी। फ़ैक्ट्री की दीवारों पर अब काई जम गई थी और फ़र्न उग आए थे। टूटी हुई सीढ़ियों के नीचे खोखली जगह में एक जंगली बिल्ली का बसेरा था। वह हल्की हरी आँखों वाली स्लेटी रंग की सुन्दर-सी बिल्ली थी, जिसके बदन पर काली धारियाँ थीं। कभी-कभी वह सीढ़ियों से या दीवार पर आकर मुझे ताकती थी, मगर मेरे पास कभी नहीं आई।

उस पहाड़ी पर कोई रहता नहीं था, सिवाय कोयला बनानेवालों के, जो कभी-कभार फूस की झोंपड़ी बनाकर वक़्ती तौर पर वहाँ ठहर जाते थे। पहाड़ी की हरी-भरी ढलानों पर अपनी भेंड़ों और मवेशियों को चराने के लिए गाँव वाले ज़रूर उस पहाड़ी रास्ते से गुज़रते। ज़्यादातर नई उम्र के लड़के-लड़कियाँ थे, जो अपने घर के मवेशियों और भेड़ों को लेकर वहाँ आते थे। मुझे एक लड़का मिला, जो बाँसुरी बजाता था। उसकी बाँसुरी का अनगढ़-मीठा स्वर पहाड़ी हवा में गूँजता सुनाई देता था। वह अक्सर मुझे मिल जाता था, और बाँसुरी को अपने होंठों से हटाए बिना ही, सिर को ख़म देकर मुझे सलाम करता था।

और एक लड़की थी, जो तक़रीबन हमेशा ही चारे के लिए घास काटती हुई मिलती थी। वह अपने पैरों में भारी पाज़ेब पहने रहती थी, ज़्यादा बोलती भी

नहीं थी, मगर रास्ते से गुज़रते हुए वह जब भी मुझे मिल जाती तो उसके चेहरे पर मुस्कुराहट आ जाती थी। वह हमेशा गाती-गुनगुनाती रहती, ख़ुद के लिए, या भेड़ों के लिए, या घास के लिए। उसे देखकर लगता जैसे कि मुझे नसीहत दे रही हो कि सुकून से जीने के लिए मुझे अभी कितना कुछ सीखने की ज़रूरत है। मानो कहती हो कि आख़िर इतनी दौड़-भाग किसलिए करनी है। इत्मीनान से बैठो, चीज़ों के पीछे भागना बन्द करो, और तब शब्द तुम्हारे पास आएँगे, और हो सकता है कि प्रेम भी।

एक और लड़का था, जो दूध लेकर शहर जाता था, और जो अक्सर मुझसे टकरा जाता था। पहाड़ छोड़कर वह कभी बाहर नहीं गया था, कभी रेलगाड़ी में नहीं चढ़ा था। उसने पूछा कि मेरे बाल काले क्यों नहीं हैं, और जब मैंने उसे इसकी वजह बताई तो वह आसानी से समझ भी गया—उसके लिए यह कोई अजूबी बात नहीं थी, न ही वह हैरान हुआ (यह उन लोगों के लिए सबक़ हो सकता है, जिन्हें लगता है कि दुनिया को समझने का बुद्धि-विवेक (कॉस्मोपोलिइटनिज़्म) बड़े शहरों और विश्वविद्यालयों में ही हासिल किया जा सकता है)। उसने मुझे अपने गाँव के बारे में बताया; वे लोग मक्के की रोटियाँ कैसे बनाते हैं, पहाड़ी नदियों में मछलियाँ कैसी पकड़ी जाती हैं, और कैसे भालू उनके खेतों से भुट्टा और उनके घरों की छत से कद्दू चुराने आ जाते हैं।

परी टिब्बा पर, मैं उजाड़ इमारतों के बीच घूमता था, जहाँ कई इमारतों पर बिजली गिरने की निशानियाँ मौजूद थीं। मुझे कोई भूत या चुड़ैल तो नहीं मिली, अलबत्ता एक रोज़ एक भालू मुझे मिल गया। मैं बांज के एक पेड़ पर बैठा हुआ था, सिर्फ़ यह देखने के लिए कि क्या अब भी मैं उतना ही चुस्त और फुर्तीला हूँ, जितना कि लड़कपन में हुआ करता था। तभी मद्धिम-सी घुरघुराहट सुनाई दी, और आराम-आराम से चलता हुआ एक छोटा-सा भालू पेड़ के नीचे की साफ़ जगह पर चला आया। वह शावक से थोड़ा बड़ा था, मगर ख़तरनाक बिलकुल नहीं लगता था। मैं एकदम शान्त होकर बैठा रहा, और इन्तज़ार करने लगा रहा कि देखें वह क्या करता है।

उस छोटे भालू ने अपनी नाक ज़मीन पर टिकाई और सूँघते-सूँघते वहाँ जाकर रुक गया, जहाँ चींटियों की बाँबी थी। वहाँ उसने ज़ोर-ज़ोर से हाँफना-काँखना शुरू कर दिया, वह अपने नथुनों से हवा तेज़ी से अन्दर खींचता और फिर ज़ोर से फूँकता, बाँबी पर जमा धूल चारों ओर उड़ने लगी। लेकिन बाँबी भी निर्जन थी, चींटियाँ बहुत पहले ही उसे छोड़कर जा चुकी थीं! और फिर खीजता हुआ, घुरघुराता हुआ भालू आगे बढ़ गया और पास के आलूबुखारे के पेड़ पर चढ़ गया,

फिर पेड़ की ऊँचाई पर जाकर शाखाओं में बैठ गया। अभी वह ख़ुद को सहज कर ही पाया था, कि उसने पड़ोस के पेड़ पर मुझे बैठे देख लिया।

वह झट से पेड़ पर कई फुट ऊपर चढ़ गया और वहाँ एक डाल पर जाकर लेट गया। वह बहुत मोटी डाल नहीं थी, इसलिए भालू के बदन का बड़ा हिस्सा दोनों तरफ़ दिखाई दे रहा था। उसने अपना सिर दूसरी डाल के पीछे छिपा लिया, और चूँकि मैं उसे वहाँ से दिखाई नहीं दे रहा था, इसलिए यह मानकर वह सन्तुष्ट हो गया कि उसने ख़ुद को छिपा लिया है। लेकिन सब छोटे बच्चों की तरह वह भी जिज्ञासु था। तो, धीरे-धीरे, एक-एक इंच करके, डाल के किनारे से उसने अपनी काली थूथन बाहर निकाली, और जैसे ही उसने मुझे देखा, झटके से अपना सिर पीछे खींच लिया और अपना चेहरा छिपा लिया।

ऐसा उसने कई बार किया। मैं तब तक इन्तज़ार करता रहा, जब तक उसने इस तरह झाँककर मुझे देखने का अपना वह खेल बन्द नहीं कर दिया, फिर मैं आहिस्ता-आहिस्ता सरकता हुआ अपने पेड़ पर कुछ दूर नीचे तक चला आया। अबकी बार जब भालू ने फिर से देखा, और देखा कि मैं ग़ायब हूँ तो वह धीरे से दूसरी डाल पर खिसक गया और आलूबुखारा तोड़कर खाने लगा। वह ख़ुशी से चिल्लाया। यह देखकर मेरी हँसी छूट गई, और मेरे हँसने से चौंका हुआ भालू आलूबुखारे के पेड़ से लुढ़क गया। वह ज़मीन पर सूखे पत्तों के ढेर पर धम्म से आ गिरा, और फिर चिल्लाता-गुर्राता हुआ वहाँ से भाग निकला। वह शर्तिया अपनी माँ के पास जाकर शिकायत करनेवाला था, इसलिए मैं जल्दी से बांज के पेड़ से नीचे उतरा और सरपट पहाड़ी के ढलान की तरफ़ चल पड़ा। (किसी ने मुझे बताया था कि भालुओं को ढलान पर भागने में मुश्किल होती है)।

मैं सीटी बजाता और मुस्कराता हुआ वापस अपने कमरे में पहुँचा, अपनी मेज़ पर बैठा और भालुओं के बारे में एक कहानी लिख डाली। अगले रोज़, मैंने दूसरी कहानी लिखी और एक निबन्ध लिखना शुरू कर दिया। ज़ेहन में शब्द आसानी से चले आ रहे थे, मैं नेल्सन एडी और एर्था किट के गाने गुनगुना रहा था और अपने लिए चाय और कॉफ़ी बना रहा था।

तो अगर आपको अपने दिल का घाव रफ़ू करना हो और लेखन में आ गए ठहराव के ख़ौफ़नाक हालात से निजात पानी हो तो किसी आलूबुखारे के पेड़ पर कोई छोटा भालू ढूँढ़िए।

एक पूर्णविराम और नई इबारत

तीस-पैंतीस की उम्र तक अपनी उम्र के तीसवें तक, पुरानी बेचैनी से मेरा पीछा छूटने लगा था, और अब मैं लगातार लिख रहा था, हालाँकि मेहनताना बहुत कम मिलता था। भारत में अंग्रेज़ी के प्रकाशकों की दिलचस्पी सिर्फ़ पाठ्यपुस्तकों में थी, और अख़बार और पत्रिकाएँ बहुत ज़्यादा पारिश्रमिक देते नहीं थे। ज़िन्दा रहने के लिए, मुझे भरसक ज़्यादा से ज़्यादा कहानियाँ, निबन्ध और लेख लिखने पड़ते थे तो मैं अपने पुराने मज़बूत टाइपराइटर की कुंजियाँ पीटता रहा।

अगर मैं दिल्ली या बम्बई या कलकत्ता चला गया होता तो शायद यह सब थोड़ा आसान होता। मगर अब तो पहाड़ मेरे ख़ून में बस चुका था। मसूरी का बदलता मौसम मेरी ज़िन्दगी और लेखन की लय तय करता था। यहाँ तक कि कड़ाके की ठंड वाले दिनों में भी, मैं गांधी टोपी वाली जलखंजरी की तलाश में रहता था, जो बग़ीचे में नाशपाती के पेड़ की रूखी शाखाओं पर बैठता और मुझे देखकर ख़ुशी से सीटी बजाने लगता था, कविता की शुरुआती पंक्तियाँ मुझे उससे मिल जातीं। और अपनी पुरानी साइकिल पर आनेवाले उस दूधिये की तलाश मुझको रहती, जिसके दूध के डिब्बों पर जमी बर्फ़ किसी ताज की तरह लगती थी, और जो मुझे पानी मिला गाय का दूध बेचता और गढ़वाली प्रेम गीत सिखाता।

पहाड़ मैं केवल तभी छोड़ता था, जब कभी-कभार अपने परिवार से मिलने के लिए दिल्ली जाता—ख़ासतौर पर अपनी माँ और एलेन से मिलने। विलियम उन्हीं दिनों इंग्लैंड चला गया था, जब मैं मसूरी आया था, फिर इंग्लैंड से वह कनाडा चला गया।

~

1969 की गर्मियों में, मुझे अपनी माँ का एक ख़त मिला। उन्हें स्तन कैंसर हो गया था। वह 54 साल की थीं, और मैंने उन्हें कभी बीमार होकर बिस्तर पर पड़ते नहीं देखा था। जब मैं उनसे मिलने गया तो बजाय कोई फ़िक्र करने के बीमारी की बात को उन्होंने तिल का ताड़ बताकर ख़ारिज कर दिया। वह अपनी उम्र से थोड़ी बड़ी लग रही थीं, मगर उनकी ख़ुशदिली में कोई कमी नहीं आई थी।

घर पर, मिस्टर एच हालात सँभालने की कोशिश कर रहे थे। मुझसे उन्हें बहुत सहारे की उम्मीद नहीं थी, और इसके लिए मैं सचमुच उन्हें इल्ज़ाम नहीं दे सकता था। मेरी माँ की तरह ही मेरे सौतेले भाई भी नज़रअन्दाज़ कर रहे थे; और विलियम भारत आने का ख़र्च नहीं उठा सकता था। मिस्टर एच का अकेला

भरोसेमन्द सहारा मेरी सौतेली बहन—बीबीजी की बेटी—प्रेमिला थी, जो अपनी शादी नहीं चल पाने के बाद यहाँ आकर उनके और मेरी माँ के साथ रह रही थी। उसे दिल्ली में वाइडब्ल्यूसीए में नौकरी मिल गई थी और एक तरह से वह परिवार का सहारा बन गई थी।

मैं मेपलवुड आया ताकि घर ठीक-ठाक ढंग से बन्द करके माँ के ऑपरेशन के लिए समय रहते दिल्ली लौट आऊँ। डॉक्टरों ने कहा था कि उन्हें बचाने की किसी सम्भावना के लिए उनका बायाँ स्तन हटाना होगा।

मसूरी से चलने से पहले, मैंने उन दिनों की कुछ पुरानी तसवीरें इकट्ठा कीं, जब डैडी, मेरी माँ और मैं एक साथ रहा करते थे। माँ शायद वे तसवीरें रखना चाहें—यह मेरी ओर से सुलह का मामूली इशारा था। वक़्त के साथ धुँधलाकर पीला पड़ चुका एक निगेटिव भी उनमें था, जिस पर धब्बे पड़ गए थे। यह मेरे नाना-नानी की तसवीर थी, जो माँ ने बहुत पहले मुझे दी थी मगर मैंने उसका प्रिंट बनवाने की ज़हमत नहीं उठाई। मैंने उसका प्रिंट बनवाया, और जब वह तसवीर मुझे मिली और बाईस सालों में पहली बार मैंने नानी का चेहरा देखा तो यह देखकर मैं दंग रह गया कि मेरा चेहरा उनसे काफ़ी मेल खाता है। अनजाने में ही मैं कुछ हद तक उनके जैसा ही बन गया था—सख़्त, सादा और संयमी जीवन जीने वाला, व्यवस्थित और अनुशासित रहने वाला, बग़ीचों का शौकीन। मगर मुझे इस बात का अहसास बिलकुल नहीं था कि जिस्मानी तौर पर इतनी समानता होगी—भूरे बाल, भारी बदन, चौड़ा माथा। मेरी माँ से ज़्यादा वह मेरे जैसी दिखती थीं।

उस तसवीर में, बरामदे की सीढ़ियों के ऊपर वह अपनी पसन्दीदा कुर्सी में बैठी थीं, और नानाजी उनके पीछे आम के बड़े पेड़ की छाया में खड़े थे, जो तसवीर में दिखाई नहीं देता था। वह छरहरे बदन के, सुडौल शख़्स थे, जिनके चेहरे पर लटकती हुई मूँछें थीं, 1920 के दशक में ऐसी मूँछों का फ़ैशन था। हर तरह से वह शातिर क़िस्म के मज़ाक़िया इनसान थे, हालाँकि तसवीर में वह स्वस्थ नहीं दिख रहे थे। वह धूप में झुलसे और काफ़ी साँवले लग रहे थे। इसमें कोई हैरानी नहीं कि 'देसी' ढंग के कपड़े पहनकर ख़ुद को किसी फेरी वाले के तौर पर पेश करने में उन्हें महारत हासिल थी। मेरी माँ ने मुझे उनके कौतुकपूर्ण कारनामों के कई क़िस्से सुनाए थे। वह अपनी तरह के थोड़े मनमौजी इनसान थे, और मेरी नानी की निष्ठुर शख़्सियत और विक्टोरियन शुद्धता वाली सोच के एकदम उलट थे। मन ही मन मैंने माँ को सम्बोधित किया, अच्छा तो यह हैं वो, आप जिन पर गई हैं, और दूसरी तसवीरों के साथ ही वह तसवीर और निगेटिव मैंने अपने सूटकेस में रख लिये।

दिल्ली में बस से उतरकर मैं सीधे लेडी हार्डिंग अस्पताल गया, जहाँ एक दिन पहले मेरी माँ को भर्ती कराया गया था। वह अगस्त की शुरुआत के दिन थे और जब मैं एक छोटी-दमघोंटू टैक्सी की पिछली सीट पर बैठा हुआ भीड़भाड़ वाली सड़कों से होते हुए सेंट्रल दिल्ली की ओर जा रहा था तो मेरी क़मीज़ पसीने से तरबतर थी।

माँ एक छोटे-से वार्ड के ठंडे, अँधेरे कमरे में थीं, जिसकी छत पर लटका पंखा घरघरा रहा था। एक नर्स उनके बिस्तर के किनारे लटके एक चार्ट पर कुछ लिख रही थी और मैं उसके पीछे खड़ा था। जब वह चली गई तो माँ ने मुझे देखा, मैं अपना छोटा सूटकेस लिये वहाँ खड़ा था।

उनके चेहरे पर एक ज़र्द मुस्कान आ गई और उन्होंने इशारे से मुझे अपने पास बुलाया। उनके गाल थोड़े सुर्ख़ थे, शायद बुख़ार की वजह से; वरना वह हमेशा जैसी सामान्य दिखाई देती थीं। मुझे इस बात पर यक़ीन करना मुश्किल हो रहा था कि अगले दिन होनेवाले उनके ऑपरेशन के बाद, उन्हें ज़्यादा से ज़्यादा, एक साल और जीने की मोहलत मिल पाएगी।

मैं उनके बिस्तर के पायताने बैठ गया। 'आपको कैसा लग रहा है?' मैंने पूछा।

'बिलकुल ठीक हूँ। वे कहते हैं कि कल सुबह ऑपरेशन करेंगे। उन्होंने मेरी सिगरेट बन्द कर दी है।'

'हो सकता है कि वे तुम्हें रम पीने की इजाज़त दे दें,' मैंने कहा।

'नहीं। ऑपरेशन के कुछ दिन बाद तक तो नहीं।'

वह उठकर बैठ गईं और अपनी पीठ को सहारा देने के लिए तकिया अपने पीछे रख लिया। मैंने उनके माता-पिता की तसवीर निकालकर उन्हें दे दी।

'यह निगेटिव मेरे पास सालों से पड़ा हुआ था। हाल ही में मैंने इसका प्रिंट बनवाया। मुझे लगा कि आप इसे रखना चाहेंगी?'

'चश्मे के बग़ैर मैं देख नहीं सकती,' उन्होंने कहा।

चश्मा उनके बिस्तर के पास लॉकर के ऊपर रखा था। मैंने उठाकर उन्हें दे दिया। चश्मा पहनकर उन्होंने तसवीर को ग़ौर से देखा और हँस पड़ीं, 'इन्हें देखो ज़रा!'

'आप अपने पापा के जैसी लगती हैं,' मैंने कहा। 'और मज़ेदार बात यह है कि मैं नानी की तरह दिखता हूँ।'

'तुम्हारी नानी हमेशा तुमसे बहुत प्यार करती थीं।'

'यह कहना थोड़ा मुश्किल है। वह नरमदिल औरत नहीं थीं।'

'उन्हीं के पैसे की बदौलत तुम जर्सी जा पाए थे। वह अकेली ऐसी इनसान

थीं, जिन्होंने तुम्हारे लिए कुछ छोड़ा था। हालाँकि तुम्हें देने के लिए तो मेरे पास भी कुछ नहीं है,' उनकी आवाज़ में अफ़सोस झलक रहा था, जो उन पर बिलकुल नहीं फबता था।

'आप अच्छी तरह जानती हैं कि पैसे की मैंने कभी परवाह नहीं की। डैडी ने मुझे लिखना सिखाया। वह विरासत मेरे लिए काफ़ी है।'

'और मैंने तुम्हें क्या सिखाया?'

'पक्के से नहीं कह सकता...शायद आपने मुझे सिखाया कि जब-तब ख़ुद को ख़ुश कैसे रख सकता हूँ!'

इस बात से वह ख़ुश नज़र आईं। 'हाँ, ज़िन्दगी की झंझटों के बीच भी मैंने मज़े किये। मगर तुम्हारे पिता को आनन्द लेना नहीं आता था। इसीलिए हमारे बीच इतने झगड़े हुआ करते थे।'

'वह उम्र में आपसे बहुत बड़े थे। आप लोग मुख़्तलिफ़ क़िस्म के इनसान रहे।'

'उनको छोड़ने के लिए तुम हमेशा मुझे ही दोषी मानते रहे हो, है न?'

'उस समय मैं बहुत छोटा था। आप अचानक हमें छोड़कर चली गईं। वह बीमार थे और मेरी परवरिश की ज़िम्मेदारी भी उन्हें ही सँभालनी पड़ी। ज़ाहिर है कि मैं आपको ही दोषी मानता।'

'वह मुझे तुमसे मिलने नहीं देते थे। उन्होंने तुमको मुझसे दूर रखा, क्या यह बात तुम्हें पता थी?'

'क्योंकि आप किसी और से शादी करने जा रही थीं।'

मैं पस्त हो गया; इस मसले पर हम पहले भी बात कर चुके थे। वहाँ मैं अपने डैडी की वकालत करने नहीं गया था, वैसे भी तोहमतें लगाने और दोषी ठहराने का वक़्त कब का बीत चुका था।

बाहर बारिश शुरू हो गई, और खुले दरवाज़ों से अन्दर दाख़िल हुई गीली मिट्टी की ख़ुशबू कमरे की दवाइयों और कीटाणुनाशकों की गन्ध से भारी हवा पर हावी हो गई। उस ख़ुशमिज़ाज मलयाली नर्स ने अन्दर आकर मुझे बताया कि जल्दी ही डॉक्टर दौरे पर आनेवाले हैं। मैं शाम को दोबारा मिलने आ सकता हूँ या फिर अगले दिन सुबह ऑपरेशन से पहले।

'शाम को आ जाना,' मेरी माँ ने कहा, 'उस वक़्त और लोग भी यहाँ होंगे।'

'मैं औरों से मिलने नहीं आया हूँ।'

'तो क्या तुम उन लोगों के साथ नहीं रहोगे?'

'अभी कह नहीं सकता। रुक भी सकता हूँ।'

'तुम जैसा ठीक समझो?'

मैं जाने के लिए उठ खड़ा हुआ।

'रस्किन,' जैसे ही मैंने अपना सूटकेस उठाया, उन्होंने मुझे पुकारा, 'क्या तुम एलेन का ख़याल रखोगे?'

'आप उसकी फ़िक्र मत कीजिए। मैं करूँगा। अभी आप अपने ठीक होने के बारे सोचिए।'

मैंने उनसे सुबह आने का वादा किया, और बाहर निकल आया। अब मैं फिर से सड़क पर था, फ़ुटपाथ पर खड़ा, मोटर-गाड़ियों की अंधाधुंध रेलमपेल और अराजक भीड़ के किनारे, एक नामालूम क़िस्म के डर से भरा हुआ—डर से कहीं ज़्यादा आशंका—कि अपनी माँ को मैं शायद फिर नहीं देख पाऊँगा।

उनका ऑपरेशन कामयाब रहा तो सबने राहत महसूस की, और जब उन्हें अस्पताल से छुट्टी मिल गई तो मैं मेपलवुड लौट आया। मगर कुछ ही महीनों के बाद उनकी बीमारी दोबारा लौट आई। जाँचों का दौर फिर शुरू हुआ और एक शाम घर से किसी ने मेरे पड़ोसी को फ़ोन करके सन्देश दिया कि मैं दिल्ली आ जाऊँ। मैंने जब वापस फ़ोन किया तो मेरे सौतेले भाई हेरल्ड ने फ़ोन उठाया।

'अच्छा हो कि तुम चले आओ, रस्किन,' उसने कहा, 'उनकी ज़िन्दगी के बहुत कम दिन बचे हैं।'

जिस रात मैं पटेल नगर वाले फ़्लैट पर पहुँचा, उन्हें अस्पताल ले जाना पड़ा था। हेरल्ड उनके साथ था। हमारे खाना खाने के थोड़ी देर बाद की बात होगी, जब हेरल्ड ने यह बताने के लिए फ़ोन किया कि माँ नहीं रहीं।

अगले रोज़ सुबह हमने निगमबोध घाट पर उनका अन्तिम संस्कार किया और उनकी अस्थियाँ जमुना में विसर्जित कर दीं।

हम सब चाहे जैसे हों, अच्छे या बुरे, अपने माँ-पिता के गढ़े हुए ही होते हैं। मुझे लगता है कि मेरी माँ की चंचलता और नफ़्स-परस्ती उनकी ज़हानत पर हावी रहती थी; जबकि मुझमें, चंचलता और बुद्धिमानी हमेशा एक-दूसरे से टकराते रहे हैं। और शायद ज़िन्दगी को लेकर उनका ग़ैर-रिवायती रवैया, और ऐसी चीज़ें कर गुज़रने की ज़िद, मुझे उनसे विरासत में मिली हैं, जो बाइज़्ज़त लोगों को मंजूर नहीं होतीं—ज़िन्दादिली की यह सिफ़त शायद उन्हें अपने पिता से मिली थी, जो इतने यारबाश क़िस्म के इनसान थे कि आसानी से सबके साथ घुल-मिल जाते थे और बहुत सारे लोगों को चौंका भी देते थे। किताबी और होनहार, बेचारे डैडी के लिए उनको अपने बस में रख पाना मुमकिन नहीं रहा होगा, जो शायद उन्हें

'भद्र महिला' देखना चाहते थे। लेकिन यह सब तो माँ के स्वभाव के विपरीत था।

मुझे यह सोचकर भला लगता है कि अपनी माँ की मृत्यु से पहले मैंने उनसे अपने रिश्ते सुधार लिए थे। इसमें माफ़ी जैसा कुछ नहीं था, माफ़ करने लायक़ कोई बात भी नहीं थी। अगर बचपन में मुझे उनका उतना प्यार नहीं मिला, जितना कि डैडी से मिला तो इसमें सारी ग़लती उन्हीं की नहीं थी। चूँकि उन्होंने दूसरी शादी कर ली और मेरे सौतेले भाइयों की परवरिश में लगी रहीं, इसलिए भावनात्मक टकराव तो लाज़िमी था। यहीं नाराज़गी का स्वर उभरता है। मुझे अपने सौतेले पिता और सौतेले भाइयों से नाराज़गी थी और उस अनचाहे सौतेलेपन से नाराज़गी थी, अपने पिता की मृत्यु के बाद जिसके साथ मुझे जीना पड़ा था। इसका असर विलियम से मेरे रिश्ते पर भी हुआ, जिसे मैं उसी परिवार का हिस्सा मानता था, जिससे ख़ुद किसी तरह का लगाव महसूस नहीं कर पाता था। यह शायद मेरी अपनी नाकामी थी—आख़िरकार, अगर मैं एक तरह से लावारिस की ज़िन्दगी बिता रहा था तो उसके साथ भी तो ऐसा ही था। (विलियम भारत कभी नहीं लौटा, और पचास सालों में हमने एक-दूसरे को थोड़े से ख़त लिखे हैं।)

एलेन के साथ मेरा बेहतर रिश्ता था, और अब जब हमारी माँ नहीं रहीं तो उसके प्रति मुझे अपनी ज़िम्मेदारी का अहसास हुआ। उसे अपने साथ ले जाने के बारे में मैंने मिस्टर एच से पूछा, लेकिन उन्होंने कहा कि वह उसे अपने पास रखेंगे। रॉयल एयर फ़ोर्स का भत्ता उसे ताउम्र मिलना था, और उस पैसे से वह उसकी देखभाल के लिए आया का इन्तज़ाम कर सकते थे। उन्होंने अपनी बात का मान रखा, और उनके गुज़र जाने के बाद, प्रेमिला ने एलेन की देखभाल का ज़िम्मा ले लिया, जो कुछ मैं एलेन के लिए कर पाता, प्रेमिला ने उससे कहीं बेहतर किया। एलेन ने अठहत्तर साल की उम्र पाई, अपने आख़िरी दिन उसने लुधियाना में गुज़ारे, नौकरी से अवकाश पाने के बाद प्रेमिला वहीं जाकर बस गई थीं।

मेरी माँ एलेन के बारे में तब फ़िक्रमन्द हो उठी थीं, जब उन्हें लगा कि उनकी ज़िन्दगी ख़त्म होनेवाली है; यह उनकी उम्र भर की चिन्ता रही होगी। लेकिन वह कम से कम अपने बेटों को दफ़नाने के दुख से तो बच गईं। उनके गुज़रने के कुछ सालों बाद ही हेरल्ड और हंसेल दोनों की जवानी में ही त्रासद मृत्यु हो गई।

वह 1975 की क्रिसमस की शाम थी, जब हेरल्ड अपने पिता की कार लेकर देहरा से दिल्ली के लिए निकला था ताकि किसी तरह एंग्लो-इंडियन क्लब की पार्टी के समय तक वहाँ पहुँच जाए। हालाँकि वह बढ़िया ड्राइवर था, कार रैलियों में हिस्सा लेने के अलावा भी गति और धैर्य के मुक़ाबलों में वह अपनी महारत

साबित कर चुका था, मगर वह बेहिसाब शराब पीने लगा था और देर रात को लम्बी और मुश्किल ड्राइव उसके बस की बात नहीं रह गई थी। वह अकेला था, और मौक़े पर ही उसकी मौत हो गई। हमें ऐसा ही बताया गया। ज़ाहिरा तौर पर, उसकी कार दो ट्रकों के बीच में फँसकर कुचल गई थी, जो रात के अँधेरे में टक्कर मारकर भाग गए थे।

हेरल्ड थोड़ा दुस्साहसी और लापरवाह हो गया था। महिलाएँ उसे पसन्द करती थीं, मगर उसे सँभाल पाना उनके बस में नहीं रह गया था। और अपनी ज़िन्दगी के साथ ही उसने उनकी ज़िन्दगियाँ भी बर्बाद कर दीं। ज़िन्दगी और रास्तों के बारे में कुछ सबक थे, जो उसने कभी नहीं सीखे।

मगर शायद कोई सबक़ नसीहत लेने लायक़ नहीं होता। हेरल्ड के कुछ महीने बाद, मेरा दूसरा सौतेला भाई हंसेल, जो ऑस्ट्रेलिया चला गया था, मोटरसाइकिल दुर्घटना में मारा गया। वह बहुत सचेत रहनेवाला शख़्स था, कभी कोई जोखिम नहीं उठाता था। वह अपने आपे में था, मगर सड़क पर कोई और था, जो आपे में नहीं था।

~

मेरी माँ के गुज़र जाने के बाद, मसूरी से बाहर की दुनिया से मेरा जो थोड़ा-बहुत नाता था, वह भी ख़त्म हो गया।

और फिर, प्रेम के आने के बाद, ज़िन्दगी ने नई करवट ली, और ज़िन्दगी में पहली बार मैं भी परिवार वाला आदमी बन गया।

प्रेम सत्रह या अठारह साल का था, जब मैंने उसे पहली बार देखा था। तब मैं मेपलवुड में ही रहता था, और आख़िरकार मुझे एक रसोइया और सहायक मिल गया था, जो बिना बताए अक्सर ही कई-कई दिनों तक छुट्टी पर चला जाता था, फिर भी उसके बने रहने के लिए दो वजहें काफ़ी थीं—एक तो वह रसोइया बुरा नहीं था और आदमी भी ईमानदार था। इसलिए जब लम्बे क़द, गहरी रंगत और ख़ूबसूरत दाँत, गहरी भूरी आँखों वाले एक लड़के को सलीक़े से पहने सफ़ेद कपड़ों में रसोईघर के दरवाज़े के बाहर खड़ा पाया, और मालूम हुआ कि वह नौकरी की तलाश में आया है तो मुझे उसको मना करना पड़ा।

'मेरे यहाँ तो कोई पहले से ही काम कर रहा है,' मैंने कहा।

'जी हाँ। वह मेरे चाचा हैं।'

उन दिनों पहाड़ों में हर कोई भाई या चाचा होता था।

'तो तुम चाहते हो कि तुम्हारे चाचा को मैं नौकरी से निकाल दूँ?' मैंने पूछा।

'नहीं साहब। मगर उन्होंने बताया है कि आप मुझे कोई काम दिला सकते हैं।'

'ठीक है, कोशिश करूँगा। मैं कुछ लोगों से पूछकर देखता हूँ, फिर तुम्हें बताऊँगा। तुम क्या सीधे अपने गाँव से चले आ रहे हो?'

'हाँ। दस मील पैदल चलकर कल मैं पौड़ी आया। फिर वहाँ से मुझे बस मिली।'

'बैठ जाओ। तुम्हारे चाचा चाय बना देंगे।'

वह सीढ़ियों पर बैठ गया, सफ़ेद कैनवस के अपने जूते उतारकर उसने अपने पंजे घुमाए। मुझे उसके व्यवहार की सादगी और सहज आत्मविश्वास पसन्द आया।

'अगर मैं किसी से तुम्हारी सिफ़ारिश करूँगा तो मुझे तुम्हारे बारे में थोड़ा-बहुत मालूम तो होना चाहिए,' मैंने कहा। 'तुम बीड़ी-सिगरेट कुछ पीते हो?'

'नहीं साहब।'

'यह सच कह रहा है,' उसके चाचा ने कहा, जो रसोई से आकर वहाँ हमारे साथ सीढ़ियों पर बैठ गया था। 'यह सिगरेट-बीड़ी नहीं पीता। मेरे बाक़ी सारे भतीजे पीते हैं, मगर यह थोड़ा अजीब है, यह न बीड़ी पीता है और न ही हुक़्क़ा।'

'शराब पीते हो?'

'उससे मुझे उल्टी आती है।'

'तुम भाँग खाते हो?'

'नहीं साहब।'

'तुम्हारे अन्दर कोई ऐब नहीं है। यह तो बड़ी अटपटी बात है।'

'वह अटपटा ही है, साहब,' उसके चाचा ने कहा।

'तो क्या ये लड़कियों के फेर में पड़ा रहता है?'

'लड़कियाँ उसके पीछे पड़ी रहती हैं, साहब। तभी तो वह गाँव छोड़कर नौकरी ढूँढ़ने यहाँ आ गया।'

लड़का मुस्कुराया, फिर मुँह घुमाकर दूसरी तरफ़ देखा, और अपने पैर रगड़ने लगा।

'तुम्हारा नाम क्या है?'

'प्रेम सिंह।'

'ठीक है, प्रेम, मैं तुम्हारे लिए कोई बन्दोबस्त करने की कोशिश करूँगा।'

फिर कुछ हफ़्तों तक वह मुझे नहीं दिखा। उसके लिए नौकरी ढूँढ़ने के बारे में मैं भूल ही गया। मगर जब बाज़ार की सड़क पर वह दोबारा मुझे मिला तो उसने बताया कि सर्वे में उसे अस्थायी नौकरी मिल गई है, सर्वेक्षक के तम्बू की देखभाल का काम है।

उसने बताया, 'अगले हफ़्ते हम लोग राजस्थान जा रहे हैं।'

'वहाँ तो बहुत गर्मी होगी। क्या तुम पहले कभी रेगिस्तानी इलाक़े में गए हो?'

'नहीं साहब।'

'वह पहाड़ों की तरह बिलकुल नहीं है। और फिर घर से बहुत दूर है।'

'मैं जानता हूँ। मगर ब्याह करने के लिए मुझे कुछ पैसे इकट्ठा करने हैं।'

उसके इलाक़े में बहू लाने के दाम चुकाने होते थे, जो आमतौर पर दो हज़ार रुपये की रक़म होती थी।

'शादी करने की तुम्हें इतनी जल्दी क्या पड़ी है?'

'मेरा केवल एक भाई है और वह भी अभी बहुत छोटा है। मेरी माँ को घर में बहू लाने की जल्दी है जो खेतों और गायों की देखभाल में उनकी मदद कर सके।'

मसूरी के आगे और ऊपर गढ़वाल के गाँवों में मैं जा चुका था, और जानता था कि गाँव के लोगों को कितने कम में गुज़ारा करना पड़ता है—पहाड़ बेशक विराट और सुन्दर थे, लेकिन, जैसा कि गाँव के एक आदमी ने मुझसे कहा था, 'पहाड़ आप खा नहीं सकते।' वहाँ किसी भी परिवार के हिस्से में थोड़े-से सीढ़ीदार खेतों से ज़्यादा कुछ नहीं होता, ये खेत सँकरे और पथरीले होते हैं, और आमतौर पर किसी पहाड़ी की चोटी या पहाड़ों के ढलान पर, किसी नदी या झरने के ऊपर होते हैं। गाँव वाले इन खेतों में चावल, जौ, मक्का और आलू पैदा करते हैं, मगर यह सब उतना ही होता है, जितना कि उनके जीने के लिए ज़रूरी हो। बेचने के लिहाज़ अगर वे अपनी ज़रूरत से ज़्यादा पैदा कर भी लें तो फ़सल को क़स्बों के बाज़ार तक ले जाना दुश्वार होगा क्योंकि वहाँ सड़कें ही नहीं हैं। गाँवों में कमाई का कोई और ज़रिया नहीं, और कपड़े, साबुन, दवाएँ ख़रीदने और साहूकारों के यहाँ गिरवी पड़े घरवालों के ज़ेवर छुड़ाने के लिए पैसों की ज़रूरत पड़ती है। नौजवान इसीलिए पहाड़ छोड़कर काम की तलाश में मैदानों में चले आते हैं। जो ख़ुशक़िस्मत होते हैं, वे फ़ौज में भर्ती हो जाते हैं। बाक़ी दूसरे या तो लोगों के घरों में काम करते हैं या फिर गैरेज, रेस्तराँ और होटलों, ढाबों और सड़क किनारे चाय की दुकानों में नौकरी करने लगते हैं। इन हालात में थोड़ा-बहुत बदलाव आया है, मगर बहुत ज़्यादा नहीं।

मसूरी आने की ख़ास वजह यहाँ स्कूलों की बड़ी तादाद थी, जिनको रसोइयों और बैरों की ज़रूरत रहती थी। मगर प्रेम जब आया, तब तक सारे स्कूल भर चुके थे। फ़ौज में जाने की उम्मीद लेकर वह रुड़की के भर्ती केन्द्र भी हो आया था; मगर उन लोगों ने कहा कि उसके दाहिने पैर में नुक़्स है, इसलिए छँटनी में उसे बाहर कर दिया गया। इस नुक़्स की वजह यह थी कि मानसून की एक अँधेरी

रात में वह भूस्खलन में फँस गया था और उसके पैर की हड्डी टूट गई थी; उसने कहा, वह ख़ुशक़िस्मत था कि उसका बस पैर टूटा था, सिर नहीं।

वह अपने चाचा को नौकरी के बारे में बताने और उनसे विदा लेने के लिए घर आया था। मैंने सोचा : एक और बढ़िया इनसान जा रहा है, जिससे शायद फिर मुलाक़ात नहीं होगी; रात में एक और जहाज़ गुज़र रहा था, जिसकी रौशनी की दोस्ताना झिलमिलाहट जल्दी ही अँधेरे में ग़ायब हो जाएगी। मैंने उससे कहा 'फिर आना,' उसकी मुस्कुराहट को सहेजकर, ताकि उसे बेहतर ढंग से याद रख सकूँ, मैं पढ़ने के कमरे में अपने टाइपराइटर के पास लौट आया।

प्रेम विशाल मैदानी इलाक़े के बे-नाम शहरों में गुम हो गया, और एक साल गुज़र गया। लेकिन एक दिन वह फिर से नमूदार हुआ, पहले के मुक़ाबले कुछ ज़्यादा दुबला, ज़्यादा साँवला, पर वह अब भी मुस्कुरा रहा था और काम की तलाश उसे अब भी थी। मुझे मालूम होना चाहिए था कि पहाड़ के लोग हमेशा के लिए गुम नहीं होते। ये जो पिशाच सरीखी चट्टानों की रूहें हैं, वे अपने लोगों को बहुत दूर तक भटकने नहीं देतीं, जब तक कि वे उन्हें हमेशा के लिए न खो दें।

मैं एक स्कूल में उसे काम दिलाने में कामयाब रहा। हेडमास्टर की पत्नी को एक रसोइये की ज़रूरत थी, और प्रेम ने मुझे भरोसा दिलाया कि वह खाना पका सकता है। और उसने झूठ नहीं कहा था, क्योंकि हेडमास्टर की पत्नी उस 'प्यारे पहाड़ी लड़के' से बहुत ख़ुश थीं, और वह भी संतुष्ट लगता था, उनके बरामदे में सोता और पचास रुपये महीने तनख़्वाह पाता, जो दूसरे घरों में रसोइये को मिलनेवाले वेतन से कुछ ज़्यादा थी।

लेकिन बमुश्किल दो महीने ही बीते थे कि वह 'प्यारे पहाड़ी लड़के' से 'ढीठ पहाड़ी लड़का' बन गया, जो पलटकर जवाब देता था, जब-तब मिलनेवाली 'बख़्शीश' का ज़रा भी एहसान नहीं मानता था और हँसता तो इतनी ज़ोर से था कि मेमसाहब को अपने कानों के पर्दे फटते हुए मालूम पड़ते।

तो उसकी नौकरी चली गई। 'अब मुझे घर लौट जाना होगा,' उसने मुझसे कहा। 'यहाँ तो मुझे कोई दूसरी नौकरी मिलने से रही। मेमसाहब मना कर देंगी।'

'कुछ दिन रुक जाओ,' मैंने कहा।

'मेरे पास बस इतने ही पैसे बचे हैं, कि जितने में अपने घर लौट सकूँ।'

'वो तुम अपने किराये-भाड़े के लिए बचाकर रखो। तुम्हारे चाचा को अपना खाना तुम्हारे साथ बाँटने में कोई एतराज़ नहीं होगा।'

मगर उसके चाचा को बुरा लगा। उनको यह बात भी ख़राब लग रही थी कि उन्हें अपने भतीजे के लिए भी काम करना पड़ रहा है; उनको ऐसा लगता था कि

यह काम उनकी ज़िम्मेदारी का हिस्सा नहीं है। और उन्हें यह डर भी सता रहा था कि कहीं उनकी जगह प्रेम को नौकरी न मिल जाए।

इसलिए प्रेम हफ़्ते-भर से ज़्यादा नहीं रुका।

उसके अपने गाँव लौट जाने के महीनों बाद तक मुझे उसकी कोई ख़बर नहीं मिली। उसके चाचा ने मुझे बताया कि उसे दिल्ली में नौकरी मिल गई है।

और फिर उसके चाचा ने मुझे नोटिस दे दिया। उसे देहरादून में कहीं बढ़िया पगार वाली नौकरी मिल गई थी और वह वहाँ जाने को उतावला था। मैंने उसे रोकने की कोशिश नहीं की।

अगले छह महीने मैं किसी नौकर की मदद के बग़ैर ही रहा। मुझे यह कुछ मुश्किल नहीं लगा। अकेले रहने की मुझे आदत थी। सेवा से कहीं ज़्यादा मुझे संगी की ज़रूरत थी। कॉटेज में ख़ूब ख़ामोशी रहती थी; कभी-कभी मैं ऐसे ख़यालों में डूब जाता कि जैसे मैंने बग़ीचे में इधर-उधर घूमती मिस बीन के क़दमों की आहट सुनी है, हालाँकि आमतौर पर वहाँ वह बूढ़ी औरत होती थी, जो अख़रोट के पेड़ पर धावा बोलने आती थी और जो कभी-कभी मेरी ओर देखकर मुस्कुरा देती थी, जैसे अपनी इस चोरी के लिए माफ़ी माँग रही हो, यों अक्सर वह मेरी तरफ़ ध्यान ही नहीं देती थी। सीटी बजानेवाले कस्तूरा का गीत अब भी सुन्दर था, हालाँकि कई बार मैं चाहता था कि वह कुछ बोले, और मुझसे बातें करे। कई बार शामों को, घाटी के ऊपर की तरफ़ से बाँसुरी की आवाज़ सुनाई देती थी, मगर बाँसुरी बजानेवाले को मैंने कभी नहीं देखा।

एक नवंबर की दोपहर को, एक कहानी का आख़िरी जुमला टाइप कर लेने के बाद, मैंने जश्न मनाने का फ़ैसला किया और टिहरी रोड तक लम्बी सैर पर चला गया। पैदल चलने के लिहाज़ से वह बढ़िया दिन था, और जब मैं मेपलवुड लौटा तो अँधेरा हो चुका था। कॉटेज के ऊपर वाली सड़क पर कोई मेरा इन्तज़ार कर रहा था।

'प्रेम?' मैंने कहा। 'तुम इतनी ठंड में यहाँ क्यों बैठे हो? घर क्यों नहीं चले गए?'

'मैं घर गया था, साहब, लेकिन दरवाज़े पर ताला पड़ा था। मुझे लगा कि आप कहीं बाहर चले गए हैं।'

'तो फिर तुम यहीं, सड़क पर रुकनेवाले थे?'

'आज रात-भर के लिए। सबेरा होते ही मैं देहरा चला जाता।'

'आओ, घर चलते हैं। मैंने तो तुम्हें ढूँढ़ने की कोशिश की थी। तुम्हारे चाचा ने मुझे बताया था कि तुम दिल्ली में कहीं काम करने लगे हो, मगर उनके पास वहाँ का पता नहीं था।'

'वहाँ का काम अब मैंने छोड़ दिया है।'

'और तुम्हारे चाचा ने मुझे छोड़ दिया है। तो क्या अब तुम मेरे यहाँ काम करोगे?'

'जब तक आप चाहें।'

'जब तक ऊपर वाला चाहे।'

हम सीधे घर नहीं गए, बल्कि लौटकर बाज़ार आ गए और सिंधी स्वीट शॉप में खाना खाया; छोले के साथ गर्म पूड़ियाँ और कड़क मीठी चाय।

फिर चाँदनी रात में हम साथ-साथ घर की ओर चले।

यह हमारी लम्बी संगति की शुरुआत थी, जो आज तक बनी हुई है, उसका परिवार बड़ा हो गया है और वह मेरा परिवार हो गया है। बिला-शक, ऐसे मौक़े कई बार आए, जब ताव में आकर, ज़िद और ग़ुस्से के मारे, ख़्वाहमख़्वाह मुँह फुलाकर, उसने काम छोड़कर जाने की हल्की-फुल्की धमकी दी, मगर आत्मतुष्टि वाली ऐसी छोटी-मोटी हरकतों को नज़रअन्दाज़ करना मुझे कभी मुश्किल नहीं लगा। मेरी ज़िन्दगी में वह ढेर सारा प्यार और ख़ुशहाली लाया था, एक अकेले आदमी को इससे ज़्यादा भला और क्या चाहिए?

मेपलवुड को अपना घर बना लेने के दो साल बाद, शादी करने के लिए प्रेम रुद्रप्रयाग के पास अपने गाँव गया और उधर से अपनी छोटी-सी बीवी चन्द्रा को साथ लेकर लौटा, जो उस समय सोलह साल की थी। उन दोनों ने घर की सारी ज़िम्मेदारियाँ सँभाल लीं और मुझे सिर्फ़ लिखने पर ध्यान लगाने के लिए छोड़ दिया। मेपलवुड के उन सालों के दौरान मैंने अच्छा-ख़ासा लिखा—कहानियाँ लिखीं, निबन्ध लिखे और उन सभी के लिए लिखा, जो मुझे छापने के लिए राज़ी थे।

1973 में प्रेम पिता बन गया। वह मार्च की सर्द और नम शाम थी, तेज़ हवा चल रही थी, जब प्रेम अपनी पत्नी और पहले बच्चे को साथ लेकर गाँव से लौटा। उसका बच्चा उस समय मुश्किल से चार महीने का रहा होगा। उन दिनों बस स्टैंड से घर तक पैदल ही आना पड़ता था; सर्दियों की बारिश में देर शाम को आधे घंटे पैदल चलकर वे घर तक पहुँचे थे, और जब वे सामनेवाले कमरे में दाख़िल हुए तो बच्चे को चारों तरफ़ से कसके लपेट रखा था। अन्ततः मैं उसे भर नज़र देख पाया, उसने भी मुझे देखा, और वह पहली नज़र की दोस्ती थी। नन्हे राकेश (उसे इसी नाम से बुलाया जाना था) ने मेरी नाक पकड़ ली और पकड़े ही रहा, और मैं उसके नन्हे-से गड्ढे वाली ठुड्डी पर तब तक गुदगुदाता रहा, जब तक वह मुस्कुरा नहीं दिया।

वह नन्हा राकेश अब चालीस से ऊपर का है, और मैं अस्सी साल का हूँ—उसके और उसकी पत्नी बीना के लिए मैं 'दा' हूँ; उनके तीनों बच्चों सिद्धार्थ, सृष्टि और गौतम; उसके भाई मुकेश और बहन डॉली और उनके बच्चों के लिए भी!

पर मेपलवुड के उन दिनों को याद करके नहीं लगता कि इतना लम्बा वक़्त गुज़र गया। पहाड़ों में वक़्त की अपनी मधुर चाल होती है, उम्मीद के हिसाब से एक के बाद एक मौसम आते-जाते हैं, अख़रोट और पांगर के फल पकते हैं और गिर जाते हैं; अपने तरीक़े से हम लोग भी पकते हैं, और थोड़े बड़े हो जाते हैं, गो कि समझदार ज़्यादा नहीं होते, ग़लतियाँ करते हैं मगर किसी तरह ज़िन्दा रहते हैं।

राकेश जब कुछ महीने का था, तब उसे लेकर मैं कॉटेज के ऊपर तीखी चढ़ाई वाले रास्तों पर चला जाता था, शिक्षकों और उस इलाक़े में रहनेवाले दूसरे लोगों को यह देखकर बड़ा मज़ा आता था। फिर जब वह ख़ुद चलने लायक़ बड़ा हो गया तो मेरा हाथ पकड़कर वह मेरे साथ मोटर रोड वाले 'बड़े मोड़' तक जाता, वहाँ रुककर वह देहरादून से आनेवाली कारों और बसों को ताकता रहता। बग़ीचे में फलदार पेड़ रोपने में वह मेरी मदद करता, और फिर इत्मीनान से उन पर फलों के आने का इन्तज़ार करता। हम उसे थोड़ा ज़्यादा दूर तक घुमाने ले जा सकें, इस इरादे से हमने बच्चों को घुमानेवाली एक गाड़ी ख़रीद ली (ज़िन्दगी में पहली बार मेरे पास भी किसी तरह की गाड़ी हुई), और फिर एक दिन हम टिहरी वाली सड़क पर निकल पड़े, तब तक वह केवल खच्चरों के चलने लायक़ पथरीला रास्ता ही था। दो घंटे तक गाड़ी लुढ़काते रहने के बाद, हम सुआखोली गाँव पहुँचे, और निढाल होकर घास के एक टीले पर पड़ रहे, गाड़ी को और मुझे, दोनों को ही आराम और मरम्मत की सख़्त ज़रूरत थी। हमारे घर लौटकर आने तक तक़रीबन अँधेरा हो चुका था। इसके बाद, हमारा सैर-सपाटा थोड़ी कम दूरी वाले ठिकानों तक ही सीमित हो गया, और गाड़ी धकेलने की ज़िम्मेदारी मैं प्रेम को दे दिया करता था।

~

इसी दौरान बम्बई से छपनेवाली 'इम्प्रिंट' नाम की पत्रिका के मालिक-सम्पादक ने मुझसे यह पूछने के लिए सम्पर्क किया कि क्या मैं उनकी सम्पादकीय टीम का हिस्सा बनना चाहूँगा। दो-एक साल से मैं इम्प्रिंट के लिए लिख रहा था, उसमें मेरी कुछ लम्बी कहानियाँ छपी थीं; 'पैंथर्स मून' और 'अ फ़्लाइट ऑफ़ पिजन्स' जैसी कहानियाँ। 'इम्प्रिंट' के मालिक आर.वी. पंडित को मेरा काम पसन्द आया था और उन्होंने मुझे ख़त लिखकर हांगकांग में 'द एशिया मैगज़ीन' (जिसकी

मिल्कियत में वह भी साझादीर थे) या बम्बई में 'इम्प्रिंट' में नौकरी की पेशकश की थी। मसूरी छोड़ने का मेरा कोई इरादा नहीं था (इसका मतलब प्रेम और उसके बढ़ रहे कुनबे को छोड़ने के साथ ही, ज़िन्दगी जीने के उस तरीक़े से भी किनारा करना होता जिसकी मुझे आदत पड़ चुकी थी), इसलिए नौकरी की उनकी पेशकश मैंने ठुकरा दी मगर दोनों पत्रिकाओं के लिए लगातार लिखने को राज़ी हो गया। हमारे बीच एक तरह का समझौता हुआ और पंडित इस बात पर राज़ी हो गए कि मैं उनके प्रबंध सम्पादक की ज़िम्मेदारी सँभाल लूँ, मैं पत्रिका के लिए लोगों से लिखवाऊँगा, हर महीने नये संस्करण के लिए सामग्री दूँगा; और यह सब मैं मसूरी में रहकर ही कर सकता हूँ, साल में केवल तीन या चार बार बम्बई जाना होगा।

यह बन्द-ओ-बस्त बहुत बढ़िया चला। पहली बार जब मैं पंडित से मिला तो वह दिल के दौरे से उबर रहे थे, जो हांगकांग से बम्बई की उड़ान के बीच पड़ा था। हमारे बीच तय हुए बातों को मुकम्मल रूप देने के लिए मैं बम्बई गया तो पाया कि वह अपने दोस्त और कारोबारी साझीदार नुस्ली वाडिया के फ़्लैट में बिस्तर पर पड़े थे। नुस्ली वाडिया बॉम्बे डाइंग के मालिक, और पाकिस्तान के संस्थापक मुहम्मद अली जिन्ना के पोते थे।

पंडित के बिस्तर के क़रीब मैं घंटे-भर तक बैठा रहा और उनकी सारी हिदायतें सुनकर बड़ी समझदारी से सिर हिलाता रहा। यों हिदायतें कम न थीं, ढेर सारी थीं। वह असाधारण शख़्स थे, गोवा में पैदा हुए, जन्म से कैथोलिक थे, हिन्दू धर्म अपना लिया और फिर कट्टर राष्ट्रवादी और भारतीय जनसंघ (आगे चलकर भारतीय जनता पार्टी) के समर्थक बन गए थे। अपने तमाम सम्पादकीय लेखों में वह प्रधानमंत्री इंदिरा गांधी की नीतियों और कामकाज के उनके तौर-तरीक़ों पर तीखे हमले करते रहते थे, इसलिए प्रधानमंत्री की पसन्दीदा लोगों की फ़ेहरिस्त से बाहर थे। हालाँकि, मेरा अराजनीतिक रवैया उनको भाता हुआ लगता था, और बाद के दो या तीन वर्षों में हमारी मुलाक़ातें कभी-कभार ही हुईं, पर हमारे रिश्ते काफ़ी अच्छे बने रहे। लोगों ने मुझे बताया कि यह ग़ैर-मामूली बात थी। पंडित से ज़्यादातर लोगों की पटती नहीं थी।

उन्हें ग़ैरहाज़िर या कहें कि अन्यत्रवासी सम्पादक-प्रकाशक बनना पड़ा, क्योंकि 1975 में जब इंदिरा गांधी ने आपातकाल की घोषणा की तो पंडित ने बड़ी समझदारी से काम लिया और हांगकांग चले गए। वह ऐसा न करते तो तय था कि उस दौर के उन सैकड़ों सत्ताविरोधी पत्रकारों और राजनीतिक विरोधियों के साथ ही उन्हें भी गिरफ़्तार कर लिया गया होता, कुछ वर्षों के लिए जिनका मुँह सख़्ती से बन्द कर दिया गया था। तो जिन दिनों पंडित हांगकांग में आराम

कर रहे थे, उनकी तरफ़ से पत्रिका मैं निकालता रहा, मेरे सम्पादकीय ज़्यादातर पर्यावरण सम्बन्धी मुद्दों पर केन्द्रित होते थे!

फिर भी, मेरी गिरफ़्तारी की नौबत आ ही गई, हालाँकि उसकी वजहें कुछ और थीं।

उस रोज़ अपने घर के छोटे-से बग़ीचे में, मैं दो साल के राकेश और उसके छोटे भाई सुरेश के साथ खेल रहा था, तभी एक अनजान पुलिस वाला गेट पर दिखाई दिया; अनजान इस लिहाज़ से कि उसका पहनावा स्थानीय उत्तर प्रदेश पुलिस से थोड़ा अलग था। उसके पास मेरी गिरफ़्तारी का ग़ैर-ज़मानती वारंट था; वारंट में मुझे 'टाइम' पत्रिका का सम्पादक और अश्लीलता के आरोप में वांछित भगोड़ा बताया गया था, और 'अश्लीलता' का यह आरोप बम्बई की एक पत्रिका में छपी एक अश्लील कहानी के हवाले से लगाया गया था।

सचमुच, 'द सेंसुअलिस्ट' नाम से मेरी एक कहानी 'डेबोनेयर' में छपी थी। वह क़ाबिल-ए-एतराज़ पत्रिका विनोद मेहता निकालते थे, जिसमें पूरे-पूरे पन्ने पर छपनेवाली स्थानीय सुन्दरियों की अर्धनग्न तसवीरों के साथ वह थोड़ी-बहुत साहित्यिक सामग्री छापकर इसे स्वीकार्य बनाने की कोशिश कर रहे थे। 'द सेंसुअलिस्ट' एक वैरागी की कहानी है जो अपनी खोई हुई जवानी को याद करता है। इसमें हल्की-फुल्की ऐन्द्रियता भी है; मगर वह कोई लेडी चैटरलीज़ लवर नहीं थी। फिर भी, मेरे पास उस दोस्तमिज़ाज पुलिस वाले के साथ मसूरी थाने जाने के अलावा कोई चारा नहीं था, और इस 'वांछित' लेखक की मदद के लिए प्रेम किसी हमदर्द को ढूँढ़ लाने की भाग-दौड़ कर रहा था। प्रोफ़ेसर गणेश सैली (बढ़िया दोस्त, मयनोशी और सफ़र के साथी) और सुधाकर मिश्रा झट से मामला सुलझाने में जुट गए, शहर के वकील मि. जैन और मित्रवत थाना अध्यक्ष ने मदद की, और मेरे यह लिखकर देने के बाद कि अगले महीने मैं ख़ुद बम्बई की अदालत में हाज़िर हो जाऊँगा, मेरा वारंट ज़मानती अपराध में तब्दील हो गया।

आर.वी. पंडित के न्योते पर जब बम्बई गया था तो मुझे ताज में ठहराया गया था। इस बार तो मैं ख़ुद ही आया था और ताज मेरी पहुँच से बाहर था। तो उसके बजाय वोडहाउस रोड पर वाईएमसीए में मुझे पनाह मिली, जहाँ मैं हफ़्ते-भर से ज़्यादा रहा। इस बीच मैंने 'डेबोनेयर' के वकीलों, मालिकों और सम्पादकों से सलाह-मशविरा किया, और अदालत की दी गई तारीख़ पर वहाँ जाकर हाज़िरी दी।

वह मुक़दमा दो साल तक चला, जज के सामने मुझे दो बार ज़रूर पेश होना पड़ा, बाक़ी की पेशियों से मुझे छूट मिल गई थी—वह जज काफ़ी कड़क मिज़ाज और कुछ हद तक चिड़चिड़े बूढ़े शख़्स थे, फिर भी, कामकाज के मामले में

साफ़-गो और निष्पक्ष थे। चूँकि शिकायत एक स्थानीय विधायक ने की थी, इसलिए पुलिस के पास मुक़दमा दर्ज करने के अलावा कोई रास्ता नहीं था; मगर अभियोजन पक्ष ने इस मामले की पैरवी में बहुत उत्साह नहीं दिखाया और कई सुनवाइयों के बाद मुझे सम्मानजनक तरीक़े से बरी कर दिया गया। मेरे पक्ष में सिर्फ़ दो लेखक अदालत में हाज़िर हुए थे—कवि निसिम ईजेक़िल और मराठी नाटककार विजय तेंदुलकर। 'द इलस्ट्रेटेड वीकली' के तत्कालीन सम्पादक ख़ुशवन्त सिंह ने ऐसा करने से इनकार कर दिया, हालाँकि वह दिल्ली के दिनों से मुझे जानते थे; हो सकता है कि 'डेबोनेयर' के लोगों से उनके रिश्ते अच्छे न रहे हों।

पंडित को हमेशा लगता था कि मुझ पर मुक़दमा करने के पीछे मंशा परोक्ष रूप से उन पर हमला करने की थी, कौन जाने उनकी बात सही भी हो। सच्चाई क्या थी, मैं कभी नहीं जान सका। मेरा मुक़दमा ख़त्म होते-होते आपातकाल भी ख़त्म हो गया।

~

बम्बई की इन यात्राओं के बाद मेपलवुड लौटना हमेशा भला लगता था, साथ ही, सपनों के उस शहर जाकर आबाद न होने का मेरा इरादा पहले से और ज़्यादा मज़बूत हो जाता था। इस आख़िरी यात्रा से लौटते हुए, बम्बई जेल में सज़ा काटने के ख़ौफ़ से आज़ाद होने के बाद, जब मैं बांज और मेपल के पेड़ों के बीच से गुज़रते हुए कॉटेज की तरफ़ जा रहा था तो मन बहुत ख़ुश था। मिस बीन के लगाए हुए पेटुनिया के पौधे कॉटेज की सीढ़ियों पर अब भी फल-फूल रहे थे, हमने उनकी अच्छी देखभाल की थी; और बिजली गिरने से झुलसे हुए मेपल के पेड़ पर कठफोड़वा, लालमुनिया और बुलबुल अब भी आते रहते थे। प्रेम एक गद्दा धूप में डाल रहा था; टहनियों की झाड़ू लिये चन्द्रा सीढ़ियों के सामनेवाले हिस्से की सफ़ाई कर रही थी; छोटे बग़ीचे के एक कोने में राकेश और सुरेश सोए हुए थे। मैं घर लौट आया था।

मगर घर में सब कुछ ठीक नहीं चल रहा था। सुरेश गम्भीर रूप से बीमार था, उसे तेज़ बुख़ार था और रह-रहकर बेहोशी के दौरे पड़ते थे। उसके जबड़े की जकड़न और हाथ-पैरों की ऐंठन देखकर मुझे अन्देशा हुआ कि कहीं उसे टिटनेस न हो गया हो; मगर सामुदायिक अस्पताल के डॉक्टरों ने मेरे इस अन्देशे को सिरे से ख़ारिज करते हुए एंटीबायोटिक दवाओं का कोर्स देकर हमें घर भेज दिया। उसकी हालत में कोई सुधार नहीं हुआ। हमने एक प्राइवेट डॉक्टर को बुलाया तो उसने मेनिनजाइटिस तजवीज़ किया। तब हम सुरेश को लेकर सिविल अस्पताल

भागे, जहाँ उन लोगों ने कहा कि उसे टिटनेस हुआ है। मेरा अन्देशा सही निकला। लेकिन उस नन्ही-सी जान सुरेश के लिए अब तक बहुत देर हो चुकी थी। बेहद तकलीफ़ उठाकर वह चल बसा। एक छोटे बच्चे को तकलीफ़ सहते हुए देखना और उसका दर्द हरने के लिए कुछ भी नहीं कर पाने की छटपटाहट बहुत भयानक थी। हम सारे ही बेहद ग़मज़दा थे। ऐसा लगता था कि मानो वह कॉटेज और पहाड़, हमारे ख़िलाफ़ हो गए थे।

और पहाड़ ख़ुद भी कहाँ महफ़ूज़ रह गए थे, वे भी तो ग़ारत हो रहे थे। हुकूमत ने फ़ैसला किया कि कॉटेज के क़रीब से एक राजमार्ग बनाया जाएगा, ताकि उस सड़क को टिहरी और वहाँ बननेवाले बाँध से जोड़ा जा सके। जल्दी ही पेड़ काटे जाने लगे और डायनामाइट के धमाके से चट्टानें उड़ा दी गईं। छत पर पत्थर खड़खड़ाते थे। परिंदे और छोटे जानवर भाग गए। बांज, मेपल और अख़रोट के पेड़ ज़मींदोज़ हो गए। मिस बीन की फूलों की क्यारियाँ ग़ायब हो गईं, क्योंकि सड़क सीधे घर के बीच से होकर गुज़र रही थी।

हमें भी वहाँ से भागना पड़ा—हम पहाड़ी के ऊपर, मॉल रोड के ठीक नीचे एक फ़्लैट में चले गए। उस समय हम अपने लिए वही ठिकाना जुटा पाए थे।

~

पंडित मुझे बार-बार बम्बई बुला रहे थे, और स्वास्थ्य सेवाओं के नाकाफ़ी इन्तज़ाम के चलते सुरेश को खो देने के बाद, मेरा मन भी जाने को ललचाता था। मगर बम्बई में हम सारे लोगों के रहने लायक़ घर का कोई इन्तज़ाम नहीं था। और समुद्री हवाओं का मज़ा लेना मुझे चाहे जितना अच्छा लगता हो, पर देवदारों को छोड़ने के लिए मैं तैयार न था। पंडित, जो अब निर्वासन से लौट आए थे (श्रीमती गांधी सत्ता से बेदख़ल हो चुकी थीं), और वह एक ऐसा सम्पादक चाहते थे जो उनकी पत्रिका का चेहरा बने, साथ ही जिसको सुना और पढ़ा भी जा सके। उनकी यह ख़्वाहिश बहुत स्वाभाविक थी। हम बहुत दोस्ताना तरीक़े से अलग हो गए।

दिल का हुक्म मानो—हमेशा से मेरा यही उसूल रहा है। इस पर अमल करके अक्सर मैं अपना माली नुक़सान कर बैठता हूँ या किसी मुश्किल में पड़ जाता हूँ, मगर टाइपराइटर पर ज़्यादा समय बिताकर ऐसे हालात से उबर भी जाता हूँ, और अब मैं फिर से अपने टाइपराइटर के पास लौट आया था, पूरी तरह से।

अब कोई बँधी कमाई नहीं थी, बस किसी पत्रिका या अख़बार से मामूली रक़म के चेक चले आते थे। उर्दू की मशहूर लेखक इस्मत चुग़ताई से हालाँकि मैं कभी मिला नहीं, मगर किसी प्रवासी परिंदे या शायद हवाओं ने, पहाड़ों में

रहनेवाले और मुसीबतज़दा इस हमपेशा के बारे में, उन्हें ख़बर कर दी थी, क्योंकि उन्होंने 1857 की पृष्ठभूमि पर मेरी कहानी, 'अ फ़्लाइट ऑफ़ पिजन्स' के बारे में फ़िल्म निर्देशक श्याम बेनेगल से सिफ़ारिश की थी। उन्हें भी यह कहानी पसन्द आई और उन्होंने इस पर एक फ़िल्म बनाने का फ़ैसला कर लिया (इसका नाम उन्होंने 'जुनून' रखा)। उन्होंने और शशि कपूर ने, जो इस फ़िल्म के निर्माता थे और इसमें अभिनेता भी फ़िल्म बनाने का अधिकार देने के बदले मुझे दस हज़ार रुपये दिये।

1978 में भी यह पूँजी बहुत दिनों का सहारा नहीं बन पाई, और जब तक वह फ़िल्म रिलीज़ हुई, मैं फिर से एक दरिद्र लेखक बन चुका था। माली तौर पर मज़बूती मुझे 1990 के दशक के आख़िर में ही मिल पाई—तब तक मैं ख़ुद साठ से ऊपर का हो चुका था—और वह भी पेंगुइन जैसे अन्तर्राष्ट्रीय प्रकाशकों के देश में धंधा जमा लेने और यह जान लेने के कमोबेश एक दशक बाद कि मैं अभी तक ज़िन्दा था और लिख रहा था; इसमें रूपा और रत्ना सागर जैसे भारतीय प्रकाशकों की कामयाबी की भी भूमिका रही थी।

भारतीय प्रकाशकों के मुझ तक पहुँचने के पहले, कुछ संस्थानों ने मुझे अपने लिए किताबें लिखने का काम सौंपा। उनमें से अकेली किताब, जो अभी मैं याद कर पा रहा हूँ, वह बच्चों के लिए जवाहरलाल नेहरू की जीवनी थी, और यह किताब मुझे इस वजह से याद आ रही है कि नेहरू की ज़िन्दगी पर शोध करने में मुझे बहुत मज़ा आया, साथ ही कई मौक़ों पर दिलकश शख़्सियत की मालकिन पद्मजा नायडू से हुई मुलाक़ातों में भी।

यह कर्ण सिंह का सुझाव था, और चूँकि वह मुझे जानते थे, और मेरे लेखन की क़द्र करते थे, उन्होंने ही नेहरू मेमोरियल फ़ंड को मेरे नाम की सिफ़ारिश की थी। सरोजिनी नायडू की बेटी पद्मजा नायडू नेहरू मेमोरियल फ़ंड की अध्यक्ष थीं और उन्होंने ही यह काम मुझे सौंपा था। वह बेहद मिलनसार, ख़ुशमिज़ाज महिला थीं, उस समय उनकी उम्र सत्तर के आसपास थी और वह तीन मूर्ति एस्टेट में रहती थीं, जहाँ चाय पर मेरी उनसे मुलाक़ात हुई थी। उस समय तक मेरी सिर्फ़ दो या तीन किताबें छपी थीं—ढेर सारी कहानियाँ, पर किताबें कुछ ही। 'ग्रैंड फ़ादर्स ज़ू' उन्हीं दिनों इंडिया बुक हाउस से छपकर आई थी, उसकी एक प्रति मैंने उन्हें भेंट की, जो उनको बहुत पसन्द आई। दिल से वह बच्ची थीं—और मैं दरअसल कभी बड़ा हुआ ही नहीं! मुझे लगता है कि हमारे आपसी स्नेह-भाव में इसकी बड़ी भूमिका थी।

इंदिरा गांधी को जीवनी की पांडुलिपि दिखाई गई, उन्होंने कहा कि नेहरू की ज़िन्दगी के कुछ प्रसंग और लोग इसमें और शामिल किये जा सकते हैं तो मैंने उनसे मुलाक़ात का समय माँगा। उनसे क़रीब आधे घंटे के लिए मैं उनके दफ़्तर में मिला; सूती साड़ी पहने हुए वह एक अंडाकार मेज़ के पीछे बैठी थीं और जितना मैंने सोचा था, उससे छोटी लग रही थीं। उन्होंने ज़्यादातर बातें अपने पिता की पारिवारिक ज़िन्दगी के बारे में बताईं—कश्मीर और मसूरी की उनकी यात्राओं, प्रकृति के प्रति उनके प्रेम के बारे में, और यह कि घूमना उन्हें बहुत पसन्द था, ख़ास तौर पर पहाड़ों में।

साक्षात्कार के आख़िर में, मैंने पूछा, 'क्या सचमुच आप नाश्ते में मछली के अंडे खाती हैं?' उन दिनों इस तरह की अफ़वाह सरगर्म थी।

वह हँसीं और बोलीं, 'नहीं, बिलकुल नहीं। लेकिन हाल ही में जब मैं रूस के दौरे पर थी तो वहाँ वे लोग नाश्ते में मुझे मछली के अंडे देते थे। तो अब लोगों को शायद ऐसा लगता है कि मैं हर रोज़ नाश्ते में मछली के अंडे ही खाती हूँ! दरअसल वे मुझे मिल ही नहीं सकते। वह मिलते ही नहीं हैं।'

जब मैं वहाँ से उठा तो वह काफ़ी सहज थीं और चलते हुए उन्होंने मुझसे हाथ मिलाया। हमारी बातचीत काफ़ी सुखद रही; उनसे बात करते हुए आप यह अन्दाज़ नहीं लगा सकते थे कि यह वही प्रधानमंत्री थीं, जिन्होंने देश में आपातकाल लगा रखा था, और जब हम बातचीत कर रहे थे, उस वक़्त भी राजनेताओं और पत्रकारों को गिरफ़्तार किया जा रहा था।

पुरानी टिन की छतों की दास्तान

अभी जब मैं बैठा हुआ यह लिख रहा हूँ, आइवी कॉटेज की टिन की पुरानी छत पर ओले खड़खड़ा रहे हैं। यह छत और पत्थर की पुरानी दीवारें सैकड़ों बार ओलावृष्टि, बर्फ़ीले तूफ़ानों, मानसूनी बारिशों, आँधियों-तूफ़ानी हवाओं और तेज़ गर्मियों की धूप झेल चुकी हैं। धूप मुझे सबसे ज़्यादा पसन्द है—लेकिन बारिश के बाद की धूप, जब मिट्टी की अपनी ख़ुशबू हवाओं में तैरती है, धूल में अँटे पत्ते और घास धुलकर एकदम साफ़ हो जाते हैं, और बादलों की शक्लें बार-बार

बदलती रहती हैं, और इस वजह से खिड़की से होकर मेरे लिखनेवाले पैड पर पड़ती रौशनी में तमाम रंग उभर आते हैं—गेंदे के फूलों जैसे चटख़ रंगों से लेकर गुल-ए-लावन से हल्के और गुल मेहँदी जैसी रंगत वाले बेशुमार रंग। बारिश की बूँदें खिड़की के शीशों पर ठहर जाती हैं, और उनसे टकरानेवाली सूरज की किरणें उन्हें पुखराज के चमकीले मनकों में बदल देती हैं, ऐसे शानदार जवाहिरात ज़रा-सी देर का छलावा भर होते हैं।

मनमाफ़िक़ घर की तलाश में कुछ दिनों तक इधर-उधर भटकने के बाद, 1980 में पतझड़ के मौसम में हम इस पुरानी इमारत में आए थे। मेपलवुड छोड़ने के बाद मॉल के पास वाले जिस फ़्लैट में हम रहने गए थे, वह जगह बहुत आम थी। उसके बाद, लंढौर की चोटी पर हम जिस—प्रॉस्पेक्ट प्वाइंट—में रहने गए, वह 1,000 फ़ीट की अच्छी-ख़ासी ऊँचाई पर था। वहाँ से शानदार नज़ारे दिखाई देते—गहरा नीला आसमान और उसके सामने नक़्श हिमालय की चोटियों की श्रृंखला। रात के समय आकाश तारों से लबालब भरा होता, और नीचे घाटी देहरा की जगमगाती रौशनियों से।

और यहाँ, पहाड़ के शिखर पर पहुँचकर एक बार (अपनी ज़िन्दगी में दूसरी बार) फिर से मुझे 'राइटर्स ब्लॉक' जैसी किसी चीज़ का सामना करना पड़ा। इसकी वजह शायद यह रही हो कि उस ऊँचाई पर ख़ूबसूरती बहुत थी, वह काफ़ी आरामदेह जगह थी; और हिमालय की वे चोटियाँ किसी को भी लघुता का बोध करा सकती थीं।

लिखने की ललक यक़ीनन नहीं बची थी, हालाँकि लिखने की तमाम वजहें सामने मौजूद थीं। कुनबा बढ़ रहा था। राकेश ने स्कूल जाना शुरू कर दिया था, उसका नवजात भाई मुकेश कुछ महीने का था। कमाई कम हो रही थी और रॉयल्टी से मिलनेवाली रक़म नहीं के बराबर थी। हमारा मकान मालिक एक लालची बूढ़ा आदमी था, जो हमसे पैसे ऐंठने की नई-नई तरक़ीबें खोजता रहता था। और पड़ोसी भी दोस्तमिज़ाज तो हरगिज़ नहीं थे। इनमें से ज़्यादातर ऑस्ट्रेलियाई या यूरोपीय हिप्पी थे, और उनमें से अधिकांश नशा करनेवाले थे; इन्होंने उन शान्त तबीयत वाले अमेरिकी मिशनरियों की जगह ले ली थी जो कभी लंढौर भर में फैले हुए थे। इनमें कुछ देसी साहब भी थे, रिटायर्ड ब्रिगेडियर, एयर-मार्शल और उनकी मेमें, जो हमें कुछ नीची निगाह से देखते थे। यह कुँवारा-लेखक एक पहाड़ी परिवार के साथ क्यों रहता है, ऐसे लोग तो आमतौर पर पहाड़ के रसूखदार लोगों के घरों में नौकर के तौर पर काम करते थे?

सैर के लिए बस एक ही रास्ता था, पहाड़ की ऊँची चोटियों के चारों तरफ़

एक चक्करदार रास्ता। दिव्य दृश्य होता था, बशर्ते कि मौसम साफ़ हो। मानसून के धुंध वाले दिनों में आप एक पुराने उदास क़ब्रिस्तान के ऊपर से झाँकते हुए क्रॉस भर ही देख सकते थे। फ़ना हो चुके लोगों के बीच ज़िन्दगी की धड़कनों को महसूस करने में किसी को दिलचस्पी नहीं थी।

एक ज़माने में यह इलाक़ा ऐसे ब्रिटिश फ़ौजियों के लिए शिफ़ा हासिल करने का ठिकाना था, जो भारत और बर्मा में तैनात होते थे, लेकिन आज़ादी से पहले ही अंग्रेज़ों ने फ़ौजियों के लिए इस जगह का इस्तेमाल करना बन्द कर दिया था। 1950 के दशक में भारत सरकार ने 'रक्षा अध्ययन संस्थान' शुरू करने के लिए अस्पताल और दूसरी इमारतों को अपने क़ब्ज़े में ले लिया था और इस इलाक़े में थोड़ी रौनक आ गई थी।

वहाँ तमाम घर बने हुए थे, ज़्यादातर पुराने घर, जो एक-दूसरे से थोड़ी दूरी पर थे और उनके बीच में बांज या देवदार के दरख़्तों के झुरमुट थे। सूरज डूबने के बाद, सड़कों पर चमगादड़ों की बादशाहत होती, छपका 'टोंक-टोंक' का अपना राग अलापना शुरू कर देता, और तेंदुए कुत्तों वाले घरों का चक्कर लगाते—एक रात, जब मैं घर लौट रहा था तो मैंने एक मादा तेंदुआ को एक मुँडेर पर छलाँग लगाते हुए देखा, दो शावक तेज़ी से उसके पीछे-पीछे भाग रहे थे।

हम लोग एक बड़ी इमारत में रहते थे, जिसमें कई और किरायेदार भी थे। उन्हीं में क़रीब तीस साल की एक फ्रेंच लड़की भी थी, जो सितार बजाना सीख रही थी और बेहद ख़राब बजाती थी। वह और उसका तबलची दोस्त, दोनों दिन में सोते थे और रात-भर रियाज़ करते थे। इस चक्कर में हम लोगों का सोना मुहाल हो जाता। यहाँ तक कि एक बार जब जंगल में भीषण आग लगी, और वहाँ रहनेवाले बाक़ी लोगों को रात-भर के लिए वह इमारत छोड़कर बाहर आ जाना पड़ा, वह सितार के अपने रियाज़ में डूबी रही। ग़नीमत यही थी कि वह थोड़े ही दिन रही। हिप्पी जो वहाँ आते-जाते रहते थे, और गाँजा चढ़ाकर कभी-कभी रात भर हँसते थे, उनसे हमें बहुत परेशानी नहीं होती थी; उनमें से ज़्यादातर भले लोग थे।

मेरे सारे दोस्त प्रॉस्पेक्ट प्वाइंट से एक हज़ार फ़ीट नीचे रहते थे—बिल एटकिन, जींद की महारानी, गणेश सैली और उनकी पत्नी आभा (एक बार एक दावत में भाँग के पकौड़े खा लेने के बाद मुझे घर तक उन्होंने ही पहुँचाया था!), और नन्दू जौहर, जो प्रतिष्ठित सेवॉय होटल के मालिक थे। सेवॉय, जहाँ पुराने दौर के बेयरों और तमाम तरह के भूतों की तादाद वहाँ आनेवाले मेहमानों के मुक़ाबले कहीं ज़्यादा थी, और जो कुछ सालों से मयनोशी का मेरा पसन्दीदा ठिकाना बन गया था।

मगर ज़्यादातर समय मैं अपने परिवार के साथ ही बिताता। सुबह-सुबह, राकेश को छोड़ने मैं सेंट क्लेयर्स जाता, जो घर से क़रीब दो मील दूर लंढौर बाज़ार के आख़िरी सिरे पर छोटा-सा कॉन्वेंट था। बाहर निकलने से पहले मैं हल्का नाश्ता कर चुका होता था; लेकिन पहाड़ की वह सीधी चढ़ाई तय करने की मशक़्क़त के बाद जब मैं लौटता, मुझे दोबारा नाश्ते की ज़रूरत महसूस होने लगती। इतना सारा चलने के बावजूद, मेरा वज़न जो बढ़ना शुरू हुआ तो वह सिलसिला अभी तक थमा नहीं है।

स्कूल जाते वक़्त, राकेश अक्सर मुझे कोई कहानी सुनाने के लिए कहता था, ख़ासकर जानवरों की कहानी। तो मैंने एक आदमख़ोर तेंदुए की कहानी गढ़ी, वह हर रोज़ लंढौर के बाशिंदों में से किसी एक पर धावा बोल देता और उसे पकड़कर खा जाता। राकेश को इस कहानी में मज़ा आता और मुझे भी सन्तोष मिलता। ब्रिगेडियर, नौसेना के कमांडर, ग़रीब मिशनरी और हमारे लालची बूढ़े मकान मालिक, सभी उस दुर्दांत तेंदुए का शिकार बन गए। फिर जब हमने प्रॉस्पेक्ट प्वाइंट छोड़ा तो उस तेंदुए को मरना पड़ा, शायद बेहद बदहज़मी की वजह से।

~

आइवी कॉटेज में आने के बाद हमारी तक़दीर बदल गई। ऐसी अफ़वाहों के बावजूद कि इसके नीचे वाले हिस्से का इस्तेमाल कभी स्थानीय अस्पताल के मुर्दाघर के तौर पर होता रहा था, इस इमारत में रहते हुए हमारा कोई नुक़सान नहीं हुआ। इसके उलट, मैंने फिर से नियमित लिखना शुरू कर दिया था, और कहानियाँ, निबन्ध, कविताएँ और उपन्यास जैसे मेरी मेज़ पर बरस रहे थे।

मेरे छोटे-से कमरे का इससे कोई ताल्लुक़ हो सकता है।

किसी 'असली' लेखक में तो कहीं भी बैठकर लिखने की सलाहियत होनी चाहिए—जहाज़ पर, चलती रेलगाड़ी में, जेल की कोठरी में, अस्पताल के बिस्तर पर, पाँच सितारा होटल के कमरे में, या फिर गंदी-तंग अटारी में—और इनमें से ज़्यादातर जगहों में रहते हुए मैंने थोड़ा-बहुत तो लिखा ही है; मगर एक वक़्त के बाद अगर कोई मुस्तक़िल ठिकाना हो तो अच्छा लगता है, कोई पहचाना हुआ कमरा और इससे भी बढ़कर, एक खिड़की जिससे बाहर की दुनिया देखी जा सकती हो। आकाश, हर तरह के बादल, पर्वत श्रृंखलाएँ, सड़कें, पेड़ों की बेशुमार हरियाली के बीच चमकती लाल टिन की छतें इसी खिड़की से होकर मुझ तक पहुँचती हैं और असलियत का अहसास कराने के लिए कूड़े का एक ढेर भी। मेरी खिड़की के बाहर कोई बग़ीचा नहीं है, और न ही अख़रोट या मेपल के पेड़ ही हैं, मगर

खिड़की की चौखट पर इतनी जगह ज़रूर है कि पुराने टिन और प्लास्टिक की छोटी बाल्टियों में जेरेनियम उगाए जा सकें।

पिछले छत्तीस सालों से मैं इसी कमरे में रहता हूँ। यहाँ रहते हुए मैंने काम किया, प्यार किया और बूढ़ा हुआ, और अब यह कमरा मेरे लिए किसी पुराने सूट की तरह हो चला है, थोड़ा घिसा हुआ, मगर फिर भी आरामदेह।

इस घर में कमरे अब बढ़ गए हैं, और टुकड़ों-टुकड़ों में हुई मरम्मत के बाद यह और मज़बूत होता गया है, मगर शुरुआती दिनों में, इसकी दीवारें कमज़ोर थीं और खिड़कियाँ खड़खड़ाती थीं, और एक बार तो इसकी छत ही उड़ गई थी।

उन्नीसवीं सदी के आख़िर में चोटी के बिलकुल किनारे मिशनरियों के बनाए हुए इस घर ने पहाड़ों में पूरब से आनेवाली हवाओं और बारिशों के न जाने कितने हमले झेले हैं। इसकी सबसे ऊपर वाली मंज़िल पर हम दस साल तक रहे मगर कभी कुछ अप्रिय नहीं घटा। और तो और, एक बार इसने भूकम्प का झटका भी सहा, मगर कोई बड़ा नुक़सान नहीं हुआ।

इसकी छत भी पहाड़ों में परम्परागत रूप से बननेवाली छतों की तरह ही थी—ऊपर की तरफ़ लहरदार टिन की चादरें और अन्दर की तरफ़ लकड़ी के तख़्ते। तमाम तूफ़ान इसकी मज़बूती का इम्तिहान लेकर गुज़र गए, मगर एक रात हवा इस क़दर तेज़ थी कि पहले कभी देखी, न सुनी। बला की रफ़्तार वाली उस हवा की क़ुव्वत किसी बवंडर-सी थी, तेज़ आवाज़ में भयानक शोर करती हुई वह हम पर चढ़ी चली आ रही थी। पुरानी छत कराहती रही, और हवा के उस अविश्वसनीय पराक्रम का मुक़ाबला करती रही। मुक़ाबले और मार की यह जद्दोजहद कई घंटे तक चली, इस बीच बारिश आ-आकर खिड़कियों से टकराती रही और बिजली आती-जाती रही।

सोने का तो ख़ैर सवाल ही नहीं था, मगर गरमाहट और आराम की ख़ातिर हम बिस्तर में दुबके पड़े थे। आतिशदान की आग तो बहुत पहले ही बुझ चुकी थी, छत पर बनी चिमनी की ओट ढह गई थी, और चिमनी की कालिख समेटते हुए बारिश की बौछार का पानी अन्दर आ रहा था।

क़रीब चार घंटों तक मुसलसल झटके और धक्के बर्दाश्त करते रहने के बाद, छत की मज़बूती आख़िर जवाब दे गई। मेरा सोने का कमरा पूरब की तरफ़ है, इसलिए छत का मेरा वाला हिस्सा सबसे पहले उड़ा। इसके नीचे की तरफ़ दाख़िल हुई हवा टिन की चादरों को तब तक भड़भड़ाती रही, जब तक कि कड़कड़ाती, कराहती आवाज़ के साथ, उनके सारे जोड़ हिल नहीं गए, उनमें से कुछ तेज़ घनगरज करती हुई नीचे सड़क पर जा गिरीं।

तो चलो, इतने पर ही छूटे, मैंने सोचा, अब इससे बुरा कुछ नहीं हो सकता। जब तक सिर पर छत सलामत है, मैं बिस्तर से बाहर नहीं निकलनेवाला। टिन की चादरें हम सुबह उठा लाएँगे।

मगर मेरे चेहरे से टकराए बर्फ़ीले पानी के झरने ने झट से मुझे अपना इरादा बदलने पर मजबूर कर दिया। अपने बिस्तर से छलाँग लगाते हुए मैंने देखा कि टिन ही नहीं, छत का भी काफ़ी हिस्सा ग़ायब हो चुका था। और मेरा खुला रखा टाइपराइटर—क़रीब तीस सालों से मेरा भरोसेमन्द साथी!—पानी में भीग रहा था, बिस्तर के पास रेडियो, बेडकवर और कपड़ों की अलमारी पर भी पानी गिर रहा था।

बाक़ी चीज़ों को जस का तस छोड़कर मैंने अपना क़ीमती टाइपराइटर उठाया और गिरता-पड़ता सामनेवाली बैठक (जो लाइब्रेरी भी थी) में पहुँचा तो देखा कि उसकी हालत भी मेरे कमरे जैसी ही हो गई थी। लकड़ी के तख़्तों से होकर पानी मेरी किताबों की अलमारियों पर बरस रहा था।

अब तक घर के बच्चे भी भागकर मेरे पास आ गए—राकेश, मुकेश और डॉली (वह उसी साल पैदा हुई थी, जब हम आइवी कॉटेज में आए थे)। वे मेरी मदद करने आए थे; छत का उनकी तरफ़ का हिस्सा अभी तक सलामत था। उनके माँ-बाप उस खिड़की को बन्द करने के लिए जूझ रहे थे, जो तेज़ हवा के झोंकों से खुल गई थी, और जिससे हवा और बारिश के थपेड़े अन्दर आ रहे थे।

डॉली चिल्लाई, 'किताबें बचाओ!' और उसकी यही पुकार अगले एक-दो घंटों के लिए हमारा मक़सद बन गई।

मेरे पास खुली अलमारियाँ हैं, जो किताब माँगनेवालों के साथ-साथ बाढ़ के लिहाज़ से भी ग़ैर-महफ़ूज़ हैं। डॉली और उसके भाइयों ने किताब के गट्ठर उठाए और उन्हें अपने कमरे में ले गए। लेकिन अब तक पूरे घर का फ़र्श पानी में डूब चुका था, इसलिए किताबों के ढेर बिस्तरों पर रखने पड़े। डॉली मेरी कुछ पांडुलिपियाँ इकट्ठा करने में मेरी मदद कर रही थी, तभी एक बड़ा-सा चूहा उसके सामने डेस्क पर कूदा। डॉली चीख़ पड़ी और दरवाज़े की तरफ़ भागी।

'अरे, कोई बात नहीं,' मुकेश ने कहा, जानवरों से उसके लगाव के दायरे में चूहे भी आते हैं। 'वह तो केवल तूफ़ान से बचने की कोशिश कर रहा है।'

बड़े भाई राकेश ने हमारे कुत्ते टोबी को हुलकारते हुए सीटी बजाई, मगर टोबी को उस समय चूहों में कोई दिलचस्पी नहीं थी। उसने रसोईघर में पनाह ले रखी थी, पूरे घर में अकेली वही सूखी जगह थी।

अब तक, घर के दो कमरों की छत पूरी तरह ग़ायब हो चुकी थी, और रह-रहकर कड़कती बिजली से रौशन आसमान हमारे सिर पर था। यों आतिशबाज़ी

अन्दर भी चल रही थी, हलचल करता पानी जब कभी बिजली के क्षतिग्रस्त तारों से टकरा जाता, चिंगारियाँ फूट पड़तीं। फिर, बिजली पूरी तरह गुल हो गई तो घर एक तरह से महफ़ूज़ ठिकाना बन गया।

किसी मुसीबत के समय प्रेम की क़ाबिलियत और सक्रियता देखने लायक़ होती है, उसने अब तक मिट्टी के तेल वाले दो लैम्प खोज लिए थे और उन्हें जला चुका था; तो हमने किताबें, काग़ज़ात और कपड़े ढोकर बच्चों के कमरे में पहुँचाने का काम जारी रखा।

तभी हमने ग़ौर किया कि फ़र्श पर पानी थोड़ा कम होने लगा था।

डॉली ने पूछा, 'यह पानी आख़िर जा कहाँ रहा है?' क्योंकि पानी बाहर निकलने का कोई रास्ता हमें दिख नहीं रहा था।

'फ़र्श में रिस रहा है,' मुकेश ने कहा। 'नीचे के कमरों में जा रहा है।'

उसकी बात एकदम सही थी। घबराए हुए हमारे पड़ोसियों की चीख़-पुकार से हमें पता चल गया कि सैलाब का उनका हिस्सा अब उनके पास पहुँच गया है।

हमारे पैर ठिठुर रहे थे क्योंकि उन्हें भीगने से बचाने के लिए कुछ भी पहनने की हमें मोहलत नहीं मिल पाई थी, और वैसे भी, जूते और चप्पलें भी तो सैलाब की मौजों की ज़द में थे। मेज़ों और कुर्सियों पर भी किताबों के ढेर लगे हुए थे। उस रात से पहले मुझे अन्दाज़ नहीं था कि मेरी लाइब्रेरी अच्छी-ख़ासी समृद्ध थी।

चारपाइयाँ धकेलकर बच्चों के कमरे के सबसे सूखे कोने में लगाई गईं और वहाँ, कम्बल और रज़ाई में गुड़ीमुड़ी होकर, हमने बाक़ी रात काटी, जबकि तूफ़ान इस दौरान और तबाही के इरादे से गड़गड़ाता रहा।

लेकिन फिर हवा की रफ़्तार धीमी हो गई और बर्फ़बारी शुरू हो गई। बैठक के खुले हुए दरवाज़े से मैं देख सकता था कि छत की दरारों से झरती बर्फ़ की फुहियाँ, तसवीरों के फ्रेम, मूर्तियों और दूसरी चीज़ों पर धीरे-धीरे जमा होती जा रही थीं। बर्फ़ के उन नर्म फाहों में लिपटकर गोंद की बोतल और प्लास्टिक की गुड़िया जैसी मामूली चीज़ों में भी एक ख़ास तरह का सौन्दर्य पैदा हो गया था। दीवार पर टँगी घड़ी बन्द हो गई थी और उस पर जमी बर्फ़ देखकर मुझे साल्वाडोर डाली की एक पेंटिंग याद आ गई।

हममें से ज़्यादातर लोगों को झपकी आ गई।

मैंने महसूस किया कि हवा की दिशा बदल गई थी, अब वह पश्चिम की ओर से बहने लगी थी; हमारी छत के बचे हुए हिस्से को भड़भड़ाने के बजाय अब वह तेज़ आवाज़ करती हुई पेड़ों के बीच हुहुआ रही थी। बादल तेज़ी से भागते चले जा रहे थे।

जब पौ फटी तो देखा कि खिड़कियों के शीशे बर्फ़ की तह से ढके हुए थे और उसकी चौखट से बर्फ़ की छड़ियाँ लटक रही थीं। तभी उगते सूरज की किरणें आकर छत की दरारों से टकराईं, और चारों तरफ़ सुनहरी आभा फैल गई। किताबों की ख़ाली अलमारियों पर पड़े बर्फ़ के रवे हीरे की मानिंद चमक उठे थे। मैं अपने उजाड़ कमरे में दाख़िल हुआ तो पाया कि वहाँ बिस्तर के क़रीब कोने में रखा हुआ फिलोडेंड्रोन बिलकुल क्रिसमस ट्री जैसा दिखाई दे रहा था।

प्रेम किसी बढ़ई और टिन की मरम्मत करनेवाले को खोजने के लिए बाहर चला गया, और हम बाक़ी लोग घर का तमाम सामान सुखाने के लिए निकाल-निकालकर धूप में रखने लगे। शाम तक, हमने छत का ज़्यादातर हिस्सा फिर से दुरुस्त कर लिया था। मसूरी में ख़ाली घर मिलना नामुमकिन बात है, इसलिए कहीं और जाने का सवाल ही नहीं था।

लेकिन इसके बाद छत काफ़ी बेहतर हो गई और हम थोड़े भरोसे के साथ आनेवाले तूफ़ानों का मुक़ाबला करने को तैयार हो गए थे। और अभी, जब मैं इस आत्मकथा के आख़िरी पन्नों पर हूँ, राकेश और उसकी पत्नी बीना छत को ऊँचा और मज़बूत कराने के काम में जुटे हैं, ताकि हर तरह के तूफ़ानों और बुरी हवाओं से महफ़ूज़ एक और पीढ़ी यहाँ बसर कर सके।

सन् 2002 में, चूँकि मेरी माली हालत कुछ बेहतर हो गई थी तो मेरे परिवार और हमारे मकान मालिक राम चन्दर ने आख़िरकार मुझे आइवी कॉटेज ख़रीदने के लिए राज़ी कर लिया था। ख़ुशक़िस्मती से, यह सिर्फ़ कुछ लाख रुपये का सौदा था तो अपनी ज़िन्दगी में पहली बार मैं किसी जायदाद का मालिक बन गया।

~

मैं बूढ़ा हो गया और लोकप्रिय भी। लोग मुझे पहचानने लगे थे, वे मुझसे ऑटोग्राफ़ भी माँगते (कभी-कभी मार्क ट्वेन, मार्क टली और रुडयार्ड किपलिंग की किताबों पर)। मेरा मानना है कि अगर आप पचास या साठ सालों तक किसी एक मोर्चे पर ही डटे रहते हैं तो आप इतना काम कर चुके होते हैं—फिर चाहे आपने तसवीरें बनाई हों, कुक्कू घड़ी या मंकी कैप बनाते रहे हों या किताबें लिखते रहे हों—कि लोग आपको पहचानने ही लगते हैं। तप का फल मिलता है। ऐसे लोग जो लगातार पैसा कमाने की जुगत में लगे रहते हैं, अमीर बन जाते हैं; आदमी-औरतें, जो शोहरत या ताक़त हासिल करने के लिए दिन-रात मेहनत करते हैं, अपना लक्ष्य पा जाते हैं। और जो लोग ज़्यादा गम्भीरता से, थोड़ी ज़्यादा कलात्मक या

आध्यात्मिक उपलब्धि की ख़ातिर जुटे रहते हैं, वे भी कामयाब हो ही जाते हैं। हम अपनी मंज़िल तक पहुँच ही जाते हैं, भले ही तब, जब हमारे लिए उसका कोई मतलब नहीं रह जाता, पर अगर हम लम्बे समय से किसी की जुस्तजू में हैं तो वह मिलेगा ज़रूर!

मैंने शोहरत की ख़्वाहिश कभी नहीं की, और न ही कभी अकेले, बुलन्दी पर बैठे अभिमानी इनसान होने का ख़्वाब पाला। दौलत को अब मैं हिकारत की निगाह से नहीं देखता, मगर मेरी और मुझ पर आश्रित कुनबे की ज़रूरत से ज़्यादा दौलत की कोई लालसा भी नहीं रखता। सबसे ज़्यादा ख़ुशी तो मुझे काग़ज़ पर क़लम चलाकर ही मिलती है—बंजर ज़मीन के किसी टुकड़े पर खिलते सिंहपर्णी के फूलों के बारे में, और अल्पविकसित रह गए किसी मूक-वधिर बच्चे के बारे में जिससे मुझे प्यार हो गया हो; आम लोगों के दुख-सुख, उनके संघर्षों के बारे में लिखकर, और ऐसे ऊटपटाँग हालात के बारे में जिनमें हम कभी-कभी फँस जाते हैं। मैं ख़ुशक़िस्मत हूँ कि बेशुमार पढ़नेवालों, बच्चे और बड़े दोनों, को मेरा लिखा हुआ पढ़ने में आनन्द आता है।

उनमें कुछ ऐसे भी हैं, जो मुझसे मिलने मसूरी तक चले आते हैं। वे उम्मीद करते हैं कि उनकी मुलाक़ात किसी ऐसे संन्यासी से होगी, जो पेड़ों से घिरे और अनोखे पशु-पक्षियों से भरे कॉटेज में रहता होगा, और सड़क किनारे का यह छोटा-सा फ़्लैट देखकर वे हैरान हो जाते हैं। कभी-कभी उनकी मुलाक़ात पाजामा पहने एक बदमिज़ाज बूढ़े से होती है, नींद में ख़लल पड़ने से जो चिड़चिड़ाया हुआ होता है; ज़्यादातर तो दरवाज़े पर परिवार का कोई आदमी उन्हें यह समझाने की कोशिश करता मिलेगा कि किसी परिवार के लिए निजता ज़रूरी क्यों होती है और लिखने के लिए किसी लेखक को एकान्त क्यों चाहिए होता है।

हर किसी को समझा पाना आसान नहीं होता है, ख़ास तौर पर ऐसे लोगों को, जो पांडुलिपियाँ लेकर आते हैं और चाहते हैं कि मैं उसे पढ़ूँ—बेलाग राय वे सुनना नहीं चाहते; वे चाहते हैं कि मैं उनके लिखे की तसदीक़ कर दूँ और अपने प्रकाशकों को सिफ़ारिशी ख़त लिख दूँ। मुझे वह बेहद ज़िद्दी महिला याद है, जो मेरे यह बताने पर भी वापस लौटने को राज़ी नहीं हुई कि मुझे बहुत ही छुतहे क़िस्म का फ़्लू हुआ है।

'मुझे आपसे बात करनी है,' उसने कहा, वह अपना एक पैर दरवाज़े के अन्दर रखकर खड़ी थीं। 'मैंने एक उपन्यास लिखा है। मुझे लगता है कि यह अरुंधति रॉय से बेहतर है मगर मेरे पास उनके जैसे सम्पर्क नहीं हैं तो प्रकाशक मुझसे मिलेंगे भी नहीं। मैं चाहती हूँ कि आप इसे पढ़ें और इसकी प्रस्तावना लिख दें।'

'ठीक है तो आप पांडुलिपि मेरे पास छोड़ क्यों नहीं देतीं, जब मैं इसे पढ़ लूँगा तो मैं आपको ख़त लिखूँगा,' मैंने कहा।

'मैंने उपन्यास अभी ख़त्म नहीं किया है, मैं आपको कहानी सुनाना चाहती हूँ।'

'इसमें तो काफ़ी वक़्त लग जाएगा, और मुझे एक ज़रूरी फ़ोन कॉल का इन्तज़ार है। आप किताब पूरी कर लेने के बाद क्यों नहीं आतीं?' और मैंने उन्हें नीचे सीढ़ियों की तरफ़ इशारा किया।

'आप बहुत गुस्ताख़ आदमी हैं, रस्किन बॉन्ड,' उसने कहा। 'आपने तो मुझसे अन्दर आने के लिए भी नहीं पूछा। मैं आपकी शिकायत ख़ुशवन्त सिंह से करूँगी। वह मेरे दोस्त हैं। आपके बारे में वह अपने कॉलम में लिख देंगे।'

'ख़ुशवन्त सिंह अगर आपके दोस्त हैं,' मैंने कहा, 'तो यहाँ आकर आप नाहक़ परेशान हो रही हैं? वह सारे बड़े प्रकाशकों से वाक़िफ़ हैं और बहुत मशहूर भी हैं। आप उनसे प्रस्तावना लिखने के लिए कहिए।'

ग़ुस्साकर वह चली गईं, और मेरी तक़दीर अच्छी है कि उनसे फिर कभी मुलाक़ात नहीं हुई। और ख़ुशवन्त सिंह के कॉलम में भी मुझे कभी जगह नहीं मिल पाई।

हैरानी की बात है, मेरे ग़रीबख़ाने पर अक्सर आ जानेवाले मेहमानों में कई हनीमून वाले जोड़े होते हैं। इसकी वजह तो मैं नहीं जानता, मगर वे हमेशा मेरा 'आशीर्वाद' माँगते हैं, हालाँकि न तो मैं वैवाहिक जीवन में परमानन्द का कोई इश्तिहार हूँ, और न ही मैंने ऐसा कोई भड़कीला उपन्यास लिखा है, जो उनके प्यार के इस मौसम में किसी तरह काम आ सकता हो। शायद वे मानते हों कि मैं ब्रह्मचारी हूँ, और दैहिक सम्बन्धों से परहेज़ रखनेवाले बुज़ुर्गों की दुआओं में बड़ी ताक़त होती है, वे ख़ूब फलती हैं।

हनीमून वाले ये जोड़े पाठक या पुस्तक-प्रेमी हों, ऐसा कम ही होता है; और वे अपने प्यार में ही इस क़दर डूबे होते हैं कि किसी दिलचस्प मौज़ूँ पर उनसे बात भी नहीं की जा सकती। दरअसल मुझे उन लोगों को ज़्यादा माकूल क़िस्म के बुज़ुर्गों के पास भेजना चाहिए, या कम से कम किसी ऐसे शख़्स के पास जो पूजा-पाठ करता हो। फिर भी, चूँकि ये नौजवान जोड़े पुर-कशिश लगते हैं और अपने साथ ही इनसानियत के मुस्तक़बिल को लेकर बेहतरीन उम्मीदों से भरे होते हैं इसलिए उनसे बातें करके मुझे ख़ुशी होती है और मैं उन्हें ख़ुशहाल ज़िन्दगी की दुआएँ देता हूँ। और अगर यही वह आशीर्वाद है, जो उन्हें चाहिए तो मैं आशीर्वाद देता हूँ—यों मेरे हाथों में संतों-सी तासीर तो बिलकुल नहीं, मगर उसमें नेकनीयती ज़रूर शामिल रहती है।

~

बॉलीवुड से भी बुलावा आया। विशाल भारद्वाज ने मेरी एक कहानी 'सुज़ाना'ज़ सेवन हस्बेंड्स' पर फ़िल्म बनाई (फ़िल्म का नाम 'सात ख़ून माफ़' है) और इसमें उन्होंने मुझे एक छोटी-सी भूमिका भी दी। मैं पादरी की भूमिका में था, और मेरे हिस्से में ख़ूबसूरत अभिनेत्री प्रियंका चोपड़ा से हल्की-फुल्की दिल्लगी करने के साथ ही उनके गाल पर एक वात्सल्यपूर्ण चुम्बन देना था। लेकिन मैंने शायद बेहद ख़राब अभिनय किया होगा, क्योंकि फिर किसी ने फ़िल्म में काम करने की पेशकश नहीं की!

हालाँकि, मेरी दोस्त शुभदर्शिनी सिंह अदाकारी के मेरे हुनर के बारे में बड़ी ऊँची राय रखती हैं, और जब-तब अपने टेलीविज़न सीरियल में मुझे लेने की बात कहकर डरा देती हैं। उन्होंने रस्टी की मेरी कहानियों पर टेलीविज़न के लिए एक बेहतरीन धारावाहिक बनाया—एक था रस्टी—जो 1990 के दशक के बीच में दूरदर्शन पर दिखाया गया और जिसने लोगों का कुछ ध्यान मेरी किताबों की तरफ़ भी खींचा। उन्होंने और उनके निर्देशक ने इस धारावाहिक के लिए नायाब अदाकार जुटाए थे, जिनमें गुज़रे ज़माने की अदाकार नादिरा, ज़ोहरा सहगल, पर्ल पदमसी और बेग़म पारा भी थे। धारावाहिक की ज़्यादातर कड़ियों की शूटिंग मसूरी में हुई, और वे सभी सेवॉय होटल में ठहरे थे, जहाँ उनसे मेरी मुलाक़ात होती। बेगम पारा उस उम्र में भी ज़िन्दादिल और आकर्षक थीं, और उन्हें देखकर आप अन्दाज़ लगा सकते थे कि दिलों पर राज करनेवाली उनकी ख़ूबियाँ क्या रही होंगी। 1940 और '50 के दशक में वह बम्बई की ग्लैमर गर्ल थीं, और मुझे याद है कि लड़कपन के दिनों में उनकी तसवीरें मैं अख़बारों में देखा करता था। 'लाइफ़' पत्रिका ने उन पर एक फ़ोटो फ़ीचर छापा था, जिसने कोरिया में अमेरिकी फ़ौजियों के बीच उन्हें ख़ूब लोकप्रिय बना दिया था।

बेगम पारा के साथ मेरा तजुर्बा कोई बे-ख़ुदी वाला नहीं था, यह तो बस मटन करी तक महदूद रहा। उन्हें खाना बनाने का बेहद शौक़ था और उन्होंने होटल के शेफ़ को हटाकर हमारे लिए खाना ख़ुद पकाने की ठानी। मगर मसूरी के सख़्तजान बकरे ने उन्हें शिकस्त दे दी, खाने लायक़ रोग़न-ए-जोश बनाने की उनकी तमाम हिकमतों पर उसने पानी फेर दिया। क़रीब दो घंटे की ज़ोर-आजमाइश के बाद उन्होंने किनारा कर लिया और हमने वह रेशेदार गोश्त किसी तरह चबा-चबाकर खाया।

~

आप अगर किसी एक जगह लम्बे समय रह जाते हैं तो वक़्त बहुत दबे पाँव आकर गुज़र जाता है, मौसमों की छटा कमोबेश एक-सी रहती है, और पहाड़ी की ढलानों पर उगे हुए पेड़ और बसे हुए घर भी असल में हूबहू दिखाई देते हैं।

बच्चे अलबत्ता बड़े होते हैं, और अधेड़ लेखक बूढ़े लेखक हो जाते हैं। अब तक राकेश, मुकेश और डॉली सबकी शादियाँ हो चुकी हैं, उनके बच्चे भी हैं। डॉली अपने पति के घरवालों के साथ पंजाब में रहती है, मुकेश, उसकी पत्नी और बच्चे आइवी कॉटेज से आधा किलोमीटर नीचे दूसरे घर में प्रेम और चन्द्रा के साथ रहते हैं।

राकेश और बीना और उनके तीन बच्चे मेरे साथ रहते हैं और मेरे रोज़मर्रा के कामकाज नहाने और दाढ़ी बनाने के साथ ही इस बात का भी पूरा ख़याल रखते हैं कि नहाने के बाद में मैं नियमित पाजामा बदल रहा हूँ या नहीं। काग़ज़ात, पांडुलिपियाँ और चिट्ठियाँ मेरी मेज़ पर जमा होते जाते हैं, लेकिन उनमें से ज़्यादातर को मैं सँभाल लेता हूँ, और मेरा साहित्यिक सृजन वापस उसी मक़ाम पर आ गया है, जहाँ चालीस या पचास साल पहले हुआ करता था। और हाँ, अपने पुराने टाइपराइटर पर काम करना मैंने छोड़ दिया है और वापस हाथ से लिखना शुरू कर दिया है। किताबें और ख़त मैं अपने हाथ से लिखता हूँ, और ई-मेल और मोबाइल फ़ोन के ज़माने में, मैं पोस्टकार्ड भेजता हूँ। मैं बहुत पिछड़ा आदमी हूँ, अपनी ज़िद में जिसे कम्प्यूटर या सेल-फ़ोन के इस्तेमाल से इनकार है। नई चालें बूढ़ी लोमड़ी को शोभा नहीं देतीं।

इन पचास सालों में मेरे लड़कपन और जवानी के दौरान आए उतार-चढ़ाव के बीच पहाड़ों में बड़ा बदलाव आया है। मुद्दतों तक किसी एक ही जगह बने रहने का फ़ायदा यह है कि आप गुज़रते हुए मौसमों का मज़ा ले सकते हैं, पहाड़ों के ओढ़े हुए पत्तों की रंगत बदलते देख पाते हैं, लोगों का आना और जाना भी, और इन सबसे बढ़कर बच्चों को बड़ा होते देख पाते हैं।

अपने कमरे की दोनों खिड़कियों से मैं ज़रा भी नहीं ऊबा हूँ। बाहर का नज़ारा नहीं बदला है, मगर बादलों की शक्ल-ओ-सूरत कभी एक-सी नहीं रहती है, परिंदों का गाना बदलता रहता है, और ऐसे ही ऊँचाई पर तना आसमान का नीला चँदोवा भी बदलता है, जो रात में गहरे जामुनी रंग के दिपदिपाते शामियाने की तरह चारों तरफ़ फैला हुआ दिखता है। कुछ रातें अँधेरी होती हैं, और सिर्फ़ जुगनू ही उन्हें रौशन किये रखते हैं। दूसरी उजियारी रातों में, पहाड़ की चोटी के ऊपर से जब पूर्णमासी का चाँद निकलता है तो चाँदनी मेरी खिड़की पर चली आती है, वहाँ से मेरे बिस्तर पर और फिर मेरी मेज़ पर, और उस चन्द्र किरण

की रौशनी में मेज़ पर जमे बैठे लाफ़िंग बुद्धा का चेहरा खिल उठता है। चाँदनी के उस क़तरे-भर से वह पहले के मुक़ाबले कहीं ज़्यादा ख़ुश नज़र आते हैं; इनसान की क़ौम और ख़ासकर मेरे किरदार की कमज़ोरियों पर बड़े धैर्य से हँसते जाते हैं। मगर वह मुझे अहमकाना और बड़ी ग़लतियाँ करने और लगातार लिखते रहने के लिए उकसाते भी हैं, ताकि मैं कहानियों, ख़ाकों और बेतरतीब क़िस्सों का जख़ीरा जमा करता जाऊँ।

मैं उस दुकानदार की तरह हूँ, जो ग़ल्ले की बोरियाँ जमा करता जाता है, फ़र्क़ बस इतना है कि मैं अल्फ़ाज़ जमा करता हूँ। दुनिया में अब भी ऐसे लोग हैं, जिनके लिए लफ़्ज़ मायने रखते हैं, वे लफ़्ज़ों के दाम चुकाते हैं, और मुझे उम्मीद है कि अपनी ज़िन्दगी के आख़िरी दिनों तक मैं उनकी ज़िन्दगी में थोड़ा-सा उजाला और थोड़ी-सी ख़ुशियाँ बिखरेता रहूँगा।

उपसंहार : हिन्दुस्तान का बेटा

पिछले साल राकेश और बीना मेरे साथ भुवनेश्वर गए, फिर वहाँ से हम कोणार्क और पुरी गए। पुरी में उन दोनों ने जगन्नाथ मन्दिर में जाकर दर्शन किये। मुझे अन्दर जाने की इजाज़त नहीं मिली। इसलिए तक़रीबन तीन घंटे तक मैं कार में ही बैठा रहा और उड़िया इतिहास पर जे.पी.दास की लिखी हुई एक दिलचस्प किताब पढ़ता रहा।

कोणार्क में मुझे बताया गया कि चूँकि मैं 'विदेशी' हूँ, सो अन्दर दाख़िल होने के लिए मुझे ज़्यादा फ़ीस भरनी होगी। ब्रिटिश पासपोर्ट वाले एक सिख सज्जन मेरे पीछे खड़े थे, जिन्हें 'भारतीय' के तौर पर अन्दर जाने दिया गया। राकेश और बीना ने इस पर एतराज़ किया, कहा कि मैं उतना ही हिन्दुस्तानी हूँ, जितना कि बाहर खड़ा हुआ बरगद का पेड़, मगर गेटकीपर उनकी बातों से मुतमइन नहीं हुआ। 'जाने दो, इस पर क्या बखेड़ा करना,' मैंने कहा, और विदेशियों के लिए मुक़र्रर फ़ीस चुका दी।

उन सिख सज्जन ने मुझसे पूछा कि मेरी पैदाइश कहाँ हुई थी, और मैंने उन्हें बताया कि कसौली में, जो तब सिख स्टेट ऑफ़ पटियाला का हिस्सा था, और बाद में पूर्वी पंजाब और अब हिमाचल प्रदेश में है।

'और आप कहाँ पैदा हुए थे?' मैंने पूछा।

'बर्मिंघम,' उन्होंने बताया।

~

भारतीय होने और भारतीय महसूस करने का इस बात से कोई लेना-देना है नहीं कि किसकी पैदाइश कहाँ हुई या वह किस धर्म को माननेवाला है। मैं जब स्कूल में था, तब भी किसी तरह से ख़ास होने का कोई विशेष बोध मुझे नहीं था। वह तो 1951 में, सत्रह साल की उम्र में, भारत से दूर जाने के बाद ही मुझे अहसास हुआ कि मैं ख़ालिस भारतीय हूँ, इसके अलावा मैं कुछ और हो ही नहीं सकता।

मेरे वापस लौट आने की वजह मेरा परिवार नहीं था, यह तो इस देश की, यहाँ की मिट्टी की कशिश थी, जो मुझे खींच लाई, और वो सब कुछ जो यहाँ की मिट्टी में बसता और फलता-फूलता है। भारत की मिट्टी ने ही मुझे गढ़ा है। मुझे इस देश से प्यार है, और बदले में इसने भी मुझे बहुत प्यार दिया है।

और भारत के विराट भू-भाग में एक छोटी-सी पहाड़ी पर एक छोटे-से फ़्लैट में, मैं अपनी आत्मकथा की आख़िरी पंक्तियाँ लिख रहा हूँ। दोपहर के इस सन्नाटे में, लंढौर के उत्तरी ढलानों पर देवदार पहरेदारों की तरह खड़े हैं। अप्रैल ख़त्म होने को है और बांज और बन खौर के पेड़ों पर नये पत्ते आ गए हैं। हवा में ख़ास तरह की स्निग्धता है, आज की दुनिया में यह ऐसी चीज़ है, जिसकी क़द्र की जानी चाहिए।

राकेश और बीना मुँडेर पर मेरे क़रीब बैठे हैं। मेरे दोस्त और प्रकाशक रवि सरपरस्त की तरह हमारे आसपास मँडरा रहे हैं। राकेश का सबसे छोटा बेटा, गौतम, अपने कैमरे के साथ मसरूफ़ है और ख़ुद को रघु राय या कार्तिए-ब्रेसाँ मान रहा है। उसका बड़ा भाई सिद्धार्थ बम्बई में फ़िल्मों के एक कॉस्ट्यूम डिज़ाइनर के साथ काम करता है; उसकी बहन सृष्टि भुवनेश्वर में केआईआईटी यूनिवर्सिटी में है। दोस्त-अहबाब आते-जाते रहते हैं, धरती अब भी सूरज के गिर्द घूमती है, दुनिया एक बार फिर से संकटों के बीच घिरी हुई है, मगर मेरी खिड़की पर झींगुरों की चीं-चीं में इन तमाम चीज़ों को लेकर उम्मीद झलकती है।

मैं अभी भी अपनी धुन में रहता हूँ, दुनिया से बेफ़िक्र नाचती अकेली लोमड़ी की तरह; हालाँकि तिरासी साल की उम्र में अब उतना फुर्तीला नहीं रह गया हूँ, जितना पहला था। 'जब आप उम्र की ढलान पर हों, बाल सफ़ेद और आँखें नींद से बोझिल हों,' तो समय-समय पर सहारे के लिए किसी संगी का होना बेहतर रहता है, और इस लिहाज़ से इस अनीश्वरवादी को ईश्वर का आशीर्वाद मिला हुआ है। अपने एकान्तवास को मैं अब भी महत्त्व देता हूँ, लेकिन रात में कोई ढंग से मुझे बिस्तर पर सुला दे, यह भी मन को भाता है।

जहाँ तक मेरी अदबी ज़िन्दगी का सवाल है, यह तो बहती हुई धारा है, क्योंकि यादों की मेरी दुनिया का कोई ओर-छोर नहीं है। यहाँ तक कि अब जब यह किताब पूरी होने को है, तब भी मुझे इस बात का अहसास है कि मैंने महत्त्वपूर्ण लोगों, महत्त्वपूर्ण घटनाओं के बारे में नहीं लिखा है; मगर यह तो निजी ज़िन्दगी का लेखा-जोखा है, ज़ाती तौर पर और एक लेखक के तौर पर जिन्होंने मेरी ज़िन्दगी को अर्थवान और सार्थक बनाया है, वे 'महत्त्वहीन' लोग हैं।

और ज़ाती तौर पर तथा लेखक के रूप में भी, अपनी हदें मैं पहचानता हूँ,

और मुझे लगता है कि जितनी प्रतिभा मुझमें हैं, उस हिसाब से मैंने भरसक बेहतरीन प्रदर्शन किया है। कभी-कभी नाकामी भी बड़े काम की होती है; उसे खोना जिसे आप शिद्दत से पाना चाहते हों; मुक़ाबले में दोयम आना। और मुस्तक़बिल की फ़िक्र करना बेमानी है, क्योंकि वह बहुत अप्रत्याशित होता है।

यह एक लम्बी और काफ़ी भरी-पूरी ज़िन्दगी की शाम है। और लंढौर में शाम हुए देर हो चुकी है। क्षितिज पर धुँधली, ख़ुबानी के रंग की पीली रौशनी फैली हुई है। नीचे की तरफ़ गाँवों में ख़ुबानी पक रही हैं। आज सुबह एक छोटा लड़का मेरे लिए ताज़ा फल लेकर आया था—अभी वह बहुत खट्टा, बहुत तीखा था, फिर भी उम्मीदों से भरा हुआ लगा। और अगर ख़ुबानी को मिसाइलों पर तरजीह दी जा सके तो यह दुनिया भी उम्मीदों से भरी होगी।

मुझे तो लगता है कि विज्ञान और राजनीति ने हमें निराश किया है।

लेकिन खिड़की पर बैठा झींगुर अब भी गाता है।

अनुवादक की ओर से

आत्मकथा पढ़ना कोई बढ़िया पीरियड फ़िल्म देखने जैसा, या फिर टाइम मशीन में बैठकर अतीत के सफ़र जैसा तजुर्बा हो सकता है पर अगर यह रस्किन बॉन्ड सरीखे क़िस्सागो की आत्मकथा हो तो आप ऐसी चीज़ों के नाज़ुक और लासानी ब्योरों से भी दो-चार होते हैं, जो अपनी निगाह से देखते वक़्त छूट भी सकते हैं, इस क़िस्म के ब्योरे ज़ाहिर हैं, और पोशीदा भी और दोनों ही सूरतों में असर रखते हैं। वे लोग जो रस्किन बॉन्ड की कहानियाँ या उपन्यास पढ़ते आए हैं, उनको यह आत्मकथा पढ़ते हुए कई जगह ऐसा लग सकता है कि यह प्रसंग तो पहले कहीं पढ़ा हुआ लगता है, और यह अहसास दरअसल इस बात की गवाही है कि उनके क़िस्सों के किरदार, और वाक़ये भी, कितने सच्चे हैं, और कैसे ज़िन्दगी से निकलकर उनकी कहानियों का हिस्सा बनते आए हैं।

यह आत्मकथा पढ़ना उनकी कहानियाँ पढ़ने से ज़रा भी कम दिलचस्प नहीं है, अपनी ज़िन्दगी की कहानी सुनाते हुए भी वह चौंकाते हैं, भावुक और द्रवित करते हैं, हालात की मंज़रकशी और हाज़िरजवाबी के अपने हुनर से गुदगुदाते हैं, रहस्य रचते हैं, रहस्योद्‌घाटन भी करते हैं और बड़ी बेबाकी से अपना मन खोलकर पढ़ने वालों के आगे पेश करते हुए यह डिस्क्लेमर भी दर्ज करते चलते हैं कि ज़रूरी नहीं कि ज़िन्दगी का हर कोना-अँतरा साझा करने के लायक़ ही हो। फिर भी, कहानियों-किताबों के उनके विपुल-समृद्ध संसार को समझने के बहुतेरे सूत्र यहाँ मिल जाते हैं।

आमफ़हम ज़बान में क़िस्से कहने का उनका सलीक़ा हिन्दुस्तान के घरों में नानी-दादी के कहानी सुनाने से बहुत अलग नहीं है और

इस लिहाज़ से देखें तो कितनी ही पीढ़ियों के लिए वह घर के बुज़ुर्ग की भूमिका निभाते आ रहे हैं। और यह बात भी हम जानते ही हैं कि सरल-सहज लिखना थोड़ा मुश्किल भरा काम है। तो ऐसी सादा ज़बान कहानी के अनुवाद में रवानी और सादगी क़ायम रखना कुछ मशक़्क़त भरा तो है ही। और उनकी उस कविता 'लोन फ़ॉक्स डांसिंग' का, जो अंग्रेज़ी में इस आत्मकथा का शीर्षक भी है, अनुवाद करते हुए कई दिनों तक पस-ओ-पेश में रहा। गद्य की तरह उसे हिन्दी में ले आना मुझे गुनाह लगता था और पद्य में बात कहने का सलीक़ा मुझे आता नहीं, फिर भी बड़े संकोच के साथ यह जतन किया। परिंदों और पेड़ों के नामों में स्थानीयता का मेरा आग्रह भी ऐसी ही एक वजह रही, दीपेंद्र सिवाच और नरेन्द्र सिंह सरीखे दोस्तों ने मदद की।

हॉलीवुड की अभिनेत्री ब्रुक शील्ड के साथ रस्किन बॉन्ड का नाम जोड़कर सुनाया जाने वाला निर्दोष क़िस्म का एक मौलिक लतीफ़ा हमारे स्कूल के दिनों की याद है, मगर रस्किन के ताउम्र कुँवारे रह जाने को लेकर बहुतेरे वयस्क पाठकों की जिज्ञासा का जवाब इन पन्नों में मिल जाता है, यह भी कि रस्किन बॉन्ड होना जेम्स बॉन्ड होने से किस तरह मुख़्तलिफ़ है।

यह किताब एक ज़िन्दादिल, जुझारू और कल्पनाओं के चितेरे हिन्दुस्तानी की ज़िन्दगी का दिलफ़रेब बयान है, लेखक के तौर पर, जो हर पढ़ने वाले को अपना-सा लगता है। वह अंग्रेज़ी में लिखते हैं मगर हिन्दी और दूसरी भारतीय भाषाओं के पढ़ने वालों के भी हम-कलाम हैं। इस आत्मकथा के अनुवाद के दौरान रस्किन की सृजन की दुनिया को क़रीब से देखने के साथ ही मैंने सिनेमा-संगीत-साहित्य की अनूठी दुनिया की फ़ौरी नागरिकता भी हासिल की, कई ऐसे किरदारों से मिल सका जिनसे पहले कभी वाक़फ़ियत नहीं रही। मेरे लिए यह ख़ासा दिलकश तजुर्बा रहा है और इस तजुर्बे के लिए राजकमल प्रकाशन का शुक्रिया।

बरेली, 2024 **प्रभात सिंह**